国家自然科学基金重点项目"城市交通治理现代化理论研究"（71734004）资助
同济大学学术专著（自然科学类）出版基金资助项目

面向未来的交通出版工程
城市交通交叉学科系列丛书

城市交通与信息化

汪光焘　杨　超　陈小鸿　杨晓光　编著

同济大学出版社
TONGJI UNIVERSITY PRESS
·上海·

图书在版编目（CIP）数据

城市交通与信息化 / 汪光焘等编著. -- 上海：同济大学出版社，2024.12. -- ISBN 978-7-5765-1416-2

Ⅰ. F57

中国国家版本馆 CIP 数据核字第 2025DR1423 号

面向未来的交通出版工程
城市交通交叉学科系列丛书

城市交通与信息化

汪光焘　杨　超　陈小鸿　杨晓光　编著

丛书策划　高晓辉
责任编辑　邢宜君
责任校对　徐逢乔
封面设计　唐思雯

出版发行	同济大学出版社　www.tongjipress.com.cn
	（地址：上海市四平路 1239 号　邮编：200092　电话：021-65985622）
经　　销	全国各地新华书店、建筑书店、网络书店
排版制作	南京文脉图文设计制作有限公司
印　　刷	常熟市华顺印刷有限公司
开　　本	787mm×1092mm　1/16
印　　张	16.5
字　　数	391 000
版　　次	2024 年 12 月第 1 版
印　　次	2024 年 12 月第 1 次印刷
书　　号	ISBN 978-7-5765-1416-2
定　　价	98.00 元

本书若有印装质量问题，请向本社发行部联系调换　　版权所有　侵权必究

编委会 EDITORIAL BOARD

汪光焘　杨　超　陈小鸿　杨晓光　**编著**

编写组织具体分工

前　言　汪光焘　杨晓光

第1章　**数字经济发展的机遇与挑战**　孟庆国　黄章宏

第2章　**区块链技术与价值**　袁　勇　王飞跃

第3章　**智能物联网赋能高质量发展**　张　军　何洪文

第4章　**人工智能的现状与未来**　赵生捷　邓　浩

第5章　**人工智能赋能社会服务**　张　毅　张小平

第6章　**城市交通数据资源的激活与共享**　柳　峰

第7章　**城市交通信息安全与保障**　马万经　俞春辉　王　玲

第8章　**"三元空间"视野下的城市交通智慧赋能**　杨东援　李玮峰

第9章　**城市交通治理信息化**　杨东援　李玮峰

第10章　**城市交通规划信息化**　杨　超

第11章　**城市交通服务信息化**　涂颖菲　叶建红　陈小鸿

前　言　PREFACE

一、编写缘由

城市的存在和发展是依靠居住在城市中的人们相互之间的沟通与合作。相对于静态的物质和空间形态,城市交通是动态的。城市科学中对人的活动的研究,包括信息技术对居民出行的变化影响,需要城市交通领域的研究支撑。城市交通作为新技术、新服务、新模式广泛应用的领域,已是当今研究城市科学的前沿阵地。以多学科思维、系统论方法来研究城市交通的理论,编写《城市交通与信息化》则是应时代之需。

信息收集和信息分析历来是城市交通问题的最基础要求。特别是进入机动时代以来,交通信息既涉及居住在城市中人的自身需求,又是政府提供公共服务的需求,也是企业提升服务质量和水平的需求。研究城市交通以入户抽样调查、问卷调查、年度跟踪调查和普查等方式收集数据,以及通过人工方式进行道路路段交通流量统计和城市交叉路口交通流向统计等,并在这些信息数据基础上开展数理分析。科学技术进步,特别是信息技术迅速发展,信息数据采集系统不断迭代升级、云计算的计算能力不断提升,使信息收集途径的多元化和分析方法的数字化提升成为现实。同时,信息技术带来了出行服务方式的新业态,如以信息平台为基础的网约车、共享单车服务,城市公共交通实时运行的城市公共电汽车站点信息服务,实时显示地区交通状况的高德地图、百度地图,提供综合性出行服务的携程网等。个性化机动化水平和政府组织的集约化服务能力提升,将直接影响城市化地区发展形态,内含生态系统的保护。此外,信息化发展引起了人们生活方式的变革,如线上办公、网购、网游等新型生活消费模式,将对城市运行提出新要求。信息化时代,城市交通定量分析能力正显现出本质性的提升,包括从静态模型转向动态模型,从面向交通设施的"四步骤"模型转向以人的出行需求为重要指标的活动模型。城市交通学采用多学科思维、系统论方法来研究城市交通问题。对于以服务人的需求,组织城市高效、安全、低耗可持续性运行,带动培育并发展现代化都市圈,增强城市群实力和竞争力;支持新业态发挥引领作用为目标内涵的城市交通学,以及城市交通学为主要内容的城市交通交叉学科建设而言,信息化是重要的知识和实践需求。

基于城市交通学和交叉学科的内涵与外延,以及新工业革命(工业4.0)等对城市交通的变革作用,面向2035年和21世纪中叶,系统深入地讨论城市交通与信息化。城市交通信息化之源,城市交通数字化、网络化、信息化与智能化需求,以及新学术思想、新理论、新技术、新成果和发展趋势等方面包括:城市交通信息化内涵;基于信息网络的交通系统与城市和社会的有机关系;城市交通全息感知、大数据、数字孪生、智能计算、人工智能;城市交通演化与预测,城市交通学术与技术和研究方法变革趋势;广义信息化环境下城市交通综合治理、管理与服务体系结构及其演化趋势和关键技术;城市交通系统的重构,城市交通信息化建设、政策和法律;基于信息化的城市交通科学决策、出行服务、智能管理、综合治理、智慧经济和人才培养等应用。组织编写本书时,总体要求是将这些理念和方法融入相关章节里进行介绍,同时考虑如下因素:一是,本书将引领城市交通信息化与智能化科技、学术的前沿发展,可为学术界、人才培养、行业主管部门,以及科技产业界,乃至世界城市交通科技发展提供重要引领。二是,以我们历年来研究城市交通与信息化的成果为基础,建立数字经济时代思考城市交通发展新问题、新方法、新手段的战略思维。让学生、从业者和读者从信息化视角,面向服务看交通,形成综合性的战略思维。三是,帮助准确、全面地认识信息化对城市交通的作用与影响。打破交通流运行管理智能化的局限,形成对出行者-交通工具-交通设施-交通运行-交通治理等全过程、全要素、全方位的信息感知与行动赋能。四是,数字经济时代,在物理空间-信息空间-社会空间交织作用下,掌握定量分析能力,进而推动城市交通研究范式从单一方式网络构建到多种方式复合网络整体构建,从网络设施的物理构建与运行组织脱节向构建与运行一体化转变,提升大数据环境下城市交通多模式复合网络的定量化建模与分析能力。

本书主要内容从以下三个板块展开,具体如下。

第一板块:战略视野——信息化发展趋势概述。本书是以硕士、博士研究生为主要读者的教学参考书,前沿性的基础知识,对于活跃研究生思维,培养创新人才十分重要。第一板块就当前共同关注的信息化技术发展带来方向性的数字经济、区块链技术、物联网技术和人工智能四个方面的发展趋势进行分章讲述。结合学科特点,介绍前瞻的研究方向内容,着力于培养研究生的战略视野。

第二板块:信息化赋能城市交通。这一板块组织的基本逻辑可以从"交通与城市的关系"→"信息化赋能城市交通的结构"→"城市交通信息化的功能/模块需求"→"现有城市交通信息化发展基础与数据规范",按照层层递进的思路,逐级展开。

第三板块:数字化转型下的城市交通治理。该板块侧重实践,基本逻辑以"机制构建"→"应用场景"两个角度展开,探讨数字化转型背景下,城市交通治理机制创新的必要性,最后落地在应用场景。

二、关于数字化和信息化

数字化和信息化贯穿于本书的全部内容,在此论述二者的概念。

习近平总书记指出:"数字技术正以新理念、新业态、新模式全面融入人类经济、政治、文化、社会、生态文明建设各领域和全过程。""十四五"规划纲要将"加快数字化发展建设数字中国"独立成篇,对数字中国建设作出了系统部署,数字中国与制造强国、质量强国和网络强国成为推动经济体系优化提升的关键。数字化的浪潮涌入各行各业,每个人的工作和生活都在大潮下被重塑,无论人们是主动添砖加瓦还是被动地随波逐流,数字化浪潮都会对社会产生跨时代的影响。

在目前的技术条件下,数字化本质上是把物理世界用简单的"1"和"0"、"有"和"无"的组合来描述,在数字世界(虚拟世界)建立准确全量的数字模型,为人、机、资源间的互联互通提供统一的基础——虽然这种描述的过程都要借助人类所设计的数字电路来实现,也必然为人类对世界的认识或定义水平所限制。机器、城市、设施、建筑、工厂等,都是人类创造的人造物,人们过去赋予它们造型和功能,今天通过数字化、智能化赋予它们"思想"和"灵魂",机器、城市、设施、建筑、工厂之间也就有了更多互联、互通、互动的可能性,人类在数字化设备的加持下也亦如此。

可见,"信息化"与"数字化"并不是相互替代的关系,二者共存共生,各有千秋。"信息化"过程更强调人赋予数字以意义而生成信息,计算机系统按照人为定义的规则处理信息,从而提高信息处理效率,本质是强调人与信息的关系。而数字化、智能化是传统自动化技术、通信技术、计算技术等的更高层级的融合应用,从专注某个具体领域、具体问题转向解决系统化、全局化的需求,更加侧重于通过标准化手段对海量信息的感知、传输和处理的智能化。

在数字化的推动下,我国可以发挥海量数据和丰富应用场景优势,在产业提升方面将促进数字技术与实体产业深度融合,赋能产业转型升级扩充生态链群,催生新产业、新业态、新模式,壮大经济发展新引擎。在社会方面将数字技术全面融入社会交往和日常生活各方面,促进公共服务和社会运行方式创新,构筑全民畅享的数字生活,提供智慧便捷的公共服务,建设智慧城市和数字乡村,构筑美好数字生活新图景。

数字化的感知能力超乎认知和想象,其会带来一系列优势和挑战。优势在于人与物、物与物之间的沟通更加高效,物会变得更加智能;挑战则来自这种沟通和互动脱离了人类的控制。因此,必须坚持放管并重,促进发展与规范管理相统一,构建数字规则体系,营造开放、理性、安全的数字生态。

三、关于智能网联汽车发展态势

汽车自动驾驶是当今业内的热门话题,在本书编撰中没有以单独章节介绍,主要考虑到内容涉及汽车制造业、智慧交通、智慧城市建设多方面的合作关系,难以理清其中的复杂关系,但笔者仍不愿放弃编写本书的机会,因此借助学习中国汽车协会的研究成果,用最简洁的语言介绍发展态势。

关心自动驾驶技术,方向上应当与智能网联的思考衔接,根本上讲是智能汽车-智能交通-智慧城市相融合。2016 年,美国提出自动驾驶的概念(本质上讲是单车智能的概念),并进一步制定《驾驶自动化分级》标准(SAE-J3016),即 5 级分类标准。研发的任务是试图在动态驾驶任务(Dynamic Driving Task, DDT)、自动驾驶范围设计(Operational Design Domain, ODD)、感知与判断(Object and Event Detection and Response, OEDR)和动态驾驶任务应急措施(DDT Fallback)四大功能上形成突破,确保自动驾驶安全可靠。美国随后于 2019 年提出,并于 2021 年初步形成了新的发展路线图。欧盟提出将路侧设施支撑自动驾驶(Infrastructure Support for

Automated Driving，ISAD）升级为网联协同自动驾驶（Cooperative and Connected Automated Driving，CCAD），目标是将单车或多车实现协作驾驶，或者称协同驾驶，利用基础设施感知微观交通态势，或者称融合感知，将动态信息和静态信息以数字地图形式提供给车辆（又称动态地图信息）。

欧盟智能网联发展路线图强调各领域的充分协同。社会领域的关键方向是可持续发展、道德问题和政策框架。经济领域的关键方向是资金投入、商业模式、应用案例。法规领域的关键方向是道路交通法规、分类与准入、法律责任的认定、数据安全。人因领域的关键方向是用户接受度、用车责任界定、车内车外人机交互、教育和人才培养。技术领域的关键方向是使能/赋能技术、集成技术、测试验证技术。汽车制造业的技术发展方向逐步向软件化、芯片化靠拢，但仍面临深度学习需依托巨量的、具有代表性的、对 AI 训练有效的数据来支持智能网联汽车发展的挑战。

千里之行，始于足下。智能网联汽车离我们多远？2021 年 10 月初，道路交通咨询委员会（European Road Transport Research Advisory Council，ERTRAC）发布了欧盟自动驾驶技术路线图更新版征求意见稿——Connected, Cooperative and Automated Mobility Roadmap，其中描述了 2030 年的四大场景：高速公路和走廊（Highways and Corridors）、受限区域（Confined Areas）、城市混合交通（Urban Mixed Traffic）、农村道路（Rural Roads），2050 年的愿景包括社会发展、交通效率、绿色环保三方面，解决老龄人口和有障碍人群的出行问题，使欧洲成为自动驾驶的世界领导者。显著提升交通效率（包括客流和物流），建设基于共享出行的宜居城市；以自动驾驶实现车队和交通流管理的优化，建设物理与数字基础设施以赋能智能交通，以网络协同的方式减少低效和高污染的出行行为。为实现这些愿景，不仅要发展技术，还要探索未来的商业模式和产业形态；智能交通不仅要与智能网联汽车深度融合，还要与智慧城市建设深度融合，重点是自动驾驶技术在高级私家车、共享出行车、商用车队中得以应用，难点是应对动态交通标识、导航信息中断等交通场景，复杂道路交通状况、交通事故等开放性系统以及克服自动驾驶区域的碎片化等所带来的挑战。

目 录 CONTENTS

前言

第1章 数字经济发展的机遇与挑战 001
    1.1 我国数字经济发展的现状及其对高质量发展的意义 001
    1.2 全球数字经济发展的现状与我国所处的位势 003
    1.3 我国数字经济发展面临的主要问题和挑战 005
    1.4 推动我国数字经济发展的基本思路和重点 006
    1.5 打造我国数字经济新优势的思考 008

第2章 区块链技术与价值 012
    2.1 引言 012
    2.2 区块链的关键技术 014
    2.3 区块链技术的前沿进展 026
    2.4 区块链技术的重要意义 028

第3章 智能物联网赋能高质量发展 034
    3.1 物联网的发端与发展 034
    3.2 物联网的现状与趋势 036
    3.3 物联网赋能新的发展 041
    3.4 物联网与城市交通 045

第4章 人工智能的现状与未来 052
    4.1 人工智能基础 052
    4.2 无监督学习与半监督学习 060
    4.3 强化学习 069

第 5 章	人工智能赋能社会服务	078
5.1	人工智能的技术属性	078
5.2	人工智能的社会属性	087
5.3	社会服务范围、形态及其影响	094
5.4	社会服务典型应用与发展	102

第 6 章	城市交通数据资源的激活与共享	116
6.1	背景	116
6.2	数据：特殊的资源、要素与资产	117
6.3	城市交通数据要素发展现状	121
6.4	城市交通数据要素激活与共享关键瓶颈	122
6.5	城市交通数据要素激活与共享系统框架与探索	126
6.6	小结	129

第 7 章	城市交通信息安全与保障	130
7.1	信息安全技术	130
7.2	隐私保护技术	136
7.3	交通信息化标准规范	139
7.4	信息化系统维护、迭代与更新	141

第 8 章	"三元空间"视野下的城市交通智慧赋能	145
8.1	体系化——从智能走向智慧	145
8.2	适应社会质变的新型服务共同创造	149
8.3	城市交通体系的三元空间属性	155

第 9 章	城市交通治理信息化	163
9.1	从管理走向治理	163
9.2	跨界治理——寻求共同利益的协作	167
9.3	服务治理——保障与提升过程中的冲突协调	174
9.4	技术治理——项目制与共同创造	183

第 10 章	城市交通规划信息化	193
10.1	城市综合交通规划的编制和评估	194
10.2	城市交通规划中的信息化技术需求	204

10.3　典型案例　215

第 11 章　城市交通服务信息化　229
11.1　城市交通服务信息化概述　229
11.2　城市交通服务需求　234
11.3　城市交通服务供给　236
11.4　城市交通服务管理　241
11.5　典型案例　245

第1章
数字经济发展的机遇与挑战

习近平总书记指出:"数字经济发展速度之快、辐射范围之广、影响程度之深前所未有,正在成为重组全球要素资源、重塑全球经济结构、改变全球竞争格局的关键力量。"数字经济是以数据资源为关键要素,以关键数字技术创新应用为基础,以数字产业化、产业数字化为核心,以数字化生产、数字化消费、数字政府建设、数字全球化协同推进为特点的经济社会发展新范式。数字经济具有信息化引领、开放化融合与泛在化普惠的三大重要特征。[①] 在我国数字经济快速发展且已跻身世界数字经济发展水平前列的背景下,明确数字经济发展的主要挑战、战略部署和攻坚方向,对打造数字经济新优势,推动高质量发展具有十分重要的意义。

1.1 我国数字经济发展的现状及其对高质量发展的意义

1.1.1 我国数字经济快速发展

我国数字经济发展已经经历了四大阶段。以我国1994年接入国际互联网为标志,数字经济在我国发端,当时以信息内容服务为主要形式,1994—2003年是数字经济发展的萌芽阶段;以电子商务迅猛发展为标志,互联网向经济社会发展的各个领域不断拓展,2003—2013年是数字经济发展的起步阶段;党的十八大以来,以与数字经济相关的一系列战略目标的提出为标志,平台经济、共享经济等数字经济新业态不断兴起,2013—2019年成为数字经济的蓬勃发展阶段;以党的十九届四中全会首次将"数字"作为生产要素和《中华人民共和国国民经济和社会发展第十四个五年规划和2035年远景目标纲要》(以下简称《"十四五"规划纲要》)出台为标志,打造数字经济新优势成为数字中国建设的重要内容,数字化转型是整体驱动生产方式、生活方式和治理方式变革的坚实基础,我国数字经济迎来了高质量发展阶段。

---

① 参考梅宏《大数据与数字经济》,网址:http://www.qstheory.cn/dukan/qs/2022-01/16/c_1128261786.htm,访问时间:2022年1月24日。

根据中国信息通信研究院(以下简称"信通院")的数据,我国数字经济稳步发展,在国民经济中的地位越发重要。2012—2021年,我国数字经济规模从11万亿元增长到超45万亿元。2021年,中国数字经济规模达到45.5万亿元,同比名义增长16.2%,占GDP比重达到39.8%。即使在新冠疫情的冲击下,我国数字经济仍能保持稳定快速发展,凸显出数字经济极强的韧性和特殊的价值。

我国数字经济的内部结构持续优化。从构成来看,数字产业化规模达到8.35万亿元,占数字经济和GDP的比重分别为18.3%,7.3%;产业数字化规模达到37.18万亿元,占数字经济和GDP的比重分别为81.7%,32.5%,数字化转型提速。从行业来看,数字经济占农业、工业和服务业的行业增加值比重分别为10.6%,24.0%和43.2%,数字与产业的融合更加深入。从地区来看,数字经济发展水平与地区经济发展水平基本同步,北京、上海的数字经济GDP占比超过50%,全国领先;广东、江苏、山东等16个省市的数字经济规模已经超过万亿元;贵州(受政策支持,效能显著)、重庆的数字经济增速超过20%。[①]

1.1.2 数字经济推动社会高质量发展

1. 数字经济拉动后疫情时代经济复苏

发展数字经济是新一轮科技革命影响下经济发展的新趋势,新冠疫情更加快了这种趋势,因其对全球经济造成重大影响,数字技术得以快速发展并广泛应用,数字经济逆势崛起。伴随着生产生活领域的数字化转型需求快速扩张,政府和企业在工业互联网、服务业数字化转型以及智慧农业发展方面的意愿更加强烈,数字化的新基建、新产品、新服务供给不断升级,数字产业化、产业数字化转型提速增效。最新的经济数据已经表明,我国数字经济在疫情影响下仍然保持强劲增长,有力地支撑了我国统筹新冠疫情防控和经济社会发展的努力,数字经济已经成为中国经济应对后疫情时代的稳定器。数字经济创新性、活力性和可持续性强,必将成为后疫情时代推动我国经济复苏的关键引擎。

2. 数字经济促进构建新发展格局

党的十九届五中全会明确提出要加快构建以国内大循环为主体、国内国际双循环相互促进的新发展格局,发展数字经济能为构建新发展格局提供坚强支撑。第一,数字经济是经济发展的新蓝海。综合分析数字经济的市场和政策环境,我国数字经济的整体规模将持续扩大,数字产业化和产业数字化的结构将进一步优化,三次产业渗透的空间仍十分广阔,地区的数字经济发展也将更加协调,数字经济发展利于做强做优国内大循环。第二,数字经济在畅通生产要素流动、链接供给与需求等方面具有优势。企业可在数字化转型实现技术、产品和服务的供给能力提升,同时市场需求信息能更加及时准确地传导给企业。数据推动生产要素优化重组,将极大地促进供需平衡,畅通国内循环。第三,随着我国数字产品、数字服务的升级以及深度参与全球数字贸易,我国将更加深入地融入全球产业链、供应链,并攀升价值链,进而畅通国内国际双循环,在国际贸易和国际竞争中更具优势。

---

① 以上数据摘自《中国互联网发展报告》。

3. 数字经济赋能人民群众的美好生活

数字经济赋能百姓生活的路径既包括通过促进经济增长带动收入提高,又包括通过便利百姓生活改善民生福祉。数字经济不仅能够发挥数据要素的价值和作用,还能促进劳动力、资本、技术、土地等其他要素高效集聚,实现更优的要素投入,从而提高资源配置效率和全要素生产率,产生规模经济效应和范围经济效应,多渠道地促进经济增长。随着数字经济的发展,更多的劳动者在数字经济的新模式、新业态中就业、创业,数字经济增长的过程也是创造就业机会、提高收入水平的过程。数字经济的发展还具有明显的福利效应,能让人民群众共享高质量发展的成果。数字技术加速迭代,数字服务百花齐放,社交、购物、支付、新闻、教育、出行、游戏、音乐、(短)视频以及政务服务等应用推陈出新,极大地便利了人民群众的工作、学习、生活与社会交往,极大地丰富了人民群众的业余生活,同时也带来数字化消费规模的快速增长。通过数字经济赋能日常生活,人民群众的生活水平提高,生活幸福感、获得感和安全感不断加强,更多的美好生活需要得到满足。

4. 数字经济增强国家综合实力

数字经济健康发展有利于推动建设现代化经济体系,有利于提高国家技术实力与治理水平,有利于全方位提升我国综合国力,在新一轮的国际竞争中下好先手棋。数字经济与实体经济深度融合,共同构成国家经济体系。数字经济具有高创新性、强渗透性、广覆盖性,能促进经济发展由要素驱动转向创新驱动,能推动构建统一开放、竞争有序的市场环境,为构建现代经济体系提供强有力的支撑。数字技术是世界科技革命和产业变革的最前沿技术之一,发展数字经济,会促进关键数字技术的重大突破与全面应用。与此同时,政府将不断提高对数据进行治理和依靠数据进行治理的水平,数字政府和数字社会建设加快。

1.2 全球数字经济发展的现状与我国所处的位势

1.2.1 全球数字经济发展方兴未艾

当今世界处于百年未有之大变局,不稳定、不确定性因素增加。近年来,单边主义、逆全球化加剧,贸易保护主义抬头,经济全球化和多边贸易体制面临考验,世界经济变幻莫测。新冠疫情更是对全球经济带来深刻影响,世界经济出现了第二次世界大战以来最严重的衰退,进一步加速了世界格局的改变。在复杂的国际形势中,数字技术应用不断加快,传统产业加速数字化转型,新模式、新业态层出不穷,全球数字经济发展方兴未艾。在疫情防控中,数字经济成为各国经济稳定的重要保障,在稳定全球产业链、供应链和价值链中发挥了重要作用,有力地保障了全球抗疫工作。在后疫情时代,数字经济定是促进世界经济复苏、拉动世界经济增长的重要动力。

数字技术的创新突破引领了全球新一轮的科技革命和产业革命,也改变了国际合作与竞争的形态。各国的经济合作与竞争也从物理空间转移到数字空间,数据作为新的生产要素成为各国关注的焦点,数字经济成为各国抢抓发展机遇的关键。很多国家不断推出发展战略、制定治理规则,从顶层设计的高度加速数字经济布局,据经济合作与发展组织(Organization for Economic Co-operation and Development, OECD)2020年的统计,已经有34个国家制定了国家数字战略。美国商务部1998年就发布了《浮现中的数字经济》系列报告,2015年11月发布了《数字经济议程》,2021年美国国会又通过了《2021年战略竞争法案》和《2021美国创新与竞争法案》。欧盟2015年5月出台的《数字化单一市场战略》推动了跨境数字贸易的发展,2020年2月发布了《塑造欧洲数字未来》的数字化战略以及欧盟数据战略、人工智能白皮书,同年12月又发布了《数字市场法案》和《数字服务法案》,规范欧洲数字市场秩序。在数据治理、反垄断、数字税、人工智能伦理等方面,各国也已制定多样的数字经济治理规则。

信通院对美国、中国、日本、印度等47个主要国家的数字经济发展情况所进行的统计分析表明:2020年,47个国家数字经济增加值规模达到32.6万亿美元,占上述国家GDP总和的43.7%,较2018年规模增长了0.8万亿美元,全球数字经济名义增速下降至3.0%,但显著高于同期测算国家GDP名义增速5.8%。数字经济发展总体上与地区的经济水平和收入情况呈正相关,呈现出全球南北方差距较大、高收入国家与中高收入,以及与中低收入国家差别较大的特点。

1.2.2 中国数字经济发展处于世界前列

在国家层面,中国数字经济增速世界第一、规模稳居世界第二;在企业层面,中国多家数字企业位于全球数字企业前列。中国数字经济发展整体上位于世界前列。信通院的数据显示,2020年中国数字经济规模近5.4万亿美元,居全球第二位;同比增长9.6%,增速居全球第一。我国数字经济企业快速发展,在2019年福布斯公布的全球数字经济100强榜单中,中国(含港澳台)共有14家企业上榜,数量位列世界第二;在世界经济论坛发布的69家工业4.0时代的全球"灯塔工厂"中,中国共有20家工厂入选,其中有7家工厂的所有权完全属于中国。企业是数字经济发展的基本单元,一大批数字经济头部企业在世界范围内的崛起将在中国数字经济发展中发挥引领示范作用,并助力中国数字经济崛起。

需要指出的是,信通院的数据也从侧面表明,中国在产业数字化、三次产业数字化渗透等方面与发达国家、高收入国家还存在一定的差距;在数字经济规模、GDP占比上与排名世界第一的美国还有很大的差距。产业数字化是各国数字经济的主体。2020年全球产业数字化占数字经济的比重达84.4%,发达国家已经达到86.4%,高收入国家达到86.1%,而中国仅为80.9%,虽然相较于2019年进一步拉开了和中高收入国家(2020年占比为79.4%)的差距,但与发达国家和高收入国家相比仍然差距明显,产业数字化有待进一步推进。三次产业数字化渗透水平反映出数字经济发展的广度与深度。全球服务业、工业和农业的数字化渗透率分别为43.9%、24.1%和8.0%,发达国家则达到51.6%、31.2%和14%,高收入国家达到48.4%、28.8%和12.5%,中国则分别达到40.7%、21%和8.9%。根据上述数据可知,虽然中国三次产业数字化渗透水平已经不断提升,但与发达国家、高收入国家差距较大,产业数字化渗透有待进一步加深。特别是与数字经济排名世界第一的美国相比,其拥有雄厚的经济实力和创新能力,数字化消费市场需求大、购买力强,数字化生产起步早、应用广,数字经济发展现阶段全球领先。2020年,我国数字经济规模占GDP的比重比美国低26.4%,且较上年还拉大了1.6%,差距较大。

我国目前正处于新型工业化、信息化、城镇化、农业现代化快速发展的阶段,不仅拥有超大规模的内需市场,全球最完整、规模最大的工业体系,而且通信基础设施建设、网络覆盖率、网民规模及结构、互联网应用等都走在全球前列,拥有全球规模最大的光纤和移动通信网络、全球最大的5G网络、全球第一的网民规模。这些都是我国数字经济发展的基础性优势,要充分利用好这些优势,实现数字经济发展从世界前列向全球领先的跨越。

1.3 我国数字经济发展面临的主要问题和挑战

1.3.1 数字经济核心技术及创新能力有待加强

我国数字经济主要依靠互联网人口红利和市场红利而快速发展,数字经济的"消费端"成熟,"技术端"和"创新端"薄弱。我国在世界知识产权组织(World Intellectual Property Organization, WIPO)发布的《全球创新指数报告》中的排名由2021年的第34位上升到了2022年的第11位,且连续10年稳步提升。具体到数字经济创新领域,根据上海社会科学院信息研究所发布的《全球数字经济竞争力发展报告(2020)》,中国数字经济竞争力在全球排名位列第3,但数字创新排名仅为第21位,数字创新能力有待加强,核心技术"卡脖子"的问题亟待解决。具体而言,我国在集成电路、传感器、关键软件、控制系统、操作系统、人工智能等关键核心技术研发上还有较大的提升空间,与数字经济相关的前瞻性基础研究、引领性原创成果有待突破,数字化专业人才培养需要进一步增强。

1.3.2 数字经济发展的全面性与均衡性有待加强

我国数字经济整体发展较不平衡,在地区之间、城乡之间、人群之间都存在"数字鸿沟"。从整体来看,在数字产业化和产业数字化的构成中,数字产业化占比偏低;数字经济在三次产业中的渗透以服务业为主,特别是农业渗透较低;数字经济在教育、医疗等公共领域应用场景的准入问题尚处于探索之中,发展不平衡问题突出。由于新型基础设施建设存在较大的城乡和区域差距,互联网接入和智能设备使用也在人群之中存在分野,中西部地区、农村地区成为相对而言的"数字经济洼地",老年人群体在使用智能设备、进行数字消费上存在很大的困难,这已经形成一定意义上的"数字鸿沟"。要不断增强数字的全面性和均衡性,让更多人共享数字经济发展成果。

1.3.3 数字经济治理能力有待加强

数字经济治理是社会关注的焦点,特别是数据要素化、反垄断、数据跨境流动、数据伦理等问题有待解决。数据作为一种新型生产要素,由于数据资产地位尚未确立、数据确权仍在探索、数据流通存在障碍以及数据安全和隐私保护有待加强,数据要素化仍面临挑战。平台垄断问题近期备受瞩目,平台经济作为数字经济的核心形态,呈现着"强者越强"的马太效应,而且平台掌握着规范用户行为和制定运营规则的权力。随着规模的扩大,平台的掌控力进一步增强,出现了"大数据杀熟""二选一"等涉嫌垄断的行为。数据跨境流动方面,以城市交通领域相关的滴滴公司2021年在美国纽交所IPO上市为例,因美国新出台的《外国公司问责法案》对中国概念股信息披露提出了更严格的要求,由此引发社会各界对于数据跨境流动后安全性的担忧。在更深层的数据伦理方面,数字技术的应用带来如隐私泄露、信息安全、数据壁垒、数据鸿沟等一系列的伦理问题。目前,我国虽然已经针对上述问题出台了《中华人民共和国数据安全法》《中华人民共和国个人信息保护法》等基础性法律并对突出案件进行了处理,但是如何完善政策法规体系,如何把握监管的力度和边界,如何建立治理长效机制仍有待进一步探索,数字经济治理能力有待加强。

1.4 推动我国数字经济发展的基本思路和重点

近年来,我国对数字经济的认识不断深化,出台了推动数字经济健康发展的一系列政策,数字经济的战略定位越发凸显,数字经济发展的思路和重点也更加明确。党的十八大以来,特别是党的十九大提出建设"数字中国"后,数字经济发展相关的战略规划与配套政策加速出台,我国已经形成了以"战略规划引领、重点领域发力、基础建设保障、行业积极探索"为特点的数字经济发展政策体系。

1.4.1 战略规划引领

党的十九大明确提出建设"数字中国",这是对数字经济发展的战略总定位。而此前,"互联网+"行动战略、网络强国战略、国家信息化发展战略、国家大数据战略等已经相继提出,在2016年10月的十八届中共中央政治局第三十六次集体学习和2017年12月的十九届中共中央政治局第二次集体学习中,中共中央政治局先后作出发展数字经济的战略部署。更值得一提的是,党的十九届四中全会首次将数据作为第五大生产要素,中共中央、国务院2020年4月印发的《关于构建更加完善的要素市场化配置体制机制的意见》进一步明确了这一点,这体现了数据要素的重要价值,有利于促进数据要素的供给与流动,是国家战略层面对于数据、数字经济认识的进一步深化,对数字经济发展产生深层次、根本性的影响。规划加速战略落地,《中华人民共和国国民经济和社会发展第十三个五年规划纲要》首次将"拓展网络经济空间"作为独立篇章进行论述,并布局实施国家大数据战略;《"十四五"规划纲要》则进一步将"加快数字化发展,建设数字中国"单独成篇,对"打造数字经济新优势"进行了专章论述,不仅如此,多项专项战略规划也相继出台。2021年10月,中共中央政治局再次就推动数字经济健康发展进行第三十四次集体学习,2022年第2期的《求是》杂志发表了习近平总书记重要讲话的主要部分《不断做强做优做大我国数字经济》,对发展我国数字经济提出了更加明确的要求。这一系列顶层设计、战略布局协同发挥引领作用,推动数字经济行稳致远。

1.4.2　重点领域发力

聚焦数字产业化、产业数字化的重点领域和数字经济发展的核心议题,国务院办公厅、工信部等部委先后印发了《禁止垄断协议暂行规定》(2019 年 6 月发布,2019 年 9 月实行)、《关于促进平台经济规范健康发展的指导意见》(2019 年 8 月)、《中小企业数字化赋能专项行动方案》(2020 年 3 月)、《关于推进"上云用数赋智"行动 培育新经济发展实施方案》(2020 年 4 月)、《关于支持新业态新模式健康发展 激活消费市场带动扩大就业的意见》(2020 年 7 月)等重要文件。数字经济相关配套政策的出台为电子商务、大数据产业、企业数字化等重点领域和关键环节的发展明确了发展方向,完善了监管举措,有利于加速推进数字化转型,积极培育新模式新业态,深度融合数字经济与实体经济,促进我国数字经济由大到强,全面释放数字经济引领经济发展的新动能。

1.4.3　基础建设保障

国家不断出台与数字经济相关的技术发展、区域建设政策,为数字经济发展提供坚强支撑。在关键技术环节上,国家层面出台了《促进大数据发展行动纲要》(2015 年 8 月)、《新一代人工智能发展规划》(2017 年 7 月)、《区块链信息服务管理规定》(2019 年 1 月)、《关于深入推进移动物联网全面发展的通知》(2020 年 5 月)、《关于推动工业互联网加快发展的通知》(2020 年 3 月)、《工业互联网创新发展行动计划(2021—2023 年)》(2020 年 12 月)、《"双千兆"网络协同发展行动计划(2021—2023 年)》(2021 年 3 月)和《5G 应用"扬帆"行动计划(2021—2023 年)》(2021 年 7 月)等一系列政策,抢抓大数据、区块链、人工智能、工业互联网、5G 等先进技术发展的重大战略机遇,构筑支撑我国数字经济发展的技术优势、基础设施优势。在区域建设上,出台了《数字乡村发展战略纲要》(2019 年 5 月)挖掘数字经济在乡村振兴中的潜力,以及《国家数字经济创新发展试验区实施方案》(2019 年 10 月)进行区域性探索。

1.4.4　行业积极探索

以交通行业为例,数字交通是数字经济发展的重要领域。"数字交通是以数据为关键要素和核心驱动,促进物理和虚拟空间的交通运输活动不断融合、交互作用的现代交通运输体系。"在顶层设计层面,2019 年 7 月,交通运输部发布《数字交通发展规划纲要》,提出以"数据链"为主线,构建数字化的采集体系、网络化的传输体系和智能化的应用体系。同年 9 月,中共中央、国务院印发了《交通强国建设纲要》,强调大力发展智慧交通,推进数据资源赋能交通发展。随着战略规划的落地,交通信息化的重点工程和示范项目相继推出。2021 年 8 月发布的《交通运输领域新型基础设施建设行动方案(2021—2025 年)》部署了一批数字化、网络化、智能化的交通新基建重点工程,2021年10月发布的《数字交通"十四五"发展规划》又明确了"一脑、五网、两体系"主要任务。在政府部门大力推动的同时,市场主体也在积极探索,智慧交通呈现出蓬勃发展的态势。行业的重要企业腾讯已发布"We Transport""未来交通2.0"两个企业战略,利用大数据、5G、自动驾驶和车路协同等技术优势,探索智慧高速、智能网联、城市交通和智慧营运等技术方案,推动众多标杆案例落地。

综合来看,《"十四五"规划纲要》专章论述"打造数字经济新优势"从顶层设计的高度进一步阐明了我国数字经济发展模式下的基本思路和重点。《"十四五"规划纲要》提出了"加强关键数字技术创新应用""加快推动数字产业化""推进产业数字化转型"等数字经济发展的三大工作重点,布局了云计算、大数据、物联网、工业互联网、区块链、人工智能、虚拟现实和增强现实等数字经济七大重点产业,擘画出数字经济发展的宏伟蓝图。

从发展趋势看,数字产业化与产业数字化比翼齐飞,产业数字化是国内外数字经济发展的主攻方向,多地的数字经济规模和数字经济占比都已处高位且将继续增长;产业数字化方面,在保持电信业、电子信息制造业、软件和信息服务业、互联网和相关服务业平稳发展的同时,培育壮大新兴数字产业和积极构建基于5G的产业生态大有可为。从发展动力看,数字经济发展的基石在于科技创新,七大重点产业所对应的核心关键数字技术"叠加"将加速数字化、智能化和互联化,为数字经济注入更强有力的技术驱力,促进数字经济加速渗透。从发展的目的看,我国数字经济发展强调与实体经济深度融合,旨在以"双融合"全面支撑"双循环",为构建新发展格局和促进高质量发展提供强有力的支撑。

1.5 打造我国数字经济新优势的思考

1.5.1 建设数字政府,为我国数字经济发展营造良好环境

数字经济发展势必驱动治理方式的变革,因此要加快数字政府建设。数字政府建设不仅具有公共数据开放共享、政务信息化建设以及数字化政务服务的内涵,而且包括促进数字经济、数字社会建设乃至数字生态治理的外延。就促进数字经济发展而言,核心是依托数字技术提升对于数字经济乃至实体经济的调控能力和服务水平,为数字经济发展营造规范有序的外部环境。各地要结合自身资源禀赋和区域协同发展需要,不断加强体制机制创新,积极探索形成数字政府建设、数字经济治理的典型经验和特色模式。

以数字政府建设推动数字经济发展有三项工作需要重点推进。

一是适度超前部署新型基础设施建设。城乡新型基础设施是数字经济发展的重要载体,要加快智慧城市建设和数字乡村建设,加强数字技术和关键软件技术自主创新,将数字孪生技术等新模式广泛运用其中,将5G、数据中心、工业互联网、物联网等新型基础设施建设与此紧密结合起来,构建政府、市场和社会之间共建共享的良好合作生态,为数字经济发展提供技术保障和发展场域。

二是积极加强数据治理。各地要充分发挥大数据管理机构在数据治理中的核心作用,完

善数据采集、标注的标准与体系,促进数据开放共享,保障该生产要素的供给。同时着力开展数据确权与定价,构建数据交易平台,实现数据资产化。还可积极探索数据融资、数据信托、数据银行等数据资本化管理新形式,为数字经济发展不断扫除深层次障碍。

三是努力实现有效的数字监管。数字技术应用在产生福利效应的同时也为经济社会运行带来诸多挑战,要按照以人民为中心的发展思想规范数字技术使用,引导形成数字技术应用的伦理规范、价值遵循和底线原则,不断完善与数字经济发展相适应的政策法规体系,积极做好数字经济的行政审批、统计监测、日常监管和数字服务税征收等工作,妥善解决数据滥用、数字鸿沟、数据跨境流动、垄断和资本无序扩张等问题。

1.5.2 加速数字化生产,为我国数字经济发展提供不竭动力

基于传感器、软件和网络通信系统,数字化生产能够形成物与物、人与人,以及人机交互的新方式,实现生产(服务)者与消费者智能互联,实现原料、设备、人、产品(服务)等要素的实时联通。对企业而言,数字化生产能够促进生产过程向供应链与需求链两端延伸,提高全流程的生产效率;在工业、农业和服务业之中,数字化生产也能促进产业升级和产业融合,提高全要素生产率。

如今数字化生产转型已经开始,首先要瞄准重点的数字产业,例如集成电路、新型显示、通信设备、基础软硬件等领域,培育具有国际竞争力的大企业,形成完整的数字产业链和世界级的数字产业集群。与此同时,要以企业数字化生产为重点加速企业数字化转型。依托物联网、工业互联网基础设施,加快推进企业特别是中小企业"上云用数赋智",实现企业的数字化管理、智能化生产、供应链协同乃至智能化融资,探索形成以产品为中心、以消费者为中心的生产组织新形式,加快培育"专精特新"企业和制造业单项冠军企业。

要以一、二、三产业协同渗透为重点,加速产业数字化转型。在农业数字化转型方面,要不断拓展数字技术应用,加强全国农业农村信息化示范基地创建,进一步推进数字农业试点县建设,将试点成果适时推广。工业数字化转型则主要以"上云用数赋智"为抓手,持续推进工业互联网应用。服务业数字化转型不仅保持网络零售、网络支付、网上外卖的稳定发展势头,更需要促进战略性新兴服务业发展。数字化生产带来三次产业的多重链接,在促进农业、工业和服务业产业升级的基础上,可积极探索基于数字化生产的三次产业深度互嵌,形成新的产业融合形态。

经历了新冠疫情的冲击,在数字化生产中人们越发认识到数字化网链的重要性[①],数字化网链已经成为企业复工复产的助推器。传统的线下产业链多维单点连接,而工业互联网可以实现产业链的多点连接,使"单链"变"网链",这就改变了传统的要素流动方式与资源配置效率。构建数字化网链的基础是工业互联网建设,要打造世界级工业互联网平台,实现产业链、供应链、创新链各环节的众多企业与要素集聚,并且基于大数据和算法实现供需双方的智能

---

① 参考《数字经济,解构与链接——人文清华讲坛江小涓演讲实录》,网址:https://www.sppm.tsinghua.edu.cn/info/1007/5560.htm。

匹配，创造多类型、强深度的交互机会。这不仅将加快生产要素流动，提高资源配置效率，促进企业的模式转型，从而提升整个产业链的竞争力；更在出现产业链断裂时能够为企业进行智能化的接链和补链，从而保证产业链的稳定与安全。

1.5.3 创造数字化新消费，为我国数字经济发展挖掘内生潜力

数字化消费包括消费者直接对数字产品和服务的消费，也包括利用数字化手段实现的消费。根据中国互联网络信息中心和国家统计局的最新数据，截至2024年6月，我国网民规模近11亿，手机网民规模达10.96亿，互联网普及率达78%；网民的人均每周上网时长为29.0 h，2024年上半年移动互联网用户接入流量1 604亿GB。由网民人数乘以网民的人均上网时长能得到国民线上总时间，而数字化消费正是发生在国民线上总时间之中。我国的国民线上总时间具有超级规模，数字化消费随着国民线上总时间的增长而蓬勃发展。国家统计局数据显示，2020年，在全年社会消费品零售总额下降的情况下，全年全国网上零售额117 601亿元，比上年增长了10.9%，足见数字消费的空间与韧性。

诚然，由于网民人数和人均上网时长的指标已经较高，我国的确面临着国民线上总时间难以大幅增长的"天花板"，但新技术的发展必定会创造更多的消费机会和消费形态。随着5G、人工智能等数字技术的发展，数字企业可以开发新的数字产品和服务来不断满足消费者多样化、个性化的消费需求，我国数字化消费的潜力仍然巨大。如今，数字化技术已经通过链接人们的行为和活动来创造新的数字消费形式，在线教育、远程医疗、智慧体育、智慧出行、智慧娱乐等各种数字化消费生态跨界成长。下一步，要充分发挥海量数据和丰富应用场景的优势，加强数字技术应用和新数字产品研发，让数字化消费覆盖工作、学习、消费、娱乐、社交等更多的应用场景，也可探索利用数字消费补贴刺激数字消费增长，不断挖掘数字化消费的潜力。

1.5.4 融入数字全球化，为全球数字经济发展贡献中国力量

习近平总书记在致第四届世界互联网大会的贺信中曾指出，"中国希望通过自己的努力，推动世界各国共同搭乘互联网和数字经济发展的快车"。数字全球化是世界全球化和信息化发展的新趋势，我国应从全球数据治理和全球数字贸易治理两个层面积极融入数字全球化。数据是数字经济发展的基础，大规模的数据跨境流动在全球数字经济发展中也是大势所趋。融入数字全球化会涉及数据储存、隐私保护、数据伦理、网络安全、数据流动监管乃至数据主权等一系列基础性的问题，我国要在加强数据治理特别是规范数据跨境流动上积极探索，并且广泛参与到全球数字跨境流动制度设计中，为深度融入数字全球化奠定基础。

全球数字贸易发展是数字全球化的集中体现。随着数字经济在各国的快速发展，全球数字贸易蓬勃兴起。信通院数据显示，2023年全球数字贸易规模达4.25万亿美元。作为一种全新的全球贸易形式，数字贸易的贸易方式与贸易对象数字化转型，会带来数字产品和服务的供给与消费全球性增长，带来国际制造分工体系、服务分工体系以及创新体系的深刻调整。数字贸易对全球产业链、供应链和价值链具有深远影响。要不断提高对数字贸易重要性的认

识,依托自贸区建设和国家数字服务出口基地建设等开展全球数字贸易体制机制改革试点,扩大数字服务领域对外开放,稳步提升我国的全球数字交付服务贸易规模,深度共享世界先进数字技术和数字经济产品。并且通过世界贸易组织(World Trade Organization, WTO)、《区域全面经济伙伴关系协定》(Regional Comprehensive Economic Partnership, RCEP)、《全面与进步跨太平洋伙伴关系协定》(Comprehensive and Progressive Agreement for Trans-Pacific Partnership, CPTPP)和《数字经济伙伴关系协定》(Digital Economy Partnership Agreement, DEPA)等多边合作机制积极参与全球数字贸易规则谈判,在贸易自由化便利化、知识产权保护、数字服务税等重要议题上提出中国方案、发出中国声音。

"十四五"时期是我国数字经济发展的重要战略机遇期。要站在中华民族伟大复兴战略全局和世界百年未有之大变局的高度,深刻把握数字经济发展的趋势和规律,在危机中育新机,于变局中开新局,抢抓战略机遇期。通过建设数字政府、加速数字化生产、创造数字化消费、融入数字全球化,打造数字经济新优势,推动高质量发展。

第 2 章
区块链技术与价值

2.1 引言

  区块链是以比特币为代表的数字加密货币的底层支撑技术。随着比特币近年来的快速发展与普及,区块链技术的研究与应用也呈现出爆发式增长态势,有望成为继以大数据、云计算、物联网和移动互联网为代表的信息技术时代之后正在到来的智能技术时代的新动能和新引擎。区块链技术是一种全新的去中心化基础架构,可以为以数据安全和信任为基础的智能产业的发展奠定坚实的基础。同时,区块链技术作为新兴智能技术的典型代表,其影响会渗透到各个领域,并在金融、经济、科技和政务等诸多领域产生积极的影响。因此,区块链技术受到研究者和投资者的热捧,许多国家政府和金融机构纷纷投入大量人力物力来研究区块链技术。

  区块链技术起源于 2008 年一名化名为"中本聪"(Satoshi Nakamoto)的学者在密码学邮件组中发表的一篇奠基性论文——《比特币:一种点对点的电子现金系统》。迄今为止,以比特币为代表的数字加密货币仍然是区块链最为成功的应用场景。理想的比特币系统是一个完全去中心化的电子现金系统,是一种支持比特币自主发行和流通的分布式支付系统,不依赖于第三方(比如金融机构)。比特币区块链的第一个区块创建于 2009 年 1 月 4 日,被称为创世区块,是比特币系统所有区块的共同祖先。一周后,中本聪给密码学家哈尔·芬尼(Hal Finney)发送了 10 个比特币,这也是比特币历史上的第一次交易。2010 年 5 月,佛罗里达州一名程序员使用 1 万比特币购买了价值为 25 美元的比萨优惠券,这也是第一次把比特币当作现实生活中的货币进行的交易,从而也诞生了比特币的第一个公允汇率。此后,比特币价格不断攀升,并于 2013 年 11 月创下了早期历史的第一个价格高点,每个比特币能兑换 1 242 美元,超过同期每盎司黄金的价格。据 CoinDesk 估算,目前全球约有 6 万家商家接受比特币交易,中国在比特币交易数量上超过其他国家和地区。

  目前,区块链技术尚处于早期发展阶段,尚未形成行业公认的定义。2016 年,《区块链技术发展现状与展望》一文首次提出了区块链的狭义和广义定义,狭义来讲,区块链是一种按照时间顺序将数据区块以链条的方式组合成特定数据结构,并以密码学方式保证不可篡改和不可伪造的去中心化共享总账,能够安全存储简单的、有先后关系的、能在系统内验证的数据。广义的区块链技术则是利用加密链式区块结构来验证与存储数据、利用分布式节点共识算法来生成和更新数据、利用自动化脚本代码(智能合约)来编程和操作数据的一种全新的去中心化基础架构与分布式计算范式。

区块链可用于构建分布式、去信任的点对点价值交换系统,具有去中心化、可追溯性、集体维护、可编程性和可信性等特点。

去中心化:区块链的核心优势之一。区块链采用分布式网络结构,通过综合运用数据加密、时间戳,特别是分布式共识和经济激励等手段,在海量无信任的分布式节点间建立信任关系,实现基于去中心化信任的点对点交易、协调与协作,从而为解决中心化系统普遍存在的高成本、低效率和数据存储不安全等问题提供了全新的解决方案。

可追溯性:指交易的每次变更都会按照时间顺序记录在区块链上,前后关联,可以查询交易从发布源头到最新状态间的整个变更流程。区块链采用带有时间戳的链式区块结构存储数据,任意一条数据皆可通过链式结构追溯其本源,保证了数据的准确性和完整性,具有极强的可验证性和可追溯性。

集体维护:区块链是一种全民参与记账,共同参与记录和存储交易信息的方式,共同维护交易数据库,为了保证分布式系统中所有节点均能参与数据区块的验证过程,系统采用了特定的经济激励机制(如比特币的"挖矿"),通过共识算法来选择一个节点生成一个新的区块,并将新区块添加到区块链。

可编程性:以太坊(Ethereum)等平台上支持的智能合约为区块链增添了可编程属性。用户可以通过建立智能合约,将预定义规则和条款转化成可以自动执行的计算机程序,高效地解决了传统合约中依赖中介等第三方维系、合约执行成本高等问题,降低了合约参与方违约风险和诚实合约方的经济损失。

可信性:区块链采用非对称密码学技术对交易各方的敏感信息进行了加密处理,仅有权限节点才能访问或使用,从而保护了用户的隐私信息。相比传统的中心化数据库,利用哈希函数的单向性、数字签名的防伪认证功能和分布式共识的容错能力,区块链保证了数据的不可篡改和不可伪造性。交易等数据经验证达成共识被写入区块链后,任何人无法对数据进行修改和抵赖,也无法通过有效手段伪造可通过验证的交易,更无法伪造整条交易变更记录,极大增加了攻击者恶意篡改、伪造和否认数据操作的攻击难度和成本,有效提升了数据的安全性。

区块链技术的爆发式发展态势也已经引起国内外政府部门、金融机构、科技企业和资本市场的高度重视与广泛关注。英国、美国等国家与地区,以及类似欧盟这种组织高度关注区块链发展。2015年12月,英国政府科学顾问向英国政府提交了《分布式账本技术:超越区块链》,预测区块链将引起新一轮技术变革,建议加快区块链理论推广与应用开发的进程。2016年,世界经济论坛也对区块链在金融场景下的应用进行预测分析,认为区块链将在跨境支付、保险、贷款等多方面重塑金融市场基础设施。2017年,欧盟网络与信息安全局(European Union Agency for Network and Information Security,ENISA)发布《分布式账本技术与网络安全:提升金融部门信息安全》,结合传统网络空间安全问题,分析了区块链面临的安全技术挑战。2018年1月,美国国家标准与技术研究院(National Institute of Standards and Technology,NIST)发布了

《区块链技术总览》,总结了区块链应用在区块链控制、恶意用户、无信任和用户身份等方面的局限性和误区。

我国工信部也于 2016 年 7 月印发了《关于组织开展区块链技术和应用发展趋势研究的函》(工信软函[2016]840 号),并于 10 月发布《中国区块链技术和应用发展白皮书(2016)》。2016 年 12 月,国务院将区块链技术写入"十三五"规划,认定其为"需重点加强的战略性前沿技术";2017 年 8 月,国务院再次签发指导意见,强调"鼓励开展基于区块链、人工智能等新技术的试点应用"。2018 年 5 月,习近平总书记在中科院院士大会上首次提到区块链技术,标志着区块链技术已经与人工智能、量子信息和物联网等技术共同成为我国亟待发展的战略性前沿技术。2019 年,习近平总书记在中共中央政治局第十八次集体学习中强调区块链是我国科技自主创新的重要突破口。

以金融、科技公司为首的产业界也相继加入区块链技术的研发中来,如国际上的 IBM、摩根大通、微软和国内的百度、腾讯、阿里巴巴、京东等。为了推进区块链技术的研究和应用,国内外先后成立区块链联盟。2015 年,R3CEV 区块链联盟成立,成员包括摩根士丹利、高盛、汇丰等,致力于探索区块链技术在金融行业的应用产品。同年,Linux 基金会发起超级账本项目(Hyperledger),IBM、Intel、摩根大通等企业加入,致力于企业级区块链应用平台的研发。国内则先后成立了中国分布式总账基础协议联盟和中关村区块链产业联盟等,关注区块链技术的理论创新和应用推广。一个渐趋完善的区块链产学研用生态系统正在形成。

2.2 区块链的关键技术

2016 年,袁勇等发表的《区块链技术发展现状与展望》一文中提出区块链"六层模型"是由自下而上的数据层、网络层、共识层、激励层、合约层和应用层组成。本节将分别从这六个层次出发,概述区块链领域的关键技术。

2.2.1 数据结构

与传统的分布式系统相比,区块链实现了在复杂、开放和缺乏信任的互联网环境下的分布式计算与存储,其数据层封装了底层数据区块、相关的数据加密和时间戳等技术,主要担负分布式存储功能。全网数据是存储在由多方共同维护的去中心化的集群中,任何一方都遵照严格的规则与共识以保持数据的一致性,因此实现了一个不可篡改、可追溯的、公开透明的数据库。

为了满足特定领域、特定场景的数据管理需求,研究人员基于区块链设计了与业务相关的、自定义的数据结构。例如,为解决医疗机构之间数据共享的难题而提出了基于区块链的医疗数据共享模型;为改进传统中心化电力能源系统而提出了分布式智能电力能源系统区块链群;在数据层中融合智能交通的车辆、固件等物理设备的特性,设计了交通领域的区块结构,并创造出基于区块链的智能交通系统(Intelligent Transportation System, ITS);通过将数据来源嵌入区块链事务中,来收集和验证云数据的来源,以提高云数据存储的安全性;以及区块链与智能设备相结合而提出的数据范式与安全框架,旨在为智慧城市提供一个安全的通信解决方案。如上所述,与领域相结合的链式结构的改进、创新与研究如雨后春笋。

在产业实践中,区块链数据层的结构自身也在不断演化。物理存储方面,由最初的文件系统逐步向键值对数据库迁移;逻辑模型方面,由基于交易的 UTXO 模型向基于账户的模型演进;数据结构方面,比特币最初采用的是链式结构;以太坊引入了肯定区块有效性的 Ghost 协议,使数据结构实质上由链式向树形结构转变;适用于物联网支付场景的 IOTA 平台提出称为"缠结(Tangle)"的有向无环图(Directed Acyclic Craph, DAG)拓扑结构,Swirlds 则提出哈希图(Hash Graph)结构,从而将数据结构由"树"演进为"图"。

与传统数据库系统相比,区块链数据存储具有不可篡改、可追溯、高可用性等特点,但是随着交易量与数据量的剧增,区块链的不足日益凸显,亟待改进,主要表现为以下几个方面。①吞吐量:相关数据显示,比特币交易量限制在约 7 笔/s,以太坊是约 20 笔/s,而较为成熟的金融机构,如 Visa 吞吐量高达 5.6 万笔/s,彼此之间巨大的鸿沟也一直困扰着金融机构对区块链技术的使用。②查询统计:相较于传统数据库,区块链数据层底层实现一般基于键值数据库甚至文件系统,因此从机制上难以满足复合查询统计,其数据访问机制亟待完善。③访问控制:当前区块链平台的数据都是公开透明地存储在每个全节点,除了数字签名,基本没有其他安全访问控制机制,如何针对区块链设计去中心化的访问控制机制也是亟待解决的问题。

为解决上述问题,区块链引入分片技术,全网交易按片分配,使得数据的存储尽可能均衡,以提高性能;为了提高交易处理能力,增大区块、隔离见证、闪电网络等方案不断提出,区块扩容也在不断演进;基于零知识证明和同态加密的隐私保护、访问控制方案也初见端倪;为区块链构建插件化的数据访问组件也出现了相关产品。

因此,未来区块链数据层的技术和底层拓扑结构的重点研究与可能的突破将在如下方面:①节点数据由完全复制转向分量存储是趋势,迫切需要适用于区块链的分片存储机制的研究;②扩容模式是目前提高吞吐量的有效方案,是未来的突破方向;③零知识证明、同态加密等如何与数据层相适配,将会是今后推进的热门方向;④面向区块链的数据分析机制是未来研究的必然方向。

2.2.2 通信网络

网络层封装了区块链系统的组网方式、消息传播协议和数据验证机制等要素,其传播协议和数据验证机制是区块链网络层的基石,可以针对不同的实际应用场景进行特定的设计。传统中心化网络系统需要强大的服务端与足够的带宽来支撑,区块链一般采用的是点对点(Peer to Peer, P2P)对等网络,其特点是参与者既是资源(服务和内容)提供者(Server),又是资源(服务和内容)获取者(Client),网络节点以"扁平(Flat)"拓扑结构相连,每个节点均具备路由、广播交易等功能,彼此交互协作,网络整体可靠、自治。因此,区块链系统可以在没有中心服务器的情况下达到快速同步数据,保持一致性。全网数据同时存储于所有节点之上,即使部分节点失效,也不影响主链的运行,保持整体网络的高可用性。相比于基于中心化结构基础上的多重备份的云存储模式,"去中心化"存储的区块链具有更高的数据安全性。

P2P 网络虽然不是区块链的创新点,但作为其支撑技术,网络的质量决定产品的成败。因此,区块链网络层技术与架构不断更新迭代。比特币构建了最初的区块链网络层雏形,是一种全分布式非结构化的 P2P 网络,这类网络的特点是任何节点可以自由加入或者退出网络,没有中心节点,网络中的节点地理位置分散但关系均等,整个网络结构呈随机图结构。目前,比特币网络是规模最大的区块链网络,后继平台基本上都是在比特币基础上进行改进的。比特币的网络协议缺乏有效的节点地址管理,无法精准定位节点。为此,以太坊采用的是全分布式结构化 P2P 网络,基于 Kademlia(Kad)协议实现快速精准地址查找;而后为提高系统吞吐量以支持高频交易,以太坊 2.0 引入分片技术,将整个区块链网络划分成大小相同的多个分片以实现资源均衡;相应地,联盟链的代表——超级账本 Fabric 采用 Gossip 作为 P2P 网络传播协议,构建了半分布式 P2P 网络以适用于企业应用场景。Fabric 提出了多通道方案,将整个区块链网络划分为多个逻辑上的通道,每个节点根据自己需要参与的交易,来选择加入相应的通道,以此实现系统扩展与隐私保护。Multichain、Monax 等平台提出了多链/侧链的方案,Blockstream 推出元素链,都从网络层级实现并发执行,提高系统可扩展性,而且链间隔离是天然的隐私保护;Polkadot 和 Cosmos 提出跨链通信,打破不同区块链间壁垒,实现异构的区块链平台的互联、互通与互信。平行区块链为诸多网络方案的试验、迁移与优化提供了系统的解决方案。

综上所述,未来区块链网络层重点研究与可能的突破将在以下几个方面:①突破单链方案的局限性,多链/侧链方案可以使互不相关的交易并发执行,且链间隔离加强数据的隐私保护,多链/侧链架构下的可扩展性、隔离性、高性能、互操作等特性是单链无法比拟的;②由于区块链自身特点,恶意节点可以非常轻易地接入网络,并监听通信数据,通过交易溯源、账户聚类等技术获取用户身份、交易隐私,因此,研究效率、性能、易用性更好的匿名通信机制是网络层隐私保护的未来方向;③区块链网络节点性能与安全能力参差不齐,很难对地理位置分散的众多节点要求配备相同的安全措施与防御功能,攻击者可以寻找安全薄弱的节点入侵区块链网络,因此,区块链网络层安全方面防范研究十分必要;④众多异构的区块链平台犹如互联网中的网站一般,跨链技术可以实现它们之间的通信和交互,如何设计出如同 TCP/IP 于互联网般奠基性网络层协议,构建万链互联是未来的发展重点。

2.2.3 共识算法

共识层在网络层提供的网络环境的基础上部署共识机制,保证 P2P 网络上的节点可以维护一份交易内容和交易顺序均相同的账本,是区块链最大的创新点和核心架构。考虑到网络层不可信的网络环境,区块链上的共识机制要满足一致性(Consistency)和活性(Liveness)两个安全属性。一致性具体指网络中任意两个节点都保存一份相同的区块链账本。活性则要求任意有效的交易都将经过网络节点达成共识后,被记录在区块链上。区块链上的共识机制的安全性也常用拜占庭容错率来衡量,即共识机制可以承受恶意攻击的节点比例。除此之外,一般区块链还支持节点自由加入和离开。相应地,共识机制的设计也需要考虑是否支持节点数量和交易数量的扩展,即是否具有可扩展性。

共识问题是社会科学和计算机科学等领域的经典问题。早期解决共识问题的算法被称为分布式一致性算法,主要面向分布式数据库,典型代表是 Paxos 和 Viewstamped Replication (VR)等。早期的共识机制大多不考虑拜占庭容错问题,即系统仅能承受部分节点宕机或者网络故障。当恶意节点进行(篡改、伪造数据等)恶意攻击时,这类分布式一致性算法无法保证消息传输的一致性。实用的拜占庭容错协议既解决了 Paxos 等早期分布式一致性算法不支持拜占庭容错的问题,支持 1/3 容错率,也降低了原始的拜占庭容错算法复杂度,增强了拜占庭容错算法的可行性。随着比特币的出现和区块链技术的兴起,工作量证明(Proof of Work, PoW)作为区块链上的共识机制备受关注,也衍生出权益证明(Proof of Stake, PoS)等多种变体。

区块链的共识过程一般包括选主、造块、验证和上链四个步骤。首先,共识机制从参与共识的节点中随机选出记账节点作为领导;其次,由领导节点打包交易并生成新区块;再次,其他节点对新区块中的交易数据和区块信息进行验证;最后,若新区块可通过验证,则将新区块链接到主区块链上。网络中的节点循环执行这四个步骤,共同维护区块链稳定增长。

目前,区块链上支持的主流共识机制包括 PoW、PoS、传统一致性算法以及各种基础协议的改进和不同协议的结合等。

PoW 是比特币区块链采用的共识机制,最初的设计是为了解决垃圾邮件问题。在比特币中的 PoW 可以描述为求解一个满足哈希函数 SHA256 部分碰撞的原像问题。所有节点都可以通过穷举方式求解 PoW 问题竞争记账权。在网络中诚实节点拥有的算力占多数的假设下,PoW 的安全性得以保证。然而,PoW 具有资源能耗大、扩展性差等缺点。在比特币中,平均每 10 min 产生一个区块的挖矿难度设定和受限的区块大小,造成每秒最多处理 7 笔交易的效率问题。众多节点重复解决 PoW 问题,更浪费了大量电能。

面对比特币 PoW 可扩展性差、能耗大等问题,Bitcoin-NG 和 Byzcoin 方案将 PoW 与拜占庭容错协议或其他多方协议结合,尝试将选主和交易验证操作进行分离,使得交易验证无需等待选主结果,实现选主和交易验证的并行执行。但是,在下一个领导出现之前,共识的安全性和效率完全依赖当前领导。一旦领导节点恶意,那么这一阶段区块链的安全性和效率将很难保证。Elastico, OmniLedger 等方案通过网络分片等方式,由不同分片并行处理不同的交易集合,交易吞吐量也随着分片数量的增加而增加,提升了区块链的交易吞吐量。但是,分片技术在提升共识效率的同时牺牲了安全性,容错率降低,去中心化特点也受到威胁。

为了解决 PoW 的能耗问题,研究人员相继提出了空间证明(Proof of Space, PoSp)和有用的工作量证明(Proof of Useful Work, PoUW),分别将需要大量算力求解的哈希函数部分碰撞原像问题改为需要大量空间存储的计算问题和有实际应用价值的数学问题。消逝时间证明(Proof of Elapsed Time, PoET)和运气证明(Proof of Luck, PoL)则借助可信硬件来完成随机选主操作。

PoS 概念最初出现在比特币论坛中,首次在点点币中得以实现,主要思想是各节点依靠自己拥有的权益值来竞争记账权,拥有的权益越多,该节点获得记账权的概率就越大。PoS 根据权益分布随机分配记账权,不需要穷举求解,解决了 PoW 能耗大的问题。由于区块链实际网络环境复杂,单纯的 PoS 方案的安全性受网络状况影响严重,很难保证一致性和活性。对于 PoS 的研究可以分为三个方向:①利用 PoS 模拟 PoW 的随机选主过程;②将 PoS 与 PoW 结合,尝试在安全性、扩展性和能源消耗等维度寻求平衡；③将PoS与拜占庭容错协议结合，利用拜占庭容错协议保障PoS的安全性。

如何控制区块的产生速率是利用PoS模拟PoW需要解决的关键问题。PoS的随机选主过程很有可能在一小段时间内选出多个领导，造成区块链分叉。因此，PoS在提升扩展性的同时也要兼顾共识的安全。点点币中使用的PoS将代币面额和币龄作为节点的权益，规定了1 s仅能进行一次计算，在一定程度上限制了PoS的选主时间间隔，但是仍然无法保证稳定的选主速率。Ouroboros方案利用安全多方计算来提供PoS选主的随机性，在节点保持在线的情况下可以实现区块链的稳定增长，既控制了选主速度，也在安全性假设下保证了共识的一致性。

行动证明(Proof of Activity，PoA)和二跳(2-hop)等共识算法致力于取长补短，解决PoW与PoS存在的能源消耗与安全风险问题。PoA和2-hop的核心思想都是通过PoS和PoW交替进行共同完成选主过程，将PoS在效率方面具有的明显优势和PoW在实际应用中的安全性相结合，兼顾共识的安全性、扩展性和能源消耗问题，也可以防止权益优势节点或者算力优势节点对共识过程的控制，避免中心化问题。但是，PoS与PoW相结合的共识方案并不能完全弥补对方的缺点，这类方案还需要消耗一定的电能资源。另外，在2-hop方案中，具有绝对算力优势的攻击者可以产生一个更有利于自己的区块。即使攻击者不具备超过50%的权益，但是仍可以增加自己在后续PoS过程中获胜的概率。

PoS还可以与传统的拜占庭容错算法相结合，既利用PoS抵御拜占庭容错算法中普遍存在的女巫攻击，又利用拜占庭容错算法保证选主的稳定性和共识一致性。Tendermint使用区块、哈希链接、动态验证器集合和循环的领导者选举，实现了第一个基于PBFT的PoS共识算法。Algorand是一种可扩展的快速拜占庭容错共识算法，该算法利用PoS构造密码抽签技术选择共识过程需要的验证者和领导者，并通过BA*拜占庭容错协议对新区块进行多轮投票，最后输出唯一的共识结果。Algorand只需极小计算量且极少分叉，被认为是真正民主和高效的分布式账本共识技术。但是，Algorand无法有效解决PoS共识普遍面临的无利害(Nothing-at-Stake)攻击，要求参与共识的所有节点都要保存完整的区块链副本，占用过多空间资源的问题。

就目前的研究现状而言，区块链上的共识机制未来发展主要侧重于设计兼顾安全性、扩展性和去中心化的新型共识算法；共识算法与激励机制的适配优化；完善的理论证明与性能评估体系三个方向。

安全性、扩展性和去中心化被称为区块链共识机制的"不可能三角"，是区块链共识机制设计需要考量的三个要素，现有的共识算法很难实现三者兼顾。随着新的分布式共识技术、区块链的拓扑结构、密码学技术的发展，区块链上支持的共识机制将得到进一步发展。在去中心化的开放网络中，设计能抵御高阈值攻击的可扩展共识机制将是未来主要的发展方向。

区块链的共识机制与激励层的激励机制紧密耦合。去中心化的共识机制需要激励机制驱动，趋利的节点将会为了获得经济上的激励主动地加入区块链共识过程中来。共识机制的安全性与参与共识的节点数量相关，大量节点参与共识，区块链的去中心化和安全性将得到较强的保证。因此，根据不同共识机制的协议特点设计激励相容的激励机制是维系区块链稳定增长的重要环节。

区块链的发展日新月异,在不断完善发展的同时也要加快标准化进程。由于共识机制采用的基础协议各不相同、网络环境复杂,对 PoW 和 PoS 等共识机制的理论证明大多局限在相对理想的模型中,有待进一步完善。实际应用中也涌现出一些新型的共识机制,需要安全性和性能效率等多方面的评估。区块链共识机制涉及计算机、经济学、社会学等多方面技术理论,需要建立多学科多维度的评估体系,将是未来共识机制的热点。

2.2.4 激励机制

激励机制是区块链生态系统的核心要素,对于区块链挖矿产业的整体有效性和稳定性,以及矿池和矿工的盈利性都有重要意义。现有文献中对于激励机制的研究还非常匮乏,就现状而言,建立一套行之有效的激励机制评估方法体系,从理论上定性与定量相结合地评估激励机制的激励相容性,是目前需要解决的关键问题。现有研究主要聚焦于区块链挖矿奖励机制、交易费定价机制以及策略性行为研究。

区块链挖矿奖励机制及其激励相容性在区块链生态系统中占据重要地位。如果机制不具有激励相容性,则必将驱使矿工通过策略性挖矿行为来提高其收益。目前已有学者提出了多种可行的矿池奖励分配机制,如 Slushes 方法、Geometric 方法、Pay-Per-Share(PPS) 和 Pay-Per-Last-N-Shares(PPLNS) 机制等,其中按比例分配、PPS 和 PPLNS 是产业实践中最常用的三种机制。现有研究表明 PPLNS 奖励函数不是激励相容的,可以通过博弈论模型来应对矿工通过延迟向矿池汇报所发现的部分解(Share)来增加收益的情况。

交易手续费是区块链生态系统的重要经济激励,现阶段矿工和矿池主要采用贪婪策略,根据手续费用和交易大小依序将交易封装到区块中。这种机制不仅无法解决交易拥堵问题,还在一定程度上造成了交易费用的持续上涨,对区块链生态系统的持续活力产生不良影响。从长期来看,随着固定的新区块奖励减少,挖矿难度的增加,交易费将是激励矿工挖矿的唯一途径。但是,如果交易费用完全由去中心化市场决定,而且区块大小没有限制,最终交易费用可能趋向于零,并且矿工们将失去必要的挖矿激励,从而使整个区块链系统丧失活力。

交易费用在比特币区块链系统从基于挖矿的结构到基于市场的生态演化过程中扮演着重要角色。高额交易手续费虽然会导致较快的交易确认,但是将阻碍比特币发展为小额支付工具。而且,当区块不拥堵时,交易费市场并不能很好地提取挖矿收益,固定的交易费用等价于为区块大小设置上限。在存在交易拥堵的排队博弈中,用户的均衡交易费用等于交易施加的外部效应。因此,均衡交易费用与利用 VCG 拍卖机制售卖服务优先权所支付的费用相一致。针对目前市场实践的交易费用拍卖机制,可以设计一些更优的替代拍卖机制,例如垄断价格机制、随机取样最优价格机制等,这些机制更有利于从用户处获得收益,且近乎是激励相容的。

区块链挖矿可被看成是区块链生态系统中所有矿工的竞争性博弈。如果有多个正确的区块被挖到,只有最先被确认的区块可以获得区块奖励,其他区块将被抛弃。因此,矿工需要在挖到新的区块时尽快广播。现有研究表明,当矿工具有较小计算力时将会按照比特币设计者的期望行为进行决策,而当矿工具有较大计算力时将偏离该期望行为。

扣块攻击是指在某一时间段内扣留新挖到的区块暂不公开,并等待合适的时机广播其全部区块。自私挖矿是指在挖到一个新区块时,不立即广播,而是私自扣留新发现的区块,从而欺骗整个区块链网络,并带来更高的收益。这种攻击的前提是对于算力(即挖矿速度)的比拼。自私挖矿行为对区块链的安全性会造成损害。现有研究表明,进行自私挖矿的攻击者只需要拥有全网 1/3 的算力,就可以保证获取更多的收益。因此,区块链中自私挖矿和扣块攻击行为的存在,将造成对算力资源的浪费和诚实挖矿行为极大的损害,这会降低矿工诚实挖矿的积极性。

跨链套利和跨矿池套利是矿工提高收益的主要策略性行为。由于矿池奖励分配机制的不同或者是同源分叉链(例如比特币 BTC 和比特币现金 BCC)难度调整机制和代币发行机制的不同,同一矿工在不同的矿池和分叉链挖矿时可能具有不同的获胜概率。因此,为最大化其收益,理性的矿工通常选择加入具有较高获胜概率的矿池或分叉链,而暂时离开具有较低获胜概率的矿池或分叉链。显然,在一个可跳跃的矿池中连续挖矿对于矿工来说是不利的,特别是在采用按比例或 Slush 方法进行收益分配的矿池中,矿池跳跃(Pool-Hopping)时常发生。这种跨链套利或跨矿池套利的策略性行为可使矿工获得高于其实际算力的收益,并损害诚实矿工的收益和矿池的稳定性。就跨链与跨矿池套利而言,相关研究还非常少,现有研究主要侧重于矿池选择的静态优化策略而非动态套利策略。

显然,矿工与矿池的策略性行为已经成为区块链领域的热点,出现了大量相关研究论文。然而,这些研究均是从还原论的角度出发,相对孤立地考察策略性行为的优化问题,而并没有将其与区块链共识机制和激励机制设计问题相结合。其直接的影响是使这些研究结论的适应性较差,即在共识和激励机制这一输入约束发生较小变化的前提下,结论中的策略性行为是否仍然成立值得商榷。因此,将机制设计与策略性行为相结合,研究二者的耦合和相互作用机理是十分必要的。

2.2.5 智能合约

智能合约(Smart Contract)的概念源于 1994 年由美国计算机科学家、法律学者和密码学专家尼克·萨博(Nick Szabo)提出并定义为"一套以数字形式指定的承诺,包括合约参与方可以在上面执行这些承诺的协议"。萨博将智能合约比作自动贩卖机:一方选择执行某个动作(将硬币投入贩卖机),然后贩卖机根据相应动作作出回应(提供商品并找零)。但此后由于计算条件的限制和应用场景的缺失,智能合约在很长一段时间内没有得到广泛应用。

直到 2008 年比特币横空出世,人们发现其底层技术区块链与智能合约天然契合,区块链逐渐成为智能合约最主要的计算场景,智能合约重焕生机并被赋予了新的含义。区块链上智能合约可看作包含了若干组"情景-应对"型规则,去中心化、可信共享的计算机程序,具有区块链数据分布式验证及存储,不可篡改及伪造等一般特性。具体而言,智能合约各签署方就合约内容、违约条件、违约责任和外部核查数据源达成一致,并检查和测试合约代码无误后,将智能合约部署在区块链上,即可不依赖于第三方机构,在预定条件满足时自动强制地执行合约条款。

目前,学界与产业界尚无公认的智能合约定义,狭义的智能合约可看作是运行在分布式账本上预置规则,具有状态、条件响应的,可封装、验证、执行分布式节点复杂行为,完成信息交换、价值转移和资产管理的计算机程序。广义的智能合约则是无须中介、自我验证、自动执行合约条款的计算机交易协议甚至是智能程序,可按照其设计目的分为作为法律的替代和补充的智能法律合约,作为功能型软件的智能软件合约和引入新型合约关系的智能替代合约(如在物联网中约定机器对机器商业行为的智能合约)。

目前已有众多平台支持智能合约开发,如以太坊、超级账本(Hyperledger Fabric)、NEO、EOS和Qtum等,其中以太坊和超级账本应用最为广泛,运行机制最具代表性,因此将对这两种平台进行简要介绍。

以太坊是世界上首个内置了图灵完备编程语言公有区块链。开发者可使用专为智能合约开发的"类Java"语言Solidity和"类Python"语言Serpent等在以太坊上编写任意复杂且精确定义的智能合约,并实现包括加密货币在内的多种去中心化应用。智能合约最终将在矿工本地的以太坊虚拟机(Ethereum Virtual Machine, EVM)中被编译为EVM代码后执行。用户使用以太坊专用加密货币以太币(Ether)购买燃料(Gas)奖励矿工执行智能合约所贡献的计算资源。

超级账本是由IBM牵头发起的致力于打造区块链技术开源规范和标准的联盟链,不同于比特币、以太坊等全球共享的公有链,超级账本只允许获得许可的相关商业组织参与、共享和维护。链码(Chaincode)是超级账本中的智能合约,开发者利用链码实现对分布式账本上键-值对(Key-Value Pair)或其他状态数据库的读/写操作以更新和维护账本,并进一步开发业务,定义资产和管理去中心化应用。与以太坊虚拟机相对应,在超级账本中,部署后的合约被打包成Docker镜像,每个节点基于该镜像启动一个新的Docker容器并执行合约中的初始化方法等待调用。

智能合约目前存在的问题主要包括隐私、法律、安全、机制设计、性能等方面。

隐私问题:可分为合约数据隐私问题和可信数据源隐私问题两类。前者是由于区块链数据公开透明,任何人都可经由公开查询,获取相关信息所致;后者是由于智能合约在执行时需要请求查询外部可信数据源,这些请求操作通常是公开的,用户隐私因此受到威胁。

法律问题:传统合约法律条文(湿代码)和智能合约技术规则(干代码)间存在巨大的语言差距,二者在转化时将不可避免地存在翻译损失,继而影响智能合约的法律效力。常见法律问题包括智能合约中的内容表示真实性不足,无法反映立契者真实意愿;智能合约存在不可预见情形,无法应对不可预料的情势变更或边缘案例;智能合约难以追责或进行事后救济;等等。

安全问题:分为漏洞合约安全问题和恶意合约安全问题。漏洞合约安全问题常常造成难以挽回的经济损失,常见安全漏洞包括交易顺序依赖、时间戳依赖、可重入性和处理异常等。恶意合约是指通过发布恶意的智能合约对区块链系统和用户发起攻击或利用智能合约实现匿名的犯罪交易,导致机密信息泄露、密钥窃取或各种真实世界的犯罪行为,最终对社会造成危害。

机制设计问题:机制设计可以决定智能合约实现其目标功能的方式,不同的制度安排和组织结构在交易费用、激励效果和资源配置效率等方面将产生重要影响,如合理的激励机制将减少或避免效率损失,使得合约参与者的个体利益与组织或社会的整体利益相一致,实现整体系统的激励相容性。

性能问题:可分为合约层设计导致的合约本身性能问题和基础设施层导致的区块链系统性能问题两类。待优化的合约机制设计和待优化的智能合约将增加合约执行成本,降低合约执行效率,区块链系统本身存在的吞吐量低、交易延迟、能耗过高、容量和带宽限制等性能问题也将在一定程度上限制智能合约的性能。

智能合约未来可能的突破方向和发展趋势包括形式化验证、Layer 2,以及由自动化向智能化演进等。

(1) 形式化验证。智能合约的形式化验证是指利用精确的数学手段和强大的分析工具在合约的设计、开发、测试过程中验证智能合约是否满足公平性、正确性、可达性、有界性和无二义性等预期的关键性质,以规范合约的生成和执行,提高合约的可靠性和执行力,支持规模化智能合约的高效生成。目前已存在一些形式化验证工具,如 ZEUS、Manticore、Mythril、Solgraph 等。

(2) Layer 2。智能合约目前存在诸多问题,如自身性能差,无法处理复杂的逻辑执行和高吞吐量的数据;缺乏隐私保护,用户的数据和代码可被任何人随时查看;无法实现跨链;等等。未来一种可行的解决方案被称为"逻辑层"(Layer 2)。Layer 2 通过可信硬件等创造一个完全隔离的链下执行环境,负责合约的执行;公链作为"共识层"负责合约相关状态的转换与 Token 支付,从而将智能合约的执行与公有链的共识机制分离,实现高性能、保护隐私、高度可编程的智能合约。Layer 2 的一种实现方案是链下状态通道,状态通道通过在不同用户之间或用户和服务之间建立一个双向通道,为不同实体之间提供状态维护服务。它允许把链上的许多操作在链外进行管理,等完成链外操作且多方签名确认后,才将最终结果上链。Layer 2 的其他实现方式还包括 Plasma 和 Truebit 等。

(3) 由自动化向智能化演进。现有的各类智能合约本质逻辑仍是根据预定义场景的"IF-THEN"类型的条件响应规则,能够满足自动化交易和数据处理的需求。未来的智能合约应具备根据未知场景的"WHAT-IF"推演、计算试验和一定程度上的自主决策功能,从而实现由目前"自动化"合约向真正意义上"智能"合约的飞跃。

2.2.6 前沿应用

按照区块链技术发展的三个阶段,区块链的应用领域也可分为三个层次,即以可编程货币为代表的区块链应用 1.0,以可编程金融为代表的区块链应用 2.0,以及以可编程社会为代表的区块链应用 3.0。

1. 区块链应用 1.0

典型应用包括数字货币、价值传输、跨境支付、清算结算等。

1) 数字货币

数字货币是运用 P2P 网络技术由计算机程序产生并在互联网上发行、管理和流通的一种货币。近年来,随着数字货币市场价格的不断攀升,数字货币受到了全世界的关注。目前的金融系统是中心化的,在安全问题、信任问题和其他一些硬件故障数据安全性等方面存在一些缺陷,基于区块链技术创立的数字货币的出现能在一定程度上解决这些问题。目前,对区块链技术应用于数字货币的研究方面尚未形成系统的理论。虽然区块链技术应用于数字货币的前景很广泛,但是在技术安全、法律认可、政府监管方面面临着许多挑战,暂时没有提出系统的解决方案。

随着区块链技术的发展,出现了上千种基于区块链技术的数字货币。比特币是在 2008 年由中本聪提出的,是区块链技术首个应用,也是最为成功的应用。作为一种加密数字货币,比特币建立在 P2P 协议和椭圆曲线签名算法(Euiptic Curve Digital Signature Algorithm, ECDSA)基础之上。参与挖矿的矿工通过贡献自己的算力进行持续挖矿,当获得满足全网难度的哈希值时,即挖矿成功,可以获得一个区块的奖励。因此,整个挖矿过程可以看作是一个构建区块链条的过程。在比特币创建之初,矿工每成功挖到一个区块可以获得的奖励为 50 个比特币,这个奖励值将随着挖矿的不断进行,大约每四年减半,从而保证比特币总数量被限制在 2 100 万个。比特币挖矿系统会自动根据出块速度来调整挖矿难度,从而保证平均每 10 min 能够成功挖到一个区块。

目前针对数字货币的研究主要集中在其货币与资产属性、区块链技术对于数字货币创新的重要意义,以及与传统货币的比较优势上,而数字货币是否能取代一般货币履行货币职能还没有更深入的分析和讨论。作为一种新货币形式,数字货币具有去中心化、数量有限、匿名性、交易便捷、交易成本低等特点,可以有效降低信用风险以及人为因素导致的货币危机,从而保证货币市场的稳定。通过分析比特币的交易特征可以发现:比特币在产生之后,很少进入流通环节,而是被少数人控制。通过分析比特币的价格波动可以发现:目前比特币的套利行为比较普遍,并且比特币与其他货币的直接汇率波动非常明显,这表明比特币由于数量稀缺,具有较大的升值预期。

基于区块链的数字货币未来重点发展方向主要包括以下三个部分:

(1) 基于区块链的数字货币发行。目前,数字货币在发行、流通、监管、调控等方面尚不成熟。因此,应鼓励探索降低传统纸币发行、流通的高昂成本的数字货币发行流通机制,研究数字货币如何提升经济交易活动的便利性和透明度,以避免数字货币应用过程涉及的洗钱、逃税漏税等违法犯罪行为。

(2) 基于区块链的交易追踪。现有研究主要考虑了基于区块链的数字资产交易如何进行,而在基于区块链的交易可追溯方面的研究还较少。未来应该着重研究如何通过设计合理的交易规则和监管框架等来保证交易的高效性和追踪的及时性。

(3) 区块链中海量数据的分析。数字货币应用过程中产生的海量数据在用户画像、行为分析、精准营销等领域都有巨大的商业价值,但是目前这方面的工作还极为缺乏。因此,未来应结合机器学习和大数据智能分析等方法对区块链中的海量数据进行分析,提炼出其中有价值的信息,并指导商业实践。

2) 价值传输

数字货币的设计初衷之一就是在没有任何权威中介机构的情况下,互不信任的各方之间直接通过数字货币进行交易。区块链通过集成 P2P 协议、非对称加密、共识机制、块链结构等技术,解决了数据的可信问题,实现了多方可信、对等的价值传输。

3) 跨境支付

区块链技术的分布式记账特点在跨境支付领域体现出极高的实用性和适配度。例如,瑞波(Ripple)支付网络可以跨境转账美元、欧元、人民币、日元以及比特币等,交易确认在3~5 s内完成,没有跨行异地或跨国转账的费用。

4) 清算结算

传统清/结算业务环节多、链条长,导致流程耗时过长,对账成本居高不下,同时清算中心存在技术上的单点故障风险。通过区块链技术,所有的交易清/结算记录全部上链可查,且安全透明、不可篡改、可追溯,极大提升了对账准确度和效率。

目前,各国央行正在加快法定数字货币的研究,比如新加坡尝试将存款转化为央行发行的电子货币,之后其银行间结算将使用电子货币;瑞典央行有意推出其电子货币——电子克朗。我国央行对数字货币同样非常重视,已进行了法定数字货币原型系统试验。

2. 区块链应用2.0

典型应用包括智能资产、贸易金融、供应链金融、证券、保险等。

1) 智能资产

区块链在资产管理领域的应用具有广泛前景,能够实现有形和无形资产的确权、授权和实时监控。通过结合物联网和智能合约技术,区块链可以将任意资产进行标记并部署上链,形成各种可编程控制的智能资产,实现基于区块链的分布式资产授权和控制。ECoinmerce是一个中心化的数字资产交易市场,借助智能合约,任何用户可在ECoinmerce上创建、购买、出售和转租他们的数字资产而无需支付高昂的中介费用。类似应用还有Slock.it,它允许用户基于区块链出租(如房地产、汽车、智能设备、路由器等)有形资产,这些资产经智能合约编码获得身份认证后即可作为智能资产直接完成复杂协议。

2) 贸易金融

目前贸易金融虽体量巨大,但基础设施薄弱,例如银行间业务报文的传递还在依靠国际组织SWIFT、EDI等。通过区块链信用证、保函、保理、票据,以联盟链的形式建立银行间报文交互网络,不但可以解决银行间报文收发的问题,同时也可以帮助银行、监管机构识别贸易背景真实性,跟踪信贷风险。例如,汇丰银行通过分布式账本平台Corda,成功为食品和农业巨头嘉吉集团(Cargill)的一笔从阿根廷出口到马来西亚的大豆货物交易提供了信用证。

3) 供应链金融

区块链技术可以实现供应链金融体系的信用穿透,为供应商、分销商解决融资难、融资贵的问题。区块链在其中发挥两个作用,首先是核心企业确权过程,包括整个票据真实有效性的核对与确认;其次是证明债权凭证流转的真实有效性,保证债权凭证本身不能造假,实现信用打通。例如,易见供链管理股份有限公司基于超级账本研发的区块链供应金融服务系统"易见区块"平台真实刻画贸易双方的交易背景,为金融机构提供贷前预审及贷后管理辅助功能。

4) 证券

在证券发行方面,通过在区块链平台上发行智能证券,以数据形式存储其信息和运转状态,将各种金融工具和相关的合同协议进行建模,使得复杂的金融工具操作流程自动化,提升发行效率，减少信任成本。在证券清算与交收方面，区块链技术可以减少中介环节、简化结算流程。例如，趣链科技与德邦证券、复星恒利证券开展合作，共同探索基于区块链技术的 ABS 发行平台，旨在联合各方机构增强资产可信度、提高清算效率和贷后资产监管统计。

5）保险

区块链的分布式和加密技术特征，可以有效解决保险标的管理的"唯一性困境"，确保数据和信息真实可靠，有效溯源，为防范保险欺诈提供有力技术保障。例如，Everledger 公司运用区块链技术为买家、卖家和保险公司建立了钻石所有权的分布式账簿，当账簿上记录的钻石被重新包装出售时，保险公司可及时发现并追回。

3. 区块链应用 3.0

典型应用包括数字身份、政务管理、物联网、能源等。

1）数字身份

数字身份代表一个人在线活动所产生的全部信息，包括用户名和密码，在线搜索活动，出生日期，购买历史等。尽管目前数字身份已经在众多场景中得到了广泛应用，但是仍然存在诸多问题，如碎片化、分散化的特点不利于用户进行应用和管理；个人信息经常会遭遇泄露、盗用、欺诈等问题。区块链可以解决数字身份中的数据主权与隐私问题。例如，英国为中央政府推出身份认证服务 GOV.UK Verify、爱沙尼亚利用 e-Residents 项目为居民建立合法数字身份、新西兰推出 RealMe、印度部署 Aadhaar-Unique Identity Card 等。

2）政务管理

政务管理平台涉及大量部门和公民的敏感信息，且数据交互过程复杂，不仅易出现人为失误，还容易遭受黑客攻击导致信息泄露，而且不同管理平台之间还存在数据难以互联互通等问题。区块链允许政府部门对访问方和访问数据进行自主授权，对数据调用行为进行记录，出现数据泄露事件时能够准确追责，大幅降低了电子政务数据共享的安全风险，提高执法效率。例如，爱沙尼亚"数字国家计划"中的数字身份证项目以及区块链系统项目，为新形式的社会治理开辟了一条去中心化、公开透明、基于代码共识的数字化道路。

3）物联网

近年来物联网技术发展迅猛，传统的中心化互联网体系已经难以满足其发展需求；物联网海量数据中心化的存储方式需要投入并维护大量的基础设施，成本高昂；单一的数据中心控制系统将不可避免地产生数据安全隐患，一旦中心节点被攻击损失则难以估计；不同运营商、自组织网络的加入将造成物联网应用场景中多中心、多主体同时存在，各主体间需要互信环境。由此可见，物联网与区块链技术的结合将成为必然的发展趋势。例如，IoTeX 是一个以隐私为中心区块链驱动的去中心化物联网网络，支持包括共享经济、智能家居、身份管理与供应链在内的多种物联网生态系统。

4）能源

伴随着能源革命和环保意识的兴起，近年来能源行业呈现多能流互补的新型能源结构，具有分布式和清洁化趋势。利用区块链技术可搭建分布式能源交易和供应体系、部署能源管理智能合约和安全存储能源交易数据，从而构建去中心化能源系统，实现全球能源互联网，最终在缓解环境污染问题的同时，提高资源利用效率，降低运营管理成本，增加监测准确度,推进清洁能源普及并进行能源供给侧改革。目前能源区块链项目主要集中在发达国家,主要应用场景有分布式能源、电动汽车、能源交易平台、碳追踪和注册、新兴市场的能源交易等。

2.3 区块链技术的前沿进展

结合区块链技术的发展现状,区块链产业实践中存在如下 10 个热点领域,并在近年来取得显著的进展。

1) 法定数字货币加速走向落地应用

区块链技术为数字货币带来了去中心化、去信任化以及安全可靠的颠覆性变革,但同时也导致币价频繁大幅波动,使得其不具备货币应有的基本职能,进而难以普及应用。在此背景下,稳定币应运而生。目前市场上已经涌现出三种类型的稳定币,即法定资产抵押型、加密资产抵押型以及无抵押型/算法式。稳定币为实现加密数字货币向法定数字货币的演进提供了良好的桥梁衔接作用。法定数字货币不同于普通加密数字货币,是有主权背书以及合格发行主体的,其本身是货币,而不仅是支付工具。目前,委内瑞拉、俄罗斯等国已经在法定数字货币发行方面展开了初步尝试,而中国人民银行发行的法定数字货币也已多次试点,正在大规模部署应用。

2) 许可链加速区块链落地进程

去中心化带来的效率和隐私问题,大大限制了区块链的实际运用,因此许可链(Permissioned Blockchain)应运而生。许可链是部分去中心化或完全中心化的区块链,仅限于获得注册许可的成员参与,其成员可以是国家,也可以是机构、企业。与公有链相比,许可链的交易速度更快、交易成本大幅降低且提高了数据安全性,适用于机构间的合作与结算。目前最具代表性的许可链包括 Linux 基金会管理的超级账本 Hyperledger 等,相关落地应用正不断快速发展,国内许可链研发力量也在快速发展。

3) 区块链共识算法多维度创新

随着区块链技术的蓬勃发展,其核心要素——共识算法,迎来了百花齐放式的探索与创新。目前相关进展可以分为以下几大主线:基于 PoW 和 PoS 算法的有机结合,提出 PoSV、2-hop 等共识算法,致力于解决日益凸显的能源消耗问题;基于原生 PoS 算法进行改进,形成了 Tendermint、Casper、Ouroboros 等新共识算法;基于原生 PoW 算法进行改进,Bitcoin-NG、Elastico、PoET 等实现比特币扩容或者降低其能耗的新型算法相继提出;基于传统分布式一致性算法的改进,Tangaroa、Algorand 等代表性算法不断涌现;新型 DAG 区块拓扑结构的创新,亦带来多种运行在图结构上的快速共识算法。

4) 智能合约获广泛关注和深入研究

智能合约是部署在区块链上的程序代码,一旦满足预置条件,合约代码便可自动执行。智能合约具有去中心化、可编程、不可篡改等特点,可灵活嵌入各种数据和资产,实现信息交换、价值转移和资产管理。2015 年 7 月,以太坊面世,成为世界上首个内置图灵完备编程语言公有区块链,也是目前最为流行的智能合约开发平台,其核心是可执行任意复杂算法编码的以太坊虚拟机。以太坊之后,其他智能合约开发平台相继涌现,如 EOS、NEO、Stellar 等。利用以上平台,用户可以开发出面向各类应用场景的去中心化应用(Dapp)。此外,智能合约也为未来去中心化自治组织(Decentralized Autonomous Organization, DAO)乃至去中心化自治社会(Decentralized Autonomous Society, DAS)奠定了基础,最终有望深度变革传统商业模式和社会生产关系。

5) 可扩展性方案 Layer 2 快速发展

面对区块链存在的"不可能三角"悖论(即可扩展性、安全性和去中心化不可兼得),近年来业界提出了分层思想。即将目标分解,一层专注于安全性和去中心化(Layer 1),另一层专注于可扩展性(Layer 2)。相应地,Layer 1 指各类公有链,如比特币、以太坊等。Layer 2 则泛指将大量频繁交易或计算放在链外(off-chain),并将最终结果同步到公有链的方案,如状态通道、Plasma、链下计算等。状态通道通过在不同用户之间建立双向通道,为不同实体之间提供状态维护服务,它允许把许多链上操作放在链外进行。2017 年 8 月,以太坊创始人维塔利克·布特林(Vitalik Buterin)和约瑟夫·庞(Joseph Poon)提出了另一种管理链下交易的新技术——Plasma,其核心是创建依附于"主"区块链的"子"区块链,在子链层级执行复杂操作。

6) 跨链技术助力实现异构多模态区块链间的数据与价值流通

区块链技术发展至今,诞生了各种各样的"链",但彼此之间的隔离形成了众多的数据和价值孤岛。跨链技术就是实现异构多模态区块链间价值互联的关键,并且是区块链向外拓展的桥梁。2015 年 10 月,Ripple 公司发布 Interledger 协议,提出跨链转账的首次尝试方案;2016 年 9 月,Vitalik Buterin 提出三种实现跨链的策略:公证人机制、侧链/中继、哈希锁定;以 Polkadot 和 Cosmos 为代表的跨链技术,更多关注的是跨链基础设施建设;万维链则创新性地提出基于分布式私钥控制技术实现公有链间的跨链交易。跨链技术目前仍处在应用探索阶段,标准协议的确立必将引领区块链走入"万链互联"的时代。

7) 区块链与密码学算法日益紧密结合

区块链的安全和隐私保护问题一直制约区块链的应用推广。为了增强比特币等加密货币的匿名性,混币技术、环签名、零知识证明等密码学技术被应用于区块链。混币技术以 Maxwell 于 2013 年提出的 Coinjoin 协议去中心化混币和 Bonneau 等在 2014 年推出的 Mixcoin 中心化混币协议为代表,多用于有组织的小范围用户或交易所。2013 年,Saberhagen 利用环签名和隐蔽地址技术建立具有更强隐私性的环保密交易 Ring CT 机制,后发展成门罗币。2014 年,Sasson 等利用 zk-SNARK 构造了 Zerocash 协议,可隐藏交易双方身份和交易金额,是目前隐私保护程度最高的区块链方案之一。区块链在追求更高安全性保护的同时也在逐步建立并完善其分析体系。2015 年,Garay 等在欧洲密码学会上发表了《比特币骨干协议:分析与应用》,在静态同步网络通信模型中建立了 PoW 的安全性分析模型。2016 年,Kiayias 等在 Ouroboros(衔尾蛇方案)中抽象出了 PoS 区块链的一般模型,进一步拓展了区块链的安全性分析理论。

8) 多种基于 DAG 的新型分布式账本架构获得实际应用

以比特币与以太坊为代表的区块链系统具有效率低、可扩展性低,以及成本高等缺点,新的分布式账本解决方案逐渐被提出和应用。基于 DAG 的分布式加密账本被认为是下一代区块链技术,并受到广泛关注。DAG 账本实现了系统的交易高并发处理,这标志着传统区块链账本从容量到速度的一次革新。当前 DAG 账本的主要应用包括基于权重机制与 MCMC 末梢选择算法的 IOTA,基于见证人机制与主链机制的 Byteball,以及以 Gossip About Gossip(八卦之八卦)协议与虚拟投票算法,实现异步拜占庭算法的 Hashgraph。随着 DAG 账本的发展,未来 DAG 账本有望成为高度安全与高度可扩展并存的分布式加密账本。

9) 区块链监管与标准化进程不断深入

区块链迫切需要监管技术并加速行业标准化进程。各国政府正尝试对比特币等区块链平台实施监管。2015 年 1 月,美国纽约州对比特币监管立法初步完成并发布了监管框架 Bit License。2015 年 3 月,英国建议反洗钱法规应用于比特币交易所,并与英国标准协会(British Standards Institution, BSI)制定监管框架。国内外标准化组织也开启了区块链标准化项目。2016 年 9 月,ISO 成立了区块链和分布式记账技术委员会(ISO/TC 307),制定区块链和分布式记账技术领域的国际标准,术语和概念、参考架构、分类和本体等 8 项国际标准已完成立项。IEEE 于 2018 年 1 月 1 日成立了 IEEE BCI,先后启动 IEEE P2418(区块链在物联网领域的应用框架)和 IEEE P2418.2(区块链数据格式规范)等多项标准化项目。国内从 2016 年开始布局标准化项目,先后发布了《区块链 参考架构》(T/CESA 6001—2016)和《区块链 数据格式规范》(T/CESA 6002—2017)。国家标准《区块链和分布式记账技术 参考架构》(GB/T 42752—2023)于 2017 年 12 月正式立项,2023 年 12 月 1 日开始实施,这标志着我国进一步加快了区块链标准化的步伐。

10) 区块链逐步迈入量子时代

量子计算机利用量子力学现象来解决传统计算机难以解决的数学问题。2016 年 4 月 28 日,美国 NIST 发布后量子密码报告,总结了量子计算对部分密码学方案的影响。报告中表明,SHA3 要保持现有的安全级别需要增加密钥长度,而 ECDSA、ECDH 等基于公钥的密码算法将被攻破。基于这些密码系统构建的区块链也将受到冲击。在量子计算发展的驱使下,区块链也将逐步迈入量子时代。一方面,区块链积极引入量子加密算法。2017 年 5 月 26 日,俄罗斯量子中心报道,Evgeny Kiktenko 等研究人员开发并测试了量子区块链技术。另一方面,区块链还要抵抗量子攻击。NIST 于 2018 年 4 月召开后量子密码算法标准会议,在全球范围内召集抗量子攻击的公钥加密算法。一些研究也尝试利用基于格的签名等算法替代比特币中对应的密码组件。

2.4 区块链技术的重要意义

目前,区块链技术的发展还处于起步阶段,存在共识机制不可靠、可扩展性差、激励机制不相容、智能合约代码漏洞、缺乏互操作、跨链技术不完善、开源项目不够成熟等问题,同时还面临隐私保护与有效监管等方面的技术挑战。但是,已有的区块链应用已经充分证明了区块链技术的研究价值和应用前景。在未来一段时间内,随着区块链技术在扩展性、性能效率、安全性与隐私保护等方面的不断完善,其应用将为新兴信息技术产业、经济社会转型和社会管理等方面带来跨越式发展。

2.4.1 区块链促进信息技术发展

随着新一轮信息科技革命的到来,量子技术、物联网、人工智能、大数据、云计算等新一代信息技术在人类社会进步中的作用越发重要。从国内外发展趋势和区块链技术的演进过程来看,区块链技术的理论创新和应用发展将与新一代信息技术相辅相成,既借助密码学、物联网、人工智能等信息技术作为基础设施支撑,同时又会推动新一代信息技术的进一步发展。

现代密码学技术是互联网环境下实现安全通信与隐私保护的重要技术手段。区块链技术作为一种分布式协作的网络系统,承载的数据通常以公开的形式在网络节点中存储和流通,其中包含用户的隐私信息,需要安全防护措施和隐私保护技术支撑。随着量子计算的兴起,现有区块链依赖的哈希函数和公钥加密体制的安全性都将受到打击,亟需引入后量子密码体制。区块链面临的安全问题、隐私保护与有效监管技术不兼容和量子攻击等问题都需要依赖密码学技术的发展。格密码、零知识证明、同态加密等新兴密码学前沿技术有望推进区块链系统安全。同时,区块链技术具有的去中心化、不可篡改性、可编程性等特点也将促进密码学技术的发展。区块链构建的大规模自组织协作系统有望解决大量密码方案依赖可信第三方的问题,对数字证书、密钥管理、安全多方计算的发展与应用将有极大的促进作用。

物联网技术是互联网基础上的延伸和扩展网络,通过普适计算、智能感知、智能识别、移动射频等计算机技术,实现物理设备的数字化信息交换和通信。物联网具备的分布式异构结构与区块链的分布式共识有着天然的一致性,满足区块链系统的部署和运营需求,有助于区块链与物理世界的联通,对建立区块链网络中的异构设备间的共识具有重要作用。随着物联网技术的发展与深入,物联网系统设备体量激增。依赖中心化设备管理的物联网将在不远的将来面临计算负载瓶颈,运维成本激增、中心化网络模式的安全问题都将限制物联网的发展。区块链技术去中心化自治优势将很好地解决物联网中心化的问题。基于区块链技术构建的物联网设备管理将实现数据与数据的权限分离,消除中心节点的安全风险,实现去中心化的设备自治。

区块链技术也将促进人工智能网络构建完善的全生命周期设备管理,增强人工智能设备的安全性与用户体验。基于 PoW 的区块链汇聚了大量的全球算力,将为人工智能设备学习过程提供大量算力支持。区块链也可以使分布式人工智能网络设备实现互联、互通,构建可信学习环境,促进不同的人工智能设备在一致可信的区块链环境下完成互动学习,在可信交互中增加人工智能设备的学习积累,从而实现人工智能程度的进一步提升。另外,区块链上部署运行的智能合约也具备自动执行的特点,是以智能化为目标的数字化计算机程序。为了赋予智能合约真正的智能属性、实现智能合约的智能化处理,基于分布式人工智能设备构建的区块链系统将成为未来的发展方向之一。

区块链天然具备大数据的特点。区块链依赖哈希函数的单向性、耐碰撞性和数字签名的不可篡改性等安全属性,构架了一种去中心化、不可篡改、可信存储的分布式账本技术。区块链中包含了从初始交易创建到流通全过程的全部历史记录,在持续增长的过程中展示出强大的大规模数据处理与数据存储能力。随着区块链理论创新和不同场景的应用拓展,未来异构区块链网络将拥有丰富的数据资源。区块链在保证全生命周期交易数据完整性的同时,必将面临数据监控、抽取和分析等能力较弱的问题,需要借助大数据海量数据存储和智能化分析等技术来提升区块链数据的价值和使用空间。另外,区块链构建的可信数据管理平台将更多的数据解放出来,有利于突破信息孤岛,建立数据横向流通机制,完善区块链的价值互联网,逐步形成基于全球化的数据交易场景。

区块链的发展已显示出可扩展性、性能效率方面的短板。作为一种点对点的分布式网络系统,大规模节点间的泛洪式的多播通信会消耗大量的网络资源。随着区块链技术的进一步发展,区块链与外部数字世界互联、区块链与物联网、异构区块链互通将成为现实,区块链将面临严峻的网络负载和DoS攻击风险。5G网络理论传输速度可达数十Gbit/s,比当下的4G网络传输速度快数百倍。在5G网络支持下的区块链数据可以达到强同步性,从而减少因网络延迟导致的不一致数据的产生,提高了共识算法的效率。下一代通信网络的发展,将极大提升区块链的性能,扩展区块链的应用范围。

2.4.2 区块链促进经济社会转型

尽管区块链技术发展还处于初级阶段,但是区块链应用已经从单一的数字货币延伸至经济社会的各个领域。随着区块链技术的不断完善,其在众多经济社会领域中的可行性和成熟性将更加显著,在金融服务、供应链管理和智能制造等众多应用场景下具有巨大潜力,必将优化各行业的业务流程、降低运营成本、提升协同效率,进而为经济社会转型升级提供系统化的技术支撑,有望重塑金融基础设施,加速经济社会转型。

金融服务是区块链技术的第一个应用领域。不仅如此,区块链技术所拥有的高可靠性、简化流程、交易可追溯、去中介、节约成本、全网监管以及改善数据可信度等特征,使得其具备重构金融业基础架构的潜力。区块链技术在安全、效率等方面取得巨大突破的同时,必然会进一步增强区块链在金融服务行业应用的安全性、可行性和成熟度。区块链技术具有数据不可篡改和可追溯的特性,可以用来构建监管部门所需要的、包含众多手段的监管工具箱,以利于实施精准、及时和更多维度的监管。同时,基于区块链技术能实现点对点的价值转移,通过资产数字化和重构金融基础设施架构,可达成大幅度提升金融资产交易后清、结算流程效率和降低成本的目标,并可在很大程度上解决支付、信贷、证券、数字资产交易面临的问题。

供应链溯源和产品防伪是目前社会和企业的主要难题。以食品安全为例,虽然有ISO绿色食品标识,但是由于整个供应链过程中需要多次人为操作,中间环节的数据可信度大打折扣,这会对社会和企业的公信力产生很大的影响。食品是不是绿色无污染的,高端艺术品或奢侈品是否为赝品等一系列质量防伪问题仍然摆在社会面前。区块链技术依托其具有的数据不可篡改、交易可追溯以及时间戳的存在性证明机制,可以很好地解决供应链溯源体系内各参与方在数据被篡改时产生的纠纷,实现有效的追责和产品防伪,形成自治、可信的良性循环。

智能制造是《中国制造2025》的主攻方向,是实现工业化、信息化与智能化高度融合的关键。智能制造需要解决的首要问题是不同企业之间相互协作时的价值链与信息流的集成,实时获取协作过程中各企业的必要数据源。区块链技术可以很好地解决这一问题。与物联网融合的区块链技术可有效采集和分析制造系统中存在的所有传感器和其他部件所产生的信息,使原本相互孤立的信息源形成有效流通。区块链技术还可借助大数据分析,在智能制造生命周期各阶段进行价值评估和预期分析,形成快速高效的智能制造知识管理系统,帮助智能制造企业快速有效地建立更为安全的运营机制,形成更高效的工作流程,辅助运营管理决策,提供更为优秀的服务。

2.4.3 区块链有助于社会管理

除金融服务、供应链溯源、智能制造之外,区块链在身份管理、社会管理、企业协作等领域的应用将不断成熟和深入,未来将有效提升公众参与度,重塑社会公信力,降低社会运营成本,提高社会管理的质量和效率,加速数字化社会进程,对社会管理和治理水平的提升具有重要的促进作用。

区块链技术有望重塑社会公信力。数据作为信息的载体,是未来以互联和机器学习为主的经济社会中最重要的成分。在大数据需求驱动下,数据收集能力有限的企业间实现数据源之间的交易将是一个互惠互利的工作,可以促进公司的创新,创造新的收入来源。然而目前数据交易市场上存在数据非法倒卖、隐私保护缺失、信息透明度低、不可信、易被篡改等问题,导致数据交易的规模和质量受限。区块链的去中心化、安全性、不可篡改性和可追溯性可以让参与数据交易的主体之间建立信任,推进数据交易的可持续大幅增长:数据所有权、交易和授权范围记录在区块链上,数据所有权可以得到确认,精细化的授权范围可以规范数据的使用。同时,数据从采集到交易分发的每一步都可以记录在区块链上,使得数据源可追溯,进而对数据源进行约束,加强数据质量。基于区块链的去中心化数据交易平台,可以形成更大规模的全球化数据交易场景。

区块链技术有望加速数字化社会发展。伴随着数字化进程的加速,公众隐私保护诉求愈发强烈。身份及接入管理服务是保障用户身份或设备合法性、实现合法用户和设备安全、高效地接入并享受授权范围内的服务的重要管理服务,在各个应用领域中起到至关重要的作用,未来的应用领域将越来越广泛,逐渐深入至互联网、物联网、社会和经济生活等各个领域。在这些应用领域中,目前的身份及接入管理服务一直面临着隐私泄露、身份欺诈以及碎片化等问题,给用户、设备和系统管理均带来极大的挑战。区块链技术的引入和发展,为进一步解决上述问题提供了新的思路。将区块链技术应用到身份及接入管理服务中,将有可能形成一种协作的、透明的可信身份管理方案,有助于企业、组织乃至社会和政府更好地完成身份管理和接入认证。

区块链技术有望实现信息准确共享,构建新经济模式。现代经济社会需要依赖多企业协作、多领域融合。在实际应用中,用户享受一项应用服务往往需要多经营实体的相互配合,如用户的车险理赔需要汽车供应商、保险公司与用户的多方协作。但目前在这些相互协作中,信息往往散落在各个环节且形式各异,在交互过程中的信息传递也只依赖于参与方实体的信用和第三方人工保证。信息的完整性、一致性、可靠性和交互效率等方面存在一定的限制,这也提高了更多的经营实体、第三方应用加入这个价值链的门槛,普遍存在数据来源广、参与方众多、利益不一致且互不可信、交互流程繁复等问题。显然,成熟的区块链可以有效解决这些业务问题。区块链完整记录了各参与方在整个生命周期中的完整数据,保证了数据的完整性、一致性和可信性,并能实现信息准确共享。智能合约也可简化交互流程,通过链上数据与链下数据的互联互通,可实现整个区块链价值网络的流程自动化,进一步提升业务处理效率,构建可信的新经济模型。

区块链可以为企业云网联盟之间提供可信协作网络,建立新商业模式。例如,传统网络运营商基于"烟囱式的网络即业务"架构,业务和网络都由运营商经营。但随着信息、通信与技术的融合,通信产业打破运营商垄断,业务提供者扩展至大量 OTT(Over The Top)类云服务商和虚拟业务提供商等。为支撑新业务生态的需求,运营商网络需要云化重构,实现类似云计算 IaaS/PaaS(Infrastructure as a Service/Platform as a Service)一样灵活、弹性、自动化的网络即服务(Network as a Service, NaaS)的能力。在运营商网络从封闭的内部经营模式向货币化的对外开放式服务转型的过程中,可以引入区块链技术,与外部服务商之间建立信任机制,为多云、多网、多端之间建立互信的新型交易模式。在协作的企业联盟间依赖区块链建立"多云 + 多网"的管理模型,通过记账的可信性和可追溯性保证不同企业间云网数据的完整性与可信性,满足"云网一体化"的企业诉求。

参考文献

[1] Nakamoto S. Bitcoin: A Peer-to-Peer Electronic Cash System[Z/OL]. [2024-01-29]. https://bitcoin.org/bitcoin.pdf, 2009.

[2] 袁勇,王飞跃.区块链技术发展现状与展望[J].自动化学报,2016,42(4):481-494.

[3] 袁勇,周涛,周傲英,等.区块链技术:从数据智能到知识自动化[J].自动化学报,2017,43(9):1485-1490.

[4] Yuan Y, Wang F Y. Blockchain and Cryptocurrencies: Model, Techniques and Applications[J]. IEEE Transactions on Systems, Man, and Cybernetics: Systems, 2018, 48(9): 1421-1428.

[5] 薛腾飞,傅群超,王枞,等.基于区块链的医疗数据共享模型研究[J].自动化学报,2017,43(9):1555-1562.

[6] 张俊,高文忠,张应晨,等.运行于区块链上的智能分布式电力能源系统:需求、概念、方法以及展望[J].自动化学报,2017,43(9):1544-1554.

[7] Yuan Y, Wang F Y. Towards Blockchain-Based Intelligent Transportation Systems[C]. In Proceedings of the 19th IEEE International Conference on Intelligent Transportation Systems, Rio de Janeiro, Brazil, 2016.

[8] Qi N, Yuan Y, Wang F Y. DAG-BLOCK: A Novel Architecture for Scaling Blockchain-Enabled Cryptocurrencies[J]. IEEE Transactions on Computational Social Systems, 2022, 11(1): 378-388.

[9] 袁勇,倪晓春,曾帅,等.区块链共识算法的发展现状与展望[J].自动化学报,2018,44(11):2011-2022.

[10] Lamport L, Shostak R, Pease M. The Byzantine generals problem[J]. ACM Transactions on Programming Languages and Systems, 1982, 4(3): 382-401.

[11] Li X, Zhu Q, Qi N, et al. Blockchain Consensus Algorithms: A Survey[C]. In Proceedings of the China Automation Congress, Beijing, China, 2021.

[12] Qin R, Yuan Y, Wang S, et al. Economic Issues in Bitcoin Mining and Blockchain Research[C]. In Proceedings of the 2018 IEEE Intelligent Vehicles Symposium, Changshu, Jiangsu, China, 2018.

[13] Qin R, Yuan Y, Wang F Y. Research on the Selection Strategies of Blockchain Mining Pools[J]. IEEE Transactions on Computational Social Systems, 2018, 5(3): 748-757.

[14] Li J, Yuan Y, Wang F Y. A novel GSP auction mechanism for ranking Bitcoin transactions in blockchain mining[J]. Decision Support Systems, 2019, 124: 1-12.

[15] Qin R, Yuan Y, Wang F Y. A Novel Hybrid Share Reporting Strategy for Blockchain Miners in PPLNS Pools[J]. Decision Support Systems, 2019(118): 91-101.

[16] Li J, Yuan Y, Wang F Y. Analyzing Bitcoin Transaction Fees Using a Queueing Game Model[J]. Electronic Commerce Research, 2020, 22: 135-155.

[17] Qin R, Yuan Y, Wang F Y. Optimal Block Withholding Strategies for Blockchain Mining Pools[J]. IEEE Transactions on Computational Social Systems, 2020, 7(3): 709-717.

[18] 欧阳丽炜,王帅,袁勇,等.智能合约:架构及进展[J].自动化学报,2019,45(3):445-457.

[19] Wang S, Yuan Y, Wang X, et al. An Overview of Smart Contract: Architecture, Applications, and Future Trends[C]. In Proceedings of the IEEE Intelligent Vehicles Symposium, Changshu, Jiangsu, China, 2018.

[20] Wang S, Ouyang L, Yuan Y, et al. Blockchain Enabled Smart Contracts: Architecture, Applications, and Future Trends[J]. IEEE Transactions on Systems, Man, and Cybernetics: Systems, 2019, 49(11): 2266-2277.

[21] 杨东,马扬.与领导干部谈数字货币[M].北京:中共中央党校出版社,2020.

[22] 李娟娟,袁勇,王飞跃.基于区块链的数字货币发展现状与展望[J].自动化学报,2021,47(4):715-729.

[23] 袁勇,王飞跃.区块链理论与方法[M].北京:清华大学出版社,2019.

[24] 韩璇,袁勇,王飞跃.区块链安全问题:研究现状与展望[J].自动化学报,2019,45(1):206-225.

[25] 张俊,袁勇,王晓,等.量子区块链:融合量子信息技术的区块链能否抵御量子霸权?[J].智能科学与技术学报,2019,1(4):409-414.

[26] 袁勇,王飞跃.区块链+智能制造:技术与应用[M].北京:清华大学出版社,2021.

第 3 章
智能物联网赋能高质量发展

物联网是新一轮科技革命和产业变革的标志性技术,物联网赋能,发展好、运用好、治理好互联网,让互联网能更好地造福人类,是国际社会的共同责任。在我国"十四五"规划全面整体布局背景下,物联网将实现有质有量的大发展。物联网发展的新阶段为智能物联网,从对象来说是人、机、物、环,在组成架构上是感、连、算、智、用,并表现为"四纵四横"的技术架构,具体覆盖感知、网络、计算、服务等四横以及新材料与多功能器件、物化电微的系统、能源信息自组织、个体群智混合演化等四纵。物联网与城市交通要素深度融合,带来城市交通技术变革,并表现为城市与交通系统网联化、交通出行共享化、交通管控智慧化、交通运载协同化等四大新趋势。

3.1 物联网的发端与发展

物联网是互联网的延伸和拓展,通过在物理世界中部署具有识别、感知、计算能力的各种信息传感设备,并将之与网络设施相结合形成一个巨大网络,实现物体或过程信息的感知、传输和处理,以及人、机、物三元融合一体的世界。2013 年《国务院关于推进物联网有序健康发展的指导意见》指出,物联网是新一代信息技术的高度集成和综合应用,具有渗透性强、带动作用大和综合效益好的特点。

在 2021 年发布的《"十四五"规划纲要》,也把物联网列为一个重要的组成部分。其中,第十一章提出"推动物联网全面发展,打造支持固移融合、宽窄结合的物联接入能力。……积极稳妥发展工业互联网和车联网。……加快交通、能源、市政等传统基础设施数字化改造,加强泛在感知、终端联网、智能调度体系建设"。第十六章提出"将物联网感知设施、通信系统等纳入公共基础设施统一规划建设,推进市政公用设施、建筑等物联网应用和智能化改造"。专栏 8 明确"物联网"为七大数字经济重点产业之一,提出"推动传感器、网络切片、高精度定位等技术创新,协同发展云服务与边缘计算服务,培育车联网、医疗物联网、家居物联网产业"。

国家和各级政府高度重视物联网建设的发展。国务院相继出台了一系列政策,包括《国务院关于加快培育和发展战略性新兴产业的决定》(国发〔2010〕32号)、《国务院关于推进物联网有序健康发展的指导意见》(国发〔2013〕7号)、《国务院关于积极推进"互联网+"行动的指导意见》(国发〔2015〕40号)、《国务院关于印发"十三五"国家信息化规划的通知》(国发〔2016〕73号)以及《国务院关于印发"十三五"国家战略性新兴产业发展规划的通知》(国发〔2016〕67号)等。工业和信息化部2020年发布《关于深入推进移动物联网全面发展的通知》(工信厅通信〔2020〕25号),明确了物联网的发展目标"推动2G/3G物联网业务迁移转网,建立NB-IoT(窄带物联网)、4G(含LTE-Cat1,即速率类别1的4G网络)和5G协同发展的移动物联网综合生态体系,在深化4G网络覆盖、加快5G网络建设的基础上,以NB-IoT满足大部分低速率场景需求,以LTE-Cat1满足中等速率物联需求和话音需求,以5G技术满足更高速率、低时延联网需求"。另外北京市围绕工业互联网以及物联网和智慧城市等也出台了相关的文件,对整个物联网有序高质量发展起到了非常重要的作用。

新一轮的科技革命与产业变革的核心驱动力包括三大块:一是个人计算机方面,根据著名的摩尔定律,每18个月芯片的容量和元器件数量就要增加一倍;二是互联网的梅特卡夫法则,认为网络的价值是连接数的平方,即任何一个网络快速发展以后,它所呈现的价值是网络节点数的平方倍;三是物联网遵循的达维多定律,第一代产品能自动获得50%的市场份额。根据估算,到2025年,物联网会达到百亿级的网络连接规模,数据规模可以达到BB(BrontoByte,千亿亿亿字节)量级。可以看出,从个人计算机到互联网再到物联网的发展所带来的信息处理、信息传输、信息获取的巨大变革。那么物联网的下一个是什么?物联网之上就是人工智能,万物互联以后人工智能才能有大的发展。所以,物联网在技术上来说是一个制高点,也是一个新的优势。

以计算机、互联网、物联网为代表的新经济结构,就是数字经济。2023年全球数字经济的规模突破40万亿美元,我国是53.9万亿元,占整个GDP的42.8%,同比名义增长7.39%。[①] 数字经济实际上涵盖了两个方面,第一个方面是产业的数字化,包括农业、工业、服务业,这个数字化的过程就与物联网密切相关,必须把相关的物理信号变成数字信号。另一方面就是数字的产业化,有了这些数字化的信息以后,怎么通过大数据、人工智能形成大数据的服务,就构建了数字的产业化。所以国家发改委把5G、物联网、人工智能都列入新基建的范畴,目标在于通过数字经济注入新活力、培育社会发展新动能。

总之,在两个大局发生历史交汇、在我国"十四五"规划全面整体布局的背景下,物联网将有量的大发展和质的大飞跃,我国应该在物联网技术和产业上有进一步的大作为。以北京市为例,考虑北京在交通、环境污染等方面遇到的困难,可以通过物联网对一些问题进行实时掌控、动态调控和全程可控,物联网必然成为推动北京市高质量发展一条非常重要的途径。实际上在北京市的国民经济"十四五"规划里已经明确提出"着力打造全球数字经济标杆城市,加快建设新基建新场景,逐步完善数字经济治理体系",扎实推进智慧城市建设,力争在2025年要建成全球新型智慧城市的标杆城市。

---

① 摘自中国信通院官网数据。

3.2 物联网的现状与趋势

3.2.1 国内外发展现状

物联网的诞生和演进过程如图 3-1 所示。物联网诞生于 1990 年,施乐公司将可乐贩卖机接上网络,随后监视可乐机内的可乐数量以及其冰冻情况。2009 年,美国总统奥巴马把新能源和物联网列为振兴经济的两大重点。同年我国第一次提出了"感知中国"的概念,并建立了"感知中国"研究中心。2011 年 3 月,我国首个物联网产业示范基地在重庆挂牌。2018 年 6 月,国际标准化组织 3GPP 批准了 5G NR 独立组网技术标准,在 5G 里面专门给物联网预留了空间,也就是窄带物联网 NB-IoT,这是一个非常重要的标志性节点。5G 标准里面的窄带物联网协议加快推进了物联网在全国的覆盖和发展。

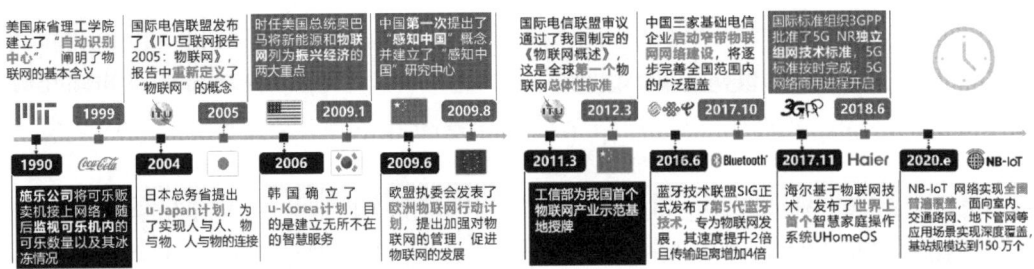

图 3-1 物联网的诞生和演进

物联网行业发展和应用案例,如图 3-2 所示。亚马逊从云端做物联网的服务,掌握了物联网操作系统和边缘计算核心技术。微软做到了从云到智能边缘的整个场景。国内腾讯云、阿

图 3-2 物联网的行业代表性案例

里云、华为、百度都在物联网、天地一体化的物联网、物联网芯片、人工智能和物联网的托管平台等方面进行了研究,而且已经有非常重要的进展,有些平台已经开始提供服务。

从国外的发展来看,欧盟成立了物联网欧洲平台,在欧洲范围内推广和构建生态系统。物联网是"数字化欧洲工业"战略的核心技术。美国军事研究人员正在深入研究"战地物联网",将使用弹性网络模型来部署边缘计算、人工智能等智能设备。日本成立了物联网推进联盟。韩国发布了《物联网基本规划》,提出"超联数字革命领先国家"的战略愿景。

从技术发展来看,物联网中信息获取的传感器芯片已经做到了小型化、微型集成、低功耗和智能化,而且已经有开源芯片出现。传输网络包括短距离、长距离、洲际的物联网络,行业也已经建立了相关的开源开放的技术平台,如阿里云 Link、小米 IoT 开发者、华为 OceanConnect 等。另外我国在"十三五"时期也组织完成了《物联网智能家居 设计内容及要求》(GB/T 39190—2020)等多个国家标准和行业标准的编制。为服务新能源汽车产业的健康发展,为新能源汽车的补贴核算以及安全监管提供支撑,北京理工大学主导制定了我国《电动汽车远程服务与管理系统技术规范》(GB/T 32960—2016),承担建设了新能源汽车国内唯一的国家监管平台,截至 2024 年 4 月底累计接入新能源汽车 2 028.7 万辆。

从产业应用上来说,我国有 5 个试点区域,包括无锡、杭州、福州、重庆、鹰潭,全国产值超过 10 亿元的骨干企业超过 100 家。全球移动通信系统协会(Global System for Mobile Communications Association, GSMA)预计,到 2030 年我国移动物联网连接数达到 35 亿,约占全球的 2/3。全球的物联网正处于向百亿级规模化、深入数字应用发展的新阶段,包括消费型物联网、生产型物联网、智慧城市等。

3.2.2　我国物联网发展存在的问题

物联网是新一轮的科技革命和产业变革的核心动力。信息化经历了计算机网络、互联网和物联网,再进一步就是人工智能。物联网是感知,人工智能是认知,人工智能就是要把数据和信息变成知识。感知和认知是重要的分水岭,我国现在对计算机、互联网都比较重视,人工智能现在快速发展,被列入国家重大专项,但是在物联网方面,目前跟国际上的差距还是比较大的。在人工智能和互联网的两头"夹击"下,物联网方面的很多短板日益凸显,需要切实补齐物联网的短板。

我国物联网在发展过程中存在的问题具体分析有 5 个方面:第一个方面是核心部件,基础系统受制于人,我国高端传感器 90% 都需要进口,这是亟待解决的卡脖子技术;第二个方面是碎片化,各个厂家的平台互不相连、数据不通,呈现数据孤岛、数据碎片业态;第三个方面是低安全,摄像头就是一个最典型的物联网,但是摄像头经常被黑客入侵,长期存在数据丢失的问题;第四个方面是高成本,物联网产业里面政府的补贴成本还是比较高的,全市场化运行还有距离;第五个方面是弱人工智能,现在还是人工化的智能,还不是真正的人工智能,存在判断错误和反应迟钝等问题。

物联网下一代的发展是智能物联网,它的核心含义是"人联网 + 物联网",通过人工智能把物联网和人联网进行整合,实现智能的物联网。智能物联网是通过知识在智能层面实现人、机、物、环的交互、协同与共融系统。首先从底层上,就得要实现物联感知和泛在网络,最重要的就是人工智能里面要有知识突破,把知识形成图谱,最后做到智能服务。这样达到的结果就是自感知、自学习、自决策、自执行和自治理,从而实现网络个体的智能化发展和网络全体的协同化演进。智能物联网的特点可总结为:智能协同、知识互联、融合演进。

3.2.3 智能物联网架构

四横四纵的智能物联网新架构如图3-3所示。首先是四"横",即感知、网络、计算、服务,其中最重要的是在物联网里面增加了计算和服务。普通的物联网就是感知、网络到应用,现在在应用层面把它分成了计算和服务,通过智能计算获取知识,服务就是多元化、个性化的智慧服务。感知层就是把信号变成数据,对应着数字化,网络层就是把数据变成信息,计算层就是把信息变成知识,然后服务层提供智慧化服务。感知的未来发展方向是全方位感知。到了5G、6G时代,任何一个物体都可以实现互联,形成万物互联,另外就是泛在网络,任何时候都有网络,在封闭的空间里有,在太空也有。智能计算和自主的知识获取把信息变成了知识,有了知识以后可以实现智慧服务。四"纵"具体为:一是新材料与多功能器件,这是传感器的基础;二是物化电微系统,就是电子微系统;三是能源和信息的自组织;四是个体群智混合的演化。为便于描述,定义四"横"依次为A1,A2,A3,A4;4"纵"依次为B1,B2,B3,B4。

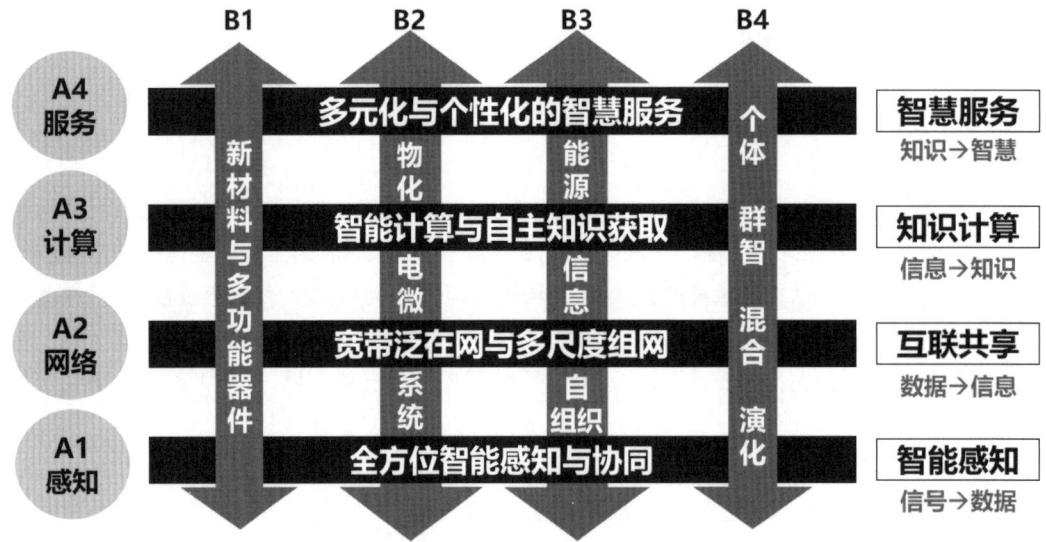

图3-3 智能物联网新架构体系

(1) A1感知。传感器是信息获取的基础部件,人-机-物-环协同感知是基本模式。感知的特征在于传感器从尺度上跨越了量子传感、微纳传感、生物传感和气象传感。传感器的部署可从个体、群体、广域到时空立体,以实现全空间透彻感知。第二个特征就是实时监测,无感嵌入。比如牙套可以通过唾液测尿酸,隐形眼镜通过泪水测葡萄糖,臂带通过汗液测乳酸,腕带通过汗液测微生物。个人穿戴朝着非侵入、生物相兼容的方向发展。第三个特征是宽域可靠,环境自适应。现在汽车装配有 200～500 个传感器,先进的车装配有激光雷达、光谱相机、毫米波雷达、超声波雷达等,更进一步的是增强现实感知。

(2) A2 网络,泛在网络是物联网的基础设施。如图 3-4 所示,6G 万物互联网设想的是在卫星上部署通信基站,依靠卫星的宽覆盖特性,实现网络的广覆盖和低延迟,满足宽带物联网、海量物联网设备、移动物联网等特性,这就真正实现了万物互联。总的特性是宽带、泛在、弹性、广覆盖。A2 网络的特征是安全共享与可信连接。N 个节点的网络,连接数可能到 N^2,这么多连接,连接的可靠性非常重要。区块链实现可信,每增加一条记录,需要 N 个账本进行分布式信任同步,这是目前遇到的一个巨大瓶颈。总的目标在于全域可靠、全程可信、内生安全。

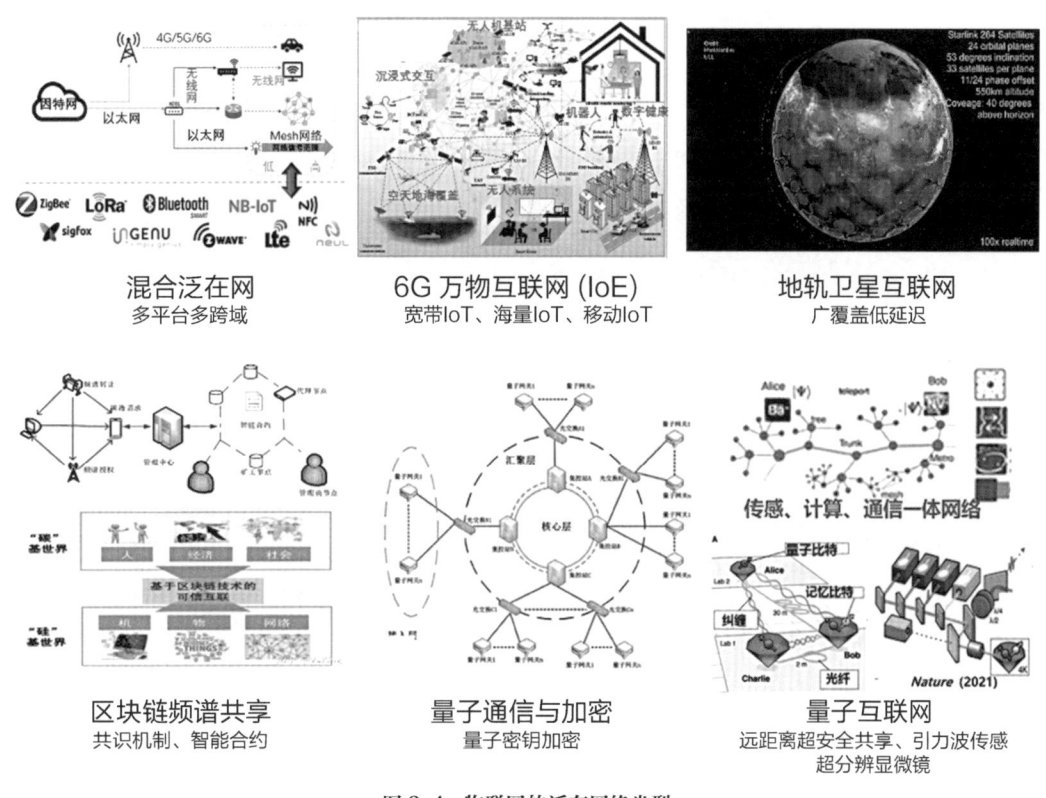

图 3-4　物联网的泛在网络类型

(3) A3 计算。包括如图 3-5(a)所示边缘计算、云计算、社会计算等多模式多层次处理。边缘计算,是指在靠近物或数据源头的一侧,采用网络、计算、存储、应用核心能力为一体的开放平台,就近为使用者提供服务。其应用程序在边缘侧发起,产生更快的网络服务响应,满足行业在实时业务、应用智能、安全与隐私保护等方面的基本需求。边缘计算处于物理实体和工业连接之间,或处于物理实体的顶端。云计算是一种全新的网络应用概念,云计算的核心概念就是以互联网为中心,在网站上提供快速且安全的云计算服务与数据存储,让每一个使用互联网的人都可以使用网络上的庞大计算资源与数据中心。社会计算是人、社会行为及系统交互使用计算技术来相互影响,其设计模型重点分析了移动计算系统中系统设计、人类行为、社会贡献及交互结果等因素的相互作用。社会计算和社会治理有着密不可分的关系,它是一个典型的理、工、文交叉的领域。社会计算与众包、人类计算、数据挖掘、集体智慧等有很多关联，需要适应数据模式的多样化，实现社会与技术的融合。另外一个重要方向是图 3-5(b) 所示的智能计算，智能计算只是一种经验化的计算机思考性程序，是人工智能化体系的一个分支，是辅助人类去处理各式问题的、具有独立思考能力的系统，目前前沿的技术包括非冯化学计算、脑模拟计算、量子计算等。总的发展方向是低功耗、强算力、按需适配。

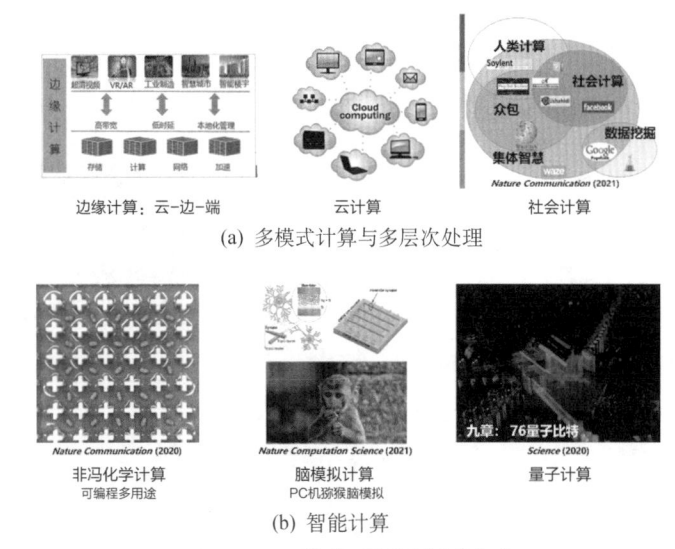

图 3-5 用于物联网的数据计算方法

(4) A4 服务。重要的是实现知识图谱和关联认知，如图 3-6 所示。比如制药和临床关联起来，把所有的病例、每天服药期间的变化、手术情况都存储起来，形成一个知识网络，称为知识公地，指导药物研发、治疗方案设计、过程调节等，通过知识发现与推理，逐步具备多元化、个性化、智慧化的能力，服务分辨率也从群体级延伸到个人级，实现更精准的服务。

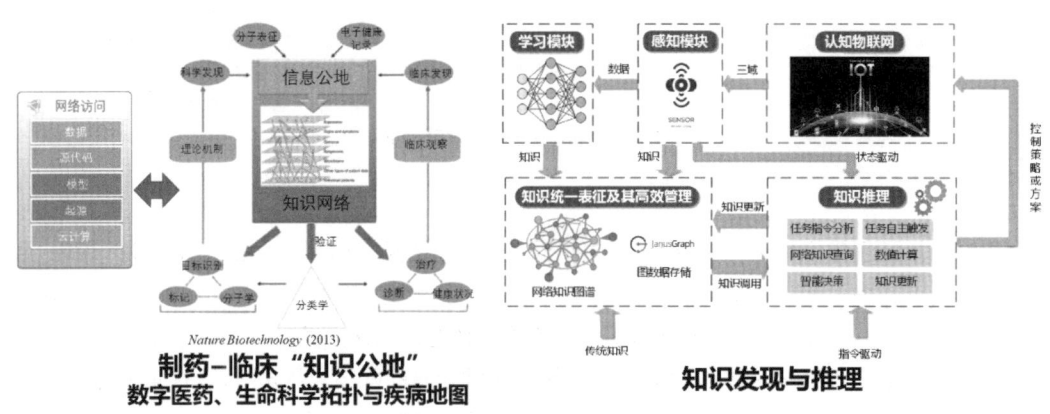

图 3-6 基于物联网的技术服务

(5) B1 新材料与多功能器件。前沿领域包括芯片生物工厂、有机生物电路、柔性打印微电路。比如现在的芯片都是在硅片上，能不能在有机材料上？能不能通过柔性打印，用特殊的打印机打印出来？另外一个方向是自然、实时和虚实交互,比如脑机交互,采用非侵入方式把脑电信号采集出来,通过信号分析,控制键盘打字、轮椅调节、机械臂控制等,实现以人为中心,所想即所得。

(6) B2物化电微系统。这是物联网中非常重要的发展方向。比如智能袜子,可以测量行走过程中的步态、压力,知道小脑控制身体的情况怎么样,有没有毛病,膝盖有没有问题,正在做的数字人体将实现物化电的无缝融合。另外一个趋势是模块化、单元化、组合化、节点化。比如智能地垫,人踩下去以后进行能量转化,不用充电,可以实现能源的自供给;另外,可以学习经常走的模态,接触到步态不对了会做提醒,实现多维集成,高效自治。

(7) B3能源和信息的自组织。现在的纳米技术可以实现纳米发电机、热点收集、空间能量采集、生物能微电网,朝着低功耗、高效能、自维持、生物相容的方向发展。还有一个方向是资源自组织和自管理。把每一个资源都数字化,通过大数据来实现这些信息资源的管理。

(8) B4个体、群智、混合、演化。在微尺度有人研究微纳机器人集群来清理血栓,在大尺度有人研究在太空布设很多部雷达,实现超远深空的探测,包括外行星撞击地球。这些个体群体交织,实现人机物环融合。

整个智能物联网的目标,从对象来说,就是人、机、物、环,环环相扣,而且要以人为本。从组成架构上来说,叫感、连、算、智、用,是智联网的整个技术体系,靠人工智能就把它联系到一起。从服务对象来说,各个方面都有,包括智慧社会制造、应急教育等。所以将引发人类社会向智慧社会嬗变的重大变革。

3.3 物联网赋能新的发展

物联网赋能的场景很多,本节将选择8个典型场景进行介绍。

第一个典型场景是智能交通物联网。如图3-7所示,现在高端的车基本能做到对车辆内部(如内部空间、驾驶员状态和车辆行驶状态)的感知。车辆的外部感知依赖摄像头、雷达、激光、红外等设备。进一步逐渐在实现空地立体监测和多元融合感知。多车之间通过5G、6G技术,可以实现智能网联,人车路协同,可以节约能耗39%,降低事故44%。现在正在构想的是飞行汽车,它有两个底盘,一个汽车底盘,一个飞机底盘,发生堵车后,汽车可以飞起来。

第二个典型场景是智能制造物联网。现在可以实现多层次、多维度、全方位人机物融合的智能制造网络空间,比如通过VR眼镜,可以高效地实现发动机的维修和装配,整个过程全部可视化、智能化;在工厂里面搭建5G专网,整个生产链可以实现智能化的全连接。目前服装定制化逐渐成熟,供应商、运输商、服务商通过合约,结合用户感知、供应链感知、生产链里面物料感知、运输量感知,使整个成本大大降低,实现定制化的制造。达到人在思,云在算,端在造的目的。奥迪2035年智能工厂如图3-8所示,有生产发动机的岛,有做设计的岛,有涂装的岛,有做车灯的岛,有做车门的岛,有做车轮的岛。岛与岛之间都是空天物联网。每一辆车的生产实际上是通过岛内的一种协同来完成的。

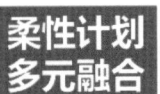
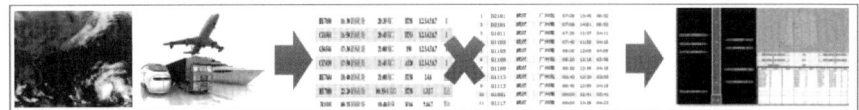
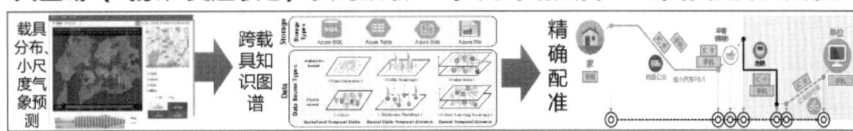

图 3-7　物联交通服务体系

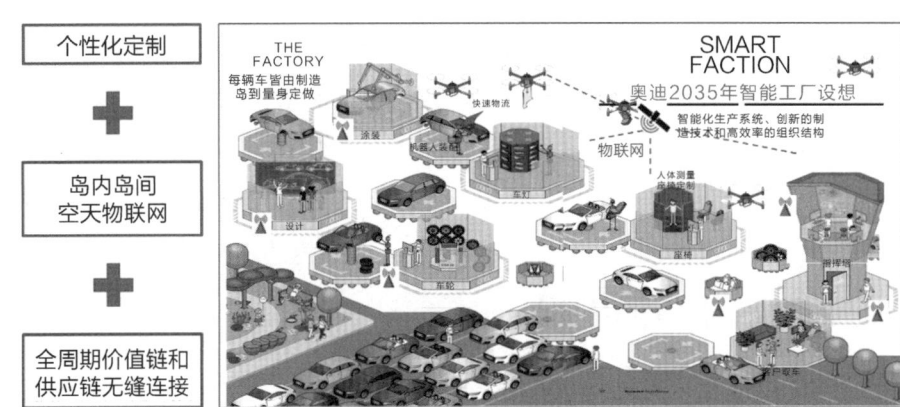

图 3-8　奥迪 2035 智能工厂

第三个典型场景是社会治理物联网。如图 3-9 所示,"朝阳大妈"可以识别陌生人、神态、生活习惯等,某种意义上也是社会计算。很多"朝阳大妈"就是我们讲的人联网。如果把所有的摄像头、井盖、垃圾桶等物联,可以实现微表情分析、微量元素分析、异常物品监测等物联计算。人联网跟物联网合在一起,就是人-机-物融合,智能的物联网。对整个社会治理来说做到了人防物防、"无感"智防。普通群众没有感觉,就已经开始实现各方面的防范了。在立体防控方面,通过重点人物的筛查匹配、人的时空信息挖掘、人脸的以图搜图、安全态势的综合预警,做到虚拟空间的布防和物理空间的布控。

第四个典型场景是疫情防控物联网。比较前沿的技术包括口服式纳米机器人进行实时的病毒检测,病毒灭活,修复受损细胞,也可传递药物。智能马桶通过排泄物的形状,尿液的成分变化,以及其他一些细微的变化,可以实现快速病毒检测。如果身体出现问题,会及时提醒。在疫情的追踪与溯源方面,如图 3-10 所示的疫情防控物联网体系,采用无人无接触的处置方式,比如无人驾驶的负压救护车、无人驾驶转运车、医疗服务机器人,可以在很大程度上减少二次传染的风险。

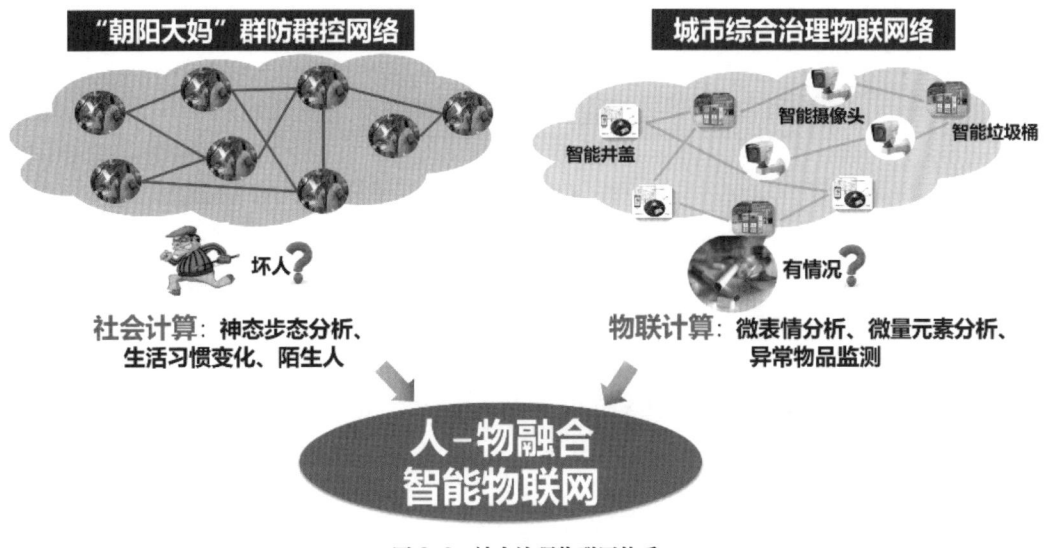

图 3-9 社会治理物联网体系

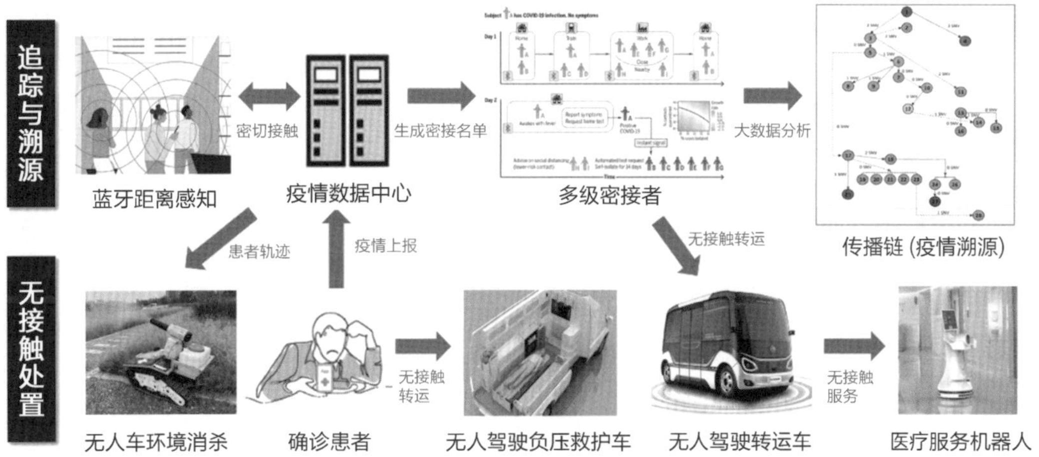

图 3-10 疫情防控物联网体系

第五个典型场景是应急管理物联网。包括立体多维探测、信息链条重建、精准评估判断、救险使命必达。针对山火等特殊环境下的火灾,现在可以采用发射巡航弹的方式灭火,灭火弹打过去以后喷洒类似于淀粉的灭火剂,不会复燃,容易生物降解,这样做绿色环保。还需要进一步做到立体多维的探测,快速响应,广域覆盖,精准监控,持续检测。

第六个典型场景是智慧教育物联网。在新冠疫情期间,线上教育发挥了非常重要的作用。未来的智慧教育场景中,如图 3-11 所示,采用多维度捕捉学生、教师、设备、环境信息,比如学生状态分析仪,可以知道学生情绪好不好、学生有没有进入状态、学生有没有匹配、听没听懂、走没走神;教室的温度、湿度、光照都可以自适应调节,教学内容、教师信息、学生信息可以通过全息互动投影进行交互,做到多维视频的学习,多元的模拟。未来的虚拟教室,目标就是集成海量优质的在线资源,培养学生创新知识和创新思维,真正实现穿越时空施教、全景沉浸学习、知-网衍生创新。

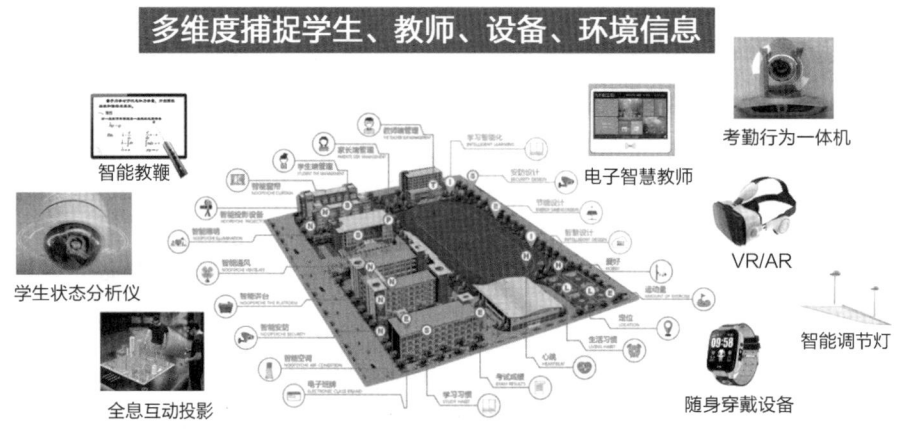

图 3-11　智慧教育物联网体系

第七个典型场景是智慧医疗物联网。现在的医疗可穿戴和无创的生物电传感器可以实现非常多的功能,包括穿戴式心电监测仪、呼吸气体分析仪、智能睡眠监测舱,关键在于将这些设备连起来,通过物联网实现信息的获取及分析。现在的智能马桶上有 76 个传感器,可以测体温、体重、气体、血压、尿糖等 13 种人体的健康指标。另外智能床可以对心率、呼吸、临床睡眠质量等进行检测,对病情做早期预警。随着老龄化社会的到来,养老成为一个大问题,如果能满足全方位的信息感知、定制化的精准服务、跨区的数据传输、智能化的分析等需求,那么未来就能实现未病预防、慢病管理、无缝照料、医养结合,通过物联网提高人的寿命和生活质量,如图 3-12 所示。

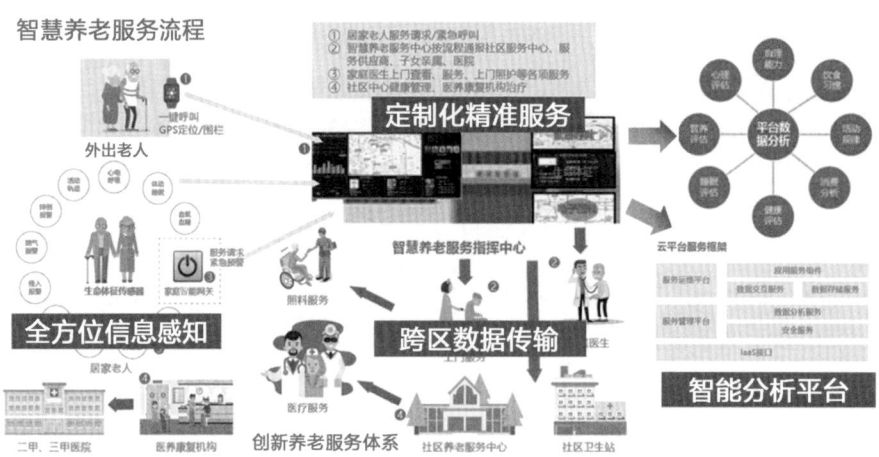

图 3-12　智慧养老物联网体系

第八个典型场景应用是智慧军事物联网。现在的军事物联网集成前沿传感、通信、智能技术,广泛应用于战争、反恐、侦察等。美军用 200 多亿美元从微软定制军事物联网 + AR/VR,头盔高度集成声敏、光敏、气敏、力敏、磁敏、生物敏等传感器,收集士兵的生理、心理数值,培训提高士兵的判断能力、战场协作,也可以无纸化呈现战场态势。

物联网赋能的案例还有非常多,关键在于怎样能够围绕大力发展物联网技术及产业,服务行业应用新场景的建设,打造数字经济的新业态,成为智慧城市的新标杆,赋能城市高质量发展。

3.4 物联网与城市交通

3.4.1 发展背景

物联网赋能城市交通,发展智能交通,提高交通系统效率、安全性是国际共识。美国2020年3月发布《智能交通系统战略规划2020—2025》,重点关注5G等新型通信技术与数据交互、网络信息安全等智能交通支撑技术,具体从自动驾驶、联网汽车的研究上加速ITS的应用和部署,目标是转变社会运行方式,领导智能交通系统的合作和创新研究、开发和实施,以提升人员通勤和货物运输的安全性和流动性。欧盟2020年12月发布《可持续与智能交通战略》,加大部署包括车辆导航系统、智能停车系统、共享汽车、驾驶辅助系统等在内的智能交通系统,强调了5G网络和无人机的作用,使得出行更智能高效、更环保;欧盟计划到2025年在欧洲主要陆路交通线上实现不间断的5G网络覆盖,并推进整个交通运输网络的5G部署;到2050年,将交通领域的温室气体排放减少90%。日本《2020年国土交通白皮书》指出:"推进智能卡全国互通,进一步提高国民出行的便利性;推广试点'出行即服务'(Mobility as a Service, MaaS),促进交通与观光、零售、医疗、教育等其他社会行业融合,调动社会整体的参与积极性;推广ETC2.0,缓解道路拥堵,减少碳排放;推进先进型安全车辆(Advanced Safety Vehicle, ASV)技术的应用,减少路面交通事故的发生"。

随着城市化进程不断加快,我国汽车保有量一直呈现高速增长态势。截至2023年年底,我国机动车保有量达4.35亿辆(汽车3.36亿辆)、驾驶人达5.23亿人。全国有94个城市汽车保有量超过百万辆,其中成都、北京、重庆、上海、苏州超过500万辆,25个城市超过300万辆,43个城市超过200万辆。城市路网建设和机动车增长矛盾突出,交通事故频发、交通拥堵趋向常态化,城市交通综合治理是智慧城市建设面临的重大课题。构建安全、便捷、高效、绿色、经济的现代化综合交通体系,大力发展智慧交通、加强智能网联汽车(智能汽车、自动驾驶、车路协同)研发是我国交通强国建设的主要任务。2020年,国家发改委、中央网信办、科技部等11个部门联合发文《智能汽车创新发展战略》(发改产业〔2020〕202号),把"车路交互、多源传感信息融合感知、新型智能终端、智能计算平台、车用无线通信网络……云控基础平台等"列为共性交叉技术和技术突破的重点。2021年9月,我国发布《物联网新型基础设施建设三年行动计划(2021—2023年)》(工信部联科〔2021〕130号),明确"在智能交通等重点领域,加快部署感知终端、网络和平台,有力支撑新型基础设施建设。推动交通、能源、市政、卫生健康等传统基础设施的改造升级,将感知终端纳入公共基础设施统一规划建设,打造固移融合、宽窄结合的物联接入能力,搭建综合管理和数据共享平台,推动智慧城市和数字乡村建设,提升社会管理与公共服务的智能化水平"。

3.4.2 典型场景

物联网与城市交通要素深度融合,带来城市交通技术变革并在多个典型场景得到迭代应用和技术升级,分四个典型场景举例说明如下。

1) 城市智慧停车系统

目前城市智能停车技术已经得到较为广泛的应用,但随着城市发展对停车管理的精准化要求日趋提升,单纯以信息化手段难以有效解决停车场之间的"信息孤岛"问题和"区域协同"问题。有必要通过物联网技术将区域内多个停车场的信息进行整合与集成,向出行者、城市管理者、系统维护者等不同用户提供多样化的服务。如图3-13所示,通过停车系统物联网的信息实时采集和共享,对社区、单位和停车场等不同空间的停车资源进行实时全局感知;停车用户根据停车位现状和停车场环境等实时反馈信息,提出停车请求并快速完成车位预订、身份校验,并在云端服务器智能预测功能的指导下完成车辆定位与引导、快速计费。整个停车流程得到最大程度的简化和便捷化,从而有效提升停车系统运行效率。另外,利用物联网相关技术实现区域停车系统的协同联动,将多个停车场信息进行整合并统一管理,基于云端计算等实时数据服务实现停车资源的时空分布预测以及停车需求的实时调配,以需求为导向开展分区、分时停车收费,配合停车选择行为诱导技术,实现停车分配、路线优选和分散停车,减少寻找车位带来的拥堵以及资源浪费,实现停车资源的整合优化和协同供给,通过精细化停车管理对出行需求和停车需求的调控,实现"以静制动"的效果。

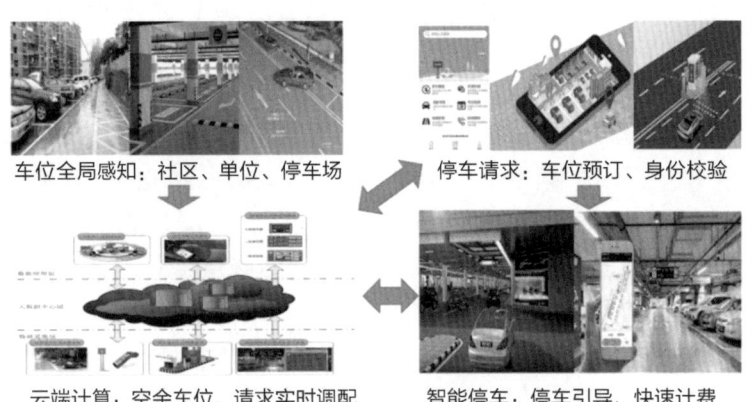

图3-13 智能物联网城市智慧停车系统

2) 城市道路交通信号灯智能控制系统

道路交通控制的核心是在时间和空间上对道路通行权进行合理的分配,解决出行者通过交通冲突区域时可能发生的冲突问题。地面交通控制从最初的人工指挥发展到交通信号灯,这种以信号为令的新型路权分配和提示方式已走过了百年的发展历程。最初的交通信号是单点定时信号控制,随着交通流量的不断增加,这种控制方式无法最大程度优化通行效率。计算机、自动控制、通信等技术的发展,通过微波检测器、磁感应线圈、摄像头等实时获取交通流量数据,根据交通流量动态调整交通信号的主要参数,可以实现信号配时优化。最具有代表性的是英国的 SCOOT 系统和澳大利亚的 SCATS 系统,对城市交通信号控制的发展起到了实质性作用。目前北京、上海、广州等大城市也建设了具有自身特色的先进智能交通控制系统。在智能物联网的赋能下,交通控制系统变得更加复杂同时功能也更加强大,包括交通态势感知和数据处理、交通流状态预测、配时方案智能优化等功能,在单个路口最优控制的基础上,还可以根据路网交通流的变化趋势实现不同路口信号灯之间的协同,实现"智能联网联控"。特别是 10 多年飞速发展的车联网技术以及车路协同技术,使得车辆可以实时感知周边车辆的运行信息、交叉口信号控制状态以及道路环境信息,同时车辆自身信息也能够与周边车辆和路侧设备进行交互。这种车-车之间、车-路之间的信息交互和协同控制机制能够实现更加准确的信号控制,有效解决任意时间和空间的路权分配问题,利用车路协同实时获取车辆位置、运行速度等信息,当进一步优化信号配时,还可以提升交通运行的稳定性,降低交通能耗和排放。

3) 交通安全及交通事故应急处理系统

基于智能物联网的协同控制技术为道路交通事故预警和救援提供了有效支撑。在传统驾驶环境下,行车环境的信息获取完全依靠驾驶人对周围车辆、交通灯及交通标识的感知,但通过该方式得到的行车环境信息不完整,必然存在感知盲区,从而导致"鬼探头"等危险驾驶场景的发生。网联环境下,网联车辆分别通过自身感知获得的数据、车-车通信数据、路侧设备感知数据,最大限度获取了周围环境和交通要素的信息,在此基础上可建立基于多源信息融合的智能车辆行车风险评估模型,为智能车辆的路径规划提供决策依据,避免危险驾驶场景的出现,大幅提升车辆行驶的安全性、舒适性。道路交通事故发生后,城市智能终端将通过计算处理路侧摄像头或其他感知设备实时采集的数据信息,将检测到的事故信息通过 I2X 直连通信进行广播式发布,同时将事故信息上传至边缘云。边缘云收到智能终端上报的事件信息,分析事故发生位置的上、下游车辆 OD 关系、实时交通流量等信息,对事故造成的影响进行仿真,生成路段限速和车辆分流控制策略。中心云收到边缘云上报的事故信息,计算影响范围,生成事故预案。如果发生重大交通事故,中心云会将事故信息推送到应急响应部门,应急响应部门接收信息后派出救援车辆,并将救援车辆信息发送给中心云。中心云为救援车辆提供最佳行车路径,并实时显示救援车辆的位置和救援车辆车载视频的信息,大幅提升了城市交通事故的应急处理能力。

4) MaaS 系统

MaaS 是一种新的出行服务理念,其内涵是基于深刻理解公众出行需求,将各种出行方式整合在统一的服务体系中,充分利用大数据决策,最优调配资源、最大限度满足不同出行需求的一体化出行服务生态,并以统一的信息服务平台来对外提供出行规划、预订、支付、清分、评价等服务。在 MaaS 系统下,出行者把出行视为一种服务,不再需要购买交通工具,而是依据出行需求购买由不同运营商提供的出行服务。MaaS 平台能够支持多种交通方式联运模式,其中包含共享汽车、汽车租赁、共享单车、共享停车、地铁、公交、出租车等。通过预订系统,利用快捷方便的支付软件,MaaS 用户能根据自己的需求来购买合适的出行服务。MaaS 概念提出后,欧洲国家首先进行了示范性应用,如瑞典的 UbiGo,丹麦的 MinRejseplan,法国的 Optymod,奥地利的 Smile 等。MaaS 的主要特征包括服务一体化、出行共享化、体验人本化、发展低碳化、产品与服务协调化,其核心特征是出行服务一体化,关键在于基于物联网服务的一体化出行服务网络,通过出行者、运输服务商、管理者等多用户角度的数据收集与融合,实现全出行规划、费用支付、电子票据、意见反馈等功能;管理者可以利用该一体化平台实现交通监控与管理,对系统进行实时调度;运输服务商可以优化服务,节约成本。

3.4.3 示范应用

智能物联网赋能城市交通,中国方案开始示范应用。近年来,随着 5G、物联网、人工智能等技术的不断进步,车路协同技术从车-车/车-路的信息交互,车-车/车-路安全辅助预警,逐渐向面向多场景、规模化、路车深度融合的智能化控制升级。另外,随着车辆自动驾驶技术的不断发展,路车深度融合的智能化控制将进一步改变道路交通系统的组织形式、运营模式和运行方式,必将引发道路交通系统技术的变革性发展。早在 2003 年我国就成立了全国智能运输系统标准化技术委员会,对智能交通系统的交通专用短程通信发布标准。工信部、公安部、交通运输部于 2018 年 4 月联合发布《智能网联汽车道路测试管理规范(试行)》(工信部联装〔2018〕66 号),该规范包含交通标志和标线的识别及响应等检测项目。中国汽车工程学会 2017 年发布《合作式智能运输系统 车用通信系统应用层及应用层数据交互标准》(T/CSAE 53—2017)。我国在车路协同领域中的 LTE-V/5G 等通信技术、北斗定位、交通复杂场景建模、交通大数据等方面独具特色;在智能交通与车路协同领域已初步建立产业运营体系,例如华为的智能交通平台就实现了与运营商、交科所的平台以及高精地图等应用之间的无缝衔接。中国重汽通过北斗卫星和激光雷达、毫米波雷达、摄像头等车载传感器设备来感知车辆周围环境,并实现定位、授时、测速与车身上匹配的十几个传感器在信息处理上智能互联,25 台无人驾驶电动集卡在天津港成功实现全球首次整船作业。北京理工大学建有无人车技术工信部重点实验室、超 650 万辆实际接入量的新能源汽车国家监测与管理平台,研制的全自主无人车获第五届"中国智能车未来挑战赛"总冠军、名列陆装"跨越险阻"历届地面无人系统挑战赛前列,研制的警用无人巡逻车及云端系统成功服务 2019 年世界军运会并实现 L5 级自动驾驶、云端集群控制与警务调度。大唐移动在全球业界首先推出了拥有自主知识产权的、基于自主研发芯片的 LTE-V2X 预商用产品。作为全国首个 5G/C-V2X 商用案例、全国首个 5G 智能网联公交商用案例,大唐移动、厦门金龙 2019 年率先成功推出厦门 5G BRT 智能网联车路协同系统,实现了超视距防碰撞、智能车速策略、实时车路协同等充分体现 5G 大带宽、低延迟等特性的典型应用,如图 3-14 所示。宇通客车在 2020 年率先提出自动驾驶电动公交系统架构,如图 3-15 所示,具体由聪明的车、智慧的路、云控平台、自动充电系统、无人场站五部分组成,具备智能调度、自动驾驶、精确进站、车路协同信号优先、车路协同盲区监测、自动充电、自主泊车、自动发车等功能,通过对"车-路-场-云"等公交运营要素的实时监控,一体化协同控制,提升运行效率,降低能耗,改善公交出行体验,为乘客提供更安全、更高效、更快捷的出行体验,已在郑州智慧岛公交线路运行近两年,运行统计结果显示提升运行效率 50%,降低能耗

10%以上。随着国家5G网络、大数据中心、人工智能、工业互联网等新基建的推进、中国北斗卫星导航系统的全面建成,我国智能交通系统路车协同以及端边云智能管控迎来快速发展机遇。

图 3-14 自动驾驶、车路协同、智能网联等技术赋能道路交通示范应用

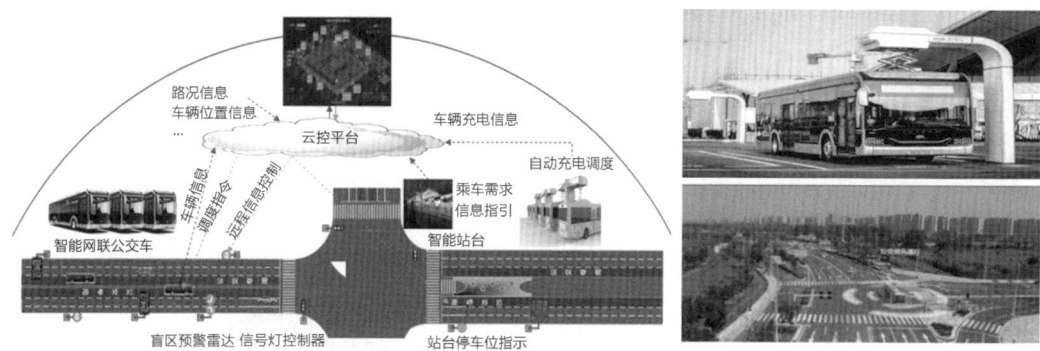

图 3-15 宇通客车郑州智慧岛智能网联电动公共交通系统

3.4.4 发展趋势

物联网赋能城市交通呈现四大趋势。其一,交通系统网联化,充分利用人工智能、驾驶自动化、网络通信、大数据等技术,将车、路、云、网、图等交通核心要素全面联通,构建以高维数据为基础、以通信网络为纽带、以高效快捷为核心的服务体系,深度变革传统分散式交通,为构建安全、便捷、高效、绿色、经济的现代化综合交通体系提供平台支撑;其二,交通出行共享化,智能互联的共享交通工具,云端调控实现动态供需平衡,解决交通低效、拥堵和停车难的城市交通问题,提高交通工具周转率与分享率,在不增加或少增加交通工具与设施供给的基础上,满足快速城镇化进程中居民消费升级的机动出行需求;其三,交通管控智慧化,如图3-16所示,多源信息融合、高算力支持下的协同决策,智慧城市大脑赋能,助力自动驾驶车辆在环境感知、计算决策和控制执行等方面的能力升级,助力城市公共交通的智慧化高效精准调度,提供更安全、更舒适、更节能、更环保的驾驶方式和出行方式;其四,交通运载协同化,运载网联化,协同智能化道路基础设施,形成多级化智能网联交通体系,融合发展产生新的需求又进一步促

进交通基础设施、新型运载工具技术的新变革,城市立体交通布局促进飞行汽车等多栖运载工具技术创新就是很好的例子。

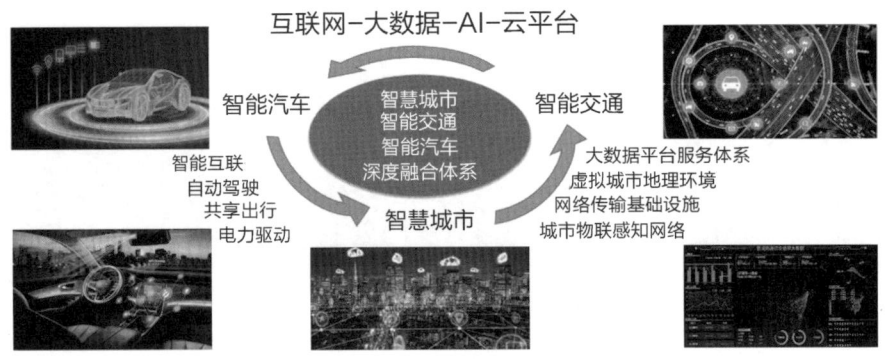

图 3-16 智能城市交通智慧管控体系

参考文献

[1] 国务院.国务院关于推进物联网有序健康发展的指导意见[EB/OL].(2013-02-17)[2024-01-29].https://www.gov.cn/zhengce/zhengceku/2013-02/17/content_3316.htm.

[2] 中华人民共和国中央人民政府.中华人民共和国国民经济和社会发展第十四个五年规划和2035年远景目标纲要[EB/OL].(2021-03-15)[2024-01-29].https://gbdy.ndrc.gov.cn/gbdyzcjd/202103/W020210323531070147731.pdf.

[3] 中华人民共和国工业和信息化部.工业和信息化部办公厅关于深入推进移动物联网全面发展的通知[EB/OL].(2020-05-07)[2024-01-29].https://www.miit.gov.cn/zwgk/zcwj/wjfb/txy/art/2020/art_8884805a987e4a4fa454cfabc3f32b2a.html.

[4] Xiu L. The Turn of Moore's Law from Space to Time[M]. Berlin: Springer, 2022.

[5] 宋永华,林今,唐明,等.基于广域低功耗网络的能源物联网[J].Engineering,2017,3(4):67-82.

[6] Bui K H N, Jung J J. ACO-Based Dynamic Decision Making for Connected Vehicles in IoT System[J]. IEEE Transactions on Industrial Informatics, 2019, 15(10): 5648-5655.

[7] Zhu F, Lv Y, Chen Y, et al. Parallel transportation systems: Toward IoT-Enabled Smart Urban Traffic Control and Management[J]. IEEE Transactions on Intelligent Transportation Systems, 2019, 21(10): 4063-4071.

[8] 何洪文,孙逢春,李梦林.我国综合交通工程科技现状及未来发展[J].中国工程科学,2023,25(6):202-211.

[9] Zhong R Y, Xu X, Klotz E, et al. Intelligent Manufacturing in the Context of Industry 4.0: A Review[J]. Engineering, 2017, 3(5): 616-630.

[10] 卢向群,孙禹.基于5G技术的教育信息化应用研究[J].中国工程科学,2019,21(6):120-128.

[11] 李伯虎,柴旭东,刘阳,等.智慧物联网系统发展战略研究[J].中国工程科学,2022,24(4):1-11.

[12] 杨启亮,邢建春,王平,等.军事工程物联网:概念模型、支撑技术与领域应用[J].中国工程科学,2013,15(5):95-105.

[13] 中华人民共和国国家发展和改革委员会.关于印发《智能汽车创新发展战略》的通知[EB/OL].(2020-02-04)[2024-01-29].https://www.ndrc.gov.cn/xxgk/zcfb/tz/202002/t20200224_1221077.html.

[14] 工业和信息化部,中央网络安全和信息化委员会办公室,科学技术部,等.关于印发《物联网新型基础设施建设三年行动计划(2021—2023年)》的通知[EB/OL].(2021-09-10)[2024-01-29].https://www.gov.cn/zhengce/zhengceku/2021-09/29/content_5640204.htm.

[15] Lin T, Rivano H, Le Mouël F. A Survey of Smart Parking Solutions[J]. IEEE Transactions on Intelligent Transportation Systems, 2017, 18(12): 3229-3253.

[16] De Oliveira L F P, Manera L T, Da Luz P D G. Development of a Smart Traffic Light Control System with Real-Time Monitoring[J]. IEEE Internet of Things Journal, 2020, 8(5): 3384-3393.

[17] Kumar N, Acharya D, Lohani D. An IoT-Based Vehicle Accident Detection and Classification System Using Sensor Fusion[J]. IEEE Internet of Things Journal, 2020, 8(2): 869-880.

[18] Karlsson I C M, Mukhtar-Landgren D, Smith G, et al. Development and Implementation of Mobility-as-a-Service—A Qualitative Study of Barriers and Enabling Factors[J]. Transportation Research Part A: Policy and Practice, 2020, 131: 283-295.

[19] Butler L, Yigitcanlar T, Paz A. Barriers and risks of Mobility-as-a-Service (MaaS) Adoption in Cities: A Systematic Review of the Literature[J]. Cities, 2021, 109: 103036.

第 4 章
人工智能的现状与未来

4.1 人工智能基础

深度学习技术在近年来获得了突飞猛进的进步,掀起了新一代人工智能发展的浪潮。基于深度学习的人工智能技术旨在从海量的数据中总结出一般性的规律,并泛化到新的未知数据和场景中。这种以数据驱动的方式进行智能学习的过程模拟了人脑复杂的结构以及运作原理,试图赋予机器"感知""学习"以及"认知"的能力,使其看起来就像是人类所表现的智能行为一样。根据数据特性以及应用场景的不同,深度学习技术分为有监督学习、半监督学习、无监督学习、自监督学习、主动学习以及强化学习等范式。它们在计算机视觉、自然语言处理、语音识别以及最优控制等应用领域都取得了巨大的突破。尽管如此,人工智能技术在通用性、可解释性、隐私与安全以及伦理道德方面仍然面临着巨大的挑战。这些挑战是当前甚至未来很长一段时间内人工智能领域需要解决的。在本章节中,将介绍人工智能技术的研究现状以及未来的发展趋势。

深度学习的概念源于人工神经网络的研究,含多个隐藏层的多层感知器就是一种深度学习结构。深度学习通过组合低层特征,形成更加抽象的高层表示属性类别或特征,以发现数据的分布式特征表示。研究深度学习的动机在于建立模拟人脑进行分析学习的神经网络,它模仿人脑的机制来解释数据,例如图像、声音和文本等。作为基于深度学习的人工智能技术中的代表,深度神经网络对输入信号经过复杂的运算后得到特征,然后将这些特征提供给下游具体的任务进行学习。本节详细介绍深度学习的基本范式,包括卷积神经网络、循环神经网络、自注意力机制以及编码器-解码器框架。

4.1.1 卷积神经网络

卷积神经网络(Convolutional Neural Networks, CNN)受到动物大脑皮层细胞对视觉信号处理机制的启发,具备局部感知和权值共享等特点。1998 年,LeCun 等设计了 LeNet 网络模型用于手写数字识别任务,并通过反向传播(Back Propagation, BP)算法训练网络模型。LeNet 堆叠了一系列卷积层、池化层和全连接层。这被认为是首次将卷积神经网络成功应用在计算机视觉任务上。其中,卷积操作以滑动窗口的方式在特征图(Feature Map)上滑动,如图 4-1(a)所示;常见的池化操作包括最大池化(Max Pooling)和平均池化(Mean Pooling),如图 4-1(b)所示。

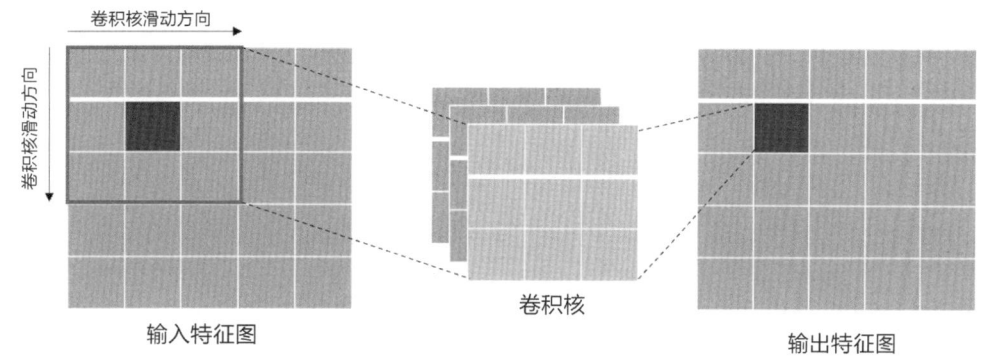

(a)卷积操作(采用全填充方式)

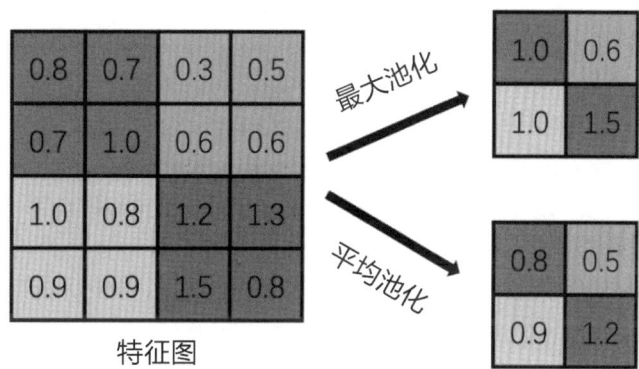

(b)池化操作

图 4-1 卷积操作和池化操作示意

然而,当人们试图增加卷积神经网络的层数去解决更复杂的任务时,发现难以训练网络,常常发生梯度消失和梯度爆炸的现象。随着网络层数的增加,这一现象愈发严重。更为甚者,当时的硬件资源训练一个几层的神经网络都需要耗费大量的时间,这导致算法的调试、训练以及部署都变得十分困难。随着 20 世纪 90 年代支持向量机(Support Vector Machine, SVM)的兴起,人们放弃了使用复杂的神经网络,导致神经网络的发展停滞不前。

直到 2006 年,Hinton 等提出了逐层预训练算法,解决了深层神经网络难以训练的问题。这给深度神经网络的发展带来了曙光。2012 年,Alex 等提出的 AlexNet 网络模型在 ImageNet 大规模视觉识别挑战赛(ImageNet Large Scale Visual Recognition Challenge, ILSVRC)上性能大幅度超过传统的方法,摘得冠军。AlexNet 网络结构如图 4-2 所示,其用线性整流函数(Rectified Linear Unit, ReLU)取代了 Sigmoid 激活函数以解决网络训练过程中的梯度消失现象,并且在全连接层中使用了随机丢弃神经元的机制来缓解过拟合现象。

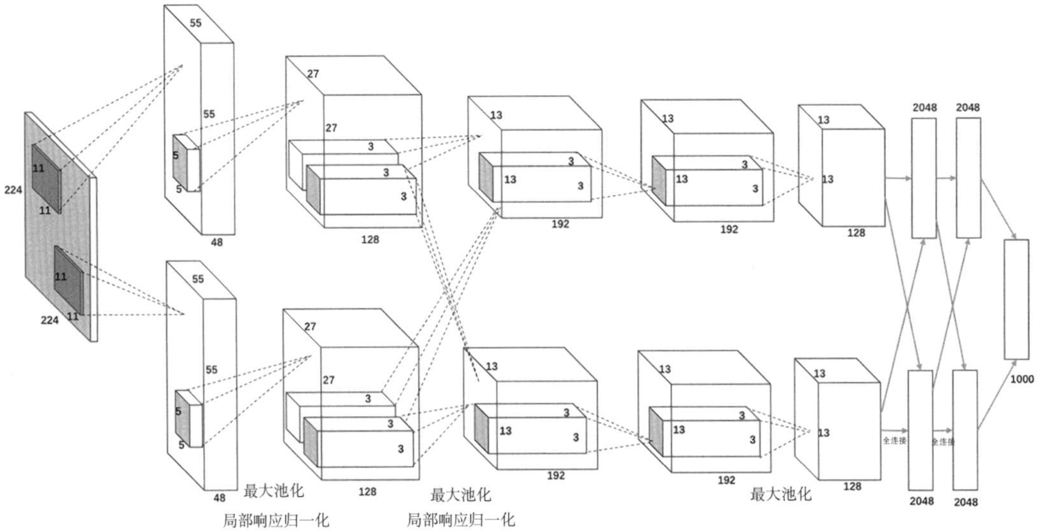

图 4-2　AlexNet 网络结构

随后,大量优秀的卷积神经网络结构被相继提出,包括 ZF-Net、GoogleNet、ResNet、ResNeXt 和 DenseNet 等,这些模型均在 ILSVRC 上摘得了冠军。它们在网络深度、网络宽度以及网络的连接方式上进行了充分的探索。值得注意的是,随着神经网络层数的加深,网络的训练变得越来越困难,浅层的网络在训练的过程中几乎得不到梯度更新信号,导致它们没有得到充分的训练。因此,ResNet 中设计了一个新颖的残差结构,让网络学习输入和输出的残差部分,简化了优化问题的难度。同时,残差结构引入的快速连接分支确保了模型在训练的过程中梯度信号能够快速地传播到浅层神经元,保证了浅层网络得到充分的训练。残差结构的思想对后续人工智能的发展起到了深远影响,被广泛应用于计算机视觉的各项任务中。另外,伴随着这些神经网络结构的出现,一些新颖的正则化技术和优化算法也被提出,用于进一步辅助网络的优化和收敛。

然而,上述的卷积神经网络仅仅能胜任处理二维图像数据,却无法应用在具有时序特性的三维数据(例如视频等)上。因此,三维卷积神经网络(3D Convolutional Neural Networks, 3D CNN)将二维卷积神经网络在时间维度上进行扩展,用于同时建模三维数据的空间特性以及它们在时间维度上的时序特性,在基于视频和流式数据的任务上取得了显著的效果。

4.1.2　循环神经网络

尽管卷积神经网络能够有效地处理图像和视频等空间结构化的数据,却无法处理诸如文本和语音等序列数据的时序关系。当算法试图理解这些序列数据时,通常需要考虑它们的上下文信息,而不是独立地编码每一个时刻的数据样例。比如常说的"一词多义"现象,相同的单词在不同的上下文中也会具有完全不同的意思。因此,时序关系对基于序列数据的任务来说至关重要。循环神经网络(Recurrent Neural Network, RNN)被设计用来提取序列数据的这种时序关系。RNN通过循环地处理输入序列来描述时间的动态行为,并将当前的信息保存在模型的状态单元中,因此具有记忆能力,能够有效地编码上下文的关联性。图4-3展示了RNN的网络模型及其在时间维度上展开时的结构。其中,X、O和S分别表示网络的输入、输出和隐藏层的状态,U表示输入层到隐藏层的映射矩阵,V代表隐藏层到输出层的映射矩阵。W是对上一时刻隐藏层的值作线性变化的权重矩阵。

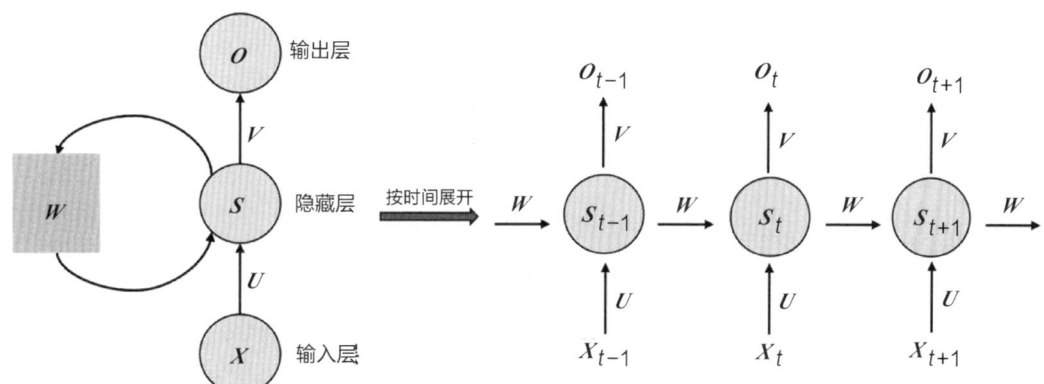

图4-3 循环神经网络及其按照时间展开的结构

RNN的具体计算过程如下:

$$O_t = g(V \cdot S_t) \quad (4-1)$$

$$S_t = f(U \cdot X_t + W \cdot S_{t-1}) \quad (4-2)$$

式中:函数 g 表示输出层的归一化函数,对于多分类任务来说一般是 Softmax 函数,对于二分类任务是 Sigmoid 函数。函数 f 是隐藏层使用的激活函数,通常是 Sigmoid 函数。从公式中可以发现 S_t 的值不仅依赖于当前的输入 X_t,还与 S_{t-1} 有关,通过这种方式就能够利用序列输入的历史信息来建模它们的时序关系。然而 RNN 也有其固有的缺陷,当输入序列较长时,通过这种循环递归的处理机制,较早期的输入对后续的预测几乎没有任何影响,因此它难以捕捉长距离的时序依赖。此外,不像卷积神经网络和全连接神经网络每层拥有不同的参数,RNN 中的权重参数在每个时间步中都是共享的。这就会导致 RNN 网络在训练过程中梯度信号会被近距离的梯度所主导,造成远距离的梯度信号对网络的训练没有任何影响(也就是梯度消失现象),这也会造成 RNN 难以捕获远距离的时序依赖。为此,长短期记忆网络(Long Short-Term Memory, LSTM)被设计用来解决 RNN 关于长距离依赖以及梯度消失的问题。

LSTM 是一种特殊的循环神经网络,它引入全局的单元状态(Cell State)和三个门控制单元(输入门、遗忘门和输出门)来控制网络中信息流的流动。这些门控制单元的输出范围都在[0, 1]之间,用于对信号进行过滤。其中,输入门用来控制哪些输入信息可以被用于网络更新,遗忘门用来过滤冗余的信号同时保留有判别性的信息,而输出门用于控制哪些信号可以被用于输出。通过这些门控制单元,网络能够选择性地记忆重要的信息,丢弃不重要的信息。同时,单元状态全局性地保留了网络中记忆的内容,并为梯度信号的反向传播提供了便捷的路径,有利于缓解网络的梯度消失现象和建模长距离的时序依赖。LSTM 模型的具体计算流程为

$$z = \tan h[\boldsymbol{W} \cdot ([x_t, h_{t-1}])] \quad (4-3)$$

$$z^i = \sigma[\boldsymbol{W}^i \cdot ([x_t, h_{t-1}])] \quad (4-4)$$

$$z^f = \sigma[\boldsymbol{W}^f \cdot ([x_t, h_{t-1}])] \quad (4-5)$$

$$z^o = \sigma[\boldsymbol{W}^o \cdot ([x_t, h_{t-1}])] \quad (4-6)$$

$$c^t = z^f \odot c_{t-1} \oplus z^i \odot z \quad (4-7)$$

$$h_t = z^o \odot \tan h(c^t) \quad (4-8)$$

式(4-3)—式(4-8)中: z^i、z^f 和 z^o 是由当前输入 x_t 和隐藏层的状态 h_{t-1} 串接起来乘以对应的权重矩阵之后,再经过 Sigmoid 函数得到的输出值,它们分别表示输入门、遗忘门和输出门。而 z 是进行非线性变换之后的结果。h_t 表示隐藏层的状态,c_t 是记忆单元的更新结果,它通过遗忘门 z^f 对记忆信息 c_{t-1} 进行选择性过滤,并通过输入门 z^i 对输入信息进行选择性记忆。$\odot$ 表示哈达玛积(Hadamard Product);$\oplus$ 表示逐元素相加;σ 表示 Sigmoid 函数;$\boldsymbol{W}^i$、$\boldsymbol{W}^f$ 和 $\boldsymbol{W}^o$ 分别表示输入门、遗忘门和输出门对应的权重矩阵;$\boldsymbol{W}$ 是对输入信号进行非线性变换的权重矩阵。图 4-4 展示了完整的 LSTM 网络结构。

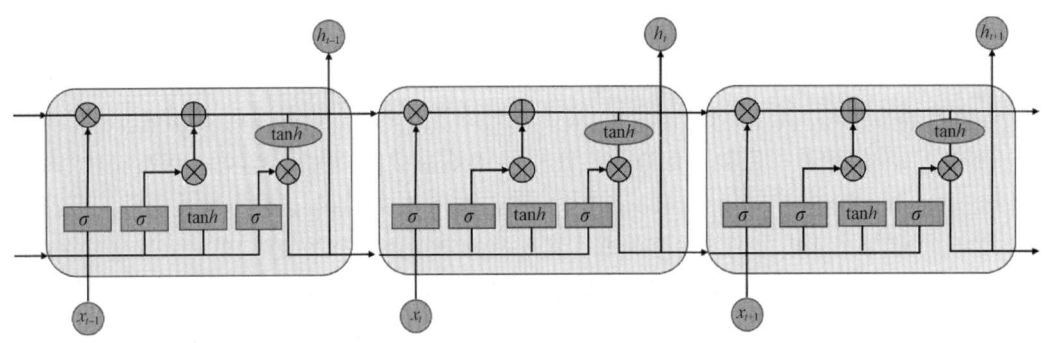

图 4-4　长短时记忆网络结构

4.1.3　注意力机制

Rensink 等发现人眼的视觉系统在受到光源的刺激后,会选择性地关注人所需要的重要信息,过滤掉不重要的信息,以此来确保人脑能够快速准确地处理大量的信号。受此启发,注意力机制(Attention Mechanism)被设计用于让模型关注输入信号的关键信息而忽略无关信息,具有参数量少、速度快以及性能优异等特点。2014 年,注意力机制被 Google 团队开创性地用于图像识别任务中,成功地解决了卷积神经网络计算代价较大的问题;又在 2015 年首次被引入

机器翻译任务中用于解决句子的长距离依赖问题,后被广泛应用在计算机视觉和自然语言处理等领域中。

注意力机制大致分为硬注意力和软注意力两种类型。硬注意力机制本质上是一个"0或1"问题,它驱使模型要么关注某一部分信息,要么不关注某一部分信息。由于硬注意力的输出是离散的,因此是不可微分的,常常需要通过强化学习的方式对其进行优化训练。实际上,最常见的图像裁剪就是一种硬注意力机制,它强制去除掉图像的部分信息,保留了模型需要的输入信号。而软注意力机制的输出是在区间[0, 1],它往往是通过网络模型直接生成出来的,是可微分的。软注意力主要关注通道域、空间域、时间域以及层域等方面,它的大小表示对信息的关注程度。注意力模型的计算通常涉及查询变量 q(query)、键 k(key)和值 v(value),分为三个阶段:①计算 query 和 key 的相似度;②对相似度进行归一化操作;③利用相似度对 value 进行加权求和。

图 4-5 展示了注意力机制的示意。实际上,所谓的注意力机制本质上就是在做加权求和,只不过它的权重是通过网络自动学习出来的。目前有大量的工作试图将不同的模型与注意力机制相结合用于各种不同的任务中,包括 CNN + Attention、LSTM + Attention 以及 GAN + Attention 等。

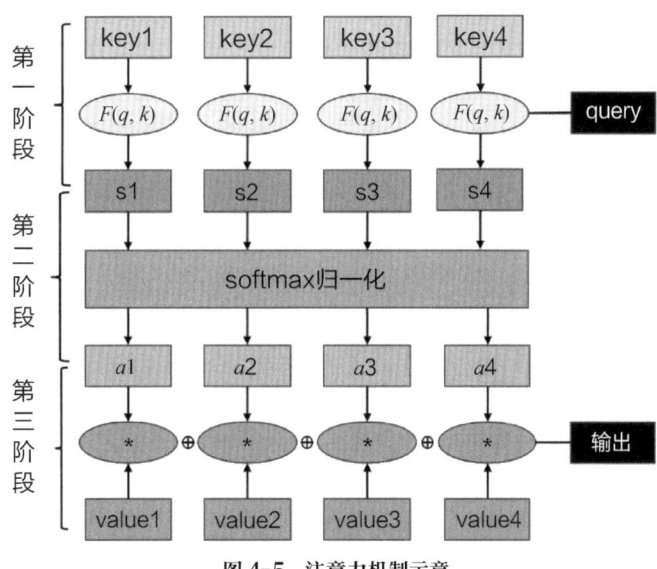

图 4-5 注意力机制示意

注:$F(q, k)$ 表示计算 query 和 key 的相似度函数;a 是归一化之后的注意力分数。

Google 团队提出自注意力机制(Self-Attention, SA),它是一种特殊的注意力机制,如图 4-6 所示。在 SA 中,$q = k = v$,例如当输入是一个句子的时候,句中的每个词都要和整个输入句子自身做 Attention 操作来获取上下文信息,即

$$\text{Attention}(q, k, v) = \text{softmax}\left(\frac{q \cdot v^{\text{T}}}{\sqrt{d_k}}\right) v \tag{4-9}$$

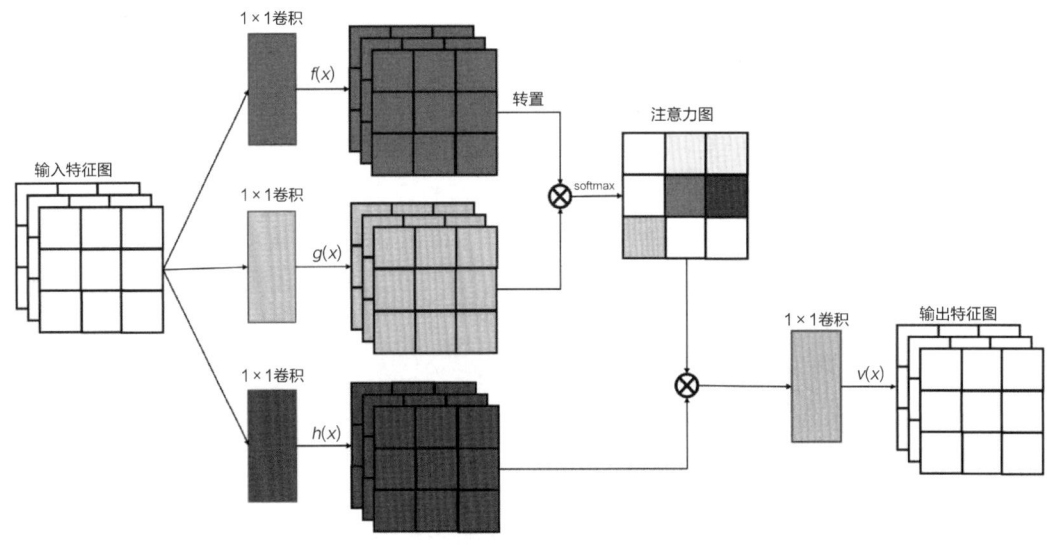

图 4-6 自注意力机制

式中：d_k 是键 k 的维度，分母除以 $\sqrt{d_k}$ 是为了对内积进行规范化操作。首先，$\dfrac{q \cdot v^{\mathrm{T}}}{\sqrt{d_k}}$ 计算了相似度矩阵，然后通过 softmax 对生成的相似度分数进行归一化操作，最后与 v 的值进行加权求和得到输出。之后，多头自注意力机制（Multi-head Self-Attention, MSA）被进一步提出用来增强 SA 的建模能力

$$\begin{aligned}\text{head}_i &= \text{Attention}(q\boldsymbol{W}_i^q,\ k\boldsymbol{W}_i^k,\ v\boldsymbol{W}_i^v),\ i=1,2,\cdots,n\\ \text{MultiHead\_SA} &= \text{Concat}(\text{head}_1,\ \text{head}_2,\ \cdots,\ \text{head}_n)\boldsymbol{W}^o\end{aligned} \quad (4\text{-}10)$$

式中：n 表示头的个数；$\boldsymbol{W}^q$、$\boldsymbol{W}^k$、$\boldsymbol{W}^v$ 和 $\boldsymbol{W}^o$ 为线性变换的权重矩阵；Concat 表示级联操作。

4.1.4 编码器-解码器框架

编码器-解码器（Encoder-Decoder）框架是机器学习中最常见的一种结构。其中，编码器和解码器可以是任意的网络结构，如 CNN、RNN、LSTM 和全连接网络等。它处理的输入数据可以是图像、文本和语音等任意模态的，这种灵活性使得它可以适用于各种各样的应用场景。典型的编码器-解码器结构有序列到序列模型（Sequence-to-Sequence, Seq2Seq）、自动编码器（Auto-Encoder, AE）和 Transformer。Seq2Seq 模型是 Google Brain 团队首次提出用于解决机器翻译问题，他们设计了一个基于 RNN 的编码器-解码器结构，通过编码器将输入文本压缩为隐向量再通过解码器进行解码翻译，该模型的性能在当时超越了人类的翻译水平。不久，Sutskever 等改进了他们的工作，用 LSTM 替换了 RNN 作为编码器和解码器，并在机器翻译任务上取得了显著的性能提升。之后 Seq2Seq 被广泛应用在文本翻译、语音识别、问答系统以及阅读理解等任务中。图 4-7 展示了通用的编码器-解码器结构。

Transformer 是 Google 团队提出的一种声名大噪的编码器-解码器框架，它完全抛弃了传

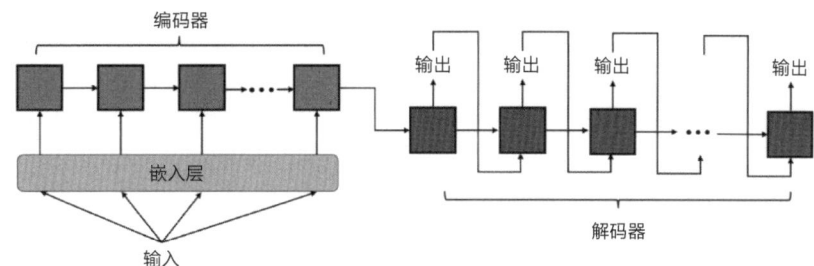

图 4-7　编码器-解码器框架示意

统的 CNN 和 RNN 结构,只利用注意力机制和全连接层构建网络模块。相比之前基于循环神经网络的编解码结构,Transformer 可以进行并行计算,加快了网络训练和推断的速度。此外,Transformer 使用了自注意力机制将输入序列中任意两个元素的距离视为常数,解决了传统的循环神经网络关于长距离依赖的问题。完整的 Transformer 结构如图 4-8 所示。

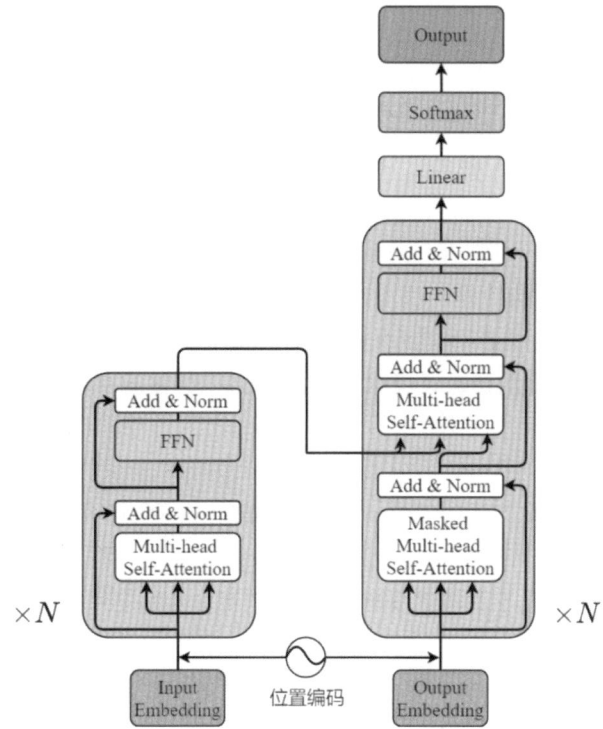

图 4-8　Transformer 结构示意

注:N 表示网络的层数,Add 表示逐元素相加操作,Norm 表示层正则化操作,Linear 表示线性层。

Transformer 中主要使用了多头自注意力机制(Multi-head Self-Attention, MSA)和前馈全连接层 (Feed Forward Neural Network, FFN),同时引入了残差结构和层正则化技术 (Layer Normalization, LN)来进一步提升模型的鲁棒性和泛化性能。值得注意的是,在 Transformer 的解码器中,由于在推断阶段并不知道当前时间之后的真实信息,所以使用了掩码多头注意力机制(Masked Multi-head Self-Attention, MMSA)。同时,在推断阶段解码器也通过另一个多头注意力层从编码器的输出获取判别性的信息。然而,Transformer 通过自注意力机制对序列进行建模,导致序列之间的相对位置关系被忽略。因此,在序列的输入嵌入编码提供给 Transformer 之前,需要对输入嵌入编码进行相对位置编码(Position Encoding, PE),通常可以让网络自动学习如何进行位置编码,也可以采用正余弦编码的方式

$$\mathrm{PE}(pos, 2i) = \sin\left(\frac{pos}{10\,000^{\frac{2i}{d_{\mathrm{model}}}}}\right) \tag{4-11}$$

$$\mathrm{PE}(pos, 2i+1) = \cos\left(\frac{pos}{10\,000^{\frac{2i}{d_{\mathrm{model}}}}}\right) \tag{4-12}$$

式中:pos 代表元素在序列中的位置;i 表示元素的维度;d_{model} 表示嵌入编码的维度大小。

4.1.5 小结

现有的人工智能方法在许多领域都具有发展前景,然而根据现有的研究和试验分析,研究人员也发现了许多问题。首先,基于空间离散化的建模方式导致生成的张量和时空序列较为稀疏,通过传统的卷积神经网络进行特征融合时一方面容易造成过拟合现象;另一方面也会引入不必要的计算,浪费大量的计算资源。针对该问题,是否能够研究通过稀疏卷积或者新的稀疏融合算法来解决,这无论是对模型的计算效率还是算法的预测精度来说应该都是有益的。基于这些,稀疏算子的轻量化模型也将更适用于实际的工业生产环境中。

其次,凭借 Transformer 的强大建模能力,能带来较大的性能突破,现有的研究方法越来越多地引入了 Transformer 模型。然而,由于 Transformer 不具备任何先验信息,导致模型在训练过程中对超参数非常敏感,需要人为小心翼翼地调节学习率、网络层数以及正则化算子等,这带来了在模型训练阶段极大的不确定性、随机性与复杂性。因此,是否能够引入一些先验的时序和空间信息到 Transformer 结构中,进一步简化模型的训练过程,并提升模型的预测能力。这将驱使算法能够很容易地在更多的场景上使用,创造更大的应用价值。

最后,目前基于自监督学习、半监督学习与强化学习的学习范式在学术界和工业界受到了高度的关注,这些新的学习范式聚焦于通用性学习、低成本学习和适应性学习三个方面,正引领下一代人工智能技术的发展。

4.2 无监督学习与半监督学习

近年来,随着深度学习算法在计算机视觉、语音、文本、自然语言处理等领域取得了突破性的进展,机器学习迎来了黄金时代,其中深度学习也逐渐成为最热门的研究方向。深度学习使

用多层表示来对数据抽象从而构建计算模型,这从根本上改变了人们对信息处理的方式和看法,带来了革命性的变化。但即便如此,在深度学习领域仍然存在许多现实问题亟待解决。其中最显著也是最重要的问题之一,是目前绝大多数基于深度学习的方法是基于完全监督的学习范式,高度依赖于大规模标注数据集的使用。然而,在现实场景下,往往面临着少量有标注数据和海量带噪声无标注数据的情形。

不少数据集(如 ImageNet)已经证明,当对大量的有标签数据进行训练时,深度神经网络显示了其在有监督学习任务(如图像分类)上的卓越性能。然而,取得这些成功是有代价的,即创建大型的有标签数据集通常需要耗费大量的人力、精力、资源和时间。而对于许多现实生活中的实际问题和应用,在面对爆炸增长的数据量时,由于受到高昂的成本和现实条件的限制,往往缺乏足够的资源去创建足量的有标签数据集,这就会产生无标签样本难以利用,而有限的有标签样本训练得到的模型泛化能力不强的问题,也就限制了深度学习技术的广泛应用。

针对这类普遍的现实问题,众多研究者展开了一系列工作。根据代表性,这些工作可以分为两个大类:无监督学习(Un-supervised Learning)与半监督学习(Semi-supervised Learning)。特别地,关于近年来愈发受到关注的自监督学习(Self-supervised Learning),因其重点在于使用一系列先验知识制定的代理任务使得数据可以自己提供监督信号,而没有人类的标注信息的监督,因此通常也被归类为无监督学习。这些方法旨在处理很少有标签的训练样本和大量的无标签样本可用的情形,从而解决深度学习算法通往实际应用中遇到的上述阻碍。

4.2.1　无监督学习

无监督学习通常代指一系列没有利用任何标签的模型训练,其训练目标可以是聚类或是得到数据的良好表示。传统的无监督学习,通常是基于数学与统计学的一系列操作,它们通常具有较好的可解释性,这些传统方法包括但不限于:K 均值聚类(K-Means Clustering)、层次聚类、主成分分析(Principal component analysis, PCA)等。然而,这些传统方法由于大多基于启发性的手工设计,方法的表达能力相对有限,难以在实际应用中适应标注模糊并含有大量不确定噪声的大规模复杂数据。因此,主流研究逐渐转向了结合深度学习模型的无监督方法。在大多数情况下,这种无监督的训练是通过设计一系列代理任务实现的,而这些代理任务是根据数据本身特点与先验知识设计的,例如重构、预测、排序等,其目的是让数据自己提供有意义的标签,即通过这些有意义的标签中蕴含的先验知识来提供监督信息,因此这些方法被称为自监督。这些无监督方法得到的模型也通常被用于下游任务中,它们通常使用下游任务的数据对模型进行微调来利用无监督方法学习到知识,而遵循此范式的许多方法也被认为是一种形式的表示学习。从某种意义上说,这些方法由于应用了无标签数据与有标签数据,因此可以被视作半监督学习。但是通常来说,这些方法重点关注如何利用无标签数据学习到有用的知识,因此这类工作依然被归类于无监督学习。

1. 传统无监督学习方法

在传统的无监督学习方法中,聚类(Clustering)是重要的一类,它们的目标通常是为不同样本在样本空间中代表的数据点进行分组,从而使得相似的样本对应的数据点在同一个簇

(Cluster)中,而不同的数据点分属于不同的簇。同时,降维也是一种常见的无监督学习目标,其目的在于压缩数据复杂度的同时,尽可能保存相关的结构与意义。比如对于一张图像,数据很可能有很高的维度,降维的目的就在于在减小图像空间维度的同时保留图像中有意义的内容。

1) K 均值聚类

对于 K 均值聚类来说,算法目标是将所有数据聚类为 K 组。因此,可以直观地归纳出以下规律:K 越大,每个簇就越小,粒度也就越小;K 越小,每个簇就越大,粒度越大。聚类完成后,每个数据点关于簇一一对应的划分可以认为是一种标签。K 均值中均值的含义则体现在每个聚类重心是该聚类中所有数据点的平均值。

K 均值聚类的步骤如下:

(1) 定义 K 个重心(可以随机定义,也可以使用选取初始重心的算法)。

(2) 对于每个数据点分配一个最近的簇中心,这里的距离通常通过欧几里得距离(Euclidean distance)来确定。

(3) 重新计算新的簇中心。

(4) 重复以上步骤(2)、(3)直至收敛或达到迭代上限。

2) 层次聚类

通常来说,K 均值聚类的一个重要的手工确定的参数是 K 的数量,然而 K 的最优取值通常事先无法得知。在常规实践中,一般使用多次试验来选取最好的值。这显然是不够好的,层次聚类通过构建一个聚类的层次,比较好地解决了这个问题。这类似于构建一个聚类的决策树,随着层次变深,分类越来越特定,聚类的粒度也就越细。

层次聚类的步骤如下:

(1) 对于 N 个数据点,首先指定 N 个簇,即每个数据点一个簇。

(2) 计算距离,将距离最近的两个簇划为一个簇。

(3) 重新计算簇之间的距离,簇间距离可定义为两个簇各自元素之间所有距离的平均值。

(4) 重复第(2)和第(3)步,并记录簇划分的过程,可以得到一个层次化聚类的树状图。这个树状图可以通过划分水平线得到可变的簇数量。

3) 主成分分析

主成分分析是一种很常用的降维技术。主成分分析的目标是降低数据维度的同时最大程度保持降维后每个维度数据的多样性。基于最大方差理论或最小化投影误差理论,PCA 选取包含信息量最多的方向对数据进行投影以达到该目的。假设对于形如 $n \times d$ 的矩阵 $\boldsymbol{X}$,PCA 的目的是寻找投影方向 $\boldsymbol{v}_j$ 以最大化投影方差

$$\max_{\boldsymbol{v}_j} \frac{1}{n} \sum_{i=1}^{n} (\boldsymbol{x}_i \boldsymbol{v}_j - \bar{\boldsymbol{x}})^\mathrm{T} (\boldsymbol{x}_i \boldsymbol{v}_j - \bar{\boldsymbol{x}}) = \boldsymbol{v}_j^\mathrm{T} \boldsymbol{C} \boldsymbol{v}_j, \ s.t. \ \boldsymbol{v}_j^\mathrm{T} \cdot \boldsymbol{v}_j = 1 \tag{4-13}$$

式中:$\bar{x}$ 是均值,$\boldsymbol{C}$ 是协方差矩阵。化简可以发现投影方向上数据的方差最大时,此时的投影方向就是协方差矩阵 $\boldsymbol{C}$ 的最大特征值对应的特征向量。因此用 PCA 进行降维时通常使用较大特征值对应的特征向量作为投影方向,而奇异值分解也就成为 PCA 的有效手段。

2. 自监督学习

如前所述,传统的无监督学习方法因其通常是基于启发式思路对数据的直接处理,因而方法的表达能力相对较弱,现有的主流方法通过结合数据驱动的表示学习技术获取表达能力更强的数据表示。这类工作开发了一系列使用数据本身提供监督信息的代理任务,基于近年来的趋势,将典型工作分为两大类:生成式学习与对比学习。

1) 生成式学习

生成式学习是一类主流的自监督学习方法,之所以被称为生成式学习,因为它们的代理任务是生成一系列数据,即使得模型能够生成与真实样本类似的数据来构成自监督任务。生成式学习的代表性方法,包括各类自动编码器、生成式对抗网络(Generative Adversarid Network,GAN)等。

自动编码器通常由编码器-解码器结构构成,这类结构现在也被用于有监督学习中,通过设计不同的输入输出,以获得需要的训练目标。对于无监督学习领域,利用自动编码器的方法关注与利用这个结构学习到有用的信息(特征),它们通常将输入数据编码为隐含向量(特征),然后使用隐含向量生成数据,通过比较生成数据与原始数据的差异(通常被称为重构损失)提供监督信号,训练整个

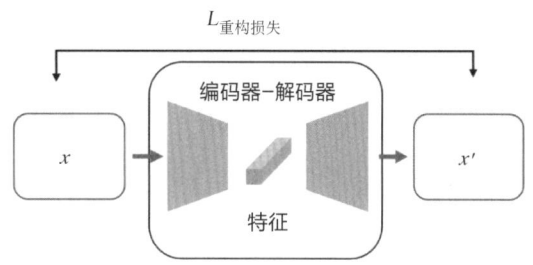

图 4-9 编码器-解码器结构

模型。当这个差异足够小时,编码的隐含特征应该就学习得足够好了。因此,对于原始数据 x,可以使用编码器编码得到隐含特征 $z = E(x)$,通过解码器得到重构后的数据 $x' = D(z)$,最小化重构损失作为学习目标(图 4-9)

$$L_{重构损失} = \min \mathbb{E}_{x \sim D} [\| x - D(E(x)) \|^2] \quad (4-14)$$

直观上,可以把自动编码器理解为使用深度模型的降维,这种方法优于传统方法(例如 PCA)的原因在于,使用了深度模型对输入数据的压缩编码提取到了更加有效更具表现力的特征。这里的深度模型为了适应各种任务不同模态的数据,通常可以是任意的模型,例如 CNN、RNN、Transformer 等。这里简要介绍两类代表性方法:变分自动编码器(VAE)、掩码自动编码器(MAE)。

(1) 变分自动编码器,如图 4-10 所示,变分自动编码器区别于常规自动编码器的地方在于,它提出了一个假设,数据 x 通过编码器编码得到的隐含向量 z 服从一个常见的、性质优秀的分布(例如正态分布),这样的隐含向量 z 的表达能力更好。因此,变分自动编码器引入了一个后验分布 $p(z|x)$,将原来每个样本对应的编码向量 z,转化为一个分布 $p(z|x)$,分布的均值与方差为 μ 和 σ。VAE 要求对于这个分布中的每个点,都可以生成合理的 x',因此得到优化目标

$$\mu, \sigma, D = \underset{\mu, \sigma, D}{\operatorname{argmin}} \mathbb{E}_{x \sim D} [\| x - D(\mu(x) + \varepsilon \otimes \sigma(x)) \|^2], \varepsilon \sim N(0, 1) \quad (4-15)$$

式中：D 表示所有训练数据；$N(0,1)$ 是标准正态分布，这个过程也被称为"重参数 (Reparameterization)"。

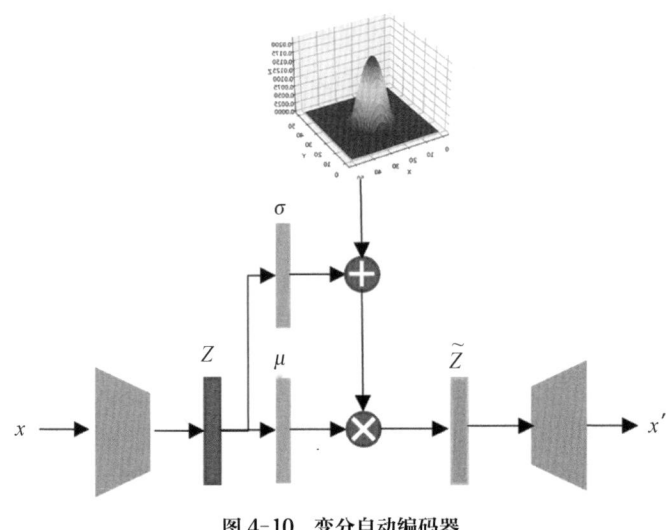

图 4-10 变分自动编码器

为了使得编码空间的性质更加优秀，VAE 要求编码空间中的数据相关的编码向量总体上服从正态分布，因此可以得到空间正则项

$$\mathbb{E}_{x\sim D}\left\{\sum_{i=1}^{d}\frac{1}{2}[\mu_i^2(x)+\sigma_i^2(x)-\ln\sigma_i^2(x)-1]\right\} \tag{4-16}$$

最后，VAE 的整体优化目标为

$$\|x-D[\mu(x)+\varepsilon\otimes\sigma(x)]\|^2+\sum_{i=1}^{d}\frac{1}{2}[\mu_i^2(x)+\sigma_i^2(x)-\ln\sigma_i^2(x)-1], \varepsilon\sim N(0,1)$$
$$\tag{4-17}$$

(2) 掩码自动编码器。掩码自动编码器是一种掩码信号建模(Masked Signal Modeling, MSM)方式，如图 4-11 所示。近几年，掩码信号建模被证明是一种普遍而有效的自监督代理任务。这种代理任务的设计思想在早期被自然语言处理领域广泛应用，掩码语言建模(Masked Language Modeling, MLM)是近年来效果最好的语言建模方法范式之一。最近的研究证明，掩码信号建模这种范式同样可以应用于视觉模型中，并取得最先进的性能。

类似于 AE，MAE 的编码器-解码器的结构并没有限制，而是根据具体任务具体设计。这类方法的关键点在于训练目标不是重建整个数据 x，而是重建数据的一部分，即以一定比例掩盖(Mask)掉数据中的一部分，然后重建这些部分的数据。对于图像来说，是图像块(Patch)，对于文本来说，可以是文本符号(Token)，损失通常使用与 AE 类似的重构损失。

(3) 生成式对抗网络(GAN)。Goodfellow 等提出了生成式对抗网络模型用于估计生成模型，它被广泛用于大量生成任务中以复现真实事件的内容，例如文本、自然图像、人类语言和语音等。GAN 受到博弈论对抗思想的启发，构造了两个模型：生成器 G 和判别器 D，如图 4-12 所示。

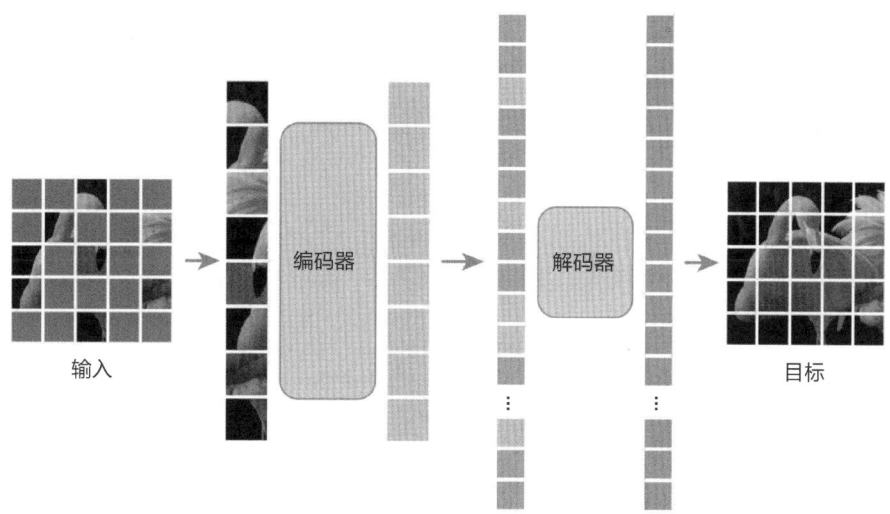

图 4-11 掩码自动编码器

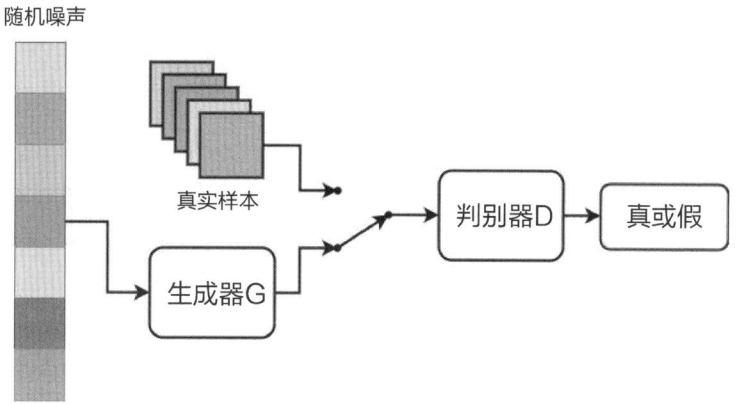

图 4-12 生成式对抗网络

生成器被用于生成数据分布,判别器被用于评判给定的样例是来自真实样例还是通过生成器生成的"假样例"。生成器尽最大努力生成尽可能逼真的样例试图欺骗判别器;同时,判别器不断地提升自己的识别能力以最大可能地区分真实样例和生成器生成的"假样例"。整个训练流程是一个对抗的过程,生成器和判别器不断地进行博弈并不断地变强,最终达到零和博弈。生成式对抗网络的模型结构优化的目标函数是

$$L_{\text{gan}} = \min_G \max_D \mathbb{E}_{x \sim p_{\text{data}}(x)}[\ln D(x)] + \mathbb{E}_{z \sim p(z)}\{\ln\{1 - D[G(z)]\}\} \tag{4-18}$$

式中:z 是从噪声分布 $p(z)$ 采样的随机噪声;x 是从数据分布 $p_{\text{data}}(x)$ 采样的输入数据。一般情况下 $p(z)$ 是高斯分布或者均匀分布。优化目标是一个非凸的极小极大函数,因此需要交替进行优化。首先,固定生成器参数,通过上升判别器的随机梯度来更新它的参数

$$\nabla_{\theta_g} \frac{1}{m} \sum_{i=1}^{m} \{\ln D[x^{(i)}] + \ln\{1 - D\{G[z^{(i)}]\}\}\} \tag{4-19}$$

式中：θ_g 是生成器的参数。然而，GAN 的训练过程相当不稳定，甚至会出现无法收敛的情况。因此，后续大量的工作也被提出用来稳定 GAN 的训练和收敛。

实际上，生成器定义了一个分布 p_g，而 GAN 的优化目标是希望数据样例所服从的分布 $p_{data}(x)$ 和生成器所定义的分布 $p_g(x)$ 尽可能接近。在固定生成器 G 的情况下，优化的目标是

$$\begin{aligned}
&\max_{D} \mathbb{E}_{x \sim p_{data}}[\ln D(x)] + \mathbb{E}_{x \sim p_g}\{\ln[1 - D(x)]\} \\
&= \int_x p_{data}(x) \ln[D(x)] dx + \int_x p_g(x) \ln[1 - D(x)] dx \\
&= \int_x \{p_{data}(x) \ln[D(x)] + p_g(x) \ln[1 - D(x)]\} dx
\end{aligned} \tag{4-20}$$

这里假设 $D(x)$ 可以是任何函数，那么优化上述的目标函数等价于求解下面的极大化问题

$$\max \ p_{data}(x) \ln[D(x)] + p_g(x) \ln[1 - D(x)]$$

因此，可以得到最优的 $D^*(x) = \dfrac{p_{data}(x)}{p_{data}(x) + p_g(x)}$。

然后，将最优的 $D^*(x)$ 代入原始的目标函数中，有

$$\begin{aligned}
&\mathbb{E}_{x \sim p_{data}}[\ln D(x)] + \mathbb{E}_{x \sim p_g}\{\ln[1 - D(x)]\} \\
&= \mathbb{E}_{x \sim p_{data}}\left[\ln \frac{p_{data}(x)}{p_{data}(x) + p_g(x)}\right] + \mathbb{E}_{x \sim p_g}\left[\ln \frac{p_g(x)}{p_{data}(x) + p_g(x)}\right] \\
&= \int_x p_{data} \ln \frac{p_{data}(x)}{p_{data}(x) + p_g(x)} dx + \int_x p_g(x) \ln \frac{p_g(x)}{p_{data}(x) + p_g(x)} dx \\
&= -2\ln 2 + \int_x p_{data} \ln \frac{p_{data}(x)}{[p_{data}(x) + p_g(x)]/2} dx + \int_x p_g(x) \ln \frac{p_g(x)}{[p_{data}(x) + p_g(x)]/2} dx \\
&= -2\ln 2 + KL\left(p_{data} \parallel \frac{p_{data} + p_g}{2}\right) + KL\left(p_g \parallel \frac{p_{data} + p_g}{2}\right) \\
&= -2\ln 2 + 2JSD(p_{data} \parallel p_g)
\end{aligned} \tag{4-21}$$

其中 $KL(\cdot \parallel \cdot)$ 是 Kullback-Leibler 散度，JSD 是 Jensen-Shannon 散度，且

$$JSD(P \parallel Q) = \frac{1}{2} KL\left(P \parallel \frac{P+Q}{2}\right) + \frac{1}{2} KL\left(Q \parallel \frac{P+Q}{2}\right) \tag{4-22}$$

可以发现，相比 Kullback-Leibler 散度，Jensen-Shannon 散度是对称的。此时，优化目标变为

$$\min_{G} -2\ln 2 + 2JSD(p_{data} \parallel p_g) \tag{4-23}$$

可以发现上述目标实际上是在极小化 p_{data} 和 p_g 的 Jensen-Shannon 散度。

2) 对比学习

近年来，对比学习显示出接近甚至超越有监督学习的性能，成为研究者研究的焦点之一。

研究人员认为,这些方法的成功源于特定的训练范式,即区分正样本对和负样本对。他们认为生成式学习具有一定的天生缺陷,即容易受到直接优化高维数据的差异带来的泛化与健壮性的问题。相同的类别中不同的样本可能存在较大的差异,不同类别的样本在某些时候可能会更相似,比如穿了相似的衣服并且相似的视角进行拍摄。在这种情况下,人们所希望的使得低维特征具有判别性的目标与模型优化的高维数据优化之间就有了一定的差距,这样的差距就可能带来泛化性与健壮性的问题。而对比学习则侧重于通过区分不同种类实例之间的差异学习共同特征,与生成学习相比,对比学习不需要关注实例的烦琐细节,优化目标是最小化正例的特征,只需要学习能够在抽象语义层面区分数据的特征。因此这种机制使模型具有更广泛的优化空间和更好的泛化能力。

如图 4-13 所示,典型的对比学习通常通过区分样本的正例对与负例对构成的对比损失 $L_{contrast}$ 构成

$$L_{contrast} = -\ln \frac{\exp(\boldsymbol{q} \cdot \boldsymbol{k}_+ / \tau)}{\exp(\boldsymbol{q} \cdot \boldsymbol{k}_+ / \tau) + \sum_{i=1}^{K} \exp(\boldsymbol{q} \cdot \boldsymbol{k}_-^i / \tau)} \tag{4-24}$$

式中:$\boldsymbol{q}$ 是通过编码器编码得到的特征;$\boldsymbol{k}_+$、$\boldsymbol{k}_-$ 分别是正例与负例;τ 是温度系数,用于控制对困难负样本的关注程度。现有的工作通常关注于构建更好的正例与负例,一种典型方法是对于一个样本 x,经过不同的数据增强得到不同表示 $[aug_1(x), aug_2(x)]$ 为正例对,它们即为 $\boldsymbol{q} \cdot \boldsymbol{k}_+$。

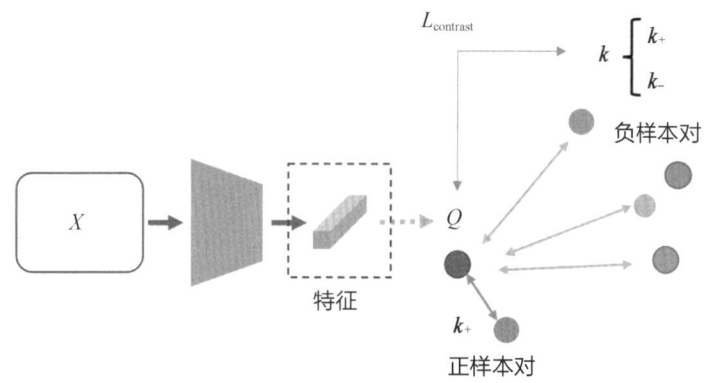

图 4-13 对比学习

4.2.2 半监督学习

1. 半监督学习基础

半监督学习描述了使用标记和未标记数据的方法。相比于有监督学习与无监督学习,有监督学习算法要求所有数据样本都有标签,无监督学习更加关注于如何完全不依靠外部的人工标注对数据建模,而半监督学习是一种重要的解决有标签数据稀缺问题的技术,其旨在从

无标签数据中提取有效信息,从而缓解对数据标签的需求。根据现实场景的不同,半监督学习算法可以分为以下四类:半监督分类、半监督回归、半监督聚类和半监督降维,这里简要介绍其中的半监督分类问题。

伪标签(Pseudo-Labeling)是半监督学习中最直觉的想法,其将预测置信度较高的无标签数据及其结果加入训练集中,并在新数据集上不断训练模型。后续不少工作也都是基于伪标签技术。

TSVM 是 SVM 在半监督学习领域上的拓展,其基于"低密度可分"假设,通过对每个无标签数据尝试不同的类别标记,在所有数据上计算得到一个间隔最大化的划分超平面,并将此时无标签数据的类别作为预测结果。

协同训练(Co-training)是半监督学习中的一个重要方式,其主要思想是:假设数据有多个充分且条件独立的视图,根据不同的视图可以训练出不同的分类器,然后利用这些分类器对无标签样本进行分类,并将其中的高置信度样本加入训练集中。不同的分类器可以有效形成互补,从而提升模型的性能。Tritraining 和 Co-Forest 算法将协同训练算法与随机森林算法相结合,分别考虑了样本的可信度权重和集成学习的思想,以提升在半监督学习场景下的性能。

2. 基于深度学习的半监督分类

近年来随着深度学习的发展,半监督学习也逐渐成为深度学习领域中一个令人关注的研究方向,其中大多数研究成果也表明其可以处理极少数有标签数据和大量无标签样本的情况。为此,以下内容将主要聚焦于基于深度学习的半监督分类算法。

低熵假设是半监督学习中的一个重要假设,其中 Entropy Minimization 通过在损失函数中增加一项以最小化对应熵,来迫使分类器对未标记数据作出低熵预测。

然而大多数基于深度学习的半监督学习算法是基于另一重要假设,即平滑性假设,其中不仅最小化了有标签数据的损失而且最小化了在数据相似的无标签数据上的预测差异。π-Model 和 temporal ensembling 引入自集成(self-ensembling),通过对模型在不同的数据增强和正则化的条件下进行集成来构造更好的目标。其中 π-Model 的无监督损失是对同一个输入在不同的正则和数据增强条件下的一致性;而 temporal ensembling 则是对每一次迭代的预测结果进行移动平均来构造新标签,并利用该标签计算损失以更新网络。

然而,temporal ensembling 的标签构造过程十分低效,进而导致训练过程非常缓慢。为此,Mean Teacher 提出采用权重平均来替代之前采用的预测标签的结果平均,其在提高测试准确性的同时,只需要极少量的有标签数据参与训练。

虚拟对抗训练(Virtual Adversarial Training, VAT)侧重于对数据增强方式的设计,其利用对抗训练的思想,提出了一种基于虚拟对抗损失的正则化方法。虚拟对抗损失体现了每个数据点对局部扰动的鲁棒性,其要求模型对同一个样本在添加对抗性噪声前后给出尽可能相同的预测结果,以对模型施加平滑性正则。实验表明,VAT 在准确率和收敛稳定性上都表现出优于先前算法的性能。

VAT 的成功促使后续不少研究工作开始向如何设计有效的数据噪声和扰动发生转变。Xie 等提出了如何有效地为无标签数据添加噪声,并指出噪声的质量在半监督学习中起着至关重要的作用,通过采用先进的数据增强方法来产生各种各样的真实的噪声,以代替简单的噪声操作，在一致性增强的半监督学习框架下，在六种语言和三种视觉任务都有很大的性能改进。

MixMatch算法结合了主流的半监督学习方法中的低熵假设和流形假设，通过为数据增强的无标签数据标记低熵标签，并使用MixUp混合有标签和无标签数据样本从而构造出新输出，该算法在图像数据集上体现了极大的性能优势。在MixMatch的基础上，ReMixMatch又融入了两项新技术，即分布对齐和增强锚定。其中分布对齐鼓励对无标签数据预测的边缘分布接近真实标签的边缘分布；而增强锚定则要求模型对于弱增强和强增强的分布一致性，其中强增强通过CTAugment（Control Theory Augment）来实现。与之类似的是，FixMatch结合了一致性正则化和伪标签两种常见的半监督学习方法，首先根据模型对弱增强的无标签图像的高置信度预测来生成伪标签，然后对模型进行训练，使其在对同一图像进行强增强后依然能预测得到伪标签。

为充分利用无标签数据提供的信息，基于自动编码器的半监督学习算法在近两年也备受关注。与传统的自动编码数据（Auto-Encoding Data，AED）方法不同，Zhang等提出了一种新的无监督表示学习模式，该方法通过自动编码转换（Auto-Encoding Transformation，AET）来实现。具体而言，通过预测图像的随机变换形式，AET使得编码器能够学习良好的特征表示，以便其包含关于原始图像和转换图像充分的视觉结构信息。试验结果表明，在多个图像数据集上，AET能带来极大的性能改进。EnAET将自训练表示的思想集成到半监督模型中；不同于基于变换的自监督方法，EnAET利用空间和非空间变换的集合，通过有标签和无标签数据以自监督的方式训练半监督网络，在此基础上利用一组AET来学习各种变换下的鲁棒特征，并通过最小化变换后图像的Kullback-Leibler散度来提高预测的一致性。

4.2.3 小结

总结而言，无监督学习和半监督学习都是如今深度学习领域中备受关注的基础性问题，设计并实现有效的无监督学习/半监督学习算法具有很高的理论意义和价值，一方面可以缓解实际场景下标注数据成本高昂的问题，另一方面又能够充分利用现实世界中不断产生的海量无标签信息。

虽然现有主流无监督/半监督学习算法在很多公开数据集上取得了卓越的性能，但这些算法主要是针对图像或文本进行设计的，其中利用了诸如图像的旋转平移不变性，文本数据的反向翻译增强等确定性数据特性，故而这些方法难以被拓展和运用到具有更多不确定性、随机性、模糊性因素的现实场景数据中，导致其适用范围有限。因此在将无监督/半监督学习应用于现实世界问题之前，需要进一步考虑诸如类别不平衡、嘈杂或模糊标签之类的现实影响问题，并研究更适用的方法，从而促进人工智能算法进一步落地。

4.3 强化学习

强化学习（Reinforcement Learning，RL）为机器学习领域的一个组成分支，旨在基于当前环境寻找到最佳动作策略，以取得最大化的预期利益。RL的概念提出已久，其核心内容为凭借最大化代理(Agent)从环境中获得的累积激励值,从而学习最优策略以达到既定目标。相对于标准的监督式学习,强化学习并不需要大量的有标签样本,也不需要仅凭一个优化目标不断逼近。强化学习更加专注于在探索未知的动作与开发现有知识下的动作策略之间不断更新策略,优化求解。因为这种特性,强化学习具有使得代理在高度随机性与模糊性的复杂环境中,计算分析并决策行动的能力,对信息化建设具有重大意义,因此近年来也获得了越来越多的关注。

强化学习已有很长的研究历史,但一直受限于现实问题中状态空间及动作空间的复杂性,传统的强化学习模型很难收敛,无法学习到更优策略。近年来,深度学习技术发展迅速,深度学习具有较强的感知能力,以及对数据特征的抓取和分析能力,主要用于解决分类和回归问题,但是不具备决策能力。强化学习的优势在于决策能力,缺陷在于高维空间的局限性;深度学习的优势在于复杂的拟合与学习能力,但不具备推理决策能力。将二者结合起来便是研究学界的共识。目前,深度强化学习(Deep Reinforcement Learning, DRL)已经在许多应用场景中落地,如机器人动作姿态与移动决策、推荐系统、对话系统、交通控制等。目前也已有一些研究者将 DRL 应用于无线通信系统中,用于优化各类决策过程。

4.3.1 强化学习基础

强化学习是通过代理与环境进行交互中不断交互与反馈而提升决策能力的学习框架。与其他机器学习算法不同,智能体并未被预先赋予合适的策略模式。通过和环境的交互反馈与学习,智能体探索如何获取最大激励(通常由数值期望表示),最终学习到更优策略。

在监督学习(Supervised Learning)中,智能体会通过抽取数据样本获取训练集合,通过对训练集的学习而掌握统计识别的模式(即学习到了数值函数或神经网络的参数)。与此不同,强化学习是在行动中进行学习的,其不需要对外界环境有事先了解,而是以适当的开发(Exploitation)与探索(Exploration)相结合的策略进行学习。因此,强化学习的优化目标是在给定环境的状态下逐步优化其动作,最终为智能体学习到最优的行为策略。直观地说,强化学习框架包括几个要素:智能体(需要学习动作策略),环境(提供学习空间),奖励(奖励函数,对好动作予以奖励,对坏动作给予处罚)。

环境为智能体构建一个可以观测状态、执行动作和学习优化的空间。在真实世界中,如机械手臂、平衡球,它们的环境是真实的 3D 空间或相机 2D 图片。在强化学习中,环境可以是完全虚拟的,如基于模拟器的视频游戏 ATARI 和强化学习开源环境集合 OpenAI gym。数学上,一个环境的状态可被表示为空间 S 中的一个 N 维向量,状态向量的维度 N 依赖于具体问题,它可以是高维表达更多环境状态的细节,也可以低维模拟环境以降低问题难度。选择合适的状态维度来表征环境是非常重要的,过少的维度无法真实表示实际环境,智能体学习到的策略将无法在实际中应用;而过多的维度会加大智能体学习的难度,甚至面临无法训练的难题。对于每个学习问题,都可能有大量不同的空间表示,确定关键特征可以使训练更有效。

奖励为智能体提供动作策略的评价。在强化学习框架中,智能体通过"强化"进行学习,而其中的评价者就非常重要。评价者会对智能体的动作进行评价,对符合预期的动作进行正向激励(通常是正实数的得分),对不满预期的分数进行惩罚(通常是负实数的得分)。同时,考虑到奖励得分的累积性,需要智能体最大化未来的累计得分。通常,对于随机环境,智能体的目标是最大化任务预期的得分。

综上所述,强化学习需要在一个明确建模的环境中进行学习与训练,为此引入马尔可夫决策过程(Markov Decision Processes, MDP)。MDP 是一个离散时间序列的随机控制过程,它提供了部分由环境随机、部分受决策者控制的数学模型框架。因此,MDP 在决策优化领域受到广泛研究,许多学者凭借 MDP 建模问题,并通过动态规划和强化学习来解决这一类问题。MDP 作为一个直观且基础的范式,被广泛应用于决策理论规划(Decision-Theoretic Planning, DTP)、强化学习以及其他的随机领域学习问题。模型的环境被定义为一个状态集和一个可以控制环境状态的动作集。系统的目标是将预先定义好的性能目标最大化。目前许多规划问题、机器人控制问题以及游戏控制问题已经被 MDP 所建模,MDP 已经成为序列决策学习的标准范式。

在每个时间节点,决策者会选择一个在状态 s 下可行的动作 a。下一时间节点,环境会由于决策者的动作而受到影响,转移到一个新的状态 s',并给予决策者一个相应的激励值 R。状态 s 转移至 s' 的概率受到所选动作的影响,也即下一状态 s' 取决于当前状态 s 和决策者的动作 a。马尔可夫性质是概率论中的一个概念,因为俄国数学家安德烈·马尔可夫(Andrey Markov)得名。当一个随机过程在给定现在状态及所有过去状态情况下,其未来状态的条件概率分布仅依赖于当前状态;换言之,在给定现在状态时,它与过去状态是条件独立的,那么此随机过程即具有马尔可夫性质。当 s 和 a 确定后,s' 和历史的状态与动作是独立的,即 MDP 满足马尔可夫性质。MDP 可视为马尔可夫链的拓展,区别为 MDP 加入了动作集合与奖励函数。换言之,若 MDP 在每个状态下的可行动作都一致,且状态转移时的激励得分也一致,则 MDP 简化为马尔可夫链。MDP 的目标是为决策者寻找到一个好的策略,即一个函数 π,当环境处于状态 s 时,决策者会选择动作 $\pi(s)$。目标可表示为带衰减的累积奖励函数,通过优化策略 π 来最大化该得分期望。

4.3.2 强化学习研究现状及发展趋势

强化学习是机器学习的重要分支,作为一种有效的策略学习工具而广泛应用于解决马尔可夫决策过程问题。在强化学习过程中,一个代理能够通过与环境的学习得到优化策略。代理会首先接收到环境发出的状态,接着依据自己的策略选择一个适合于当前环境的动作,随后会收到环境给出的奖励值以及下一个状态。接收到的奖励值和新状态可用于代理调整自己的策略。这一过程会一直延续,直至环境发出停止信号。

RL 算法主要有两类:基于值函数(Value Functions)的方法和基于策略搜索(Policy Search)的方法。基于这两类方法的融合,Actor-Critic 方法同时进行值函数预估和策略搜索。

1. 基于值函数的算法

在强化学习中,Q-learning 是有效且使用广泛的一种方法。Q-learning 作为一种不基于模型的强化学习算法,其可应用于 MDP 中,并通过最大化累积的激励值,逐步优化策略与动作空间。Q 表示返回用于提供增强的奖励的函数,它表示在给定状态下执行的动作的质量。

虽然 Q-learning 方法可以在无环境背景知识的情况下学习到优化策略,但只有当所有 Q 值都收敛后,才能获得最佳策略。SARSA 算法则提供了另一种在线学习的方式,它可以让代理在每一次都输出当前的最优动作策略,无需等到算法收敛。

在值函数方法类别中,除了通过动态规划来驱动提升值函数外,还可通过蒙特卡罗(Monte Carlo)方法。蒙特卡罗方法的核心是通过同一策略下的多次随机尝试获得的期望值来预估。蒙特卡罗方法不依赖于马尔可夫特性,因此可以应用于非马尔可夫环境。另外,由于蒙特卡罗方法需要计算出某个状态下的后续全部激励回报值,只能应用于片段式的 MDP,即该 MDP 需要有明确的终止条件,因此比较适合于游戏类环境的决策。

2. 基于策略搜索的算法

强化学习的另一个重要分支是基于策略梯度(Policy Gradient)算法。与前文介绍的值函数方法不同,基于策略搜索的算法不需要学习值函数模型,而是直接寻找最优策略。目前已有许多算法能够成功拟合策略函数,包括无梯度方法和基于梯度的方法。无梯度方法优化更加简单,也无需要求策略函数可导,但一般适用于低维参数空间;基于梯度训练的方法则更为主流,它能更有效率地在高维空间中进行训练,已成为目前大多数深度强化学习算法的训练框架。基于策略梯度的深度强化学习直接优化了策略的预期总激励,并以较为直接的方式在策略空间中寻找最优动作向量,消除了烦冗的策略寻找动作的中间环节。因此,与 DQL 及其改进模型相比,基于策略梯度的 DRL 方法的应用场景和可行性更有优势。

A3C 使用了异步的梯度下降方法来优化网络参数,提出了标准强化学习算法的一些异步变体,并行地训练代理策略。这种异步架构还允许 DRL 在多核 CPU 上进行训练,而不使用 GPU。GAE 解决了策略梯度方法中的需要大量样本问题,使用以某种偏差为代价的价值函数大幅减少策略梯度估计的方差,并通过对策略和价值函数的信任区设置,来增加更新的稳定性。PPO 提出了新的基于策略梯度的 DRL 算法,该方法在与环境交互进行数据采样和使用随机梯度上升优化更新策略之间交替进行。其提出了一种新颖的目标函数,该函数可以实现多个批次的小批量更新。PPO 方法具有信任区域策略优化的一些特点,但实现方式更为简单。

3. Actor-Critic 算法

Actor-Critic 方法将值函数方法与策略搜索方法相结合,策略被称为演员(Actor),负责在给定的状态下输出动作;值函数扮演评论家(Critic)的角色,基于 TD error 来对策略优劣进行评估。当策略获得评估结果后,便会进行更新。Actor-Critic 方法大多为在线策略,但也有离线策略被提出。相比之前的 TD 方法,Actor-Critic 方法的优势在于收敛性更好,原因在于其不仅使用 TD error 优化值函数,同时还对策略函数进行学习拟合。另外,Actor-Critic 方法使得动作计算更加简单,因为有直接的策略函数可以使用,特别是对于连续动作空间任务。Actor-Critic 同样适用于随机策略,输出给定状态下的动作集合概率分布。

ACER 设计了一种具有经验回放机制的 Actor-Critic 深度学习算法。该算法具有稳定且高效的采样效率,为实现这一效果,提出了一些创新设计:采用偏差校正的截断优先级抽样、随机对决网络体系以及信任区域策略优化方法。DDPG 将 DQL 成功的基础思想应用于连续动作领域,提出了基于连续动作空间的确定性策略梯度算法,在同样的网络参数和学习参数的情况下,成功地学习到了20多个模拟物理任务,包括机器人控制和汽车驾驶。该算法证明了对于许多任务,可以从原始状态空间中学习到策略,而无需中间处理环节。TD3 设计基于 DDQL 的双 Q 函数机制,用来解决 Actor-Critic 类强化学习中的动作价值高估和次优策略问题。SAC 基于最大熵强化学习框架,提出 Soft Actor-Critic 的方法。在此框架中,代理需要最大程度地提高预期回报,同时也最大程度地提高熵,换言之就是在完成任务的同时尽可能随机地行动。该方法也在许多模拟环境与任务中被证明了有效性和稳定性。

4. 深度强化学习算法

当 MDP 的状态空间和动作空间较小时,Q-learning 能有效地学习到最佳策略。但在实际应用中,真实的系统往往具有很大的状态和动作空间。在这种情况下,Q-learning 便无法学习到最优策略。近年来,深度学习发展迅速,凭借深度神经网络的问题空间感知能力,深度 Q-learning(DQL)采用深度神经网络来拟合函数。DQL 使用了两种技术来提高样本效率,并稳定更新过程,即经验回放机制和目标 Q 网络机制。经验回放机制使用一个记忆池来保存强化学习算法与环境交互过程中的四元组。在更新深度网络时,算法会从记忆池中采样一个批次的经验样本用来训练。这种机制使得 DNN 更能有效地利用到当前经验与历史经验。另外,通过经验回放机制,连续样本间变得独立且分布,这更有利于 DRL 学习到一般规律,而非仅限于某种特殊次序。另外,在训练过程中,目标 Q 网络每次更新的参数为当前主 Q 网络更新参数值的比例缩小值。这个机制使得目标网络不易受到单次更新的过大干扰,导致算法不稳定。

目前已有许多关于 DQL 拓展的研究。如 Double Deep Q-learning(DDQL)使用双 Q 函数来拟合结果,可以使得 DQL 中的动作值高估问题得到解决。DuelingDQN 则是使用两个独立的估值网络来分别对状态值函数和行动优势函数进行估计。这种分解的主要好处在于可以在不对基础强化学习进行任何更改的情况下,将跨动作的学习普遍化。试验结果表明,在 Atari 2600 上,Dueling-DQN 要优于 DQL。P-DQN 则是将 DQL 中的经验回放机制加以完善,引入经验优先级的机制,以更高的概率调用更有价值的经验,以使得算法训练更有效。N-DQN 则是将动作决策过程加以噪声,进行更加高效的探索学习,N-DQN 在噪声选择上几乎没有增加额外的计算开销,但相对于常规的探索启发法,有着更优异的性能。D-DQN 将 Bellman 方程应用于近似值分布的学习,通过学习动作的价值分布,来获得策略。Rainbow 将目前针对 DQL 算法的扩展进行组合,探究各个扩展组件的性能贡献,来更清楚地整合当前的研究工作。Quantile Regression DQN 提出一种强化学习的分配方案,该方法明确地模拟了收益分布,而不仅仅是长期期望收益。H-DQN 提出解决环境稀疏反馈问题的方法,通过层次化的 DQL,继承层次化的行动价值函数,在不同的时间尺度上运行,并具有目标驱动的内在动机的深度强化学习。顶层 Q 函数学习有关内在目标的策略,而底层 Q 函数学习满足给定目标的原子动作的策略。这种层次化的架构为将 DRL 应用于复杂问题开拓了新思路。

4.3.3 小结

近些年,深度强化学习(DRL)在 AI 社区受到了前所未有的关注,将 DRL 应用于其他研究领域的成功实践也有许多。DRL 是指将深度神经网络(DNN)作为函数拟合器应用到 RL 算法框架中的值函数与策略函数上。DRL在游戏领域被应用得最为成熟,已经在许多类型游戏中超越了人类玩家的水平,如FPS、StarCraft。在工业应用上,DRL也已表现出超过传统优化算法的水平,如多智能体协作调度、5G通信。

当前强化学习处于发展阶段,已经见证了许多突破。强化学习仍然有很多潜在的、有希望的应用,可能仍然需要更好的算法,需要产品和市场验证。强化学习作为一种更为普遍的学习和决策范式,将对深度学习、机器学习和人工智能产生深远的影响。

参考文献

[1] 孙志军,薛磊,许阳明,等.深度学习研究综述[J].计算机应用研究,2012,29(8):2806-2810.

[2] Pouyanfar S, Sadiq S, Yan Y, et al. A Survey on Deep Learning:Algorithms, Techniques, and Applications[J]. ACM Computing Surveys (CSUR), 2018, 51(5):1-36.

[3] Ouali Y, Hudelot C, Tami M. An Overview of Deep Semi-Supervised Learning[A]. 2020. arXiv:2006.05278.

[4] Van Engelen J E, Hoos H H. A survey on Semi-Supervised Learning[J]. Machine Learning, 2020, 109(2):373-440.

[5] 苏剑林.变分自编码器(六):从几何视角来理解VAE的尝试[Z/OL].(2020-09-10)[2024-01-29]. https://spaces.ac.cn/archives/7725.

[6] He K, Chen X, Xie S, et al. Masked Autoencoders are Scalable Vision Learners[C]// Proceedings of the IEEE/CVF Conference on Computer Vision and Pattern Recognition. 2022:16000-16009.

[7] Zhu X J. Semi-Supervised Learning Literature Survey[R]. University of Wisconsin-Madison Department of Computer Sciences, 2005.

[8] Zhou Z H, Li M. Tri-Training:Exploiting Unlabeled Data Using Three Classifiers[J]. IEEE Transactions on Knowledge and Data Engineering, 2005, 17(11):1529-1541.

[9] Grira N, Crucianu M, Boujemaa N. Unsupervised and Semi-Supervised Clustering:A Brief Survey[J]. A Review of Machine Learning Techniques for Processing Multimedia Content, 2004, 1:9-16.

[10] Ren Y, Hu K, Dai X, et al. Semi-Supervised Deep Embedded Clustering[J]. Neurocomputing, 2019, 325:121-130.

[11] Wu W, Yu Z, He J. A Semi-Supervised Deep Network Embedding Approach Based on the Neighborhood Structure[J]. Big Data Mining and Analytics, 2019, 2(3):205-216.

[12] Lee D H. Pseudo-Label:The Simple and Efficient semi-supervised learning method for deep neural networks[C]//Workshop on challenges in representation learning, ICML, 2013:32.

[13] Iscen A, Tolias G, Avrithis Y, et al. Label propagation for Deep Semi-Supervised Learning [C]//Proceedings of the IEEE Conference on Computer Vision and Pattern Recognition, 2019:5070-5079.

[14] Joachims T. Transductive Inference for Text Classification Using Support Vector Machines[C]//ICML, 1999, 99: 200-209.

[15] Blum A, Mitchell T. Combining Labeled and Unlabeled Data with Co-Training[C]//Proceedings of the Eleventh Annual Conference on Computational Learning Theory, 1998: 92-100.

[16] Zhou Y, Goldman S. Democratic Co-Learning[C]//16th IEEE International Conference on Tools with Artificial Intelligence, 2004: 594-602.

[17] Qiao S, Shen W, Zhang Z, et al. Deep co-training for semi-supervised image recognition[C]//Proceedings of the European Conference on Computer Vision (eccv), 2018: 135-152.

[18] Chen D D, Wang W, Gao W, et al. Tri-net for Semi-Supervised Deep Learning[C]//Proceedings of Twenty-seventh International Joint Conference on Artificial Intelligence, 2018: 2014-2020.

[19] Li M, Zhou Z H. Improve computer-aided diagnosis with machine learning techniques using undiagnosed samples[J]. IEEE Transactions on Systems, Man, and Cybernetics-Part A: Systems and Humans, 2007, 37(6): 1088-1098.

[20] Grandvalet Y, Bengio Y. Semi-supervised learning by entropy minimization[C]// Advances in Neural Information Processing Systems, 2005: 529-536.

[21] Sajjadi M, Javanmardi M, Tasdizen T. Mutual Exclusivity Loss for Semi-Supervised Deep Learning[C]//2016 IEEE International Conference on Image Processing (ICIP), 2016: 1908-1912.

[22] Pereyra G, Tucker G, Chorowski J, et al. Regularizing Neural Networks by Penalizing Confident Output Distributions[A]. arXiv:1701.06548.

[23] Chapelle O, Schölkopf B, Zien A. Semi-Supervised Learning[M]. Cambridge: MIT Press, 2006.

[24] Laine S, Aila T. Temporal ensembling for semi-supervised learning[J]. arXiv:1610.02242.

[25] Sajjadi M, Javanmardi M, Tasdizen T. Regularization with Stochastic Transformations and Perturbations for Deep Semi-Supervised Learning[J]. Advances in Neural Information Processing Systems, 2016, 29: 1163-1171.

[26] Tarvainen A, Valpola H. Mean Teachers Are Better Role Models: Weight-Averaged Consistency Targets Improve Semi-Supervised Deep Learning Results[C]//Advances in Neural Information Processing Systems, 2017: 1195-1204.

[27] Miyato T, Maeda S I, Koyama M, et al. Virtual Adversarial Training: A Regularization Method for Supervised and Semi-Supervised Learning[J]. IEEE Transactions on Pattern Analysis and Machine Intelligence, 2019, 41(8): 1979-1993.

[28] Xie Q, Dai Z, Hovy E, et al. Unsupervised Data Augmentation for Consistency Training[J]. arXiv:1904.12848.

[29] Berthelot D, Carlini N, Goodfellow I, et al. Mixmatch: A Holistic Approach to Semi-

Supervised Learning[C]//Advances in Neural Information Processing Systems, 2019: 5049-5059.

[30] Berthelot D, Carlini N, Cubuk E D, et al. Remixmatch: Semi-Supervised Learning with Distribution Matching and Augmentation Anchoring[C]//International Conference on Learning Representations, 2019.

[31] Sohn K, Berthelot D, Li C L, et al. Fixmatch: Simplifying Semi-Supervised Learning with Consistency and Confidence[J]. arXiv: 2001.07685.

[32] Zhang L, Qi G J, Wang L, et al. Aet vs. aed: Unsupervised Representation Learning By Auto-encoding Transformations Rather Than Data[C]//Proceedings of the IEEE Conference on Computer Vision and Pattern Recognition, 2019: 2547-2555.

[33] Wang X, Kihara D, Luo J, et al. Enaet: Self-Trained Ensemble Autoencoding Transformations for Semi-Supervised Learning[J]. arXiv: 1911.09265.

[34] Mnih V, Badia A P, Mirza M, et al. Asynchronous Methods for Deep Reinforcement Learning [C]//International conference on machine learning, 2016: 1928-1937.

[35] Schulman J, Moritz P, Levine S, et al. High-Dimensional Continuous Control Using Generalized Advantage Estimation[J]. arXiv: 1506.02438.

[36] Schulman J, Wolski F, Dhariwal P, et al. Proximal Policy Optimization Algorithms[J]. arXiv: 1707.06347.

[37] Wang Z, Bapst V, Heess N, et al. Sample Efficient Actor-Critic with Experience Replay[J]. arXiv: 1611.01224.

[38] Lillicrap T P, Hunt J J, Pritzel A, et al. Continuous Control with Deep Reinforcement Learning [J]. arXiv: 1509.02971.

[39] Fujimoto S, Van H H, Meger D. Addressing Function Approximation Error in Actor-Critic Methods[J]. arXiv: 1802.09477.

[40] Haarnoja T, Zhou A, Abbeel P, et al. Soft Actor-Critic: Off-Policy Maximum Entropy Deep Reinforcement Learning with a Stochastic Actor[J]. arXiv: 1801.01290,

[41] Van H H, Guez A, Silver D. Deep Reinforcement Learning with Double Q-Learning[J]. arXiv: 1509.06461.

[42] Wang Z, Schaul T, Hessel M, et al. Dueling Network Architectures for Deep Reinforcement Learning[C]//International Conference on Machine Learning, 2016: 1995-2003.

[43] Schaul T, Quan J, Antonoglou I, et al. Prioritized Experience Replay[J]. arXiv: 1511.05952.

[44] Fortunato M, Azar M G, Piot B, et al. Noisy Networks for Exploration[J]. arXiv: 1706.10295.

[45] Bellemare M G, Dabney W, Munos R. A Distributional Perspective on Reinforcement Learning [J]. arXiv: 1707.06887.

[46] Matteo H, Joseph M, Hado H, et al. Rainbow: Combining Improvements in Deep

Reinforcement Learning[J]. arXiv:1710.02298.

[47] Dabney W, Rowland M, Bellemare M G, et al. Distributional Reinforcement Learning with Quantile Regression[J]. arXiv:1710.10044.

[48] Kulkarni T D, Narasimhan K, Saeedi A, et al. Hierarchical Deep Reinforcement Information Processing Systems, 2016, 29: 3675-3683.

第 5 章
人工智能赋能社会服务

人工智能是一项影响广泛而深远的颠覆性技术,具有技术和社会双重特性。一方面,人工智能技术的突破将不断创造新功能、新产品,进而开辟新的应用空间,创造新的技术价值;另一方面,由于人工智能技术具有自主性,其能够模仿甚至超过人的行为进行分析、决策和实施,因而具备一定的社会属性。因此,人工智能必然对生活、伦理和法律等带来新的挑战和冲击。如何推动人工智能可靠、可信和安全地发展是全球关注的前沿议题。

众所周知,随着人工智能的快速发展,尤其是其在社会经济和日常生活中更加广泛的应用,人们越来越多、也越来越深刻地体会到人工智能技术本身的内容和功能,以及其对社会和生活带来的广泛作用和深刻影响。这些都有效加深了人们对人工智能技术属性的认识。但在人工智能得到应用和推广的同时,其社会属性也逐渐引起了各方的关注,并开始逐渐得到重视。从国内外发展现状看,人工智能的前期研发主要是由技术属性推动的,而当其大规模应用到社会与经济领域时,人工智能的社会属性必然决定其应用的成败。因此,在人工智能更加广泛地嵌入社会经济和日常生活中时,处理好人工智能的技术属性和社会属性的关系至关重要。

5.1 人工智能的技术属性

5.1.1 技术属性的主要内容

人工智能的技术属性是指其在技术层面体现出来的相关属性,与智能系统与技术的发展密切相关,目前主要集中体现在信息技术范畴,通常围绕相关核心技术的实现和应用表现出来。

一般而言,人工智能主要指模拟、延伸和扩展人类智能的理论、方法、技术及应用系统的技术,其核心是实现特定功能和应用的模型和算法,其外延是支撑这些模型和算法必备的传感、计算和行动等所必需的软硬件,从而形成会"看"、会"听"、会"说"、会"学习"、会"思考"以及会"行动"的智能系统。

信息技术是现代科学技术产生的基础技术和发展的驱动力，发展 60 多年来，在深度和广度上已对人类社会经济和日常生活产生深刻的影响。因此，从当前人工智能的研发与应用看，人工智能目前仍未超出信息技术范畴，还完全依赖"0"和"1"所构成的数字世界。即便信息技术已从数字化发展到了网络化，达到了智能化的初级阶段，甚至不久的将来神经网络和量子计算等新技术将会被广泛应用，仍然会以"0"和"1"所构成的数字世界为不可或缺的基础。数字化是人工智能技术属性的首要内容。

1. 智能系统

人工智能技术的应用载体是智能系统。受限于不同阶段对智能的理解和其在工程上的应用，智能系统走过了自动式智能系统向自主式智能系统的发展阶段；随着人工智能技术及其应用成果的丰富，根据人类智能的层次化划分，结合实际应用的过程和发展，又产生了弱 AI 智能系统和强 AI 智能系统的概念。

1）自动式智能系统

相对于人工，自动是指在无人参与的情况下，利用控制装置使被控对象或过程自动地按预定规律运行的工作模式。经典控制论的提出者维纳(Norbert Wiener)将人类与自动式系统进行了比较，强调了二者的相似与不同。他指出，人类和自动式系统都有相似的传感采集、信息交互和驱动控制组件。所有这些组件所构成的系统可以执行一组特定的活动，并与这些系统之外的环境交互，实现智能地运行。因此可以说，自动式智能系统就是在特定环境下，根据特定的控制规律，实现某一具体功能的智能系统，且系统功能局限于设定的具体行动。

根据 Wiener 对智能系统的界定，自动式智能系统与控制论的关系密不可分。他将控制论看作一种表征语言和分析技术，以自动式的综合来解决一般信息的通信和控制问题，进而将连续系统应用于信息和通信问题的建模。同时，Wiener 还将反馈控制、稳定性和稳定性分析引入控制问题的求解中，也由此产生了现代控制理论。

典型的自动式智能系统涉及诸多控制方法，如前馈控制、反馈控制等。例如，空调智能系统的工作原理是当环境温度高于设定温度时，空调制冷系统自动开启，调定室温到设定值。

2）自主式智能系统

自主式智能系统是指可应对非程序化或非预设态势，具有一定自我管理和自我引导能力的智能系统。相比自动式智能系统，自主式智能系统能够应对更为多样的环境，完成更为广泛的任务，具有更为广阔的应用潜力。

不失一般性，自主式是指应用传感器和复杂软件，使设备或系统在较长时间内无需其他外部干预就能够独立完成任务，能够在未知环境中自主进行系统调节，保持性能优良的工作模式。自主化可以看作自动化的外延，是具备更高能力的自动化。换言之，自主式智能系统的智能程度通常体现在系统独立完成任务的程度上，即自主系统要在不确定的条件下，能够排除外界干扰，即使在没有通信或通信不畅的情况下，仍能弥补系统故障所带来的问题，并确保系统长时间良好运行。

自主式智能系统已在一定程度上接近人们对智能的认识。中国科学院院士、清华大学人工智能研究院院长张钹教授指出，人工智能是特指一个智能系统应该具有实现感知(Sensing)、决策(Decision)和执行(Action)的智能能力，是表征系统是否具有类人类行为和智能的基本标准,也是衡量一个系统是否具有智能性的基本条件。其中,感知是指模仿人类对周围环境的感知过程,包括视觉、听觉、触觉等;决策是模仿人类的理性思考过程,包括规划、推理和决策等,对应于人们通常所说的逻辑思维能力;执行是模仿人类的动作过程,包括人类手和脚的自然动作反应等。

美国研究人员提出的 OODA 循环,其基本思想就是将冲突看成是在冲突双方互相较量过程中,谁能更快更好地完成"观察—判断—决策—执行"的过程。OODA 循环是由观察(Observation)、判断(Orientation)、决策(Decision)和执行(Action)四部分构成的循环过程。在 OODA 循环中,冲突双方应不断观察自己、对手和环境的状态,基于持续的观察,可以判断对手的能力和企图,进而确定对策,并采取相应的行动。虽然该 OODA 循环最早是基于战斗机飞行员的需要提出的任务实施框架,但是对于模仿人类智能完成特定任务的智能系统,具有重要的借鉴作用,由此推而广之。自主式智能系统在完成任务的过程中,需要使用传感器实现环境观察,基于相关算法理解所观察的信息,并通过传统或机器学习算法获得决策结果,并通过控制算法实现决策所确定的预期行动。

作为智能系统发展标志性成果的自动驾驶系统,一定程度上也体现了自主式智能系统的应用。当前,自动驾驶汽车已经集合了多类传感器以实现对环境的感知,引入各种先进的智能算法和决策模型以实现对车辆的驾驶操控,旨在最终实现自主式的智能驾驶。基于单车智能的自动驾驶,就是通过在车辆上加装感知设备和运算单元,提高车辆自身的感知、决策和执行能力,使其达到甚至超越人类的驾驶水平,部分实现甚至全部实现自动驾驶。这在已有的自动驾驶汽车自动化分级标准中已有所体现,如人们将能够实现 L4~L5 级别的自动驾驶汽车称为自主式智能系统。

近年来智能系统的发展表明,自主式智能系统的发展很大程度上依赖于新兴的人工智能技术,尤其是基于神经科学的方法与技术。

3) 弱 AI 智能系统

弱 AI 智能系统和强 AI 智能系统是在自主式智能系统发展的基础上提出的,是在更高层次对系统智能能力的界定与认识,尤其是从模仿甚至超越人类行为的智能能力的表现上,对智能系统进行更为深入和细致的分析。也就是说,弱 AI 智能系统和强 AI 智能系统更强调通过模仿人类的思维和行为,模仿人类甚至超越人类完成特定任务的方法与过程。

通常情况下,弱 AI 智能系统要求智能系统能够像人类一样,解决特定的问题,完成特定的任务。因此,弱 AI 智能系统也被称为在限制条件下的智能系统,即专注于且只能解决特定领域问题的智能系统。弱 AI 智能系统与自主式智能系统联系相对紧密,二者均强调解决特定的问题,完成具体的任务。但弱 AI 智能系统在执行设定任务时,更偏向于参考人类的思考方式,模仿人类的观察与行为,运用诸如神经网络等人工智能技术。

AlphaGo 是弱 AI 智能系统的典型代表。AlphaGo 是第一个打败人类职业围棋选手的计算机程序,也是第一个打败围棋世界冠军的计算机程序,可以说是历史上最强大的围棋选手。围棋是一种古老的游戏,拥有 19×19 共 361 个交叉点的棋盘,其规则相对简单,可以看作完全且确定性信息条件下、静态与结构化环境中完成相对单一任务的智能系统;同时,由于围棋拥有 170 种可能的构型,这一数字超过了已知宇宙中原子的数量,因而也因其复杂性而被称为人工智能领域最具挑战性的经典游戏。在 AlphaGo 出现前,最强大的围棋程序也只能达到人类业余棋手的水平。直到 2016 年,Deepmind 将高级搜索树和深度神经网络结合在一起,通过包含数百万个神经元连接的不同网络层处理棋局的计算,才创造出了能够战胜世界上最高段位棋手的计算机程序 AlphaGo。

在 AlphaGo 的基础上,Deepmind 于 2017 年推出了一种新的智能系统——AlphaGo Zero。相较于 AlphaGo,AlphaGo Zero 没有使用超出游戏规则的人类数据、指导或领域知识,仅提升了基于强化学习的算法。其采用的自学习神经网络有效提高了树搜索的强度,从而在后续迭代中产生出更高质量的移动选择和更强的自我对弈。AlphaGo Zero 以 100∶0 战胜了 AlphaGo,强有力地说明了其智能性的提升。然而,尽管 AlphaGo Zero 已摒弃了人类经验,并具备一定的自学习能力,但是由于它只能实现战胜人类棋手的目标,还不具备迁移学习能力,AlphaGo Zero 依然属于弱 AI 智能系统。

4) 强 AI 智能系统

强 AI 智能系统要求智能系统具有一般完整(完全)的人工智能,并表现出与人类一样拥有符合逻辑的思维和灵活有效的行为。符合逻辑的思维和灵活有效的行为是弱 AI 智能系统与强 AI 智能系统的根本区别。强 AI 智能系统在系统的认知能力和迁移学习能力,甚至在意识和情感等方面,都须满足更高的要求。

当前,强 AI 智能系统尚处在研究和探索中,属于人类的奢望。

2. 人工智能核心技术

在智能系统与技术的发展过程中,人工智能的技术属性主要体现在其核心技术的研究和应用上。2017 年中国政府发布的新一代人工智能规划中提出的大数据智能、群体智能、跨媒体智能、混合增强智能和自主无人系统等"五大方向",即可集中展现人工智能核心技术的应用情况。

人工智能技术的应用就是要保证智能系统会"看"、会"听"、会"思考"、会"学习"以及会"行动"。目前,较为公认的与人工智能相关的五大基础性核心技术包括计算机视觉处理技术、语音识别技术、自然语言处理技术、机器学习方法和机器人(无人系统)技术。

1) 计算机视觉处理技术

计算机视觉是研究如何使智能系统"看"的科学。计算机视觉处理技术则是使用计算机及相关设备代替人眼实现对生物视觉的模拟的相关技术,简言之是对目标进行识别、跟踪和测量等所需的方法和技术;具体来说,就是通过对采集的图片或视频进行处理以获得相应场景的三维信息,并在图形处理的基础上进一步使计算机的处理过程成为更适合人眼观察或传送给仪器检测的图像方法和技术。作为一个科学学科,计算机视觉研究的是相关的理论和技术,试图建立能够从图像或者多维数据中获取"信息"的智能系统,就像人类和许多其他类生物每天所进行的那样。这里的信息是指由 Shannon 定义的,可以用来帮助做"决策"的信息。由于感知的过程就是从感官信号中提取信息,所以计算机视觉也可以看作研究如何使智能系统从图像或多维数据中"感知"环境的科学。

2) 语音识别技术

语音识别是研究如何使智能系统"听"的科学。语音识别技术是实现自动且准确地将一段语音信号转换成相对应的文本信息的技术。语音识别主要包括语音特征提取、声学模型、语言模型,以及字典与解码四大部分,其中为了更有效地提取特征,往往还需要对所采集到的声音信号进行滤波、分帧等预处理工作,即把要分析的信号从原始信号中提取出来。首先,语音特征提取需要将声音信号从时域转换到频域,为声学模型提供合适的特征向量;其次,声学模型根据声学特性,计算每一个特征向量在声学特征上的得分;再次,语言模型根据语言学相关的理论,计算该声音信号对应可能词组序列的概率;最后,根据已有的字典对词组序列进行解码,得到最后可能的文本表示。除此之外,语音识别技术还必须面对一些与自然语言处理类似的问题,如对不同口音的处理、背景噪声去除和区分同音异形/异义词等,同时还需要具有保持与正常语速同步的语音处理速度。

3) 自然语言处理技术

自然语言处理是研究如何使智能系统"思考"的科学。自然语言处理技术是指计算机支持实现人类般的文本处理能力的技术,以及实现人与计算机之间用自然语言进行有效交互的各种理论和方法。比如,从文本中提取意义,甚至从那些可读的、风格自然、语法正确的文本中自主解读出含义。自然语言处理由自然语言理解和自然语言生成两部分组成。自然语言理解负责帮助智能系统更好理解人的语言,包括基础的词法、句法等语义理解,以及需求、篇章和情感等层面的高层理解;自然语言生成则负责帮助智能系统生成人能够理解的语言,比如文本生成、自动文摘等。一个自然语言处理系统并不了解人类处理文本的方式,但是它可以用非常复杂与成熟的手段巧妙处理文本。自然语言处理像计算机视觉技术一样,可以将各种有助于实现目标的技术进行融合。通过建立语言模型可以预测语言表达的概率分布,即计算某一串给定字符或单词表达某一特定语义的最大可能性;选定的特征可以和文中的某些元素结合来识别一段文字,通过识别这些元素可以把某类文字同其他文字区别开来,比如垃圾邮件同正常邮件区别开来。

4) 机器学习方法

机器学习是研究如何使智能系统"学习"的科学。机器学习研究的是计算机怎样模拟或实现人类的学习行为,以获取新的知识或技能,重新组织已有的知识结构使之不断改善自身的性能;或从实现上看就是计算机系统无须遵照显式的程序指令,而只依靠数据就可提升自身性能的能力。而机器学习方法则是设计和分析一些让计算机可以自动"学习"的算法,其核心是从数据中自动发现某些模式,而这些模式一旦被发现便可用于学习。比如,给机器学习系统提供包含交易时间、商家、地点、价格和交易是否正当等信用卡交易信息的数据库,系统就会学习到可用来甄别信用卡欺诈行为的模式。处理的交易数据越多,甄别就会越准确。机器学习的方法主要有归纳学习、演绎学习、类比学习和分析学习。其中归纳学习又细分为符号归纳学习(示例学习、决策树学习等)和函数归纳学习(神经网络学习、示例学习、发现学习和统计学习等),分析学习包括解释学习和宏操作学习等。

5) 机器人(无人系统)技术

机器人(无人系统)是研究如何使智能系统"行动"的科学。机器人(无人系统)技术实质是一个综合性技术,涉及如传感技术、机器视觉、语音识别、机器学习和决策控制等在内的众多相关技术,因此也标志着人工智能技术的发展水平。近年来,随着人工智能算法、信息融合、大数据处理等核心技术的提升,机器人(无人系统)技术及其应用已取得了重要突破。将机器视觉、自动规划等认知技术整合至形态极小却高性能的传感器、制动器以及巧妙设计的硬件系统中,已催生了一批新一代的机器人,使其具有了与人类一起工作的能力,并能在各种未知环境中完成较为复杂的任务,灵活处理多项任务。例如,无人机、无人车、家务机器人和医疗机器人等都有长足发展,智能水平也得到了快速提升。

近年来,上述五项核心技术的快速和卓有成效的进步和发展,使其成为人工智能技术研究和应用的重要内容,有效推进了人工智能产业化的发展。

此外,在人工智能技术的发展过程中,还可以看到存在以下五种发展趋势:

(1) 从人工知识的表达转向大数据驱动的知识学习。
(2) 从多媒体数据的分类处理转向跨媒体的认知、学习和推理。
(3) 从追求智能机器转向高水平的人机、脑机协同和融合。
(4) 从聚焦个体智能转向基于互联网和大数据的群体智能。
(5) 从拟人化的机器人转向更加广阔的智能自主系统。

5.1.2 技术属性的特征与应用

人工智能技术的发展经历了从计算智能到感知智能、再到认知智能的三个发展阶段,具体发展过程如下。

(1) 第一代人工智能:以计算智能为主要表征的人工智能,其实质是让计算能存会算,即让机器能够像人类一样会计算并传递信息。第一代人工智能应用的典型代表是符号模型,由此提出了基于知识和经验的推理模型,以模拟人类的理性思考过程,像推理、规划和决策等;在此基础上,通过在机器上建立知识库和推理机制,完成类似人类的推理和思考行为的模拟。第一代人工智能能够模仿人类的推理、规划和决策过程,跟人类的思考过程很一致,即具有与人类一致的显式推理过程,因此也是可解释的。利用符号模型实现机器学习,能够举一反三,是第一代人工智能优势的重要体现。

第一代人工智能存在很大的局限性,主要体现在人工智能应用过程中所使用的知识完全来源于专家。专家知识稀缺,总结提炼困难,依赖人工编程输入计算机,费时费力且昂贵;现实生活中知识通常都是以自然语言的形式进行描述的,而在计算机世界里自然语言表示的知识难以处理;知识的表示与推理困难,尤其是不确定性的知识表示与推理尚未找到有效的解决方案;从数据中提取隐含的知识困难,现有方法难以达到可应用的程度。

(2) 第二代人工智能:以感知智能为特征的人工智能,其实质是实现智能系统能说会听、能看会认,其目的是全面辅助或替代人类的部分工作,例如无人驾驶汽车、自主行动的机器人等。第二代人工智能应用的典型代表是深度学习,即通过深度神经网络的模型模拟人类的感知如视觉、听觉和触觉等。深度学习使用的是多层次神经网络,通过已有数据集的训练完成学习的过程,进而基于训练后的神经网络实现对样本的识别。实际应用已说明,用这种模式进行图像和语音识别,在给定的图像(语音)库下,可以达到或超过人类的识别水平。由此可见,深度学习是一种通用工具,其优势是不需要专门的领域知识,一般技术人员均可使用,且使用的门槛较低;同时,深度神经网络的另一个优势是可以构建多层次、多维的空间,非常适用于大数据的融合和处理。

第二代人工智能也有很大的局限性,如不可解释性、不安全性、易受攻击、不易推广和学习训练需要大量的样本等。以大数据和深度学习为基础的人工智能,遇到的最大挑战就是不可解释和不可理解,只能就事论事,缺乏推广能力,遇到新的情况一筹莫展,因此当面对动态变化的环境、信息不完全、存在干扰与虚假信息时,其性能就会显著下降。同时,当前的人工智能由于不可理解,无法实现人机交互,无法与人类协同工作与和谐相处。

总之,第一代和第二代人工智能都存在很大的局限,它们只能够解决完全信息和结构化环境下确定性的问题,因而能够解决的问题非常有限。第二代人工智能主要依靠数据和计算机的计算能力,只是传统信息处理的延展。

(3) 第三代人工智能:以认知智能为主要表征的人工智能,其实质是要求机器或系统能理解、会思考,具备随机应变、举一反三的能力,是人类在智能道路上的更高阶段,其目标是要真正模拟人类的智能行为。第三代人工智能应用的典型代表不只是模型,也不只是深度学习,而是知识、数据、算法和算力四要素的综合,以解决不完全信息、不确定性和动态变化环境下的一般智能问题,最终实现真正意义上的人工智能。知识、数据、算法和算力四要素的综合应用,主要体现在环境感知、系统安全、推理决策和强化学习四个方面。其中环境感知研究类似人类视神经网络的环境感知方法,解决环境的辨识与理解问题;系统安全研究基于数据和模型的系统安全防御方法,解决人工智能系统的安全问题;推理决策研究基于领域知识指导的对抗环境下的自主决策方法,解决对抗条件下的自主决策问题;强化学习研究在环境交互中的学习能力,解决环境适应性下的随机应变问题。

智能交通中的自动驾驶汽车的研究与应用,可以较好地体现综合应用知识、数据、算法和算力四要素的过程。自动驾驶汽车需要在不断感知环境的过程中,基于感知的大数据建立驾驶过程的场景库和数据集;利用车载的算力,提供行驶过程中的驾驶决策,并基于对驾驶行为的深度学习完成车辆的轨迹规划与控制;对于复杂路况或突发事件,则需要在与环境的不断交互中通过强化学习积累驾驶经验,基于学习的驾驶知识与经验,实现复杂环境下或突发事件发生时的应变处置。

第三代人工智能必须解决第一代和第二代人工智能存在的缺陷,包括不可解释、鲁棒性差、不安全、不可信、不可靠和不可扩展等。第一代人工智能只用了知识、算法和算力三个要素,第二代人工智能也只用了数据、算法和算力三个要素,由此可见对于如何推动第三代人工智能的发展,相关从业者与专家任重道远,他们需要把第一代知识驱动的方法和第二代数据驱动的方法相结合,综合使用知识、数据、算法和算力四个要素,建立一个可解释和鲁棒的人工智能理论,提出安全、可信、可靠和可扩展的人工智能技术,只有这样才能实现技术上的突破,由此才能推动人工智能的创新应用。

由人工智能的三个发展阶段可以看到,人工智能的技术属性表现出了信息化、交叉性、网络化、大数据、云计算、群协同、学习型和自主式的基本特征。

(1) 信息化。信息是任何对象、环境、事件和活动等基于数字的表达方式,是进入计算机时代的必然结果。信息化是数字化的提升,即在数字的基础上增添了属性、任务甚至知识的结果。信息化是实现人工智能的基础和条件,也是人工智能系统和技术应用不可或缺的重要内容。

(2) 交叉性。人工智能是多学科交叉融合的产物,其构成和应用涉及多个学科或知识领域,从而才能实现人工智能系统的环境感知、行为理解、决策推理和自主执行等。随着人工智能系统与技术的不断发展和应用范围的持续扩大,对多学科交叉的需求越发突出,这些也已成为研究和应用的必要条件。

(3) 网络化。无线通信和计算机互联技术的发展,促进了智能网联技术的快速构建和应用的突飞猛进,网络化已成为研究一般系统不可忽略的重要因素,如智慧城市和智能交通等。在新一代人工智能的研究和应用中,网络化已成为人工智能应用对象必然拥有的基本属性。

(4) 大数据。为了使人工智能系统与技术更好地模仿人类的推理、规划和决策过程,在人工智能的算法实现过程中引入了深度学习,通过深度神经网络的模型模拟人类的感知如视觉、听觉和触觉等行为。大数据是深度学习过程中模式训练必备的样本,也是归纳和获取特定知识的条件。

(5) 云计算。面向系统规模的急速增加及其对计算能力需求的大幅提升,基于分布式计算架构,引入端-管-云相结合的系统结构,推进资源在有限条件下的边端计算模式,形成了现代智能网联环境下的云计算解决方案。云计算带来了计算能力的飞跃和计算成本的持续下降,为人工智能应用的规模化和普及提供了基础性支撑。

(6) 群协同。随着人工智能需求的不断提升,其应用范围也进一步扩大,原有针对单体智能的解决方案已不能满足现实的需要,面向多智能体且彼此存在协同的场景已成为现代人工智能系统与技术应用的必然。研究群体协同条件下基于人工智能协同与技术(如智能交通车路协同、无人机群等)的解决方案已迫在眉睫。

(7) 学习型。人工智能系统与技术的发展进入第二个阶段后,深度学习就成为其应用的典型代表,使用深度神经网络的模型模拟人类的感知,通过已有数据集的训练完成学习的过程,进而构建基于大数据和深度学习的运行模式,以实现不同场景和不同需求条件下的应用。

(8) 自主式。在人工智能进入第三个发展阶段后,推理决策开始强调需要提供对抗条件下的自主决策方案,以解决不完全信息、不确定性和动态变化环境下的一般智能问题,最终实现真正意义上的人工智能。这就使得自主式的工作模式,成为现阶段人工智能发展的重要内容。

5.1.3 人工智能的评价与发展

众所周知,在人工智能的发展过程中,如何鉴定人工智能系统与技术的智能性层次,确定其智能能力的高低,一直是困扰研究人员且无法回避的问题,也是影响人工智能发展方向和水平的基本问题。

在人工智能系统与技术的智能性测试方面,经典的测试方法强调直接对智能系统智能性进行测试。最为经典和有效的方法是20世纪英国数学家图灵(Alan Turing)提出的图灵测试机制。图灵测试指出,人工智能系统的智能性测试可以表达为测试者(代号C)针对自身无法看见的两个被测对象进行测试,其中被测的一个对象是具有正常思维的人(代号B),另一个是智能机器(代号A),测试过程中使用被测对象能够理解的语言询问任意一串问题;经过若干次询问测试后,如果测试者C不能实质性地区别被测者A和被测者B,则确定智能系统A通过了图灵测试,并认为智能机器A具有与人类同等的智能能力。

虽然图灵测试机制已深刻体现了智能系统的智能与人类智能的关联,但该测试并没有客观地定义智能性的概念以及设定可测量的、可量化的智能性指标或标准依据,而是将是否具备智能性的评价直接交给了并不可靠的人类法官。由此可见,现阶段对人工智能系统与技术的测评仍然缺乏理性和客观的分析和指标,也就难以界定一个人工智能系统的智能水平,也更难以明确人工智能技术的发展方向。

实际应用中,依据人们对人工智能系统与技术发展的了解,可将人工智能系统的智能性评价分为定级和评级两类,如图5-1所示。人工智能系统的智能性定级主要针对对象已知的人工智能系统,即其特性体现为白箱的人工智能系统。由于已经知道此类系统的能力边界和应用范围,只需要确定其智能性的能力级别。例如,具有白箱特征的自动驾驶汽车智能辅助驾驶系统,如果对其自动化水平能力级别进行评价,则由于已经获知该系统不具备自主驾驶的能力,只需验证它是否具备辅助驾驶员的能力即可。人工智能系统的智能性评级主要针对对象未知的人工智能系统,即其特性体现为灰箱/黑箱的智能系统。由于无法获知智能系统的结构、模型和算法,只能在测试过程中不断调整测试任务的难度,并实时评估智能系统的表现以确定其智能性能力的最终级别。

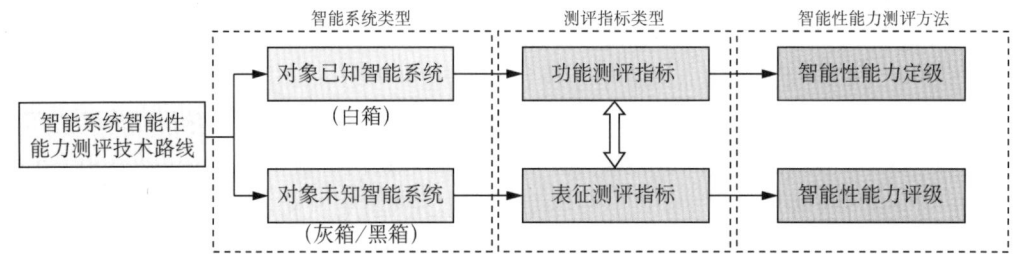

图5-1 人工智能系统智能性评价策略

根据人工智能系统的发展历程,即自动、自主、弱AI和强AI的智能系统,研究人员提出了基于功能的测试模式、基于任务的测试模式和基于知识的测试模式的三类测试模式。人工智能系统与其对应的测试模式间的关系如图5-2所示。

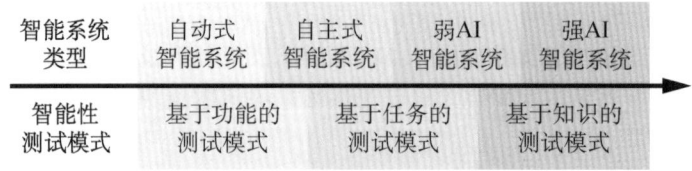

图5-2 人工智能系统与智能测试模式的对应关系

(1) 基于功能的测试模式。大多数自动式智能系统和部分自主式智能系统采用已知的、可解释的算法形成具体的功能以实现某项或几项具体智能能力,这些人工智能系统可归为适合于基于功能的测试模式的智能系统,因此可以采用常规的基于功能的测试方法评价其智能性能力。

(2) 基于任务的测试模式。部分自主式智能系统与大多数弱 AI 智能系统在实现目标时需要多种智能性能力的紧密联系和相互配合,且这些能力往往具有强耦合等特性,因此无法通过基于功能的测试模式评价其智能性能力。同时,这些系统具有一定的类人智能的能力,即在实现目标时具有与人相似的内在任务驱动性质,可认为适合于基于任务的传输模式的智能系统,因而评价该类人工智能系统的智能性能力时需要采用基于任务的测试模式。

(3) 基于知识的测试模式。部分弱 AI 智能系统与强 AI 智能系统具有一般完整(完全)的人工智能能力,且表现出与人类一样拥有符合逻辑的思维和灵活有效的行为,其智能任务的实现和应用过程中更多地体现了认知和学习能力,因此需要采用基于知识的测试模式完成对其智能性的测试。受限于人工智能系统的发展和应用,当前对基于知识的测试模式研究有限,尚未形成完善的体系。

5.2 人工智能的社会属性

5.2.1 社会属性的主要内容

人工智能的迅猛发展,正深刻地改变着人类社会。但作为引领世界未来发展的战略性技术,人工智能又有别于其他技术,其发展和应用不仅取决于技术本身的水平,更受到社会属性的深刻影响和制约。根本原因是人工智能正带领人们步入迄今为止最为深刻的一场技术革命,与第一、二和三次工业革命相较而言,人工智能可以更为深刻地深入人们的社会和经济生活,可以从更深层次地影响生产生活方式和思维方式,进而可以全面地左右技术和社会的发展内容和方向。人工智能的社会属性所覆盖的范围之宽,涉及的内容之多,是前所未有的,因而也就会更为实质和深入地影响其技术的发展和应用。

人工智能的社会属性,可从其在社会服务和社会治理两个方面的体现进行划分。在社会服务上,人工智能的社会属性主要体现在与人工智能发展和应用相关的民生、公平、隐私和安全等方面;而在社会治理上,人工智能的社会属性则主要体现在与人工智能发展和应用相关的治理、法律、标准和伦理等方面。

1. 与社会服务相关的属性

"民生"是人工智能发展和应用的重要体现。随着人工智能系统与技术的发展,其应用已深入人们日常生活的方方面面,包括医疗、健康、金融、教育和安防等。例如,人脸识别技术近年来得到普及,已可用于支付结算、乘坐交通工具、获取医疗服务等,而在公共治安方面,则可用于发现可疑人员甚至抓捕逃犯;基于语音识别技术,人们可以与承担不同角色的机器人(例如服务员、厨师、保姆等)进行互动;在电视台出现的人工智能主播,其外貌和姿态已相当逼真,以至于很难相信它们是人工智能程序生成的;5G 连接、大数据分析、自动驾驶、无人机、机器人等已成为人们日常生活必不可少的一部分;在医疗保健领域,产生了一批能够检测并发现疾病的设备和软件,分析患者从昏迷中苏醒可能性的机器,以及假牙制作和血栓检测系统等。尤其是疫情防控还推动了自助服务和数字支付的发展,并催生了可以检查行程、疫苗接种情况、核酸检测结果的应用程序。

提供"公平"的服务可以保证人工智能发展和应用具有生命力。人工智能的数据和算法已经开始影响人们生活的方方面面,在给大家生活带来便利的同时,其公平性也得到了广泛的关注和质疑,更为人工智能的进一步发展带来了极大的挑战。不失一般性,人工智能在应用中涉及的数据量大、维度高,算法逻辑复杂、迭代快,通常表现为人类难以理解和解释的黑箱;如果人们不能理解算法的运行方式,也就难以剖析算法出现歧视或偏见的根源,由此在问题求解过程中将产生不公平的结果。人工智能中的不公平在一定程度上暴露了人类社会中长久存在的偏见,即对某个事件和活动的偏见;而在算法的运行过程中进一步放大了这些偏见,从而可能会进一步加剧不平等的存在和延展。由此可见,只有将公平性作为设计、部署和评价人工智能算法和系统的一个重要考量因素,才有可能减弱人工智能应用过程中存在的歧视,形成公平和不带偏见的应用结果。在人工智能的训练和学习过程中,具体表现为数据的收集和标记过程引入了不同程度的人类偏见,而深度模型通过端到端的训练,进一步加剧了数据中原有的偏见,如图5-3所示;但引入可解释性环节,将可解释性作为一个有效工具,去检测和弥补算法的不公平性,可以在一定程度和条件下解决公平性的问题,其工作机制见图5-4。

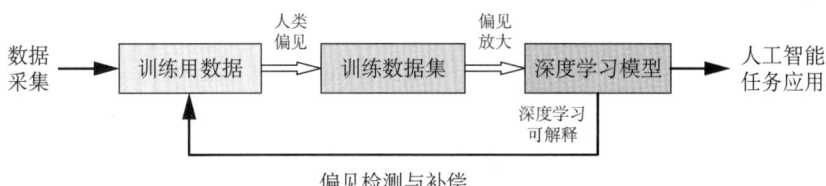

图5-3 人工智能的可解释性检测与补偿算法不公平性示意

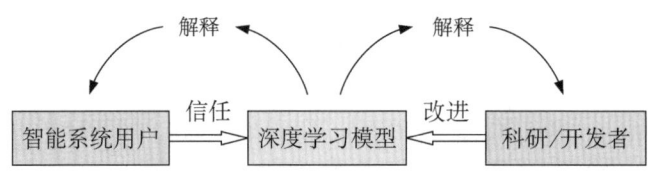

图5-4 人工智能算法可解释性工作机制

人工智能涉及的"隐私"问题的解决是人工智能得以推广和应用的关键。在人工智能快速发展的今天,每个人都置身于数字化空间,各类数据的采集无时不有、无处不在,个人隐私数据包括个人身份数据、出行轨迹数据以及基于数据分析的偏好信息和预测信息等,被存储、复制和传播时有发生。随着越来越多的人工智能产品走进千家万户,其在给人们生活带来便利的同时,也可能会使更多有关个人隐私的数据被轻易获取。在大数据逐渐改变人们生活生产方式的同时,人们也产生了对大数据深度依赖,致使对自身数据降低了掌控权;加上人工智能还极大地增强了隐私入侵的能力,提升了隐私获取性,致使用户数据的滥用和隐私泄露等问题层出不穷。另外,人工智能越是智能,就越需要获取、存储和分析更多的个人信息数据,这就更加需要解决个人隐私数据保护的问题。

"安全"的人工智能系统与技术是人工智能得以发展和应用的前提。目前,人工智能在很多领域都取得了初步的成效,但其使用的相关技术还存在很多问题,尚无法保证安全性。有一些技术可以用来欺骗人工智能,也有一些人工智能技术被用来欺骗人,因此可以说在人工智能时代,安全问题更不容忽视。例如,人工智能常用的核心系统之一是模式识别或机器识别,这些系统在应用过程中容易受到攻击,存在不同程度上的不安全性;在人的身前挂一块特定图案的牌子,就能使人在视频监控系统中"隐身";在自动驾驶场景下,如果对限速标识牌加一些扰动,就可以误导自动驾驶系统将其识别成"STOP"。同时,人工智能的一些技术正在被滥用来欺骗人,例如利用人工智能生成虚假内容,包括换脸视频、虚假新闻、虚假人脸、虚拟社交账户等。尽管研究人员已在人工智能所用的数据、模型和算法上进行了不断的改进,但始终未能从根本上解决问题。

2. 与社会治理相关的属性

人工智能的"治理"是人工智能研究和应用的首要问题。由于人工智能的研究和应用会涉及人类社会的方方面面,必将带来相关的治理问题,因此构建人工智能发展和应用的良好环境,提供合理的治理原则,是保证人工智能研究与应用得以健康发展的条件,可有效发挥人工智能在社会服务中的作用。2019年2月,中国政府专门成立了国家新一代人工智能治理专家委员会;2019年6月,该专家委员会发布了《新一代人工智能治理原则——发展负责任的人工智能》,突出了发展负责任的人工智能的主题,强调了和谐友好、公平公正、包容共享、尊重隐私、安全可控、共担责任、开放协作、敏捷治理等八条原则。

建立保证人工智能发展和应用的"法律"规制,可有效解决其可持续发展问题。人工智能技术的发展是一把双刃剑,在给社会和经济带来创新发展的同时,自身具有的不确定性也带来了新的挑战,如对大数据、隐私保护、危险承担、知识产权、损害赔偿和责任归属等都有一定程度的冲击。人类与机器间形成的这种特殊关系,引发了各种法律政策和伦理问题,表现在对当下的伦理标准、法律规则、社会秩序和公共管理体制等都带来了难以避免的挑战。建立必要的"法律",其前提是要对人工智能的科学规律有着充分的理解和把握,从而实现对人工智能开发者的有效管理、对人工智能的销售者与使用者的规制以及明确人工智能自身的责任分担机制。技术中立不代表不受法律规制。面对人工智能的发展和应用,既要通过法律和政策予以规范,也要用文明和伦理赋予其更多开放的弹性;在制定和执行相关政策的同时,还应积极尝试引导行业自律,最大程度地促进人工智能的发展和应用。

人工智能的"标准"体系建设是规范人工智能发展和应用的必备条件。2021年8月4日,为加强人工智能领域标准化顶层设计,推动人工智能产业技术研发和标准制定,国家标准化管理委员会等五部门印发了《国家新一代人工智能标准体系建设指南》(国标委联〔2020〕35号)。该指南明确人工智能标准体系包括基础共性、支撑技术与产品、基础软硬件平台、关键通用技术、关键领域技术、产品与服务、行业应用和安全/伦理等八个部分,如图5-5所示。其中,基础共性标准主要包括术语、参考架构、测试评估等部分;支撑技术与产品标准主要包括大数据、物联网、云计算、边缘计算、智能传感器、数据存储及传输设备等部分;基础软硬件平台标准主要包括智能芯片、系统软件、开发框架等部分;关键通用技术标准主要包括机器学习、知识图谱、类脑智能计算、量子智能计算、模式识别等部分;关键领域技术标准主要包括自然语言处理、智能语音、计算机视觉、生物特征识别、虚拟现实/增强现实、人机交互等部分;产品与服务标准包括智能机器人、智能运载工具、智能终端、智能服务等部分;行业应用领域包括智能制造、智能农业、智能交通、智能医疗、智能教育、智能商务、智能能源、智能物流、智能金融、智能家居、智能政务、智慧城市、公共安全、智能环保、智能法庭、智能游戏等;安全/伦理标准包括人工智能领域的安全与隐私保护、伦理等部分。具体我国新一代人工智能标准内容框架见图5-6。

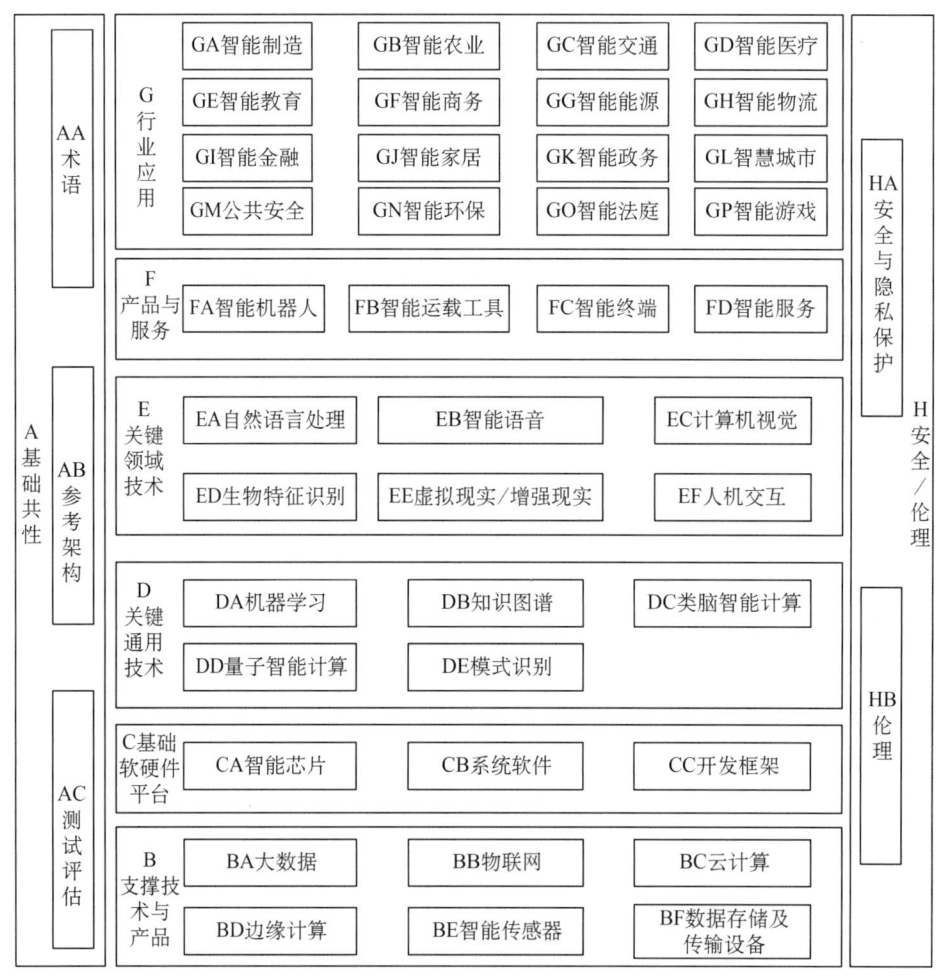

图 5-5　国家新一代人工智能标准体系结构

人工智能的发展和应用过程中还必须考虑其涉及的"伦理"底线。作为一种具有开放性、颠覆性但又远未成熟的技术,不可避免地对现有伦理关系造成冲击。人工智能引发的伦理风险包括技术伦理风险和社会伦理挑战。现阶段,人工智能的技术伦理风险主要体现在人工智能的设计风险、算法风险和数据安全风险三个方面。人工智能的设计风险主要是指由设计者在设计过程中嵌入错误的价值观或相互冲突的道德准则而产生的风险;人工智能的算法风险主要是指算法在运行过程中自主调整操作参数和规则,形成"算法黑箱",使决策过程不透明或难以解释,从而影响公民的知情权及监督权,造成传统监管的失效;人工智能的数据安全风险

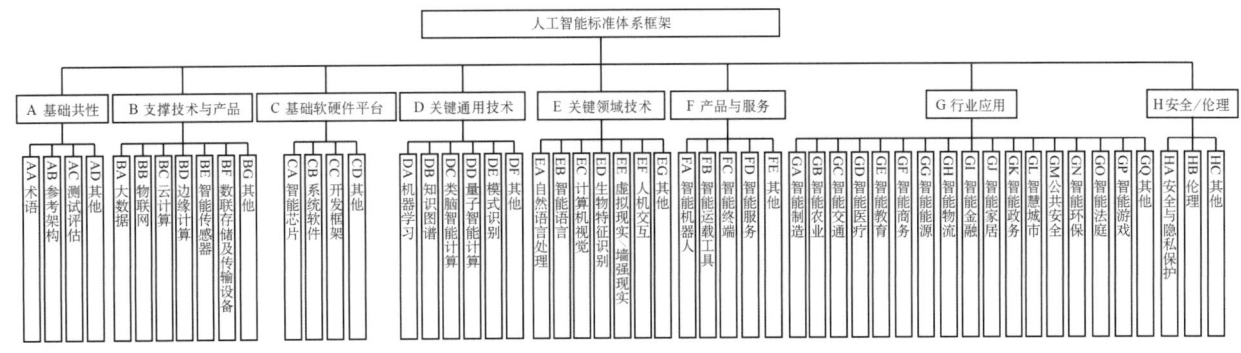

图 5-6　我国新一代人工智能标准框架

主要是指海量的个人数据被采集、挖掘和利用,由此产生的隐私泄漏风险。另外,人工智能面对的社会伦理挑战主要体现在对现有社会结构及价值观念两大方面,具体包括对人类道德主体性和社会整体公平正义的挑战。人被认为是唯一的道德主体,如果赋予人工智能主体资格,就会产生人工智能究竟是一种与人类对等的主体,还是一种被限制的主体的疑难问题,即人类道德主体性问题。另外,人工智能的发展也会对社会整体公平正义产生挑战,例如人工智能的发展可能加剧社会的贫富差距,引发结构性失业大潮,由此进一步激化社会矛盾、破坏社会稳定、挑战社会公平正义。

5.2.2　社会属性的表现与作用

从人类技术、经济和社会发展的角度来看,人工智能的社会属性可以归纳为技术的智能化、经济的智能化和社会的智能化三个层次。

第一层次是技术的智能化。人工智能经过 60 多年的发展,取得了许多突飞猛进的成果。作为人工智能载体的智能系统经历了从自动式智能系统发展到自主式智能系统的过程,进而又发展到弱 AI 智能系统,未来将朝着强 AI 智能系统的方向发展。在此过程中,智能性在不断提高、智能化进程逐步加快;对智能系统与技术的评价也从基于功能的测试模式发展到了基于任务的测试模式,随着智能性的进一步提升,针对知识和意识的评价也将成为现实,从而形成基于知识的测试模式。特别是近十年人工智能的发展,其算法有了快速的迭代和创新,通过云计算和大数据赋能,已经逐步发展形成了一定程度上可规模化应用的技术平台,现阶段正处于演变产生一种产业或者经济现象的十字路口。

第二层次是经济的智能化。随着移动互联网的发展,人类产生的有效数据指数级增加,云计算架构的出现有效提升了大数据分析和海量计算所需要的计算能力,加上经济和社会存在的普遍数字化和网络化的发展趋势,人工智能规模化应用所需的基础环境的构建已初步完成,人工智能终于可以开始在广泛的经济领域施展魔力。这个层次的发展可以分为两个阶段:前半段,人工智能还主要围绕通用能力的开发展开,尽可能使资源型的 AI 能力平台化,并围绕基于深度学习的学习智能搜索和信息流的智能推荐形成两个具有标志性的行业;后半段,规模化应用的人工智能可以全面产业化,从而有效促进人工智能的行业应用和商业化的全面普及。

第三层次是社会的智能化。人工智能将从经济领域渗透到更加广泛的社会领域,全社会和全球范围内智能协作与制度的创新将是这个层次发展的主要特点,而最后协作和变革又会反过来对经济产生更加深远的影响,推进智能化并最终进入智能社会。随着人工智能技术应用越发广泛,人类社会终将进入一个本质上全新的社会时代,伴随弱人工智能和强人工智能的出现,或许所有的行业领域都可以被人工智能所替代,此时人工智能无所不在、无所不有。一旦人工智能拥有了通用能力,或许可以实现不依赖于人类的生存。

简言之,人工智能是社会发展和技术创新的产物,是促进人类进步的重要技术形态。人工智能发展至今,已经成为新一轮科技革命和产业变革的核心驱动力,正在对世界经济、社会进步和人民生活产生极其深刻的影响。于世界经济而言,人工智能是引领未来的战略性技术,全球主要国家及地区都把发展人工智能作为提升国家竞争力、推动国家经济增长的重大战略;于社会进步而言,人工智能技术为社会治理提供了全新的技术和思路,将人工智能运用于社会治理中,是降低治理成本、提升治理效率、减少治理干扰最直接、最有效的方式;于日常生活而言,深度学习、图像识别、语音识别等人工智能技术已经广泛应用于智能终端、智能家居、移动支付等领域,未来人工智能技术还将在教育、医疗、出行等与人民生活息息相关的领域里发挥更为显著的作用,为普通民众提供覆盖更广、体验感更优、便利性更佳的生活服务。

5.2.3　对人工智能发展的影响

当人工智能向深度和广度发展时,处理好人工智能的技术属性和社会属性的关系至关重要。从国内外已有的实践看,人工智能的前期研发主要是由其技术属性推动的;当人工智能大规模嵌入社会与经济中时,其社会属性将决定人工智能应用的成败,进而影响人工智能的发展。因此,深刻理解人工智能技术属性的发展规律,开发适合社会发展的创新型人工智能技术;同时,充分认识人工智能社会属性的反作用,通过构建负责任的人工智能,方可有效保证人工智能技术与应用的顺利发展。也就是说,任何超越人工智能发展阶段、违反人工智能社会属性的活动,都将妨碍甚至阻止人工智能技术和应用的发展。

基于前文的全面分析可知,要进一步促进人工智能的研究,保证其技术与应用的顺利发展,必须重视人工智能社会属性对人工智能发展的作用,在此基础上全面做好以下工作:

(1) 遵循人工智能技术与应用过程中的发展规律。作为人工智能技术应用载体的智能系统,走过了自动式智能系统向自主式智能系统的发展阶段,随后又产生了弱 AI 智能系统和强 AI 智能系统。在自动式智能系统取得突出成果的基础上,自主式智能系统得到了迅猛发展,进而又催生了弱 AI 智能系统的出现;近年来,弱 AI 智能系统是人工智能发展的重点,而具有与人类类似甚至超越人类智能的强 AI 智能系统还有很长的一段路要走。因此,明确了现阶段人工智能工作的定位是弱 AI 智能系统后,相关研究则可以专注于研究面向特定领域、特定任务的基于数学和方法的应用问题,保证由此开发的系统能够实施自我优化和智能协同,主要研究任务可以体现在系统推理、机器证明、知识构建、大数据分析、模式识别、机器人技术以及智能多模人机交互等。

(2) 端正人工智能技术与应用效益的认识与期望。任何一项技术都不是万能的,人工智能也一样存在局限性,发挥其长,规避其短,选择符合社会环境和需求的技术路线,可以加速人工智能的研究和应用。例如,自动驾驶起源于基于单车智能的技术路线,其目的是研究和开发可以模仿人类驾驶行为和决策控制的自动驾驶车辆,即研究和开发可以适应复杂环境、具备自主应对能力、可动态调整车辆控制的自动驾驶车辆,但在其应用和落地过程遇到了目前还难以逾越的技术瓶颈,阻碍了自动驾驶技术的快速发展和广泛应用。基于车路协同的自动驾驶技术路线是对基于单车智能的自动驾驶技术路线的改进和提升,其实质是将智能的车、智能的路和智能的网相结合,实现智能的交通服务功能,其结果是降低了相关技术的难度,也使新的解决方案更贴近实际应用场景,被越来越多的研究单位和车企所接受,在一定程度上加快了自动驾驶的发展与应用。

(3) 制定人工智能技术与应用的协议与标准规范。人工智能是一个全新的领域,在其不断创造新功能、新产品,进而开辟新的应用空间,带来新的技术价值的同时,也面临各类技术、系统和功能的开放、兼容和集成的挑战。在人工智能技术与应用的发展过程中,应当坚持安全、可用、互操作性、可追溯性的原则,推动人工智能相关协议、标准和规范的建设,形成人工智能基础共性、互联互通、行业应用、网络安全和隐私保护等方面的标准和规范。同时,健全人工智能领域技术创新的保护,探索新型知识产权的赋权形式,如算法和模型的登记保护制度等,将很大程度上有效贴近人工智能技术和应用的发展。此外,掌握标准实质上就是掌握话语权,要发展中国的人工智能技术与应用,并在世界范围内发挥引领作用,必然需要尽快制定全面和完善的人工智能产业发展所需的协议、标准和规范。

(4) 提供可信、可解释和责任可追溯的人工智能。如何把人工智能技术的基本原理、自动决策机制、潜在风险和防范措施等,以通俗易懂的方式向使用人员进行解释和说明,成为发展可信、可解释人工智能的首要任务。例如,作为人工智能核心算法的深度学习,其特有的不可解释性是人们的关注重点,在理论层面的主要体现为:在训练后建立的模型中,输入数据和预期结果之间建立的关联关系是一种类似概率的映射关系,不存在必然的对应性,当面对与训练样本不一致的情况时模型的表现就会大失水准;在应用层面的主要体现为:通过数据驱动得到的人工智能系统存在相关隐患,并可能引发严重的社会问题。"黑盒"似的深度神经网络还常常犯一些十分低级的、人类不可能犯的错误,表现出安全性上的潜在风险。另外,人工智能技术与应用也要求系统的开发和使用流程必须在监管合规的条件下进行,并必须要有准确无误的解释及认证,当需要对人工智能系统所做的决策和实施进行法律责任咨询时,可以为问责机制提供相应的数据、技术和结果的佐证。

(5) 构建安全、公平和隐私保护措施的人工智能。人工智能是多学科交叉综合的产物,其安全涉及面广、表现形式多,包括系统安全、网络安全、数据安全、算法安全、隐私安全和应用安全等。在智能网联和数据共享的今天,应该重点关注智能网络连接、隐私数据保护和应用范围限制所引发的安全问题。如今,智能网联已深入人们的日常工作和生活,如智能移动终端、智能网联汽车、智能车路协同和智慧医疗服务等,为这些智能网联系统提供包括计算机信息安全、移动通信信息安全和服务业务信息安全在内的全链条信息安全保证体系,是人工智能技术与应用的首要安全问题。人工智能的深度学习需要对现有的人类大数据进行分析和统计,其中涉及个人基本信息、行为特征、生活方式和活动范围等信息众多,无处不在,防止这些信息的泄露和保护个人信息的隐私是人工智能领域的另一个重要安全问题。在人工智能技术与应用发展的今天,时常会忽略与伦理相关的内容,甚至还会忽略部分与人权相关的内容,造成与人工智能本身存在的基本目的的偏离,而这种偏离会在一定程度上产生安全问题,因此对人工智能的适用场景进行梳理,对应用范围进行必要的监管和限制,是人工智能技术与应用的又一个重要安全问题。

(6) 解决人工智能应用的伦理、道德和法律问题。人工智能具备一定的社会属性,对其应用的伦理、道德和法律等都带来了新的挑战和冲击,如何推动人工智能的负责任发展是全球关注的前沿议题。人工智能之所以存在伦理和道德风险,究其主要原因,一方面是这一技术还不够完善,另一方面是目前人工智能健康发展的伦理道德保障机制仍然不够健全,同快速发展的人工智能技术相比,与之相关的伦理道德和法律制度发展相对滞后。为此,需要增强人工智能伦理和道德风险的防控意识,表现在科技研发环节就是要不断提高科技从业人员的伦理道德水平,引导研发人员增强风险防控意识,严守科技伦理底线,强化伦理责任。在增强人工智能伦理和道德风险防控意识的同时,还需要依靠法律制度的建立,不断完善、指导和规范人工智能发展的伦理和道德原则,确保人工智能安全、可控和可靠;进而,不断加强人工智能的伦理和道德监管,在相关法律法规中,进一步强化隐私权保护,充分保障公民在人工智能应用中的知情权和选择权;同时,严格规范人工智能应用过程中个人信息的收集、存储、处理和使用等程序,严禁窃取、篡改、泄露和其他非法收集利用个人信息的行为,确保人工智能朝着对全人类、全社会和自然生态有益的方向发展,更好地为经济社会发展和人民美好生活服务。

针对人工智能技术与应用所引发的隐私、伦理、安全、标准、知识产权、监管等方面的问题,相关技术将在人工智能发展规划和技术应用落实上发挥重要作用。在保障模型安全方面,通过发展对抗攻防理论设计更加鲁棒的智能模型,确保智能系统在复杂环境下安全运行,形成人工智能安全评估和管控能力。在隐私保护上,发展联邦学习及差分隐私等理论与技术,规范智能系统分析和使用数据的行为,保障数据所有者的隐私。针对智能系统决策的可解释性问题,发展机器学习可解释性理论与技术,提升智能算法决策流程的人类可理解性,建立可审查、可回溯、可推演的透明监管机制。在决策公平方面,可以利用统计学理论与技术,消除算法与数据中的歧视性偏差,构建无偏见的人工智能系统。为了保证人工智能技术不被滥用,可以通过发展大数据计算与模式识别等理论与技术,预防、检测、监管智能技术被滥用的情况,创造有益于人类福祉的人工智能应用生态。

5.3 社会服务范围、形态及其影响

5.3.1 社会服务的范围

社会服务是工业化和城市化发展到一定阶段的产物。1834 年英国修订《贫困法》标志着近代国家实施社会服务的开始,1884 年伦敦成立首家服务所"Toynbee Hall"进行社会服务活动,1886 年纽约建立邻里协会"Neighborhood Guild",1889 年芝加哥成立"Hull House"社会服务社,1891 年丹麦颁布《贫困法》和《老年援助法》,此后社会服务运动开始在欧美和亚洲发展

起来。

第二次世界大战后,全球社会经济的快速发展伴生着大量社会问题的涌现,各国人们对社会公平的预期不断提高;与此同时,日益增加的社会财富也为解决社会问题提供了必要的条件。英国于1970年颁布了《地方当局社会服务法》;美国联邦政府于20世纪50年代开始提供资金支持社会服务,并在1974年将固定向社会服务拨款的要求写入《社会保障法》;以色列政府建国后大力发展社会服务,于1958年颁布《社会福利法》;瑞典政府在社会服务领域的投入逐年增加,于1980年颁布《社会服务法》。

通过长期的实践活动,国际社会达成了对关于社会服务的普遍共识,即认为社会服务是针对社会处境不利、遭受痛苦的脆弱群体的需求和问题所进行的干预,是政府实施的一项典型的社会福利政策,是捍卫基本人权和人的尊严的关键工具。服务的目的是提高这些人的生存状况,实现社会融合,维护社会公正。服务的手段是提供支持性服务和项目。社会服务包含社会保障服务、社会救助服务、社会就业与培训服务、社会住房、长期照护服务、卫生保健、教育、公共住房、老年人护理、残疾人服务、法律援助、青少年工作、危机服务、应急管理、紧急救援和公共交通等内容。这些服务有通过经济活动实施的,也有通过非经济活动实施的。

因此,社会服务是社会属性的体现,即把社会服务视为社会治理过程的结果。社会服务是社会的"必要功能",是政府解决社会问题的一种机制。一方面,社会服务要从属于社会意识形态和价值取向;另一方面,社会服务还要从属于政府的结构和运行机制。社会服务将一系列的服务活动纳入一个共同框架,至少在一定程度上要具备某种程度的"专业性"和"专一性",以便与其他公共服务或社会福利区别开来。

从社会学角度来看,可以从正向和逆向两个维度定义社会服务。

正向说,所谓社会服务,是一种促进社会资源和社会机会合理配置的有效的制度化手段和途径。通过这样的手段和途径,维系社会秩序,规范社会行为,协调社会关系,维护社会治安,促进社会认同,推进社会和谐,落实公平正义,增加社会安宁,增进社会团结,改善百姓民生。

逆向说,所谓社会服务,是一种正确处理社会矛盾、社会问题和社会风险的制度化手段和途径。通过这样的手段和途径,化解社会矛盾,解决社会问题,应对社会风险,减少社会内耗,控制社会冲突,弥合社会分歧。

日常生活中,"社会服务"一词经常也会被其他术语取代,如社会福利、社会保护、社会援助、社会关怀和社会工作,其中许多术语的特征和特点是重叠的。社会服务旨在为特定群体提供支持和援助的一系列公共服务,这些群体通常是弱势群体。以英国为代表的大多数国家把社会服务对象设定为儿童和青少年及其家庭、老年人、残疾人、存在精神健康问题的人、药物依赖与吸毒者、无家可归者、照料这些人的照料者等。社会服务可以由个人、私人组织和独立组织提供,或者由政府机构管理。社会服务被用来解决社会的广泛需求。在工业化之前,社会服务的提供者主要限于私人组织和慈善机构,其覆盖范围有限。

我国的社会服务以改革开放为分水岭。在改革开放前主要是单位提供服务,服务类型单一,以补救性服务为主,缺乏对服务对象的人文关怀和后续帮扶。随着改革开放的实施,社会服务占政府工作的比重越来越大,社会服务逐渐转向制度化、专业化和体系化。

随着我国经济实力的不断增强,社会财富的大量积累,加强和完善社会建设,努力保障和改善民生成为社会的普遍共识,社会服务成为新时期加强社会管理和社会建设的重要议题,社会服务也迎来了蓬勃发展期。社会各界对社会服务的关注度越来越高,传统的、被动式的社会服务模式已经难以满足信息化社会的需求,很大程度上制约了社会服务的高效运转。

在此社会背景下,我国政府致力于社会政策的完善。我国坚持中国特色社会主义道路,社会服务也致力追求公平、正义和自由,以实现富强、民主、文明、和谐为终极目标。

2010年起,我国政府的相关政策文件和统计年鉴(公报)中开始陆续使用社会服务这一概念,出台一系列相关政策。如《国家基本公共服务体系"十二五"规划》第六章为"基本社会服务",2012年国家统计局出版的《中国统计年鉴》和发布的《2012年国民经济和社会发展统计公报》中首次列出"卫生与社会服务"统计栏目,体现出我国社会事业的进步和社会服务理念的创新。2016年全国人大制定了《中华人民共和国慈善法》,使慈善事业的发展有了法律依据;2017年10月,党的十九大召开,其报告中明确了社会保障改革的核心任务是"全面建成覆盖全民、城乡统筹、权责清晰、保障适度、可持续的多层次社会保障体系";2018年3月,国务院机构改革,在保留民政部、人力资源和社会保障部的同时新组建退役军人事务部、国家医疗保障局,使整个社会保障管理体制得以重构。社会服务关乎公民的生存权和发展权,提供基本社会服务是现代政府的主要职能。2019年,国家发改委等七部门印发《关于促进"互联网+社会服务"发展的意见》(发改高技〔2019〕1903号)中明确指出,社会服务是指在教育、医疗健康、养老、托育、家政、文化和旅游、体育等社会领域,为满足人民群众多层次多样化需求,依靠多元化主体提供服务的活动,事关广大人民群众最关心最直接最现实的利益问题。该意见也开启了我国将人工智能与社会服务相结合的第一步。2021年,《"十四五"规划纲要》提出:展望2035年,我国将基本实现社会主义现代化;聚焦产业转型升级和居民消费升级需要,扩大服务业有效供给,提高服务效率和服务品质,构建优质高效、结构优化、竞争力强的服务产业新体系;以提升便利度和改善服务体验为导向,推动生活性服务业向高品质和多样化升级。该纲要展现了人工智能在社会服务中应用的需求和市场。

当前,在全球城市化的进程以不可阻挡的趋势向前推进的同时,人工智能系统与技术的广泛应用也将成为一种必然。联合国公布的数据预测:到2050年,接近70%的世界人口将生活在城市,给城市和社区管理带来了极大压力,与民生息息相关的社会服务成为世人关注的焦点,同时也为人工智能在社会服务中的应用描绘了丰富和美好的前景。

与人工智能结合的社会服务正受到学术界和从业人员越来越多的关注。新冠疫情引发的医疗危机,在提供高效服务的同时,保持社交距离的需要,极大地推动了人工智能社会服务的发展。自1956年美国达特茅斯会议提出概念后,人工智能至今已经有近70年的发展历程。人工智能从诞生至今经历了三个阶段发展,前两个阶段由于算法突破达到高潮,又因为理论缺陷、场景应用受限和产业发展不足等原因未达到人们的预期,从而两次跌入低谷。从2015年开始,在移动互联网、大数据、超级计算、神经网络、脑科学等新理论和技术的支持下,在社会经济发展强烈需求的驱动下,新一代人工智能技术以深度学习、人机协同和自主操控等的迅速发展,深刻改变着人类社会生活和经济,进而也改变了世界的面貌。

普华永道提出,人工智能将显著提升全球经济。到2030年,人工智能将促使全球生产总值增长14%,为世界经济贡献15.7万亿美元产值。人工智能在教育、医疗、养老等民生服务领域应用广泛,推动服务模式不断创新,服务体系日益优化。据埃森哲预测,2035年人工智能将推动中国劳动生产率提高27%,经济总增加值提升7.1万亿美元。将人工智能与社会服务相结合,为解决世界各国存在的社会服务难点,提供了一条创新思路。

与其他国家相比,我国社会服务事业在过去的几十年间发展迅速,大幅度满足了人民群众对高品质社会服务的需求。但是也要看到,我国人口基数大、社会服务对象范围广的现状。因此,更需要充分发挥人工智能发展的先发优势,实现社会服务事业的跨越式发展。2017年,国务院印发《新一代人工智能发展规划》明确提出,人工智能的迅速发展将深刻改变人类社会生活、改变世界。围绕提高人民生活水平和质量的目标,加快人工智能深度应用,形成无时不有、无处不在的智能化环境,全社会的智能化水平大幅提升。2021年,《"十四五"国家信息化规划》提出,探索人工智能对城市行政效率、城市运行管理、城市道路交通和提升居民满意度的影响;探索人工智能应用与老年人幸福感和养老服务水平的相关性,研究人工智能应用对未来养老模式、服务内容和养老照护工作的影响。

因此,可以清晰地看到社会服务经历了一个长期的发展过程,社会服务的范围也随着经济、科技和人口数量的发展不断更新变化。传统的社会服务主要是救助特殊群体,包括生活困难的群众,儿童、妇女和老人的照护服务、残疾人保障、养老服务、婚姻管理与服务、殡葬服务、失独家庭服务、法律援助服务、青少年工作服务、危机服务、应急管理服务以及公共住房服务等。新冠疫情期间,传统社会服务模式遇到了前所未有的挑战,比如新冠疫情发生后采用人工上门登记的方式采集人员信息,存在登记不全面、登记不及时等问题,无法掌握重点人群实时动态,造成居民就医、外卖送餐、生活物资采购、养老照护和就业等社会服务极其不便。

利用人工智能新一代信息技术,可以在传统社会服务基础上,融合不同服务场景下的人、地、物、情、事和组织等多种要素,提供科学化、智能化和精细化的社会服务创新模式,使得越来越多的简单性、重复性和危险性社会服务由人工智能完成,人民群众可获得丰富多彩的服务。这些典型的服务包括:

(1)智能教育。在智能校园中,开发立体综合教学场,建立以学习者为中心的教育环境,提供精准推送的教育服务,实现日常教育和终身教育定制化。

(2)智能医疗。推广应用人工智能治疗,在智能医疗体系采用新生理监测系统,实现智能影像识别、病理分型和智能多学科会诊,加强流行病智能监测和防控。

(3)智能健康和养老。建设智能养老社区和机构,加强老年人产品智能化和智能产品适老化,拓展老年人活动空间,提升老年人生活质量。

(4)智能政务。对复杂社会问题进行研判,对政策评估、风险预警和应急处置等重大战略决策进行推广应用,畅通政府与公众的交互渠道。

(5)智慧法庭。建设集审判、人员、数据应用、司法公开和动态监控于一体的智慧法庭数据平台,促进人工智能在证据收集、案例分析、法律文件阅读与分析中的应用,实现法院审判体系和审判能力智能化。

(6)智慧城市。构建城市智能化基础设施,建设城市大数据平台,构建多元异构数据融合的城市运行管理体系,实现对城市基础设施和城市绿地、湿地等重要生态要素的全面感知,以及对城市复杂系统运行的深度认知,推进城市规划、建设、管理和运营的全生命周期智能化。

(7) 智能交通。研究建立营运车辆自动驾驶与车路协同的技术体系,研发复杂场景下的多维交通信息综合大数据应用平台,实现智能化交通疏导和综合运行协调指挥,建成覆盖地面、轨道、低空和海上的智能交通监控、管理和服务系统。

(8) 智能环保。智能检测大气、水和土壤等环境领域的大数据平台,对资源能源消耗和环境污染物排放构建智能预测模型方法和预警方案。

在涉及人们切身利益的社会服务范围内,通过人工智能技术改进社会服务模式,可以让社会服务更有温度,不断增强人们的获得感、幸福感和安全感。

5.3.2 社会服务的形态

社会服务是维护社会共同利益的一项社会事业。这些社会共同利益主要表现在以下几点:关注个人和具体群体的社会服务需要;以人类尊严的指导原理来完成社会服务使命;以平等、社会正义等概念为基准,致力于贯彻落实社会服务的基本目标;以社会团结的具体形式对社会聚合和我国社会主义核心价值观的贯彻落实具有实质性的贡献。

习近平总书记在总结改革开放40年积累的宝贵经验时指出,"必须坚持以人民为中心,不断实现人民对美好生活的向往"。我国的社会服务以人民为中心,以服务人民需求为导向,以持续提升服务水平为目标,一切为人民,一切方便人民,让人民生活更加美好。

在马克思主义福利观下,我国的社会服务形态应当是多元的,为人民群众提供个性化、定制化和便捷化的社会服务。基于不同的服务场景,社会服务主要区分为生产性服务、流通性服务、消费性服务和社会性服务等不同类别,其遍布促进就业、落实社会保障、社会救助、社会福利、卫生与计划生育、教科文服务以及社区安全等各个方面。

智能化创新有助于提高社会服务供给质量。比如旅游服务,过去一段时间,故宫博物院融合互联网技术,在使用功能上以信息发布、网络购票为主。2020年,受新冠疫情影响,线下游客人数大减,故宫博物院从运营管理、服务质量、游客需求、开放安全和古建安全保护等多个维度抓取核心问题,积极求变,通过人工智能创新服务方法,应用增强现实(Augmented Reality,AR)实现故宫场景的导航,将"玩转故宫"全新升级为更智能、更友好和更简单的"智慧开放"服务平台。人工智能技术的应用,使得故宫博物院服务水平迈上新台阶,也向"智慧博物馆"一站式参观体验的建设历程迈出了一大步;同时,"智慧开放"服务平台也推动了人工智能、云计算、AR技术与智慧旅游的深度结合,实现了故宫博物院推出的智慧服务、智慧管理和智慧营销的全方位强化。

由此可见,科技创新驱动社会服务转型发展已经成为潮流,人工智能技术赋能社会服务模式发生转变,融合人工智能的社会服务在关系国计民生的各个领域实现了可持续发展,可以深刻改变交通服务、政务服务、大数据服务、教育服务、医疗卫生服务、养老服务、就业服务和安防服务等的形态,以满足人们日益增强的对高效优质社会服务的需求。

任何一项社会服务都有自身的表现形态和作用。相关服务的具体表现如下:

(1) 交通服务。针对现阶段交通系统面临的基础设施不足,私家车数量迅速增长,交通拥堵严重,同时带来空气污染、噪声污染等环境问题,以为出行者提供安全、可靠、便捷、舒适和经济的服务为目标,集成交通工具、通行条件、基础设施、服务信息和服务人员等诸多要素,提供覆盖涉及到达和离开车站、候车、乘车及换乘全流程的服务。

(2) 政务服务。针对当前政务系统面临机构臃肿、人员冗杂、职能交叉和办事流程复杂烦琐、运行效率低和行政成本高等问题,以提高政务办事效率、满足社会发展需求为目标,提供综合、高效、快捷、方便和智慧的政务服务。

(3) 能源服务。考虑传统能源企业开始陆续向智慧能源服务商角色转变的发展趋势,针对地区冲突、局部战争和异常天气造成能源供应紧张、严重影响能源领域的服务效能的问题,以直接为用户供应综合能源产品(如电能、气能、供热、余热回收、水能、供冷、氢能、太阳能等)为目标,提供覆盖设备服务、管理服务和工程服务的一体化服务。

(4) 养老服务。针对养老任务更加艰巨繁重的问题,包括老年人口规模大、老龄化速度加快、老年人需求结构正在从生存型向发展型转变,以及老龄事业和养老服务体系日益凸显的重要性和紧迫性,将社会、政府以及整个养老产业的力量有机融合,以满足老年人的医疗、护理、照料的需求为目标,提供老有所养、老有所医、老有所为、老有所学、老有所乐的服务,让老年人共享发展成果、安享幸福晚年。

(5) 大数据服务。针对城市功能的日益复杂和人口的持续扩张,传统政府的数据处理能力和效率都存在待提升的问题,以全场景的人、地、物、情、事、组织等多种数据资源整合和开放共享、确保数据安全为目标,为人民群众提供充满安全感、体验感和获得感的便民惠民服务。

(6) 安防服务。利用大数据、云计算、物联网、人工智能和5G等新技术,结合视频监控、出入口控制、实体防护、违禁品安检和入侵报警等技术手段,防范应对社会突发事件和自然灾害的风险与挑战。以构建立体化社会治安防控体系、维护国家安全及社会稳定为目标,提供从"感知前端、网络、平台、数据、应用、基础设施和管理"等多个维度设计和部署安全防护措施,打造"威胁可预警、行为可监测、攻击可防御、事件可处置"的服务。

(7) 医疗服务。《中华人民共和国基本医疗卫生与健康促进法》第五条规定,公民依法享有从国家和社会获得基本医疗卫生服务的权利。各级各类医疗卫生机构应当分工合作,为公民提供预防、保健、治疗、护理、康复、安宁疗护等全方位全周期的医疗卫生服务。解决医疗资源不足且区域间不均衡、信息化建设不足且不同机构间信息化水平差距较大、部分医药研发环节存在较大短板等问题,以互联网医疗、移动医疗和多层次防控力量体系为目标,为我国"区县-街道-居委会-小区-网格"体系提供精细化医疗服务。

无论社会服务的形态如何变化,都应该以满足人民高品质生活需求为目标,完善服务体系结构,着力提升社会服务社会化、法治化、智能化、专业化和组织化水平,让人民生活更加美好。

5.3.3 社会服务的评价

在城市急速扩张的过程中,社会服务管理工作通常都会呈现出部门利益、管理分割、相互推诿、政策部门化、资金重复使用、服务设施重复建设、服务项目重叠、有效供给不足以及服务

"真空"等问题,这些问题对与人民群众密切相关的教育、医疗、健康、养老、托育、家政、文化、交通、旅游和体育等领域的社会服务可持续发展造成一定程度的冲击,社会服务水平难以跟上城市化的发展步伐。而在此过程中,对社会服务水平进行适当的评价,可有效促进社会服务水平的提高,解决社会服务存在的有效供给不足、服务对象体验性差等问题。

一项社会服务在执行过程中,总存在服务采购方、服务提供方和服务对象三方,在对社会服务水平进行评价时,还需要加入评价机构。社会服务水平评价的目的是基于社会服务目标的实现程度、服务效果和资金的使用情况,做出科学的评价并获得科学的结果。服务提供方根据评价结果,总结所承担社会服务的经验得失,进一步提升社会服务水平。而社会服务采购方会依据评价结果,评判社会服务提供方是否具备继续提供相关社会服务的资质。评价本身是一种价值判断和价值取向,不同评价主体基于对社会服务水平的认识不同,采取的手段和方法也会不同。因此,对社会服务水平进行评价是一项系统性和战略性工程,需要统筹考虑评价机构的中立性、客观性、专业性和可操作性。

Adam D. Munday 提出,"整合的社会服务"是指运用一系列举措,如合作、建立伙伴关系等,促进各种社会服务之间更好的协调,使服务对象获得更有效和更高质量的服务,提高服务对象的满意度。结合人工智能理念的整合社会服务,既能够有效减少这些"真空"问题,提高政策效率;又能够更好地满足服务对象的需求,实现社会效益最大化。曲林认为社会服务评价是建立在一个复杂系统上的评价,通过专家打分法和层次分析法能够得到指标权重值。在人工智能与社会服务整合后,提供的社会服务颠覆了传统理念,在日常生活、教育、医疗、养老、交通等社会服务领域应用广泛,推动服务模式不断创新。特别是在新冠疫情暴发后,人工智能在疫情监测、疾病诊断、药物研发等方面发挥了重要作用。在学生居家学习期间,人工智能的应用实现了因材施教,推动个性化教育发展,进一步促进教育公平和提升教育质量。

1. 社会服务水平评价方法

社会服务水平评价是运用社会科学方法对社会服务的投入、过程、产出和效果等进行系统的研究和评价并作出结论的专业活动。社会服务水平评价是一项系统工程,涉及多个环节、多个元素。我国社会服务评价工作起步较晚。2014年,《民政部关于探索建立社会组织第三方评估机制的指导意见》中指出,社会服务水平评价方法主要有资料分析法、观察法、问卷法和访谈法。

1) 资料分析法

资料分析法是为了获得某项成果或进行下一步调查研究,利用现有资料,分析利用以扩展研究深度与广度的研究方法,其主要内容包括:①社会服务提供方的基本信息,如组织章程、制度文本(如财务管理制度)和日常工作记录(如会议记录);②社会服务提供方的详细信息,如服务方案、服务档案、工作人员档案(包括志愿者档案)、财务信息(如预算、决算表)及各类管理制度档案(如行政管理、专业规范性管理、进度管理、服务质量控制、风险管理);③其他资料分析,包括但不限于测评工具(如服务满意度问卷)、各类统计文本(如服务满意度调查结果统计)和各类工作报告(如社会服务中期报告、总结报告)。

2) 观察法

观察法是现场了解具体服务过程、评价人员应对日常服务或活动过程的方法,其主要内容包括:①服务环境、服务内容、服务方法以及服务的专业性体现和规范,服务人员与服务对象的互动等;②对于已经结束的社会服务,评价人员可通过观察该社会服务提供方与待评价社会服务同类的日常服务和活动,从侧面了解服务过程。

3) 问卷法

问卷法是通过由一系列问题构成的调查表收集资料,测量人的行为和态度的基本研究方法。问卷是研究者按照一定目的编制的,对于所调查的问题,研究者可以不提供任何答案,也可以提供备选答案,还可以对答案的选择规定某种要求。其主要内容包括:①依据总体目标和服务对象的实际情况,科学设计调查问卷及抽样样本;②可利用问卷调查收集服务对象满意率和服务成效等信息;③在问卷调查结束后,评价人员应对问卷回收情况、问卷填写完整性和内容真实性进行质量复核。

4) 访谈法

访谈法是以口头形式,根据被询问者的答复搜集客观的、不带偏见的事实材料,以准确地说明样本所代表的总体的方法,其主要内容包括:①与服务对象及开展服务的相关人员,就服务满意率、服务成效以及对服务的具体意见进行访谈;②与开展服务的负责人、服务执行负责人及工作人员进行访谈;③向服务执行负责人了解在服务运作过程中,有关监管、资源整合方面所采取的措施,运作该服务给组织带来的影响以及服务执行中遇到的困难。

2. 社会服务水平评价体系

使用人工智能实现对社会服务的评价是一种创新,可以影响客户(被服务对象)的选择,比如客户体验、服务质量和效率等。在此介绍一种定性和定量相结合的评价方法,以构建以人工智能属性为主的社会服务水平评价体系。该社会服务水平评价体系采用四元框架,包含13项指标,如图5-7所示。

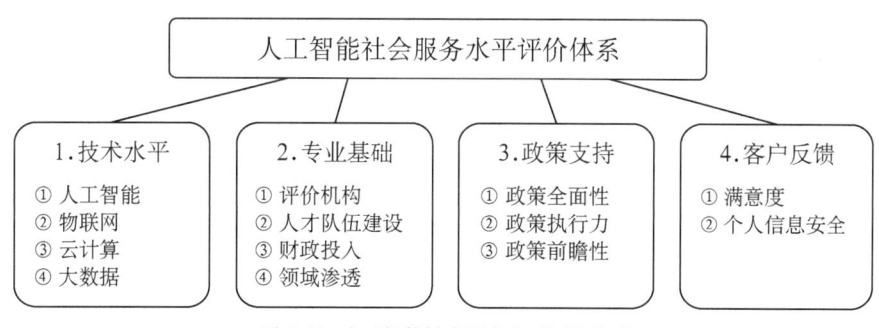

图 5-7 人工智能社会服务水平评价体系

人工智能社会服务水平评价体系由技术水平、专业基础、政策支持和客户反馈四部分组成:

(1) 技术水平。包含人工智能、物联网、云计算和大数据4项指标。该项评价内容主要是指一个特定区域(地市级、县区级、乡镇级)的人工智能、物联网、云计算和大数据的发展水平,代表了该区域的创新能力。比如,一个地级市的这4项指标是指该市的人工智能产业及技术发展程度,物联网建设产业规模,云计算中心数目,云计算中心建设情况,大数据相关政策环境以及人才状况等。

(2) 专业基础。包含评价机构、人才队伍建设、财政投入和领域渗透4项指标。该类评价是"人工智能社会服务水平评价体系"的关键环节。一方面要求承担社会服务工作的第三方评价机构需要满足资质要求，能够独立承担民事责任；另一方面，还要求有相对稳定的专业评价人才队伍培养规划，社会信誉良好。财政投入代表着政府通过自身，或协调企业对社会服务工作的支持。领域渗透是指对社会服务的覆盖面，是否覆盖到与人们息息相关的领域，比如养老、安防、生活、交通、教育、环境等。

(3) 政策支持。包含政策全面性、政策执行力和政策前瞻性3项指标。政策全面性是指该城市的建设规划、配套政策在社会服务领域的覆盖比例；政策执行力是指城市的管理者对建设规划及各项事务的执行力度，政策时效性和跟进程度；政策前瞻性是指通过建立短、中、长期不同时间维度的规划提升社会服务管理水平。

(4) 客户反馈。包含满意度和信息安全2项指标。客户的满意度是对某项社会服务的直接评价数据，代表了客户对某项社会服务的便捷性、合理性、再次接受率的评分，能够直观反映出该项社会服务的受欢迎程度。提供该项社会服务者可根据客户反馈进一步改善服务水平。个人信息安全是指在提供某项社会服务的时候，能够确保客户的个人信息安全，不会出现泄密事件。比如随着人脸识别和虹膜识别技术的普及，有些社会服务大规模收集个人的敏感信息，造成个人隐私泄露的风险加大。因此，要根据客户反馈从便捷、高效、安全的视角对服务进行顶层设计，消除客户的后顾之忧。

在对社会服务水平评价的过程中，评价组织充分考虑在人工智能方面的投入、运作、产出以及成效方面的实际情况，可对"社会服务水平评价体系"中的13项指标进行赋值和排序，得到真实、科学的社会服务水平评价。

综上所述，社会服务水平评价在社会服务的发展过程中起着重要作用。既要秉持科学性、导向性和合法性的原则，还要仔细计算社会服务的成本、为社会服务对象带来的便捷和由此产生的社会效益。在未来的社会治理中，引入人工智能的手段，可以让社会服务各方更好地理解服务过程和反馈，并随时调整优化。社会服务提供方可根据评价结果，进一步提高社会服务水平，为促进社会服务质量的提升发挥重要作用。

5.4 社会服务典型应用与发展

在阐述人工智能技术属性和社会属性的基础上，尤其是较为深入地分析人工智能技术属性与社会属性的相互作用关系后，本节以最易反映社会发展的日常生活、城市建设和智慧交通三个方面入手，介绍人工智能的一些典型应用，以帮助读者切身体会和感受人工智能给大众生活带来的促进作用，以及在其应用过程中应当考虑的社会属性对人工智能技术发展和应用的影响。

5.4.1 日常生活

随着人工智能的出现和发展，人们的生活也在逐渐发生变化。人脸识别正在改变人们的支付方式,智慧交通正在改变人们的出行方式,智能家居正在改变人们的生活方式。因此,可以说人工智能在为生活提供各种便利的同时,还创造了更加舒适美好的生活环境。

1. 智慧医疗

智慧医疗是保证大众身体健康的重要手段。2022年8月15日科技部发布了《关于支持建设新一代人工智能示范应用场景的通知》,其中强调针对常见病、慢性病、多发病等诊疗需求,应该基于医疗数据库和知识库的规模化构建、大规模医疗人工智能模型训练等智能医疗基础设施,运用人工智能可循证诊疗决策医疗关键技术,建立人工智能赋能医疗服务的新模式。在医疗领域,人工智能主要作用可以体现在如下几个方面。

(1) 疾病诊断。利用人工智能技术的图像分析和识别,可以加快疾病诊断的速度。相关应用表明,人工智能和机器学习在癌症的检测和诊断、亚型分类等工作中有潜在的巨大作用;使用训练后的深度神经网络预测皮肤病变中的恶性病变,其准确率可以与资深皮肤病专家相提并论;人工智能算法可以帮助病理学家提高诊断效率和准确率,可以发现肉眼无法观察到的复杂模式。

(2) 个性化医疗。个性化医疗是现代生物学科学的主题之一,可以根据患者的基因、生理和行为特性进行量身定制。不同患者具有不同的基因组、临床病症和生理特性,相同的治疗方案难以对所有患者都产生良好的治疗效果,为不同的患者量身定制个性化的治疗方案,可以实现治疗效果的最大化且副作用最小化。制定个性化的治疗方案需要深刻了解患者的病理情况,可能涉及大量的数据分析,而这种数据密集型生物医学技术正是人工智能所擅长的。因此,人工智能技术将在个性化医疗领域大放异彩。

(3) 药物研发。在药物研发过程中,人工智能技术可以快速识别化合物,提升药物靶点验证效率,并优化药物结构的设计。虚拟化学空间是巨大的,使用人工智能来筛选化合物能显著提升效率,由此可知人工智能在药物筛选中可以发挥重要作用。在药物的研发过程中,虽然科学家们投入了大量的时间与金钱,但仍有大量的药品不能通过临床测试或监管机构的批准。而基于一些人工智能算法,如最近邻分类器和随机森林分类器等,能够预测药物进入人体后的活性与毒性,从而帮助研究人员完成部分的药物筛选。除此之外,人工智能还可以协助医药学家确定合适的药品测试对象。

(4) 基因编辑。人工智能也可以促进基因编辑。CRISPR-Cas是一种存在于许多古菌或细菌中的适应性免疫系统。随着病毒的不断进化,产生了抗CRISPR蛋白,这种蛋白可以使CRISPR-Cas免疫系统失去活性。由于抗CRISPR蛋白的尺寸非常小,且它的氨基酸序列变化性高,因此发现它困难重重。Gussow等提出了一种使用机器学习来预测抗CRISPR蛋白的方法,该模型在未知测试集上有较高的预测能力,为抗CRISPR蛋白的发现提供了有效方法。

人们相信,人工智能在医疗服务领域将发挥越来越重要的作用。虽然,目前人工智能在上述应用场景中仍存在一定的挑战,但这些困难终将被克服。另外,人工智能在医疗领域中的应用场景也会进一步扩展,尤其是疾病的预防。在疾病预防中,可以通过人工智能技术关联用户的相关数据,如家族病史、运动习惯、饮食作息、社会行为等,分析该用户的患病风险,并提出合理的建议,以进一步提升其生活质量。

2. 智慧家居

智慧家居是提升大众生活质量的重要载体。《"十四五"规划纲要》在"数字化应用场景"中专门列出了"智慧家居",明确指出在未来5年要实现"应用感应控制、语音控制、远程控制等技术手段,发展智能家电、智能照明、智能安防监控、智能音箱、新型穿戴设备、服务机器人等"。在智慧家居领域,人工智能可以在智能家电和服务机器人上得到充分体现。

(1) 智能家电。智能家电是指能够自主感知周围环境,并自主控制服务状态的家用电器。一般的智能家电都配备有通信模块,实现与其他智能家电的相连,进而完成协同工作,使家庭环境更加舒适。智能家电间实现互接后,就可以建立一个由设备和传感器组成的互联生态系统,为用户提供包括家庭安全保障、家庭能源管理等在内的增值服务。特别地,由于智能家电可以通过对手势的识别实施控制,因此可以方便残疾人或行动不变的老年人使用。有开发者开发了一个只通过摄像头即可轻松控制房间中固定位置的家用电器的系统,且可以工作在没有互联网的环境。

(2) 服务机器人。随着机器人组件的价格下降,家庭服务型机器人逐渐走进千家万户,可以帮助用户完成部分家务,也可以提供教育和娱乐等功能;同时,随着社会人口老龄化的加重,一些服务于老年人或残障人士的智能机器人也得到了大力发展。针对养老助残机器人安全意识不够、人类行为预测不正确的问题,需要开发具备基于环境更新信息的感知系统和行动系统互联的系统,以确保家庭机器人在进行服务时的安全;针对目前家庭服务机器人体型大、重量沉等问题,小型移动操作机器人应运而生。

上文主要是从智慧医疗和智慧家居领域入手,介绍了人工智能技术应用改变人们生活的例子。下面将从具体技术入手,简析人工智能在社会服务中的重要作用。

随着大数据时代的到来,信息过载问题日渐凸显,这会降低人们获取有效信息的效率。作为缓解信息过载和改善用户体验的重要工具,出现在各种商业平台的推荐系统近年来广受关注,其核心在于预测用户是否会与某个项目进行交互,如点击、评论和购买等。推荐系统正在改变人们获取信息的方式,其应用非常广泛,如社交媒体、电子商务、新闻网站和购物网站等。

然而,用户在享受推荐系统带来便利的同时,个性化精准推荐也会使用户所获得的信息逐渐单一化。个性化的过滤正不断地向我们强化我们自己的想法,放大了我们对熟悉事物的渴望,让我们忘记了未知领域中的潜在危险。由于推荐系统在持续地收集用户与项目之间的交互记录,随着时间的推移,推荐系统会"投其所好"地仅推送用户曾经感兴趣的信息。当用户不能够接收到偏离他们喜好的信息时,就会被困在"信息茧房"中。

20世纪90年代,Marko Balabanovic等首次提出了个性化推荐系统的概念,之后便有越来越多的学者开始关注这个问题。推荐系统的主流推荐方式有协同过滤、基于内容和综合的方法等。下面以协同过滤推荐方式为例,介绍推荐方法及其工作过程。

协同过滤技术中的推荐方法,其实质是基于其他用户对该项目的评价,决定是否将这个项目推荐给某个用户。协同过滤模型的一个常见范例是量化用户和项目并以此为嵌入,通过重构用户和项目的历史交互记录来学习嵌入的参数。在构建嵌入函数时需考虑用户与项目的交互,会进一步提升嵌入函数的质量。在实际应用中,用户与项目的交互数据量可以达到百万级别。因此,研究人员提出了一个基于图神经网络的推荐系统 NGCF(Neural Graph

Collaborative Filtering),如图 5-8 所示,该系统不仅能够提升嵌入的质量,还可以提升推荐效率。由于该系统设计过于烦琐,许多操作是直接从图神经网络中继承而来,并不能对协同过滤起到有效作用,因而引入去除了特征变换和非线性激活操作的推荐模型 LightGCN(Light Graph Collaborative Network),如图 5-9 所示。经试验发现,LightGCN 模型不仅易于训练,还有更高的推荐准确性。

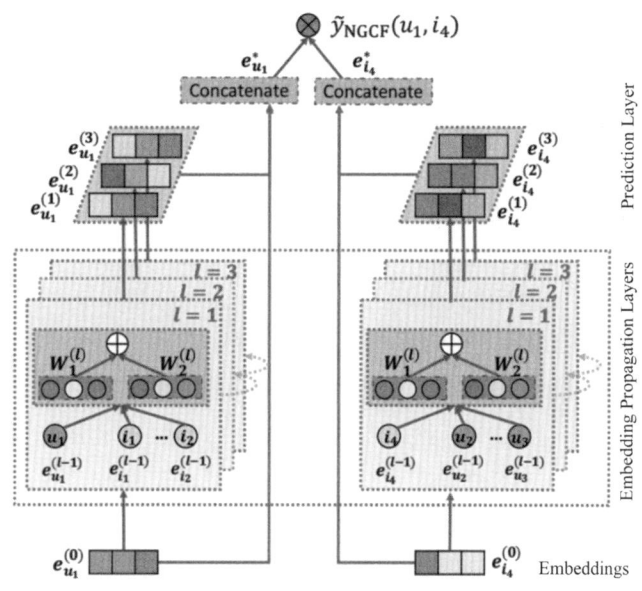

图 5-8　NGCF 的模型结构

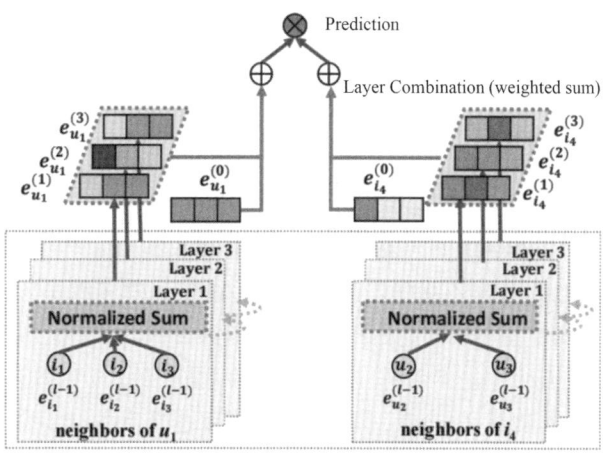

图 5-9　LightGCN 的模型结构

在推荐系统的开发过程中,不仅要不断地提升推荐系统推荐的准确率和效率,还要解决推荐系统冷启动问题,进一步提升用户的使用体验,做到既能帮助用户快速获得感兴趣的项目,也能帮助运营商销售出更多的产品。此外,由于用户的个人信息以及用户与项目的交互记录中包含了大量敏感数据,因此开发实现隐私保护的推荐系统刻不容缓,其目的是实现在保护用户隐私不泄露的情况下,为用户提供高质量服务,消除用户的后顾之忧。

此外,聚类是一项重要的无监督机器学习任务,是一种将数据按照一定的规律分成一定类别的技术,它是数据挖掘和数据分析的重要工具。它能够揭示许多真实信息中的内在规律,在生物学、经济学、物理学等学科中有重要应用,同样在日常生活中也有相当广泛的应用,如恶意流量检测和用户身份鉴别等。人工智能中应用的主要聚类算法有 k 均值、DBSCAN 和 CURE 等。以恶意流量检测为例,其应用可以预先将大量含有"黄、暴、恐"的视频进行聚类。在检测过程中,对比从骨干网上抓取的视频是否与视频库中某个聚类的视频相近。若视频库中存在与被检测视频相近的聚类,则需将被检测视频与该聚类中的全部视频进行逐一比对。与直接检索相比,使用这种方式检索恶意视频会大大提升检索效率。

人工智能技术正在潜移默化地改变着人们的生活习惯,在为人们的生活提供便利的同时,也给人们带来了前所未有的挑战。人工智能的伦理问题该如何解决?在某些行业,人工智能的发展是否会代替人工,进而使大量职工面临下岗?这些问题都是值得深思的。该如何发展人工智能、如何应用人工智能,是人类不可逃避的问题。

5.4.2 城市建设

我国人工智能发展的重要任务之一就是要建设安全、便捷的智能社会。国务院于 2017 年发布的《新一代人工智能发展规划》指出,人工智能为社会建设带来了新的机遇,其在智能教育、环境保护、城市运行和司法服务等领域的广泛应用,将极大提高公共服务精准化水平,全面提升人民生活品质。下面将从智能教育、环境保护和司法服务三个方面,阐述人工智能在城市建设中的作用。

1. 智能教育

教育是一项迫切的民生需求,应用人工智能可以改善教育水平、提高教育质量,在学习、教学和教育管理的全流程具有广泛的应用空间,能够构建以学习者为中心的新型智能教育体系,并改变现有的教学方式,甚至可能引发新一轮的教育革命。目前人工智能技术在教育领域的应用主要体现在开发智能的教育系统,其核心是通过人机交互界面向学生发布合适的任务、获取学生的回答并给出有效的指导与反馈。在传统的一对多教学方式中,受限于诸多因素,教师一般会向所有学生提供相同的资料,并用同样的方式、同样的进度完成教学。而智能教育系统可以让学生拥有个性化和定制化的学习体验,提供高品质的教育服务。

智能教育系统的基本功能之一,是对现有的知识库进行分类与整合,根据想定的设计目的,通过分类和回归树、决策树、人工神经网络等方法,将知识库划分为不同类别并提取所需的数据。

智能教育系统还可以向学生提供合适的学习资料,然后根据学生的学习效果即时给出反馈意见并创建新的教学内容。比如自动生成问题的智能辅导系统,可以使用句法分析器、命名实体识别和语义标签等自然语言处理技术,以及"学习-排名"算法,通过句子简化、问题生成和学习排名三阶段,分析陈述句中的句法和语义信息,并将其转换为一个有具体答案的事实性问题。考虑这类系统面临的一种简单应用场景,当低年级学生开始学习阅读时,为考察学生对文章的理解,老师可能会就文章中的某些信息提问学生们,并使用自动问题生成系统生成必要的提问问题,从而减少老师的教学准备内容。此外,及时的学习效果反馈是提高学习质量的重要方法。在线下课堂中,教师可以对学生行为给出及时反馈,但线上课与慕课则可能做不到,此时需要采用相关人工智能技术,提供学习效果的自动反馈功能。

此外,智能教育系统还在探索多元化的互动方式,以改进传统的以考虑学生认知情况如学习成绩为重的教学模式。教育学家指出,情感也会对决策、感知和学习产生重大影响。台湾地区开发的一种教育系统,除采用面部识别检测学生的情绪状态外,还使用模糊理论,基于日志动态评估学生的耐心、专注度和对学习材料的兴趣程度,以综合考虑学生的情感和认知状态;当系统判定学生的情绪状态欠佳时,就会动态调整学习材料,舒缓学生的情绪。应用结果表明,综合学生情感和认知的自适应教育系统,在提高五年级学生的学习成绩方面效果显著,并同时可减少学生的学习焦虑。

随着虚拟现实技术的发展,可视化和虚拟学习环境等人工智能技术开始在教育中得到相应应用,其优势在于可以让复杂晦涩的书面知识变得生动有趣。可视化技术的应用助推了基于游戏的学习方式,可提高学生对学习的兴趣;同时,带有可视化的 AI 技术还能帮助患有自闭症的儿童更好地接受知识,并改善他们的社交情况。虚拟现实则能为学生们提供一个沉浸式的学习环境,在提高学生的学习兴趣与热情的同时,还能通过创造与改变环境提升学生的想象力,这些效果在实体教学环境中通常是难以实现的。澳大利亚研究者开发的基于虚拟现实的人类最早的城邦——乌鲁克城,就是基于虚拟现实的智能教育典型应用系统,系统中加入了许多人工智能生成的虚拟人物,生动还原了公元前 3000 年时古苏美尔人的日常生活。相比于仅仅阅读课本或观看视频的学习方式,在虚拟现实中通过游历并与其中的虚拟角色互动以获取知识的学习方式,更能提高学生对知识的掌握程度。

由此可见,在智能教育领域应用人工智能技术可以提供更灵活和更多元的教学方式,取得良好的效果。对学生来说,可以根据他们的自身情况量身定制恰当的学习方案,并通过互动方式和丰富的学习环境来提高学习效果;对教师来说,可以帮助他们更好地进行教学准备,检查学生的学习情况并进行评估与管理,还可以使用相关预测模型,及时发现学生拥有的天赋或存在的问题。

实际上,人工智能在教育领域的应用潜力无限。在技术层面上,目前人工智能的应用多聚焦于在线教育的智能性提升,未来还可结合物联网完成对学生集体的生理检测,以实现在物理环境中模拟大脑功能来感知和理解学生的认知行为;在应用层面上,目前人工智能的应用多强调技术的实现,尚未引入科学的教育模型、方法和理论,致使应用效果还无法达到期望的结果。此外,在教育领域应用人工智能技术,还必须充分考虑其应用所涉及的成本、隐私和伦理等诸多问题。

2. 环境保护

环境保护是目前社会治理的热点难点问题。我国在全面建设社会主义现代化国家的同时,也把生态文明建设放在了重要位置,走绿色发展道路,推动人与自然和谐共处,成为建设自然环境的主要方针。随着科技的发展,越来越多的先进技术应用于环境保护,其中在水、能源和大气三个方面人工智能技术的应用就极具代表性。

水资源数据具有非线性、非稳态特征,容易受到不可预测的天气与人为的干扰而产生模糊特性,导致其分析与处理异常复杂与困难。人工智能模型在处理非线性数据时有准确性高、可靠性好、成本相对较低等优点,因此在水资源监测、管理和分配等优化问题的求解中具有明显的优势。

人工神经网络在水质监测中应用较多,其在处理复杂的水质数据时无需进行输入和输出变量间的假设,是一种灵活且易于使用的"黑盒模型"。循环神经网络可以将气象、水文、污染物等环境变量作为输入,其输出是水质分析结果以及一段时间内的水质变化趋势。此外,基于广义回归神经网络(General regression neural network,GRNN)、概率神经网络(Probabilistic Neural Network,PNN)、极限学习机(Extreme Learning Machine,ELM)等新一代人工神经网络模型也在逐渐取代传统的人工神经网络(Artificial Neural Network,ANN)和反向传播神经网络(Back Propagation Neural Network,BPNN)等模型,使水质监测更加准确与高效。还有一些较常用的水质监测技术如模糊逻辑与模糊干扰系统、支持向量机、自然启发优化算法等。

人工智能技术可以在城市水资源管理的可持续规划中得到有效应用。例如,基于自适应智能方法的水资源规划系统,使用马尔可夫决策过程以描述水务框架的序列相关性,对动态的水网络进行建模,为需水量约束多重不确定性条件下的供水成本优化问题提供了有效解决方案。此处的人工智能建模让知识信息转化为更精简的流程,并结合计算性人工智能方法和人类智力技巧加强了基于证据的决策,从而可在可持续原则的约束下制定出最佳水资源分配策略,使成本最小化,并提高水资源管理效率。

如何提供充足可靠的能源来满足不断增长的能源消耗需求,是保证经济增长和提高人民生活水平的重要问题。人工智能技术的应用给出了这个问题的解决方案,特别是在研究有效利用能源以及预测可再生能源生产方面作用更为显著。

现代能源一般由传统能源、可再生新能源和储备能源组合而成,而风力发电、太阳能发电等可再生能源发电十分依赖天气等因素。引入人工智能方法可以实现可再生能源发电量的预测,如利用基于局部递归神经网络的预测模型可以根据气象信息实现对风速和功率的预测,进而准确估计可再生能源的产出;引入人工智能方法还可以实现对电力消费的预测,如电力负荷和电价预测等。基于发电量和用电量的预测,可以为能源供需管理问题提供合理的解决方案。

天气与人类的生产生活密切相关,对大气的分析作为经典的数据分析应用,人工智能在其中大有用武之地。2006年以来,随着深度学习的快速发展,人工智能在气象领域的应用越来越多。气象观测方面,人工智能技术可以更精确地观测与识别不同天气状态,并能够提供更有时效性的观测数据。气象数据处理方面,随着数据量的迅速膨胀,数据种类也越来越复杂,利用图像识别、机器学习和数据挖掘等方法从海量数据中快速并可靠地提取有价值的信息已成为一个重要的应用。可以说人工智能在气象领域最具代表性的工作就是利用神经网络预测气候现象和降水量。传统的数值预报系统所采用的降水预测方法是解一个基于物理模型的微分方程组,这种方法效率较低,能够预测8 h或几天后的天气,但难以准确预测4 h内的天气状况。而深度学习方法可以使用大量的模型参数和更深的网络结构,在繁杂的数据中学习到关键特征,并且能够实现短时间内的准确预报。

可以看到,人工智能的快速发展在环境保护领域催生出了一系列新技术、新产品和新模式,人工智能技术向环保领域的延伸,也带来了环境治理的新方法。有理由相信,环境保护的智能化远不止于此,在人工智能的辅助下,未来的社会将兼具经济文明的繁荣和生态文明的美丽。

3. 司法服务

近年来,在我国的司法系统建设中,强调加快推动科技创新成果与政法工作的深度融合。紧抓人工智能发展机遇,推动人工智能技术在司法领域的深度应用,正是科技与司法紧密融合发展的前沿领域和关键场景。

目前,我国正在以人工智能为依托推动建设"智慧法院"。智慧法院建设的核心是以提升司法为民、公正司法水平为目标,充分利用互联网、云计算、大数据和人工智能等技术,将信息化作为人民法院组织、管理和建设的运行载体,进行全业务网上办理、全流程依法公开、全方位智能服务,推进审判体系和审判能力的现代化,实现人民法院的高度智能化运行和管理。智慧法院的建设可以服务人民法院的改革需求,让法院服务实现线上办公,并辅助提高司法智能化水平。如接待区的智能机器人能够为法院用户提供在线法律帮助;法庭现场的电子文件归档设施;用语音识别代替速记员;使用自然语言处理技术对诉讼材料的案件事实进行自动归纳、抽取和摘要,帮助法官生成判决文书;等等。

人工智能技术在司法领域已得到了有效应用。例如"裁判文书公开敏感信息识别与保护"结合信息检索和自然处理等技术,基于相关法律法规、司法案例等搭建了系统全面的敏感信息概念认知框架图谱,可精准识别裁判文书中的敏感信息,较好地实现了司法公开与信息保护之间的平衡。北京市高级人民法院部署的智能法官系统,把裁判文书等大量司法数据纳入数据库,当法官审理与之前案件类似的案件时,系统可提供案例对比和分析,辅助支持本次判决保持与已有案例判决的一致性。由于不同司法人员的主观性存在差异,在执法时难免出现不一致,应用人工智能技术就可以提供相对精简的司法标准,为法官提供类似的案例、法律法规和司法解释,让法官能够严格遵循证据规则和程序规则,从而减少司法的随意性,促进司法公正。

人工智能在司法领域应用前景广阔,我国智慧法院的建设已经取得了显著成效,对于促进司法公平、提升审判质效、加强司法监督、服务重大决策都发挥了显著的推动作用。今后,还需推进人工智能的深度应用,积极构建互联网司法新模式。

5.4.3 智慧交通

除日常生活和智慧城市外,现阶段人工智能在交通领域正得到广泛应用。在智能交通的基础上,运用人工智能技术,交通信息可以得到充分利用,使得交通系统能够在更大的时空范围内具备感知、互联、分析、预测和控制等能力,对于交通管理、公众出行等交通领域全方面现代化具有支撑作用。2022年3月,交通运输部和科学技术部联合发布《"十四五"交通领域科技创新规划》,提出要推动智慧交通与智慧城市协同发展,大力发展智慧交通,推动云计算、大数据、物联网、移动互联网、区块链和人工智能等新一代信息技术与交通运输融合。

在智慧交通领域,人工智能的主要应用包括以下几个方面。

1) 智慧导航

智慧导航是日常交通出行中,应用最为广泛的智慧交通系统。智慧导航主要包括出行前的智能路径规划与行驶过程中的智能引导。路径规划是车辆定位和导航系统的核心功能之一,可分为单车辆路径规划与多车辆路径规划,二者相辅相成,共同提升出行感知和效率的优化和体验。在智慧导航方面,车道级引导能够使驾驶员在驾车行驶的过程中全面体验到动态三维、精细指引且更具沉浸感的导航服务。

车道级导航能够将城市内道路和周边环境信息,包括具体车道数、红绿灯和周边楼宇等,以三维立体的科技模型在地图中呈现,并通过动态箭头和车道引导进行更细致的指引,提供给用户更贴近第一视角、更易理解的全新导航体验。车道级导航背后,是实时高清渲染、AI自动化建模、动态视景等多种前沿技术的整合应用。通过实时高速渲染生成高清地图,利用 AI 算法全自动构建三维道路和建筑信息以及智能化匹配导航视角的动态视景,可以提供更符合用户第一视角的沉浸式引导服务。

此外,城市内车道级导航,不仅仅在于将原本只支持高速公路和快速路的车道级导航扩展至普通道路,更标志着用户通过智能手机享受到的导航服务真正提升到了一个全新维度,即用户可以全程享受到车道级导航带来的沉浸式、一体化导航服务体验。

2) 智能停车

智能停车是解决城市停车难问题的智慧交通系统。大城市停车难问题尤为严峻,那么能不能在出发前就掌握停车场库的停车情况,提前预约并实现停车场库内车位级导航呢?百度地图通过接入前端车位相机实时获取车位状态,并直接在百度地图上显示,出行者在出发前就可以掌握停车位信息。部分车位设置了地锁,可以实现预约功能,等车辆到达车位再控制车锁自动降落。选中某空闲车位发起导航后,到达停车场内部会自动切换为室内导航;离开场库时,也可以通过百度地图发起反向寻车,使找车不迷路。

对于路侧停车,传统收费往往采用人工 PDA 或者人工 PDA+地磁的方式。得益于人工智能视频识别技术的发展,智能收费可以通过动态视频对车辆进出车位进行抓拍,减少误测误判现象的出现。路侧的停车位也可以在百度地图上显示,供用户了解是否有停车位。以湖南省株洲市黄河南路为例,其路侧停车位已经可以在百度地图上显示。

3) 智能信号灯

智能信号灯是缓解道路交通压力,提高通行效率的重要手段。通过人工智能实现智能交通信号灯配时,优化交通通行效率和管理水平,是未来交通治堵主要发展方向。智能信号灯以全新的思维和灵活的方式优化信号灯配时,从而更合理地规划信号灯时间控制,提升道路资源利用率,大幅降低道路拥堵情况。

设置智能信号灯的路口,各个方向安装了流量监控设备,智能信号灯能够根据每个方向的车流量调整红绿灯时长。例如,某个方向排队等红灯的车辆较多,这个方向绿灯时长就智能增加,让排队车辆快速通过,消除无效等待时间,最大限度满足各个方向的通行需求,平峰期保证绿灯一次性通过不等第二次红灯。通过智能信号灯配时还可以构建快速通行的绿波带,结合"城市大脑"对各个区域的人流、车流等数据进行深度融合分析,动态标注拥堵点,将"城市大脑"的分析结果反馈给信号系统,充分发挥信号控制系统整体调控的作用,快速消散拥堵车流。

4) 全自动电子收费

全自动电子收费(Electronic Toll Collection, ETC)系统是提高高速公路收费口通行效率的重要系统。ETC非常适合在高速公路或交通繁忙的桥隧环境中使用。高速公路收费处设置有专门的ETC收费通道,车主只要在车辆前挡风玻璃上安装感应卡并预存费用,通过收费站时便不用人工缴费也无须停车,高速通行费将从卡中自动扣除,即实现了自动收费。ETC系统每车收费耗时不到2s,其收费通道的通行能力是人工收费通道的5~10倍,可以显著提高道路通行效率。使用ETC系统还可以使公路收费走向无纸化、无现金化管理,从根本上杜绝收费票款的流失现象,解决公路收费中的财务管理混乱问题。

5) 城市智能交通诱导系统

城市智能交通诱导系统是现代化智慧交通解决方案的重要组成部分,是解决城市交通拥堵问题不可或缺的智慧交通系统。通过引导机动车辆通行,减少机动车辆对道路的占用时间,实现交通流在整个路网中的动态均匀分布。智能交通诱导系统通过微波、地磁、视频、线圈等多种方式采集交通流量数据,以GIS地图为载体,对多种交通数据分析融合,通过分析模型预测未来时段的交通状况,交通状况可在电子地图和交通诱导屏上实时发布显示。

城市智能交通诱导系统主要包含三个子系统:交通流信息采集子系统、交通流信息分析子系统及智能交通诱导发布子系统。

(1) 交通流信息采集子系统。交通流信息采集子系统,依据不同路段的实地情况,有选择地以车辆检测器采集(包括视频、线圈、微波、地磁等不同原理的检测器)、GPS位置定位采集以及互联网数据采集等方式采集信息,并且将采集到的车流量信息通过以太网、光纤等反馈到后台控制中心系统进行处理。

(2) 交通流信息分析子系统。交通流信息分析子系统基于多源交通流数据,利用特定的数据模型对道路交通状态进行分析研判。系统可以记录城市一天、一周、一月、一年的交通流信息,并对大量历史数据进行深度分析,总结城市交通拥堵规律,为交通组织决策提供准确的数据支持。

(3) 智能交通诱导发布子系统。智能交通诱导发布子系统将车流数据、违章信息等数据融合处理,通过交通诱导屏、网站、广播、微博、微信公众号等多种途径为出行者提供全面的路况信息,提示最佳出行线路,提高出行效率,进而协助交管部门有效地提高交通通行能力、改善交通运行环境。

6) 智慧公交系统

智慧公交系统是对城市公交车辆进行调度,提高公交系统服务质量的重要智慧交通系统。智慧公交系统应用全球定位系统、无线通信等多种技术,通过管理智慧公交系统与各个停车场站之间的终端信息网络服务,增强对运营车辆的指挥能力,实现公交系统管理调度的信息化,有效降低了公交运营成本,同时提高了公交系统服务质量。

首先,智慧公交系统通过精确的定位系统了解运营中的公交车辆的位置,并通过车辆搭载的通信系统同步车辆状况,据此确定车辆运营基本情况。其次,系统对所获得的基本信息进行智能化处理和分析,了解每条线路、每个站点的客流情况和路段的承载力等,科学地调度公交车辆等。同时,系统实时同步当前公交车辆运营信息,用户通过软件 App 查询相关信息,方便出行规划,可以有效提高公交系统的服务质量。

7) 自动驾驶

自动驾驶是智慧交通的重要组成部分,是从常规交通走向智慧交通的重要一步,也是当代人工智能技术得到广泛应用的重要领域。从人工驾驶到自动驾驶,驾驶的主体从人逐渐过渡到机器,在减轻了人类驾驶员驾驶任务的同时,还能够有效减少由于人为因素所造成的交通事故;同时,车辆信息可以被同步到城市交通相关运行管理系统,能够通过智能调度或引导有效提升交通运行效率。

现阶段,自动驾驶已达到"L2"乃至"L3"级别,驾驶的主体转换为机器。在多个子系统的共同作用下,搭载智能算法的自动驾驶车辆已经能够自主地进行感知、规划及控制,完成基本的驾驶任务。自动驾驶主要包括三个子系统,即智能感知系统、智能决策系统和驾驶控制系统。

(1) 智能感知系统。车辆通过搭载的多传感器获取周围环境信息,对周围实时动态环境信息进行获取和识别,确保对车辆周围环境的正确理解,进而可以做出可靠的决策行为。得益于深度学习在近年来的快速发展,基于卷积神经网络、Transformer 等多类骨架结构的众多感知算法,已经能在包括目标检测、实例分割等多任务上达到很高的精度,使得搭载相关算法的车辆能够实时、准确地获知周围环境的信息。

(2) 智能决策系统。对于环境信息的正确理解,是自动驾驶实现的前提与基础,而更为关键的是车辆能否正确地做出可靠的驾驶决策,以最终达到预期的目标。这就要求车辆需要完成包括其他交通参与者轨迹预测和自车路径规划等在内的多项任务。近年来,基于人工智能技术的各类算法有效提升了智能决策的效果和水平,在一定程度上达到较为理想的结果。通过历史轨迹,现有算法已经在一定程度上可以保证预测轨迹的准确性,为后续自动驾驶技术的持续发展奠定了基础。

(3) 驾驶控制系统。通过高精度的硬件,配合智能算法所输出的控制信息,可实现精确地控制车辆,完成既定任务。精确的控制系统配合相应的智能算法,使得车辆能够达到或超越人类驾驶员的驾驶能力,有效减少人为因素导致的驾驶事故,从而提升安全性和出行效率。

8) 智能车路协同系统

智能车路协同是当今国际智能交通领域的前沿技术,正在从根本上改变人们对传统道路交通的认识和实践,是智慧交通系统的最终目标。如图 5-10 所示,智能车路协同系统(intelligent Vehicle-Infrastructure Cooperation Systems, i-VICS)利用无线通信、新一代互联网和人工智能等技术,实现车车、车路全方位实时动态信息交互,并在全时空动态交通信息采集与融合的基础上开展车辆驾驶协同安全和道路管理协同控制,充分实现人车路的有效协同,保证交通安全,提高通行效率,从而形成安全、高效和环保的道路交通系统。推广和应用智能车路协同系统,推进基于车路协同的自动驾驶中国发展路线,已成为我国智能交通发展战略的重要内容。

在智能车路协同系统中,交通运输工具、交通设施乃至交通环境,都不再是一个个简单的

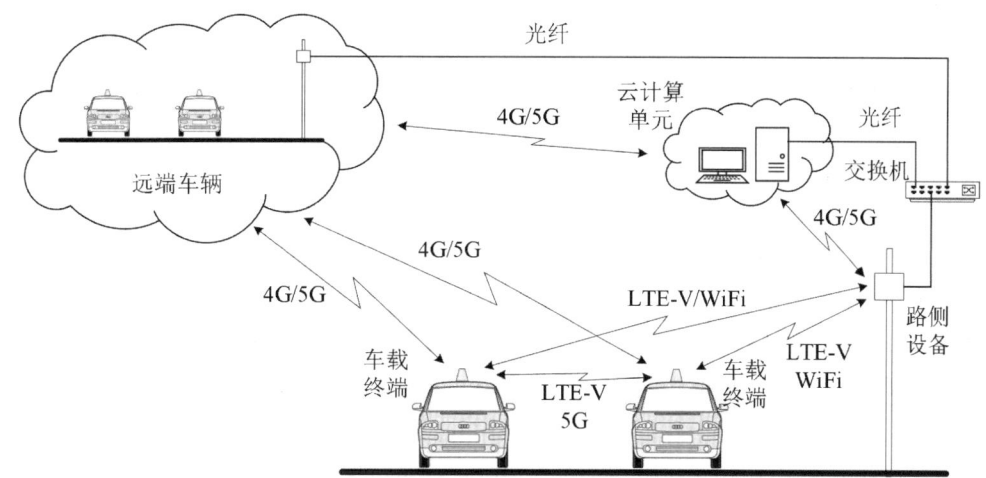

图 5-10 智能车路协同系统智能网联环境示意

独立对象,而是通过各类传感设施统一信息,通过信息融合,成为一个个具有自主信息,同时彼此相关联的可交互智能体,在交通系统实时数据的基础上,借助信息融合、无线通信和云计算等技术,实现复杂交通系统的实时信息再现,进而获取道路上的所有信息,并进一步利用这些信息,实现对整体交通的调控,提升通行效率,使得出行更加美好。

参考文献

[1] 李仁涵. 人工智能技术属性及其社会属性[J]. 上海交通大学学报(哲学社会科学版), 2020, 28(4): 19-22.

[2] 张钹. 第三代人工智能的特点、发展现状及未来趋势[Z/OL]. (2020-9-15)[2024-01-29]. https://mp.weixin.qq.com/s?__biz=MzI1MjQ2OTQ3Ng==&mid=2247512963&idx=2&sn=0cf8fc48a8d8f988f3da8590d4d41c57&chksm=e9e1ba08de96331eeab84b83b671a275de95701c697ffe63a748560120fc7bbe54d3de297e23&scene=27.

[3] 张毅, 封硕, 杨敬轩. 智能系统与技术智能性等效加速测试理论与方法[R]. 清华大学智能系统与技术项目研究报告, 2022.

[4] 张毅, 姚丹亚, 葛经纬. 智能系统与技术智能性测试指标设定方法[R]. 清华大学智能系统与技术项目研究报告, 2022.

[5] 张毅, 彭黎辉, 何泓霖. 智能系统与技术多维测试任务设定方法研究[R]. 清华大学智能系统与技术项目研究报告, 2022.

[6] 张平. 人工智能伦理反思:风险与应对[N]. 中国社会科学报, 2022.

[7] 李兵. 国外社会服务发展历程及其启示[J]. 中国民政, 2011(3).

[8] 郑杭生. 社会服务与民政:从社会学视角看社会服务[J]. 中国民政, 2011(5).

[9] Alber J. A Framework for the Comparative Study of Social Services[J]. Journal of European Social Policy, 1995, 5(2): 131-149.

[10] 国务院.国务院关于印发新一代人工智能发展规划的通知[EB/OL].(2017-07-20)[2024-01-29].https://www.gov.cn/zhengce/content/2017-07/20/content_5211996.htm.

[11] 曲林.高校社会服务能力评价决策支持系统的研究与设计[D].北京:北京交通大学.2012.

[12] Chong Chen, Min Zhang, Chenyang Wang, et al. An Efficient Adaptive Transfer Neural Network for Social-aware Recommendation[C]. Proceedings of SIGIR, 2019: 225-234.

[13] Elemento O, Leslie C, Lundin J, et al. Artificial Intelligence in Cancer Research, Diagnosis and Therapy[J]. Nature Reviews Cancer, 2021, 21(12): 747-752.

[14] Jiménez-Luna J, Grisoni F, Weskamp N, et al. Artificial Intelligence in Drug Discovery: Recent Advances and Future Perspectives[J]. Expert Opinion On Drug Discovery, 2021, 16(9): 949-959.

[15] Gussow A B, Park A E, Borges A L, et al. Machine-Learning Approach Expands the Repertoire of anti-CRISPR Protein Families[J]. Nature Communications, 2020, 11(1): 1-12.

[16] He X, He Z, Song J, et al. NAIS: Neural Attentive Item Similarity Model for Recommendation[J]. IEEE Transactions on Knowledge and Data Engineering, 2018, 30(12): 2354-2366.

[17] Fränti P, Sieranoja S. K-Means properties on Six Clustering Benchmark Datasets[J]. Applied Intelligence, 2018, 48(12): 4743-4759.

[18] Kim M, Kang T, Song D, et al. Development of a Small-Sized Intelligent Home Service Robot[C]. 2021 18th International Conference on Ubiquitous Robots (UR), 2021: 565-570.

[19] Benedict B. Artificial Intelligence as an Effective Classroom Assistant[J]. IEEE Intelligent Systems, 2016, 31(6): 76-81.

[20] Liu M, Rus V, Liu L. Automatic Chinese Factual Question Generation[J]. IEEE Transactions on Learning Technologies, 2016, 10(2): 194-204.

[21] Matsuda N, Weng W, Wall N. The Effect of Metacognitive Scaffolding for Learning by Teaching A Teachable Agent[J]. International Journal of Artificial Intelligence in Education, 2020, 30(1): 1-37.

[22] Hwang G J, Sung H Y, Chang S C, et al. A fuzzy Expert System-Based Adaptive Learning Approach to Improving Students' Learning Performances by Considering Affective and Cognitive Factors[J]. Computers and Education: Artificial Intelligence, 2020, 1: 100003.

[23] Tang K Y, Chang C Y, Hwang G J. Trends in Artificial Intelligence-Supported E-Learning: A systematic Review and Co-Citation Network Analysis [J]. Interactive Learning Environments, 2023, 31(4): 2134-2152.

[24] Xiang X, Li Q, Khan S, et al. Urban Water Resource Management for Sustainable Environment Planning Using Artificial Intelligence Techniques[J]. Environmental Impact Assessment Review, 2021, 86: 106515.

[25] Sajjadi S, Shamshirband S, Alizamir M, et al. Extreme Learning Machine for Prediction of Heat Load in District Heating Systems[J]. Energy and Buildings, 2016, 122: 222-227.

[26] He Y, Mendis G J, Wei J. Real-Time Detection of False Data Injection Attacks in Smart Grid: A Deep Learning-Based Intelligent Mechanism[J]. IEEE Transactions on Smart Grid, 2017, 8(5): 2505-2516.

[27] Ganguly S, Samajpati D. Distributed Generation Allocation on Radial Distribution Networks Under Uncertainties of Load and Generation Using Genetic Algorithm[J]. IEEE Transactions On Sustainable Energy, 2015, 6(3): 688-697.

[28] Ravuri S, Lenc K, Willson M, et al. Skilful Precipitation Nowcasting Using Deep Generative Models of Radar[J]. Nature, 2021, 597: 672-677.

[29] Vaswani A, Shazeer N, Parmar N, et al. Attention is all you need[A]. arXiv: 1706.03762v7.

[30] 张毅,姚丹亚,裴华鑫,等.交通群体协同决策理论及应用[M].北京:人民交通出版社,2022.

第6章
城市交通数据资源的激活与共享

随着云计算、大数据、人工智能与区块链等新一代信息技术的快速发展与高速融合,以数据为核心的数字技术、网络技术、智能技术对城市交通的规划、管理、服务与决策提供了新的驱动力与支持能力。为了更好地将城市交通数据资源转化为决策能力,进而提升相关行动及对策的效果,必须激活分散于不同主体控制下的节点中的数据资源,并在信息空间关联网络层级中实现数据要素的可信共享与可控流通。

6.1 背景

在数字经济时代,城市交通面临着新的发展机遇与挑战,需要充分发挥数据要素的优势,依托新一代信息技术,实现全网络、全周期、全生态的数据要素的激活与共享,让城市交通更实时、更智能、更高效。

6.1.1 现代城市空天地一体复合交通网络发展的新要求

随着城市现代化的进程,城市交通目前已经进入空天地一体化的复合交通网络时代,需要前瞻规划、系统整合、协同联动,基于三维地理空间信息资源体系、人机物实时泛在互联、数据多源异构实时互动,对现代城市交通数据要素的开发、管理与利用提出了更高的要求。

来自空间、地面、地下的交通工具数据、人流数据、信号数据以及监控数据涉及多个机构主体、多种采集格式、多层安全要求,需要构建统一语义、统一标识、统一接口的城市交通数据要素管理体系,实现高效、实时、互动与安全的数据要素共享流通,对管理体系、机制、模式与技术提出了新的要求。

6.1.2 信息技术对城市交通规划、管理与实时互动的新促进

在新一代信息技术的支持与促进下,城市交通规划、管理与服务进入了新的数字化时代,

通过数据的采集、汇聚、分析、应用与持续优化,可以让城市交通规划更科学、管理更高效、服务更实时,通过数字技术解决城市在发展过程中的"大城市病"。

移动互联网、GIS、物联网、大数据、人工智能、区块链等新一代信息技术带来的大数据、高通量、低延迟、高智能应用,以低成本、高效率促进了城市交通数据的采集、分析与应用,特别是通过交通工具基于地理位置与路线状况的实时信息交互,可以为公众制定多种交通工具联动、满足多种交通出行需要的复合式立体交通方案,促进城市交通服务的智能化水平,让更多人享受城市数字化交通与智能化出行的便利与快捷。

6.1.3 城市交通数字化转型发展的新提升

随着城市的不断建设与发展,人们在享受现代、方便与高效生活的同时,也面临了出行拥堵时间过长、行车停车效率过低、低速行驶污染排放加剧等一系列问题。城市交通数据要素的激活与共享,为解决城市交通问题,提升城市交通数字化规划、数字化治理、数字化决策、数字化评估水平,提供了关键的支持。

通过对城市交通领域的数据要素进行统一登记与统一管理,促进多源数据主体的积极性与主动性,构建平等、可控、高效的城市交通数据要素共享平台,通过市场化、专业化、平台化的方式促进城市交通数据要素的可信流通与可控共享,可以为城市交通数字化转型提升提供基础性支撑,从而促进城市交通效率与效能的持续优化与提升。

6.1.4 城市交通产业发展的新方向

随着自动驾驶与智能网联车等新技术在城市交通领域的发展与应用,基于大规模交通场景数据要素的人工智能算法训练、实时互动的自动避障与路线规划等技术,让数据要素得以发挥更大的价值,同时也为数据要素的激活与共享提供了更多的场景。

城市交通数据要素需要面向智能网联车等新产业的数据驱动、智能运营、高效便捷提供高效、弹性、安全的协同机制与共享平台。同时,智能网联车作为数据采集、处理、分析与应用的一体化平台,可以大规模、高效率地对路况数据进行采集与自动化标注,采与用合为一体,多个工具组合成一体化数据集成共享网络,促进自动驾驶等算法不断优化,让城市交通更智慧、更聪明、更安全。

6.2 数据:特殊的资源、要素与资产

数据被认为是数字经济的核心要素,也是最重要的资源与资产,在十九届四中全会更是被作为生产要素之一,得到越来越多的关注与重视。但是学术界与产业界对数据本体的认知、理解和研究还比较匮乏,对于数据特性的研究往往一概而论,还没有建立统一的系统研究框架。通过对数据作为资源、要素以及资产的特殊性的研究与理解,对于规划、构建、完善城市交

通数据资源的激活与共享体系将至关重要,甚至可以说是先决必要之条件。

6.2.1 数据的概念与内涵

数据在不同的领域具有不同的定义,目前理论界研究较多的是数据的法律或经济领域的概念与特点,在技术领域数据通常作为大数据的概念拓展,重点关注研究技术处理手段以及采集、存储、治理、分析、应用以及评估。

1. 数据的概念

广义的数据可以被看作对事实或观察结果的记录,是客观存在的,经过人类的认知而形成信息。

狭义的数据可以理解为以电子方式对事实或现象的记录。之所以不包括其他方式,特别是传统的非电子方式,主要是在信息化时代一切非电子化的记录方式都可以进行电子化,另外在信息爆炸或者通常所说的大数据时代,不能被计算机存储和处理的数据,其对工作、生活与创新的影响将越来越小(也许纸质书籍会是少有的例外,但这不是说纸质书籍的知识传播效率要高于电子书籍,而是为了满足一部分读者的"传统需要")。

法律对数据的定义与通常的 DIK 模型不同,《中华人民共和国数据安全法》对数据的定义是指任何以电子或者其他方式对信息的记录。数据处理,包括数据的收集、存储、使用、加工、传输、提供、公开等。

《中华人民共和国个人信息保护法》对个人信息的定义是以电子或者其他方式记录的与已识别或者可识别的自然人有关的各种信息,不包括匿名化处理后的信息。个人信息的处理包括个人信息的收集、存储、使用、加工、传输、提供、公开、删除等。

2. 数据的机器可理解性(Machine Readable)

在信息化、数字化与智能化时代,数据的机器可理解性将非常重要。美国的政府数据开放规定,数据必须是机器可理解的。传统的翻译把"Machine Readable"翻译成"机器可读性",有可能会造成异议。因为一切电子化的数据,即计算机可以处理的数据都可以认为是"可读的",而"Machine Readable"更强调的是机器可以理解,并进行计算。

在技术领域,数据可以被分为结构化数据和非结构化数据两大类,而近来非常流行的半结构化数据可以归为结构化数据去理解,因为其也具有较好的"机器可理解性",只不过在存储与处理方式上与结构化数据有所不同。

结构化数据主要是可以通过构建多个二维逻辑关系表来表现的数据,平时接触比较多的数据库中的数据都是结构化数据,包括 MySQL、Oracle、PostSQL 等。Excel 中的数据也可以理解为一种简单的结构化数据。

非结构化数据主要包括各种文档、图像、音频、视频等文件数据,其主要特点是计算机可以存储与处理,但是无法"理解"或"计算",因此需要进行标注或者自然语言识别(NLP)后才可以被计算机通过程序去计算或"理解"。

城市交通数据既包含了大量的结构化数据,如地理空间数据、车辆设备数据、轨迹数据等,也包含了海量的非结构化数据,如视频数据、图像数据以及文档数据等,因此城市交通数据资源的激活与共享需要综合考虑对两种数据的处理与应用。

3. 数据的内涵——DIK 模型

数据、信息和知识通常被认为是构建人类观察、记录、认知和总结客观事务的三个不同层面的总结，即 DIK 模型。1955 年，DIK 模型是由英美经济学家、教育家肯尼斯·博尔丁（Kenneth Boulding）提出的一个由"数据、信息、信息和知识"组成的层次结构的变体。

数据可以被看作客观的事实、观察描述或度量记录，信息可以被看作经过人类认知的有意义的数据集合，而知识可以被看作经过结构化与逻辑化的有用的信息集合。采集数据、分析数据、利用数据是为了提升人们认知世界的能力与手段，同时支持对社会经济运行与管理进行定量化、专业化和可持续的改进与完善。数据，只有流动起来，被应用，被分析，才会发挥出更大的价值，因此数据的激活与共享对于未来城市交通的发展至关重要。

6.2.2 数据的特殊性

数据在其全生命周期的不同阶段以技术、法律、经济和商业等不同领域视角来看，具有不同的特性。目前有关数据特性的研究与阐述通常是非系统性和结构化的，特别是对数据在共享交换、开放服务与流通交易环节中的特性研究还不够系统与充分。在数据成为生产要素之前，数据、数据资源与数据资产经常被混用，被认为是指向同一对象。

数据在法律领域的研究中，被认为具有衍生性、共享性、非消耗性三大价值，打破了自然资源有限供给对增长的制约，为持续增长和永续发展提供了基础和可能。田杰棠等认为，数据作为生产要素具有非稀缺性、非均质性和非排他性。

北京大学黄罡、柳峰等在 2019 年 10 月提出：数据要素在流通过程中具备"原本与副本的物理表现形式一致""原本与副本的使用价值相同""脱离提供方物理控制即失控"等特性。

1. 原本与副本的物理表现形式一致

可被计算机程序处理的数据资源的物理表现形式都是"0"和"1"，虽然可以通过元数据对数据资源进行描述，但是数据资源的原本与副本在物理表现形式方面并没有显著区别，因而在技术上和实际操作上无法界定原本与副本，所以在法律侵权判定上存在技术上的障碍，客观上带来侵权判定困难的问题。

2. 原本与副本的使用价值相同

数据资源的原本与副本的使用价值没有任何区别，数据资源副本的使用价值也不会有任何降低或减损，一方面决定了数据资源可以被复制多份，供多个使用者使用，尽管每个使用者从同样数据资源获得的价值可能不尽相同；另一方面，获得数据资源副本的使用方可能会通过以更低价格出售数据资源更多副本的方式来"劣币驱除良币"，这样的可能性加剧了数据提供方的担忧与顾虑，由此进一步降低提供数据资源的意愿，从而形成了现在数据服务卖方市场的供应短缺局面。

3. 脱离提供方物理控制即失控

数据资源的复制转移成本极低，传统的技术方式也导致在脱离了数据资源提供方的物理控制后，数据资源的处置即完全失控。提供方无法知道数据资源使用方对数据的处置和转售，因而最可靠和最可控的办法是让数据需求方在自己控制的物理设备上进行分析,从而保障数据资源在可控的前提下实现数据价值,目前运营商采取的"数据不出机房"模式就是这一特性的最好体现。

6.2.3 数据:从资源到要素再到资产

数据作为统称,在经济活动过程的不同阶段,可以进一步将数据资源、数据要素和数据资产进行界定与划分,从而更好地明确各个阶段的数据作用与价值。

"资源"通常指一国或一定地区内拥有的物力、财力、人力等各种物质要素的总称,分为自然资源和社会资源两大类,前者如阳光、空气、水、土地、森林、草原、动物、矿藏等;后者包括人力资源、信息资源以及经过劳动创造的各种物质财富等。数据资源主要是一个国家、一个城市、一个组织或一个个体所拥有的全部数据总称,是客观存在的。

资产是指由组织过去的交易或事项形成的、由组织拥有或者控制的、预期会给组织带来经济利益的资源。"数据资产"最早由理查德·彼得斯(Richard E. Peterson)于1974年提出,齐爱民等认为:数据财产是指固定于一定的载体之上,能够满足人们生产和生活需要的数据,应具备确定性、可控制性、独立性、价值性和稀缺性5个法律特征;2018年4月,中国信息通信研究院云计算与大数据研究所发布的《数据资产管理实践白皮书(3.0版)》中将数据资产定义为"由企业拥有或者控制的、能够为企业带来未来经济利益的、以物理或电子的方式记录的数据资源,如文件资料、电子数据等"。2018年,朱扬勇等将数字资产、数据资产和信息资产统一为数据资产,将数据资产定义为:拥有数据权属(勘探权、使用权、所有权)、有价值、可计量、可读取的网络空间中的数据集。数据资产有别于传统的实物资产或无形资产,可以看作权属清晰、可计量、能够产生价值的数据资源。

将数据与土地在资源、要素与资产三个维度进行类比与分析(图6-1),可以更好地理解数

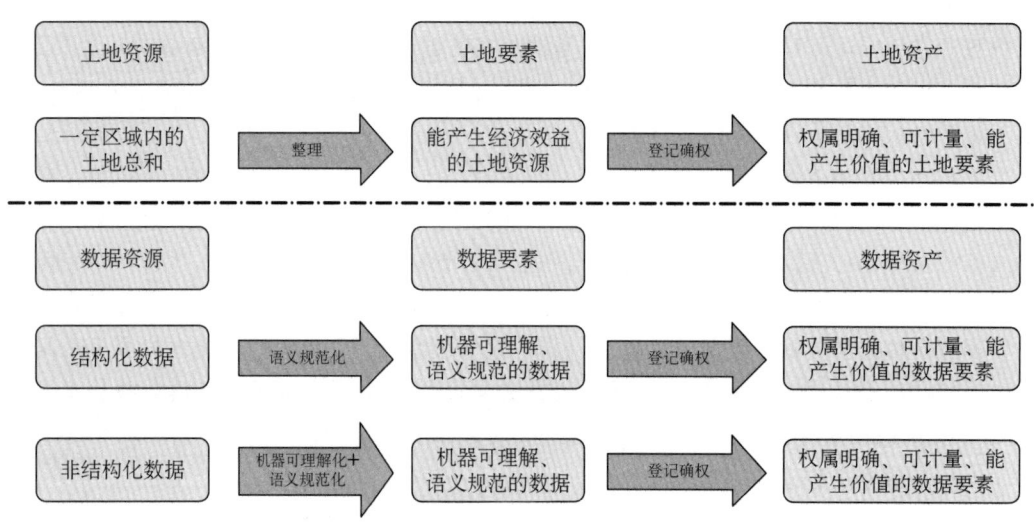

图6-1 数据与土地的比较分析:资源、要素与资产

据从资源到要素再到资产的转化。2023年8月,财政部发布《企业数据资源相关会计处理暂行规定》,明确了企业数据资产的适用范围和数据资源会计处理适用的准则,标志着我国数据资产入表迈入实质阶段。

6.3 城市交通数据要素发展现状

目前,城市交通数据要素主要包括基础地理空间数据、城市交通基础数据、交通工具运行数据、用户行为轨迹数据等,数据要素主要源于提供城市交通管理、服务、监控职能的业务系统,数据要素采集的主要范围是满足业务的需要。同时,拥有数据要素的主体不同,数据采集格式与标准不统一,数据要素在支撑业务之外,其巨大潜力,特别是多源数据关联融合后的价值潜力尚未发挥,多层级、多主体、多系统之间的数据要素统一共享体系尚未建立。

6.3.1 城市交通数据资源丰富、格式多样、主体复杂

受益于我国城市交通在过去三十年的巨大投资规模的带动,城市交通信息化水平日益提升,新一代信息技术对城市交通的高效支撑,目前已经成为城市交通管理与服务的重要组成部分。城市交通信息化的投入与发展,为城市交通数据资源的采集、分析与应用提供了前提基础与支持保障。城市交通数据资源目前较为多样与丰富,同时也面临着缺乏统一标准所带来的格式不统一等问题。数据资源涉及主体复杂,既包括城市交通主管部门,也包括城市交通服务提供部门,还包括提供实时交通导航服务的企业机构,多主体间数据尚未打通,存在"数据孤岛""语义孤岛"以及"治理孤岛"。

6.3.2 城市交通数据物理分散、复用较差、活力不强

目前城市交通数据分散在多个主体的计算环境,很多城市通过智慧交通项目对现有政府与国企的交通数据进行了初步整合,但是大部分视频数据都没有得到有效的挖掘和利用,同时政务数据与社会数据的融合还没有形成一个高效协作的机制与平台,多源数据的融合分析利用尚未充分发挥价值,数据在多主体间的复用性较差,实时数据的互通互动效用不强,对城市交通管理与服务的高效支撑作用尚不充分。

6.3.3 城市交通数据权属不清、应用集中、共享不足

城市交通数据由于来源多样、主体不同,因此在很多情形下其数据的权属不易厘清和明确。比如提供导航服务、网约车服务的平台拥有用户的位置数据、轨迹数据与订单数据,同时还有涉及用户人格权的隐私数据。目前国家尚未出台明确的法律来规制平台数据的权属,因此在对此类数据进行激活与共享的过程中,不仅需要遵循相关法律的规定,还要明确数据的

权属划分,确定数据共享与应用的权利边界与授权方式,避免数据共享过程中的安全风险与合规风险。与此同时,互联网平台掌握了大量鲜活与实时的数据,目前虽然与城市管理机构的数据进行一定程度的融合应用,但是总体上规模有限、共享不够高效活跃,难以满足新时期城市交通发展对数据要素共享与应用的要求。

6.3.4 城市交通数据分级不明、安全难控、监管不易

城市交通数据涉及城市安全运行、人民出行隐私等方方面面,具有重要的经济、社会价值,同时也需要注重数据的安全管理与合规应用。目前城市交通数据尚未建立明确的分级分类标准,数据难以按照安全等级进行管理与应用,由于管理不严、人员漏洞而造成的出行数据、摄像头数据泄露时有发生,城市交通数据共享与应用监管制度与规范尚不清晰,缺少技术手段支撑的安全应用、合规应用以及智能监管,制约了我国现阶段城市交通数据的激活与共享,限制了数据的价值发挥与价值实现。

6.4 城市交通数据要素激活与共享关键瓶颈

城市交通数据要素的激活与共享,关键是要从数据要素的特性出发,研究与探索制约数据要素激活与共享的关键难题,通过新技术、新机制与新模式,建立高效活跃的激活与共享体系,促进数据要素的可信流通与价值实现。

6.4.1 城市交通数据要素激活与共享面临"五难"

城市交通数据要素激活需要构建多层级、多区域与多主体之间的全量数据资源目录,同时要通过"政府主导、市场运行、专业服务"的方式构建新型数据要素共享体系与平台,通过市场优化城市交通数据要素的配置作用,构建平台一体、语义标准、逻辑统一、运营协同的城市交通数据要素市场化激活与共享体系。

当前,城市交通数据要素激活与共享从总体上面临着"确权难、定价难、流通难、运营难、监管难"五大难题,需要探索与完善法律、技术、经济与商业四个系统相互融合的解决办法,通过重点突破、系统协同,实现数据要素市场发展的整体推进与全局实现。

(1) 确权难。主要体现在数据源于业务、存储于系统、服务于需求,在数据要素的全生命周期过程中具有不同的形态与属性,数据要素属于"财产权"还是"人格权"的范畴,如何平衡保护与利用的矛盾,目前尚无明确的共识与法律规制。数据要素的立法与技术相辅相成,互为关键,数据要素不仅在确权环节需要技术的保障实施,在侵权判定方面也需要技术手段予以支持,面对结构化、大数据量、更新频繁的结构化数据确权还需要攻克解决一系列具体的技术问题,才有可能实现数据要素在现有法律框架下的确权与保护。

(2) 定价难。邬贺铨院士在第十届中国智慧城市论坛主题演讲中提到"数据(被分析利

用)的价值是由需求(场景与价值)决定的",数据拥有方的数据源于建设满足业务需求的信息系统,因此对其形成的数据用途与价值只限定在有限的业务场景中;数据需求方因为有个性化的业务场景和自有数据,结合数据拥有方的数据可以实现关联融合与场景利用,因此数据被分析利用的价值往往无法通过成本法来确定。同时,数据要素被分析利用具有"零边际成本"特性——数据要素被多分析一次并不会带来额外的成本,决定了可以采用"歧视定价"与"差别定价"的方式,从而更好地发挥数据要素的可复用性和可再生性,促进数据要素的价值实现,因此无法采用统一的定价标准来确定数据要素的分析利用价格。

(3) 流通难。制约数据要素共享发展的首要难题是数据要素供给严重不足,由于数据要素具有"脱离提供方物理控制即失控"的特点,因此数据提供方往往不愿意把数据"拿出来"进行物理转移式的交易。同时,城市交通数据要素质量参差不齐,缺乏统一的质量评价标准与方法,对于覆盖政府部门、专业机构、公共服务企业、平台企业等多个主体的城市交通数据要素,如何保障高质量的数据要素供给,如何构建一个"可信、可管、可知、可控"的激活与共享体系将至关重要。

(4) 运营难。城市交通数据要素市场体系的发展不可能一蹴而就,建立数据要素共享平台与机构仅仅是第一步,更重要的是数据要素市场的运营与发展,需要综合设计与完善多种模式的城市交通数据要素激活与共享模式,通过本地化强运营来提升共享的效率与效果。

(5) 监管难。平台经济具有规模性与排他性的特点,达到一定的规模临界点会形成客户、数据、商品或服务上的垄断。城市交通数据要素激活与共享体系需要考虑主动合规与协同监管,实现健康与长效的发展。

6.4.2 城市交通数据要素激活与共享需要新技术

面对城市交通数据要素激活与共享需要解决的五个难题,需要创新与突破性地采用新一代信息技术,重点解决在城市交通数据在激活与共享过程中的统一标识、统一语义、统一确权、全程可控等关键问题。

1. 区块链与智能合约

区块链技术基于分布式账本、非对称加密、共识机制、P2P 组网以及智能合约技术,受益于现代信息技术软、硬件成本的规模化成本优势,实现不易篡改、对等协作的高效信任系统,可以为数据要素的共享提供新的助力与支撑。

通过区块链技术,可以实现对城市交通数据要素的分布式管理与一体化协作,通过密码技术、链式区块等方式来保障各个节点之间的对等信任与协作运营。

智能合约技术作为区块链技术的重要组成部分,可以通过代码在技术层面来实现双方的协议与约定,确保双方的业务协议能够得到技术层面的落实,在数据共享领域可以发挥关键的作用。

2. 数字对象架构(DOA)与数联网

图灵奖获得者、TCP 发明人罗伯特·卡恩(Robert Kahn)博士在 1995 年提出数字对象架构(Digital Object Architecture, DOA),通过 Handle 系统以及 DONA 组织在全球部署的 12 个根节点(MPA),为数字对象进行统一的标识解析服务、元数据管理以及数字对象仓库访问服务,我国是 Handle 系统的重要参与者,由国家工业信息安全发展研究中心(CIC)负责中国根节点的建设与运营。

数联网是基于软件定义,通过以数据为中心的开放式软件体系结构和标准化互操作协议,将各种异构数据平台和系统连接起来,在"物理/机器"互联网之上形成的"虚拟/数据"网络。

北京大学联合清华大学、复旦大学、上海交通大学、南京大学、香港理工大学、中国科学院等国内高校与研究机构,于 2018 年启动软件定义的数联网架构、技术与系统的研究,提出了基于数字对象的软件定义方法,奠定了数联网中国云方案的理论基础,研发了数联网的关键技术框架与参考实现。

数联网目前已经在智慧城市、工业互联网、数据要素市场体系建设等领域得到了广泛的应用,充分发挥了其底层基础设施与协议标准的巨大价值。

3. 隐私计算与可信计算

2021 年是隐私计算技术与应用爆发的元年,通过多方安全计算(Multi-Party Computation, MPC)、联邦学习(Federated Learning, FL)以及可信计算环境(Trusted Execution Environment, TEE)等隐私计算技术,可以"数据不动、算法移动"的方式来发挥数据的价值,同时最大限度地保障数据的安全与可控。

可信计算通过可以信赖的硬件、基础软件、中间件以及应用软件,提高系统整体的安全性。

隐私计算技术的广泛引用,意味着数据提供方和数据需求方都希望能够构建一种在保障数据安全与可控的前提下的数据利用方式,目前产业界探索基于区块链的隐私计算,希望能够解决数据共享与流通过程中的技术信任问题,已经取得了初步的进展和效果。

6.4.3　城市交通数据要素激活与共享需要新机制

创新技术的应用是城市交通数据要素激活与共享的驱动力和支撑力,但是要想系统性地解决制约城市交通数据要素激活与共享的"五难",还需要探索与研究适应城市交通数据要素特点的新机制。

1. 按照公平与效率的原则,妥善规范数据权属规范

首先需要研究与规范城市交通数据要素的权属规范,在国家尚未有明确法律法规出台之前,需要在兼顾公平与效率的原则下,制定合法、合规的权属规范,规范与促进城市交通数据要素拥有方的数据采集、数据共享与数据应用。

由于城市交通数据涉及企业运营数据、用户个人隐私数据,因此可以采取分层分步、分级分类的方式,对由机构或企业投资产生的物联网数据、设备数据、地理空间数据明确其属于投资主体,对涉及个人隐私的平台数据,通过协议约定、明示授权等方式进行规制,建立符合《中华人民共和国个人信息保护法》规定的个人隐私数据合法授权与共享机制。

2. 按照贡献与收益的原则,积极鼓励数据确权登记

通过对城市交通数据要素的确权登记,可以有效地激活城市交通数据的供给,构建全量、鲜活的城市交通数据要素目录,为城市交通数据要素的共享提供坚实的基础。党的十九届四

中全会提出要"健全劳动、资本、土地、知识、技术、管理、数据等生产要素由市场评价贡献、按贡献决定报酬的机制",因此在确权登记的过程中,应当按照贡献与收益相匹配的原则,鼓励对城市交通数据采集、存储与治理付出实际劳动有贡献的企业或机构进行确权登记。

通过精准确权登记,明确城市交通数据要素的准确数量、统一标识与统一语义,建立标准化、规范化与集约化的城市交通数据要素统一目录体系,以增加供给促进共享活跃。

3. 按照实效与迭代的原则,在实践中完善共享方式

由于数据所具有的"脱离物理控制即失控"的特性,城市交通数据要素的共享应当采用"技术保障、分层组网、融合应用、实效迭代"的方式,在建设统一城市交通数据资源目录的基础上,通过建设城市间、城市内、政府间、市场间、政府与市场融合的多层组网,构建适应城市交通数据要素需求与发展的共享平台体系。

探索在数据集下载、数据传输、接口服务基础上的数据共享方式,探索公共数据免费共享与市场数据收费共享的多种方式,在迭代发展的基础上,应用隐私计算、可信计算与智能合约等技术实现"数据不动、算法移动",焕发城市交通数据要素的活力与价值,通过激活与共享支持与促进城市交通的信息化、数字化与智能化发展。

4. 按照安全与可控的原则,积极践行分级分类标准

城市交通数据要素涉及城市与公共安全,还涉及企业与公众的安全与隐私,因此需要在设计与完善运行机制的过程中,充分重视城市交通数据要素的安全与可控,通过制定完善的分级分类标准,按照"主体与数据"级别相适应的数据使用方式,在保障城市交通数据要素安全基础上,发挥数据的价值与作用。

6.4.4 城市交通数据要素激活与共享需要新模式

城市交通数据要素的激活与共享需要解决跨层级、跨地域、跨主体、跨系统之间如何对等信任、高效协作以及长效发展等一系列问题,因此需要探索与完善新的组织模式、协同模式与运营模式。

1. 统筹不同城市之间的数据要素激活与共享协作问题

城市交通数据要素虽然具有一定程度的"地域性",即 A 城市的城市交通数据要素对 A 城市的价值与作用意义更为重要,但是可以优化、完善城市交通规划、管理与服务的算法需要多个城市的数据进行持续训练,因此一个城市的数据要素和模型算法对另外一个城市仍然具有巨大的价值,因此建立统一的跨城市的城市交通数据要素激活与共享模式具有发展的必要性和现实的紧迫性。

统筹城市间的数据要素激活与共享协作,需要尊重每个城市对交通数据要素的"运营权""开发权"与"受益权",通过分布式节点技术建立城市协作共赢的合作模式。

2. 协同不同主体之间的数据要素激活与共享权利问题

城市交通数据要素的激活与共享,涉及多方面的主体,包括政府机构、研究部门、公共交通企业、互联网平台企业等,每个主体掌握的数据要素各不相同,需要融合发挥更大的价值。在这一过程需要设计与实现针对多个主体权利保护、保障数据要素使用过程可控的数据共享模

式,激发更多主体"平等参与、市场配置"的参与积极性与主动性,特别是明确主体的安全与合规责任,创造"鼓励创新、适度容错"的良好发展环境。

3. 解决不同系统之间的数据要素激活与共享技术问题

城市交通数据要素产生于不同系统,有不同的数据架构、治理架构、质量架构,数据语义不统一、缺乏统一标识,因此需要应用数联网等新一代信息技术解决多源、异构的城市交通数据的标准化与规范化服务问题,通过技术手段实现城市交通行业的数据语义规范化、标识解析集成化以及共享的可控化,通过行业标准规范、第三方专业服务来加强数据要素的质量评估、治理能力,提升城市交通数据要素的高质量供给,以高质量促进高效率与高效能。

4. 优化不同模式之间的数据要素激活与共享运营问题

当前城市交通数据要素的激活与共享包括传统的政府内部共享、公共数据开放、市场化接口调用等多种模式,建立统一、集约、高效的城市交通数据要素激活与共享运营体系,需要不断在传统模式基础上优化与探索创新模式,实现适应不同层级、不同主体、不同需求的多种协同模式,鼓励不同模式间的协同与合作,以高效、长效运营促进城市交通数据要素的价值实现。

6.5 城市交通数据要素激活与共享系统框架与探索

针对制约城市交通数据要素激活与共享的"五难"问题,通过引进新技术、探索新机制、实践新模式,不断迭代完善,建立符合数据要素特点的系统框架,通过顶层设计、集约建设与长效运营,构建高效、活跃、安全与可控的激活与共享体系,为城市交通与城市交通信息化、数字化与智能化的发展提供基础性与配置性的基础设施和保障。

6.5.1 城市交通数据要素激活与共享系统框架

城市交通数据要素激活与共享需要构建市场化、专业化的系统框架(图6-2),通过综合考虑法律、技术、经济与商业四个系统领域的问题,综合协调解决"确权难、定价难、流通难、运营难、监管难"五大难题,实现城市交通数据要素激活与共享体系的突破与完善。

- 通过法律与技术的系统性融合解决"确权难"问题
- 通过经济与技术的系统性融合解决"定价难"问题
- 通过商业与技术的系统性融合解决"流通难"问题
- 通过经济、技术与商业的系统性融合解决"运营难"问题
- 通过法律、经济、技术与商业的系统性融合解决"监管难"问题

图 6-2 城市交通数据要素激活与共享系统框架

第一,需要通过法律与技术的系统性融合解决"确权难"问题。通过研究与构建符合城市交通数据要素特点的法规与制度,在现有法律框架的基础上,探索城市交通数据要素的确权制度体系,在尚未出台明确法律法规的情况下,通过"公示确权登记""协议协商确权登记"等方式进行分层分步分级分类的确权登记。与此同时,创新研究与突破解决制约数据确权的精准计量、统一标识、确权算法与统一语义等技术问题。

第二,需要通过经济与技术的系统性融合解决"定价难"问题。破解"定价难",在定义解决数据要素计量单位(DRs,一个 DRs 可以形象化地被理解为一个二维表中的一个有值单元格)的基础上,可以借鉴股票市场的定价方法,通过设定数据要素分析利用的"单价面值法"——每 10 000 个 DRs 的数据要素被分析一次的面值为 1 元人民币,数据提供方可以设定"发行价"——数据被分析一次的单位价格(以 10 000 DRs 作为基本单位),具体交易价格由双方自由协商,由市场机制来决定"成交价",从而可以有效降低交易双方的沟通成本,提高数据要素交易流通的效率。

第三,需要通过商业与技术的系统性融合解决"流通难"问题。解决"流通难"最重要的是解决"供给不足"的问题,因此需要建立保障数据提供方数据全程安全与可控的方式,通过有效的商业模式设计,运用数据要素的离线确权登记以及综合运用隐私计算、可信计算、离线计算等方式,在"数据不动、算法移动"基础上,激活数据提供方参与城市交通数据要素共享的意愿与动力,以确权登记促进共享目录建设,以场景牵引实现供需对接,同时通过提高供需双方匹配效率、交易效率,降低交易成本,高效发挥城市交通数据要素的价值与作用。

第四,需要通过经济、技术与商业的系统性融合解决"运营难"问题。借鉴我国土地要素管理的机制,充分尊重与确立多个主体单位的数据要素、数据资源与数据资产管辖权、运营权与收益权,让每个主体都能够有积极性去开发、运营自己的数据资产,享有数据资产的运营收益,同时还要考虑城市间"联网、联盟"的一体化协同,解决不同层级与不同主体间的自主运营与协同协作难题。

第五,需要通过法律、经济、技术与商业的系统性融合解决"监管难"问题。应当在鼓励创新、先行先试、并行实施的基础上,对在快速发展过程中的数据要素市场设立"创新试验区",探索"主动合规、技术合规、行业自律、协同监管"于一体的新型监管体系与模式,实现数据要素市场快速发展与健康发展的有效平衡。

6.5.2 城市交通数据要素激活与共享顶层设计

城市交通数据要素激活与共享体系的建设与完善,需要重点建设全国统一登记机构、价值发现统一市场,建设全国可信流通平台,完善全域协同监管体系,处理好不同主体间的定位与合作机制,建立符合市场化配置机制的运营模式。

1. 城市交通数据全国统一登记机构

通过建设分布式城市交通数据登记中心体系,由城市中心作为城市交通数据要素的运营主体,国家-省-市三级联动协同,负责全国城市交通数据的精准计量与登记确权,基于"数联网"底层协议,发放全国统一的"城市交通数据要素登记证书",为每一个城市交通数据资源集发放"身份证",实现城市交通数据的"一数一码、全程溯源"。

2. 城市交通数据价值发现统一市场

通过确权登记,建立城市交通数据的全域供给目录,通过构建精准计量、价值评估、分级分类的城市交通数据要素市场平台,提供包括"数据传输""接口服务""隐私计算"等多种方式在内的数据共享服务方式,打造城市交通数据价值发现的统一市场,逐步完善城市交通数据价值评估与定价模型,支撑与促进城市交通数据市场机制的发展与完善。

3. 城市交通数据全国可信流通平台

由于数据要素具有"脱离提供方物理控制即失控"的特点,因此数据提供方往往不愿意把数据"拿出来"进行物理转移式的交易,通过"数据不动、算法移动"的方式,实现在保护提供方数据控制权基础上的隐私计算与可信计算,为城市交通数据提供方提供"可管、可信、可知、可控"的全过程保障,促进数据要素供给,加速数据要素的交易流通。

4. 城市交通数据全域协同监管体系

城市交通数据要素市场发展不能重复过去"先发展、后治理"的老路,需要探索与实践"主动合规、技术合规、行业自律、协同监管"于一体的新型监管体系与模式,在建设与运营过程中主动研究与制定行业合规标准与规范,并积极"拥抱"监管,建立长效安全合规与保障体系,实现城市交通数据要素市场快速发展与健康发展的有效平衡。

6.5.3 城市交通数据要素激活与共享组织运营

以行业为经线,以城市为纬线,探索"政府主导、市场运营、专业服务"的城市交通数据要素激活与共享体系,建立市场化、专业化与平台化运营主体,打造有活力的数据要素市场平台,通过"数据不动、算法移动"实现城市交通数据的可信流通和价值变现,高效支撑城市交通领域的数据资产管理、数字化转型与智能化运行。

支持与联合国内城市数据要素运营平台的建立与运行,通过联网、联盟和一体化对外服务,更好地促进区域与行业的数据要素市场化配置改革与落地工作,与城市数据要素市场联盟协作,建设城市与城市交通两个维度互相支撑、互相促进的数据要素市场网络体系。

6.5.4 城市交通数据要素激活与共享安全保障

针对数据要素处于初级发展阶段、政策法律规制相对滞后、数据要素确权流通监管复杂等现状,通过主动合规、协同监管,严把安全关与隐私关,构建"主体、技术、数据、算法、结果"五位一体的监管体系,打造"可信、可管、可知、可控"城市交通数据要素激活与共享发展体系。

对城市交通数据要素确权登记与可信共享的安全管理制度、安全监管方法、安全监管技术以及安全审计等工作进行深化,建立相适应的标准规范与技术平台,保障城市交通数据要素激活与共享过程中的安全与可控。

6.6 小结

面向城市交通信息化、数字化与智能化发展的新要求,以数据要素特性出发,针对制约城市交通数据要素激活与共享的"确权难、定价难、流通难、运营难、监管难",通过综合法律、技术、经济、商业四个系统的社会系统工程框架,依托区块链、数联网以及隐私计算等新一代信息技术,按照公平与效率的原则,妥善规范数据权属规范;按照贡献与收益的原则,积极鼓励数据确权登记;按照实效与迭代的原则,在实践中完善共享方式;按照安全与可控的原则,积极践行分级分类标准。综合统筹与协调不同城市之间、不同主体之间、不同系统之间与不同模式之间的协作、权利、技术与运营,通过建设统一登记结构、价值发现统一市场、全国可信流通平台、全域协同监管体系,通过顶层设计、集约建设与长效运营,构建高效、活力、安全与可控的激活与共享体系,为城市交通与城市交通信息化、数字化与智能化的发展提供基础性与配置性的基础设施和保障。

参考文献

[1] 张麒.数据纳入生产要素范畴的深意[N].四川日报,2020-04-23.

[2] 田杰棠,刘露瑶.交易模式、权利界定与数据要素市场培育[J].改革,2020(7):17-26.

[3] 黄罡,柳峰,刘譞哲,等.数据中心开展数据服务之研究(利用区块链进行大数据资产确权与可信流通之研究)[R].北京市经信局,2019.

[4] Peterson R E. A cross section study of the de-mand for money: The United States, 1960-1962[J]. Journal of Finance, 1974, 29(1): 73-88.

[5] 齐爱民,盘佳.数据权、数据主权的确立与大数据保护的基本原则[J].苏州大学学报(哲学社会科学版),2015,36(1):64-70,191.

[6] 魏凯,姜春宇,刘成成,等.数据资产管理实践白皮书(3.0版)[R].北京:中国信通院云计算与大数据研究所,CCSA大数据技术标准推进委员会,2018.

[7] 朱扬勇,叶雅珍.从数据的属性看数据资产[J].大数据,2018,4(6):65-76.

[8] 柳峰.数据要素市场发展需要系统思维[N].河北日报,2021-10-21.

[9] 黄罡.数联网:数字空间基础设施[J].中国计算机学会通讯,2021,17(12).

第 7 章
城市交通信息安全与保障

本章从信息安全角度出发,介绍有关的信息安全技术与隐私保护技术。并进一步对信息系统相关的保障方法进行介绍,包括交通信息化的标准规范和信息化系统的维护更新等。

7.1 信息安全技术

信息安全,根据国际标准化组织(International Organization for Standardization,ISO)的定义,是为数据处理系统建立和采用的技术、管理上的安全保护,它的目标是保护计算机硬件、软件、数据不因偶然的或恶意的原因而遭到破坏、更改、泄露。信息安全主要包括以下四个面:

(1) 物理安全。又称实体安全,涵盖了防止计算机设备、设施(网络及通信线路)在地震、水灾或有害气体和其他环境事故中受到破坏的措施和过程。

(2) 网络安全。保障网络上信息的安全,确保在网络中传输和保存的数据不会受到偶然或恶意的破坏、更改和泄露,同时保障网络系统的正常运行,确保网络服务不中断。

(3) 系统安全。主要关注计算机系统的安全性。这主要取决于软件系统的安全性,包括操作系统和数据库的安全性。

(4) 应用安全。定位于应用层的安全。应用程序在使用过程中和结果的安全性,包括Web安全技术、电子邮件安全等方面。

信息安全的实质就是要保护信息系统或信息网络中的信息资源免受各种类型的干扰、威胁和破坏,即保证信息的安全性。信息安全是任何国家、政府、部门、行业都必须十分重视的问题,是一个不容忽视的国家安全战略。

7.1.1 信息安全技术的必要性

1. 信息安全的挑战

1) 网络攻击的类型和影响

典型的网络攻击主要包括以下几个类型：

(1) 恶意软件(Malware)。这是一种常见的网络攻击方式，包括病毒、蠕虫、特洛伊木马等。它们可以破坏系统，窃取信息，甚至控制用户的设备。

(2) 钓鱼攻击(Phishing)。攻击者通过伪装成可信任的实体，诱使用户提供敏感信息，如用户名、密码和信用卡的详细信息等。

(3) 中间人攻击(Man-in-the-Middle Attack)。在这种攻击中，攻击者将自己插入通信双方之间，窃取或篡改信息。

(4) 拒绝服务攻击(Denial of Service Attack)。攻击者通过令目标系统过载，使其无法提供正常服务。

网络攻击的影响主要包括以下方面：

(1) 数据泄露。网络攻击可能导致敏感数据被窃取，包括个人信息、商业秘密和知识产权。

(2) 财务损失。网络攻击可能导致直接的财务损失，例如，通过欺诈手段盗取银行账户信息。

(3) 业务中断。网络攻击可能导致系统崩溃或服务中断，影响正常的业务运行。

(4) 声誉损害。数据泄露事件可能损害公司的声誉，导致客户流失。

2) 数据泄露的后果

数据泄露可以对个人、组织甚至整个社会产生严重的影响。以下是一些主要的后果：

(1) 个人信息的滥用。个人信息泄露可能导致身份盗窃，使个人在金融、信誉和隐私方面遭受损失。例如，泄露的信用卡信息可能被用于欺诈交易。

(2) 企业损失。企业的商业秘密或敏感数据泄露可能导致竞争优势的丧失，影响市场地位，甚至可能导致法律诉讼和罚款。

(3) 信任破裂。数据泄露事件可能导致消费者对企业的信任度下降，影响企业的声誉和客户关系。

(4) 合规风险。许多国家和地区都有严格的数据保护法规。数据泄露可能导致企业面临合规风险，包括罚款和监管制裁。

(5) 安全威胁。在某些情况下，数据泄露可能对国家安全构成威胁。例如，泄露的政府或军事信息可能被用于恶意目的。

因此，采取有效的信息安全技术以防止数据泄露是至关重要的。这不仅可以保护个人和企业的利益，也有助于维护社会的稳定和安全。

2. 信息安全技术的必要性

1) 技术防御措施的作用

在信息安全领域，技术防御措施是保护信息系统免受各种威胁的重要手段。这些措施主

要包括以下几个方面:

(1) 防止未经授权的访问。技术防御措施可以通过身份验证和访问控制来防止未经授权的用户访问信息系统。例如,密码、生物识别技术和角色基础的访问控制都是防止未经授权访问的有效手段。

(2) 保护数据的完整性。技术防御措施可以通过数据加密和完整性检查来保护数据的完整性。例如,哈希函数和数字签名可以用来检测数据是否被篡改。

(3) 确保数据的可用性。技术防御措施可以通过冗余和备份来确保数据的可用性。例如,RAID 技术和数据备份可以用来防止数据丢失。

(4) 防止网络攻击。技术防御措施可以通过防火墙和入侵检测系统来防止网络攻击。例如,防火墙可以阻止恶意流量进入网络,入侵检测系统可以检测并阻止网络攻击。

2) 各类信息安全技术如何防止网络攻击和数据泄露

(1) 加密技术。加密技术是防止数据泄露的重要手段。通过对数据进行加密,即使数据被非法获取,也无法直接读取其内容,从而保护了数据的安全。常见的加密技术包括对称加密、非对称加密和哈希函数等。

(2) 安全配置和补丁管理。通过定期更新或修补操作系统和应用程序,可以修复已知的安全漏洞,防止攻击者利用这些漏洞进行攻击。

(3) 防火墙。防火墙是一种网络安全系统。它监控进出网络的流量,根据预定的安全规则来允许或阻止特定的网络流量。防火墙可以防止未经授权的访问,从而保护网络免受攻击。

(4) 身份和访问管理(Identity and Access Management, IAM)。IAM 技术确保只有经过验证和授权的用户才能访问网络资源。这可以防止未经授权的用户访问和窃取敏感数据。

(5) 入侵检测系统(Intrusion Detection System, IDS)。入侵检测系统可以监控网络和系统活动,检测异常行为或已知的威胁模式。一旦检测到潜在的数据泄露行为,IDS 会发出警报,以便组织采取行动。

(6) 数据丢失防护(Data Leakage Prevention, DLP)。数据丢失防护技术可以识别、监控并保护在存储、使用和传输过程中的敏感数据,防止数据泄露。

(7) 安全信息和事件管理(Security Information and Event Management, SIEM)。SIEM 系统可以收集和分析各种来源的安全事件数据,提供实时的可视化警告,并支持事后调查和报告。

通过以上技术和策略,可以有效地防止网络攻击和数据泄露,保护信息系统的安全。然而,值得注意的是,没有任何一种技术可以提供 100% 的安全保障。因此,组织需要采取多层防御策略,结合使用多种信息安全技术,以提供最全面的保护。同时,也需要定期进行安全审计和风险评估,以便及时发现和修复安全漏洞,防止网络攻击。

7.1.2 信息安全技术与方法

1. 信息安全技术

1) 加密技术

加密技术是一种通过使用算法(亦称为密码)将原始数据转化为不可读的文本,以防止未经授权的用户访问的技术。只有拥有正确密钥的用户才能解密这些文本并访问原始数据。

加密技术包括对称加密和非对称加密。

(1) 对称加密。在这种类型的加密中,用于加密和解密的密钥是相同的。这种方法非常快,适合大量数据的加密。然而,密钥的分发和管理可能会很复杂。常见的对称加密算法包括 AES、DES、3DES 等。

(2) 非对称加密。这种类型的加密使用一对密钥,一个用于加密,另一个用于解密。这解决了密钥分发的问题,但速度较慢,因此通常仅用于小量数据的加密,或者用于加密对称加密的密钥。常见的非对称加密算法包括 RSA、ECC 等。

加密技术在信息安全中的应用广泛,包括:

(1) 数据保护。加密技术可以保护存储和传输的数据,防止数据泄露、被篡改和破坏。

(2) 身份验证。加密技术可以用于身份验证,确保通信双方的身份。

(3) 数字签名。加密技术可以用于创建数字签名,以验证数据的完整性和来源。

尽管加密技术在信息安全中起着重要的作用,但也面临着一些挑战,包括密钥管理、算法的安全性等。随着量子计算的发展,未来的加密技术将需要能够抵抗量子攻击。因此,后量子密码学正在成为一个重要的研究领域。

2) 防火墙

防火墙在计算机科学领域中是一个架设在互联网与内网之间的安全系统,根据持有者预定的策略来监控往来的传输。防火墙可能是一台专属的网络设备,也可以执行于主机之上,以检查各个网络接口的网络传输。

网络层防火墙和应用层防火墙是主要的防火墙类型,也有一些防火墙同时在网络层和应用层进行运作。这两种防火墙在信息安全领域起着关键作用。网络层防火墙运作于 TCP/IP 协议堆栈上。管理者会先根据企业或组织的策略预先设定好封包通过的规则或采用内建规则,只允许符合规则的封包通过。在 TCP/IP 堆栈中,应用层防火墙位于"应用层"上,负责处理浏览器生成的数据流或者使用 FTP 时产生的数据流。这一层的任务是确保数据的安全传输和处理。

防火墙的应用包括但不限于防止电脑蠕虫或木马程序的快速蔓延,防止网络攻击,以及保护内部网络数据的安全。随着技术的发展,防火墙的功能也在不断扩展和深化。例如,支持深度分组检测的现代防火墙可以扩展成入侵防御系统(Intrusion Prevention System, IPS)、用户身份集成(将用户 ID 与 IP 或 MAC 地址绑定),以及 Web 应用防火墙(WAF)。

3) IDS

IDS 是一种网络安全设备或应用软件,可以监控网络传输或者系统,检查是否有可疑活动或者违反企业的政策。IDS 是一种积极主动的安全防护技术。

根据检测位置的不同,IDS 可以分为网络入侵检测系统(Network Intrusion Detection System, NIDS)和基于主机型入侵检测系统(Host-based Intrusion Detection System, HIDS)。根据检测的方式,IDS 可以分为基于特征的 IDS 和基于异常的 IDS。

NIDS 是一种安全工具,旨在监控网络流量以检测潜在的入侵行为和安全漏洞。NIDS 通常由以下几个部分组成:传感器用于监视网络流量,并将数据传输给 IDS 管理器进行分析;IDS

管理器,用于分析传感器收集的数据,检测潜在的入侵行为并发出警报;数据库,用于存储事件、警报和其他与入侵检测相关的信息。

HIDS旨在检测单个计算机或服务器上的恶意活动和安全漏洞。基于主机的HIDS通过监视主机上的系统日志、文件和进程等活动来检测潜在的入侵行为,并发出警报以通知管理员采取适当的措施。

4) SIEM

SIEM是一种安全解决方案,可以监控网络传输或者系统,检查是否有可疑活动或者违反企业的政策。SIEM是一种积极主动的安全防护技术。SIEM主要包括日志管理,事件关联和分析,事件监控和安全报警。

日志管理是SIEM从一个组织的整个IT基础设施(包括本地和云环境)的各种来源获取事件数据。实时收集、关联和分析来自用户、端点、应用程序、数据源、云工作负载和网络的事件日志数据,以及来自安全硬件和软件(例如防火墙或防病毒软件)的数据。

事件关联和分析是任何SIEM解决方案的重要组成部分。事件关联利用高级分析来识别和理解复杂的数据模式,以提供洞察分析,快速定位潜在威胁,降低对业务安全性的影响。

事件监控和安全报警是SIEM将其分析整合到一个中央仪表板中,安全团队可以在其中监控活动、分类警报、识别威胁并启动响应或补救措施。

2. 信息安全方法

1) 安全政策

安全政策是一个组织为保护其信息资产而制定的一组规则和程序。这些规则和程序定义了组织的安全框架,指导了组织如何管理、保护和分配其资产。

一个完整的安全政策通常包括以下几个部分:

(1) 目标。明确安全政策的目标和目的,解释为什么需要这个政策。

(2) 范围。定义政策的适用范围,包括涵盖的人员、系统和数据。

(3) 责任。明确各方面的责任,包括管理层、员工和第三方的责任。

(4) 策略。详细描述实现政策目标的具体步骤和方法。

(5) 例外。列出可能的例外情况和如何处理这些情况。

(6) 审计和合规。描述如何监控和确保政策的执行,以及如何处理违反政策的情况。

安全政策的应用包括但不限于数据保护、访问控制、身份验证、网络安全、物理安全、灾难恢复等。制定和实施安全政策是一个持续的过程,需要定期审查和更新以适应新的威胁和挑战。这个过程通常包括风险评估、政策制定、员工培训、政策实施、定期审查和更新等步骤。

2) 安全培训

安全培训是一种教育过程,旨在提高员工对安全规定、程序和技术的理解,以减少事故和伤害。这是一个持续的过程,需要定期进行以适应新的威胁和挑战。

一个完整的安全培训通常包括以下几个部分:

(1) 理论教学。包括安全法规、操作规程、事故案例分析等。

(2) 实践操作。通过模拟实际工作环境,让员工亲自操作,提高其安全技能。

(3) 考核评价。通过考试、操作演示等方式,评价员工的安全知识和技能。

安全培训的应用包括但不限于新员工入职培训、特种作业人员培训、应急演练培训等。制定和实施安全培训的过程通常包括需求分析、培训计划制订、培训材料准备、培训实施、效果评价等步骤。

3) 安全审计

安全审计是一个结构化的过程,通过它收集与公司整体健康和安全管理系统的效率、有效性和可靠性有关的信息。它们定期进行,以确定公司是否遵守安全法规。

安全审计可以通过多种方式用于提高公司的安全(和环境)绩效。它可能在一个层面是对安全(环境)管理系统的审计,在另一个层面上则是对工作场所作业流程的监控。

制定和实施安全审计的过程通常包括需求分析、审计计划制订、审计材料准备、审计实施、效果评价等步骤。

4) 应急响应计划

应急响应计划是一种预先制订的策略,用于指导企业在日常运营因灾难而中断时,如何恢复正常运营。无论是应对全球致命病毒大爆发、有关数据泄露的危机管理,还是只是丢失了一名重要客户,应急响应计划都可以帮助组织在发生负面事件后重新站稳脚跟。

一个完整的应急响应计划通常包括以下几个部分:

(1) 风险评估。评估每项风险的潜在影响。通常由企业领导和员工共同进行风险分析。

(2) 业务影响分析。了解不同的业务职能部门及其对意外事件的响应情况至关重要。

(3) 备用计划。确定实施计划的触发因素,设计适当的响应方案,明确、公平地划分职责。

应急响应计划的应用包括但不限于防止电脑蠕虫或木马程序的快速蔓延,防止网络攻击,以及保护内部网络数据的安全。制订和实施应急响应计划的过程通常包括需求分析、计划制订、材料准备、计划实施、效果评价等步骤。

7.1.3 信息安全技术在城市交通中的应用

1. 加密技术在轨道交通信号系统中的应用

在城市轨道交通信号系统中,加密技术主要应用在车地无线通信的端到端应用层设备中,包括车载子系统、区域控制器(ZC)和线路控制器(LC)子系统、列车自动监控(ATS)子系统,网络通信层设备为数据通信(DCS)子系统。

2. 防火墙在交通管理系统中的应用

在智能交通管理系统中,防火墙主要应用在系统的端到端应用层设备中,包括交通信号系统、交通监控系统、交通信息系统等。防火墙可以有效地实现防火墙内外计算机系统的隔离,还可以用于实施较强的数据流监控、过滤、记录和报告等功能。

3. IDS 在自动驾驶汽车中的应用

在自动驾驶汽车中,IDS 主要应用在车载网络的端到端应用层设备中,包括 T-BOX、中央网关、IVI 等具有操作系统或对外接口的主机系统。IDS 通过对车内网络报文的采集和分析,来发现是否存在攻击性报文或异常报文,进一步识别出车辆是否受到攻击。

4. SIEM 在交通监控系统中的应用

在交通监控系统中，SIEM 主要应用在系统的端到端应用层设备中，包括交通信号系统、交通监控系统、交通信息系统等。SIEM 通过对车内网络报文的采集和分析，来发现是否存在攻击性报文或异常报文，进一步识别出车辆是否受到攻击。

7.2 隐私保护技术

7.2.1 隐私保护技术的必要性

信息技术的快速发展使当今社会进入了大数据时代，全球数据总量正迅速增加。随着大数据的广泛应用，它不仅为人们的生活带来了便利，同时也对数据、信息安全以及隐私保护提出了全新的挑战。从众多案例中可以得知，庞大的数据收集和使用可能导致用户隐私暴露的风险上升。在这一背景下，互联网的普及更进一步地加剧了隐私泄露的潜在风险。2016 年由于黑客攻击，优步(Uber)公司遭遇大规模数据泄露，使得 5 000 万名乘客的个人信息，包括姓名、电子邮件地址和手机号码等，遭到不法泄露；2017 年 7 月，因为瑞典交通部的错误操作，全国公民的个人数据甚至军方的大量机密资料遭到泄露；2021 年马来西亚航空公司 2010—2019 年的会员数据泄露，其中包括会员姓名、联系方式、性别、会员等级等。大数据带来的整体变革，使得用户难以抵抗个人隐私被全面暴露的风险，加剧了人们对隐私泄露的担忧，个人隐私保护遇到了严峻的挑战。

为了保护数据和信息安全，各国相继提出了一系列法律条例，例如欧盟已经实施的《通用数据保护条例》，中国已经实施的《中华人民共和国网络安全法》和已经通过的《中华人民共和国个人信息保护法》等，明确了信息收集、处理和利用的主要法律责任，加强了对公民的个人隐私保护。但是仅仅从立法方面确保数据和信息安全，保护个人隐私是不够的，还应从技术层面和管理层面推进隐私保护。

7.2.2 隐私保护技术与方法

在当前的隐私保护技术领域，主要有三种广泛应用的方法：首先是基于数据失真的隐私保护技术，其次是基于数据加密的隐私保护技术，最后是基于限制发布的隐私保护技术。这些技术在保护隐私方面发挥着重要作用。

1. 基于数据失真的隐私保护技术

基于数据失真的技术旨在使敏感数据经过扰动处理后仍能保持特定数据或属性的不变。这包括采用添加噪声、进行数据交换等手段，以确保处理后的数据在统计方面仍具有某些性质，以支持数据挖掘等操作。隐私保护技术则通过对原始数据进行扰动来实现隐私保护，必须同时满足以下两个条件：

(1) 确保攻击者无法发现真实的原始数据，也就是通过发布的失真数据，攻击者不能重构出真实的原始数据。

(2) 经过失真处理后的数据仍需保持特定性质的不变,即从失真数据中获得的信息等同于从原始数据中得出的信息。这确保了基于失真数据的某些应用的可行性。

当前基于数据失真的隐私保护技术包括:

(1) 随机化,即对原始数据加入随机噪声,然后发布扰动后的数据。

(2) 阻塞,即不发布某些特定数据的方法。

(3) 凝聚,即原始数据记录分组存储统计信息的方法。

(4) 差分隐私保护,即确保在数据集中添加或删除某一记录后,查询处理的结果不受影响,所添加的噪声大小与数据集的规模无关。目前,差分隐私保护技术在实践中得到了广泛的应用。

2. 基于数据加密的隐私保护技术

基于数据加密的技术是指采用信息加密的方式,对数据挖掘环节中存在暴露可能性的敏感数据进行二次处理的方法,多用于分布式应用环境中。常用的基于数据加密的隐私保护技术包括:

(1) 安全多方计算,即两个或多个站点在完成计算时采用特定协议,确保每方仅了解自身的输入数据以及最终结果的全局统计信息。

(2) 分布式匿名化,即保证站点数据隐私,收集足够的信息实现利用率尽量大的数据匿名。

(3) 分布式聚类,隐私保护在分布式聚类中的关键点在于安全地计算数据间的距离。目前有两种常用的模型:① Naive 聚类模型,各站点以加密方式安全传递数据至信任的第三方,由该第三方进行聚类并返回结果;② 多次聚类模型,首先,各站点对本地数据进行聚类并发布结果,随后对各站点发布的结果进行二次处理,从而实现分布式聚类。这两种模型都注重在保护隐私的前提下进行数据处理,确保安全性与效率的兼顾。

3. 基于限制发布的隐私保护技术

基于限制发布的技术核心目标是有选择地发布原始数据,以确保隐私安全,避免公开敏感信息或发布精度较低的数据。在这一数据隐私保护方法中,主要技术焦点在于对数据进行匿名化处理。具体而言,通过平衡隐私披露风险和数据精度之间的关系,选择性地披露敏感数据和可能导致敏感信息披露的数据,同时确保敏感数据和隐私披露的风险在可接受的范围内。代表这一方法的一些典型技术包括 K-匿名技术、L-多样性技术、T-相近技术等。当前数据匿名化的研究主要集中在两个方面。一方面,研究探讨设计更为优越的匿名化原则,以确保按照这些原则发布的数据在充分保护隐私的同时,保持较高的利用价值;另一方面,专注于为特定的匿名化准则构建更为高效的匿名化算法。目前,数据匿名化通常采取两类基本操作。

(1) 抑制。抑制某数据项,即不发布该数据项。

(2) 泛化。泛化是对数据进行更概括、抽象的描述,例如对整数 4 的一种泛化形式是 [3,5],因为 4 在区间[3,5]内。

4. 隐私保护技术比较

基于数据失真的隐私保护技术、基于数据加密的隐私保护技术和基于限制发布的隐私保护技术各有特点,对三种技术的比较见表 7-1。可以看出,数据失真技术效率比较高,适用于处理复杂的大数据,但是不能很好地控制隐私预算,且存在噪声等误差,存在一定程度上的信息丢失;数据加密技术具有较高的隐私保护程度和数据效用,但是数据和平台的开销较大,使数据不能实现最大价值的共享;基于限制发布的技术使用较低的开销就可以为发布的数据提供隐私保护,且易实现,但是容易造成数据损失,影响发布数据的可用性。

表 7-1 数据隐私保护技术比较

技术名称	代表性技术	优点	缺点
基于数据失真的技术	随机化	效率高	存在噪声等误差,过度失真会导致信息损失
	阻塞		
	凝聚		
	差分隐私保护		
基于数据加密的技术	安全多方计算	隐私保护效果好、数据效用性高	计算和通信要求高
	分布式匿名化		
	分布式聚类		
基于限制发布的技术	抑制	容易实现、通信开销低	存在数据损失、被动攻击
	泛化		

7.2.3 隐私保护技术在城市交通中的应用

随着信息技术的逐步发展,用户对数据收集、使用等方面的隐私要求逐渐增加,各类隐私保护技术也应用到了交通各领域中。

在智能交通系统中,目前有应用假名化、匿名化、基于差分隐私等技术实现个人、车辆、位置等信息的隐私保护;在车联网中,目前已有大量身份认证机制、匿名、同态加密等技术来保护用户的身份隐私、位置隐私和轨迹隐私等;在交通视频监测、道路状态监测等场景中,均应用了数据隐私保护技术,保障数据和信息安全。

城市交通作为一个涵盖多领域问题的复杂系统,涉及社会各个层面的多种交通信息。传统交通信息系统通常是由统一中心进行发布和分发,难以实现实时共享。因此,目前已经有一系列交通典型应用场景利用区块链技术来综合利用各类交通信息资源,调动多元力量来提升信息采集、处理、发布的能力,以实现更安全、更高效、更灵活、更及时的交通信息管理模式。区块链是一种共享的分布式数据库技术,是目前数字经济最重要的底层运行平台,具有公开透明、去中心化、去信任、集体维护、信息共享、不可篡改等技术特点,每个用户发布的信息可以在极短的时间内实现全网数据同步。

据 IBM 区块链发展报告指出,全球约九成的政府正在进行区块链技术的研发、投资和应用,且目前中国和欧盟的发展速度处于领先地位,形成了诸多区块链发展联盟和区块链开发系统,美国则由于监管体制的制约而相对滞后。上述开发系统具有开放性、自治性、信息不可篡改、匿名性等特征,能够连接各个独立的传统数据共享与交易平台,跨域形成数据共享,在一定范围内解决人为形成的数据孤岛问题,并能够保护用户的敏感数据、隐私数据,限制数据的非法交易,为数据的实际拥有者提供一个自身数据价值变现的渠道。

具体而言,区块链技术已经在实景路况、车联网、高速公路改扩建和自行车出行奖励等领域得到广泛应用。

1) 实景路况

实景路况平台通过区块链技术,集成时间戳、空间戳以及影像刻画等不可篡改的能力,广泛应用于交通违法处罚证据(随手拍)、货运险备证、网络货运平台的税务稽核备证等多个领域,解决以往传统应用对于用户贡献无法兑换价值的问题,实现数据价值回归数据生产者。

2) 车联网

车联网技术通过车载单元与其他车辆或路侧固定基站之间通信,以进行交通信息的协同和共享,从而实现车辆的前向碰撞预警、变道预警等功能。然而,上述信息一旦泄露或被篡改,将造成难以估量的后果。因此,往往采用分散区块链结构的分布式密钥管理方案保证车联网信息交互的安全性,通常包括物理层、数据层、网络层、交换层、奖励层、展示层和服务层共7层的智能车辆通信网络架构,并移除了第三方机构,简化了密钥传输交换步骤,提高了传输效率。

3) 高速公路改扩建

通过搭建信息共享平台,对交通设施设计、施工、维护等全流程进行动态监管,保证工序施工建设质量,实现责任人员可追溯,提升设计单位、建设单位、施工单位的管理统筹效率。

4) 自行车出行激励

骑行者通过在以太网区块链上存储和执行的智能合约来采集并兑换出行数据,在无须中间媒介的情况下完成数据交易、匿名付款等工序,并可据此获得政府或企业给予的经济补偿,间接促进低碳出行的推广。

7.3 交通信息化标准规范

7.3.1 交通运输信息化标准规范体系架构

交通运输信息化标准是指交通运输行业在信息化咨询、设计、建设、实施、运行、维护等活动中,为满足管理需要和用户需求,结合行业特点,制定的可重复使用的规则、准则、规范或要求。

根据2018年发布的《标准体系构建原则和要求》(GB/T 13016—2018),交通运输信息化标准体系被划分为六个部分,分别是100基础通用、200基础设施、300数据资源、400信息应用、500网络安全和600工程规范,按照交通运输行业在信息化咨询、设计、建设、实施、运行、维护等活动中产生和制定的信息化标准内容及其内在联系进行划分。

100基础通用包括四个类别,分别是术语及符号、分类与代码、数据元与元数据以及通用规则。200基础设施分为硬件设备和网络与通信两大类。300数据资源包括数据表示、数据采集、数据交换和数据管理四个类别。400信息应用划分为技术要求和测试维护两个类别。500网络安全包括安全技术、安全管理、网络信任和安全服务四个类别。600工程规范则分为工程建设、工程管理、工程运维三个类别。

整个体系共包括495项标准,其中基础通用标准有73项,基础设施标准有81项,数据资源标准有90项,信息应用标准有195项,网络安全标准有11项,工程规范标准有45项。相关体系架构如图7-1所示。

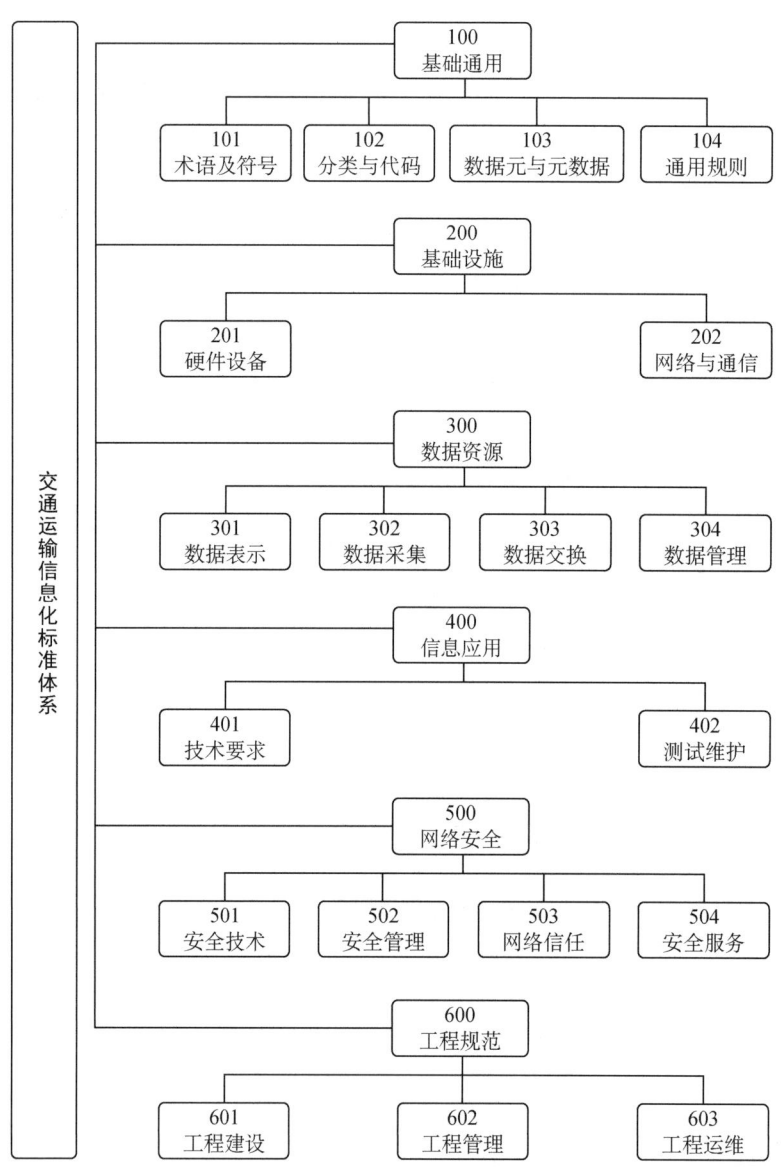

图 7-1 交通运输信息化标准体系架构

7.3.2 主要标准内容

现已发行或即将实施的与交通信息相关的标准包括道路交通信息、轨道、民航及公共交通等信息、智能运输系统、交通管理和信息以及交通科技信息平台等方面。

道路交通信息标准规范包括信息采集、信息发布、信息服务等方面。《道路交通管理信息采集规范》(GA/T 946—2017)共包括6部分,分别为机动车驾驶证业务信息采集和签注,规定了机动车驾驶证业务信息的采集项目、岗位和要求以及机动车驾驶证等签注项目和要求;机动车登记信息采集和签注;道路交通事故处理信息采集,规定了道路交通事故处理过程中的受案登记信息、现场勘查信息、处理结果信息、人员及车辆处理结果信息等的采集项目和要求;道路交通违法处理信息采集;剧毒化学品公路运输信息采集;道路交通管理辅助信息采集。《交通信息采集 视频交通流检测器》(GB/T 24726—2021)、《交通信息采集 微波交通流检测器》(GB/T 20609—2023)规定了各交通参数检测器的技术要求、检验规则等。

《道路交通信息发布规范》(GA/T 994—2017)规定了道路交通信息内容、发布方式和发布形式的要求,其中发布方式包括可变信息标志发布、互联网网站发布、交通广播发布、电视发布等,发布形式包括文字、语音、图形、图片、视频信息等。

道路交通信息服务相关的系列标准共包括15个,其余标准包括《道路交通信息服务 交通状况描述》(GB/T 29107—2012)、《道路交通信息服务 道路编码规则》(GB/T 29744—2013)、《道路交通信息服务 信息分类与编码》(GB/T 21394—2008)和《道路交通信息服务 数据服务质量规范》(GB/T 29101—2012)等。

《轨道交通地理信息数据规范》(GB/T 37120—2018)规定了轨道交通地理信息数据坐标系统、要素分类与编码规则、数据描述、生产和更新、数据组织与管理、数据交换与互操作以及数据质量等方面的要求。《民用航空空中交通管制综合信息显示系统技术规范》(MH/T 4026—2009)规定了民用航空空中交通管制综合信息显示系统的功能、性能、数据类型和格式、接口规范及网络布局等方面的要求。

7.4 信息化系统维护、迭代与更新

信息化系统平稳运行的关键在于对系统的维护、迭代和更新。近年来,交通运输信息化取得了迅猛的发展,尤其是交通运输部门在信息系统建设方面取得了显著成就。然而,目前存在一个普遍问题,即信息化系统普遍面临"建设容易、运行维护难、迭代更新快"的挑战。一方面,由于交通运输部门普遍存在"偏向建设、忽视运维"的趋势,管理部门更注重系统建设而忽略了在整个信息化过程中维护、迭代与更新的重要性。在相关管理层面,投入的人员相对较少,团队实力相对较弱,资金缺口较大,导致维护、迭代与更新的质量较低,应用效果不尽如人意。另一方面,交通检测设备老化以及车路协同、自动驾驶等技术的提升,使得交通运输行业信息化软硬件资源的维护、迭代和更新面临更大的压力。本节将从信息化系统的运行维护和信息化系统的迭代更新两个角度,对问题进行深入分析,并提出相应的要求。

7.4.1 信息化系统的运行与维护

目前,运行维护信息化系统的方式主要分为两种。一是自主运维模式,交通信息化部门专注于最大化整体效益,采取差异化处理基础设施、应用系统和数据资源。在这一模式下,统一运维部门负责各层次基础设施的管理和集中维护,而数据资源通常由类似数据管理中心的机构进行集中管理和交换共享。应用系统则采用"谁使用,谁维护"的策略,实现分散管理。另一种模式是运维外包,交通运输部门将信息化项目软硬件设施设备的维护外包给专业公司,以集中精力发展核心业务,迅速提高自身收益。

在实际运行层面,各交通运输管理部门已开始制定符合自身情况的交通运输信息化项目建设管理办法。例如,北京已初步建立了运维管理机制,包括运维管理体系、运维分类管理和监督实施三个方面;青海发布了《青海省交通运输厅信息化运行维护实施方案》,对运维内容、运维工作分类和运维工作模式等方面提出了相关要求。然而,总体而言,目前针对建设成果的运维管理机制都相对分散,未形成职责清晰、边界合理、费用筹措有效的运维管理机制。存在的主要问题包括:

(1) 实行主体单一化的维护方式。在当前的道路交通设施管理中,主要采用政府主导的管理方式,政府有关部门的角色作用尤为显著,对商业化运行水平产生了一定程度的影响。交通信息化系统的维护方式呈现单一化趋势,对工作效率造成不利影响,同时缺乏责任明确和绩效考核的有效制约,这在一定程度上引发了交通信息化系统维护管理疏漏和拖延的问题。

(2) 维护管理内容愈发繁杂。我国的交通信息化系统正不断完善,并在不断扩大应用范围。对系统软件、硬件、数据采集设备以及视频监控设备的需求量大幅增加,这在一定程度上提高了交通信息化系统的维护管理难度,使得管理内容变得日益烦琐。

(3) 维护管理资金短缺问题。为了维护运行交通信息化系统,资金支持至关重要。然而,我国目前缺乏有关交通信息化系统运行维护管理标准,导致系统的维护管理工作面临资金支持不足的问题。资源消耗率逐渐增大,致使交通信息化系统的维护管理费用逐渐上升。

针对现有问题,可以通过以下几个方面提升交通信息化系统运行维护水平:

(1) 创新运行维护模式,推动商业化运维。交通信息化系统涉及的建设主体众多,其中包括公安管理部门和交通管理部门。然而,不同部门之间存在信息交流不畅的问题,经常出现信息重叠与冗余,导致系统数据过于分散,降低了信息共享水平。除此之外,系统的运行维护不仅需要专业人员进行操作,还需要大量的资金支持。因此,为了提高系统的管理效能,有必要创新系统管理模式,推行商业化运行维护管理方式。建议以政府为主体,与系统供应商签订试运行和正常运行期间的技术支持及费用分摊协议。在政策要求下,鼓励和引导商业运维,优先考虑原系统供应商。这一举措有助于解决技术和资金等方面的问题,从而确保系统运行的效率和效益。

(2) 确定规范的系统维护内容及标准。根据系统组成和运行要求,系统的运行维护需要覆盖枢纽监控设备、通信网络设备、交通状态监测设备以及指挥中心软硬件系统的运行维护保养。各项指标如设备完好率和平均无故障时间,必须满足指挥中心运行的最低要求。此外,还需根据运行需求对系统进行优化和升级,以确保运行管理效率的保障。

(3) 政府等有关部门提供资金支持。对交通信息化系统的有效运营而言,不可或缺的是充足的财政支持。然而,系统盈利水平相对较低,对系统的运维管理产生了显著的影响。因此,相关政府机构应当提供充分的经济支持,建立健全系统运行维护管理保障机制。对于系统运维管理者而言,必须明晰个人的职责与义务,清晰规定考核管理流程,并随着系统的发展和应用需求及时更新系统维护管理标准,以营造良好的系统运营环境。

7.4.2　信息化系统的更新和迭代

随着国民经济的高速发展和城市化进程的加快,我国机动车拥有量及道路交通量急剧增加,道路交通状况日趋复杂化,交通流特性呈现随时间变化大、区域关联性强的特点,交通信息化系统需要及时全面采集、处理和分析实时的交通流数据。此外,交通管理者和出行者对于交通服务信息的要求日益增加。对于交通管理者,要确保交通信息化系统能够全面提供路况信息,对道路交通状况以及交通违法行为进行全方位检测。系统应具备能够及时、高效地采集、处理和分析大量实时监测数据的能力。对于出行者,交通信息化系统要提供高时效性、个性定制化的交通信息,为出行者安全、畅通、高品质的出行提供保障。

在以往的交通检测中,检测手段和需求较为单一,主要以断面定点检测为主,对道路通行的某一点面采集相关数据。面对日益增加的交通信息需求,若仍采用以往的检测方式,则需要通过提高设备性能或增加设备布设数量实现对路段交通情况全面的检测和感知。此外,随着车路协同、自动驾驶等技术的提升,以及智能交通建设的项目落地,交通管理者对交通基础信息的需求也随之增加,对数据信息的内容和质量要求更加全面。已有的交通信息化系统中的单点交通检测设备在一定程度上已无法满足当前的信息需求,需要将路基数据采集转化为路基、车基及基于出行者的数据采集,实现交通信息化系统的更新和升级。大数据、互联网、人工智能、区块链、超级计算等新技术与交通行业进行深度融合,有助于实现信息化系统的更新和迭代。

针对现有的需求,对交通信息化系统的更新和迭代可以从以下几个角度进行:

(1) 推动多种检测设备融合,具备多源异构数据融合存储功能。随着车路协同、自动驾驶等技术的发展,对交通信息数据的要求更为全面。因此,需要系统管理者既要在硬件上实现数据采集的互补,又要在软件上实现数据的匹配,保证数据的时空同步。此外,交通信息数据来源广、数据量大,数据结构标准不统一、质量参差不齐等特点给统一存储和管理数据造成了困难,因此,信息化系统要注重多源异构数据融合存储功能的实现。

(2) 多部门协调配合,保障交通信息化系统的平稳运行。由于现在交通信息来源广,信息化系统的建设往往需要多专业的技术人才,难免出现跨专业所带来的信息互通不畅,从而导致工作效率低。因此,在信息化系统更新迭代的过程中,相关人员也应对不同部门、不同岗位的实际情况进行全面了解,并进行统筹性的设计活动,以避免系统功能出现遗漏,降低系统的实效性与支持性。此外,在进行信息化系统的功能设计、框架搭建与模块配置工作时,应预留出拓展空间,避免系统僵化、封闭,保证系统发展的可持续性。

参考文献

[1] 沈昌祥,张焕国,冯登国,等.信息安全综述[J].中国科学,2007(2):129-150.

[2] 丁苇,赵连才.税务信息化建设中的终端安全管理问题探讨[J].信息安全与技术,2010(9):11-15.

[3] 张雪锋.信息安全概论[M].北京:人民邮电出版社,2014.

[4] 张兴东,胡华平,况晓辉,等.防火墙与入侵检测系统联动的研究与实现[J].计算机工程与科学,2004(4):22-26.

[5] 游双燕,付安民,张玉清.信息安全应急响应计划规范的制定及其应用[J].信息技术与标准化,2008(9):27-31.

[6] Landoll J D. Information Security Policies, Procedures, and Standards[M]. Taylor and Francis, 2017.

[7] 冯登国,赵险峰.信息安全技术概论[M].北京:电子工业出版社,2009.

[8] 戴宗坤.信息安全管理指南[M].重庆:重庆大学出版社,2008.

[9] 钱蔚,徐烨.国产加密技术在轨道交通信号系统中的应用[J].城市轨道交通研究,2019,22(10):132-135.

[10] 李瑞敏,王长君.智能交通管理系统发展趋势[J].清华大学学报(自然科学版),2022,62(3):509-515.

[11] 张健.基于隐私保护的多步攻击关联方法研究[D].上海:上海交通大学,2011.

[12] 周水庚,李丰,陶宇飞,等.面向数据库应用的隐私保护研究综述[J].计算机学报,2009,32(5):847-861.

[13] 吴志周,杨晓光.中国城市交通信息系统标准化体系研究[J].上海标准化,2004(12):36-39.

[14] 涂梦婷.智能交通管理系统的运行维护管理[J].科技风,2016(2):251.

[15] 文静,李翠翠,王卓伟.交通信息化项目基础设施运行维护机制探究[J].中国交通信息化,2020(9):44-46.

[16] 全永燊.城市交通控制[M].北京:人民交通出版社,1989.

[17] 展英达.探究综合交通信息化系统框架设计与建设重点[J].中国新通信,2021,23(1):61-62.

第 8 章
"三元空间"视野下的城市交通智慧赋能

城市交通智慧赋能的内涵与外延,取决于对城市交通体系结构及对策构成的认识;交通信息技术系统功能的适配度,取决于对应用场景的正确理解;信息技术应用所产生的效果,受到管理体系和技术生态环境的巨大影响。

8.1 体系化——从智能走向智慧

城市交通体系化对策,意味着从技术手段向管理乃至治理领域的延伸。与此相应的信息技术应用需求,也从简单地将信息及控制技术引入交通系统,走向采用技术和政策手段解决交通领域综合性社会问题的人机混合系统发展。

8.1.1 智能交通与智慧交通的概念辨析

"智能交通"与"智慧交通",两个看起来相似且经常被混用的技术概念,其实是需要加以明确界定和区分的。"智能"更多是技术系统所具有的一种属性,而"智慧"则与"人"具有不可分割的紧密关联,是人-机系统才具备的属性。强调二者的差异和内涵,在交通体系变革中有重要的理论和实践意义。城市交通并非限于研究一个单纯的技术系统,而是在研究"社会-技术"系统,是采用技术与政策手段解决社会问题。区分智能交通与智慧交通两者的概念差异,界定城市交通智慧赋能发展的不同阶段,有利于更好明确未来系统的层次结构,既避免过度扩展当前开发系统的功能要求而造成初期推进困难,又有利于在前瞻性基础上递进升级。

强调智能交通与智慧交通的区别,其本质是强调从单纯技术系统向社会-技术系统的演化过程,强调体系变革的阶段性和发展性。

城市交通外部环境不断发生演变,因而其对策体系随之发生变革;从解决网络交通流问题到解决空间活动系统的组织问题,从解决出行问题到解决空间活动模式的引导问题,从恢宏巨作但相对粗放的对策体系向精细化、精准化的对策体系转换。社会的质的变化,要求城市交通不仅实现技术进步,而且要创造新型服务,并进一步实现现代社会治理,由此产生将交通系统变革从技术领域向社会领域逐步延展的问题。城市交通的复杂性,就在于其中的各种行为主体具有自主适应性,会根据环境变化和相关主体行为变化,调整自身的行为模式和行动策略,从而产生系统演化的复杂性和不确定性。对于这类复杂适应系统,不可能单纯采用物理逻辑来简单地实现智能控制。需要更高层面的智慧——人的智慧来不断重新审视在原有认识基础上所建立的控制规则体系的适应性,并加以评估、研究和修正。正因如此,才需要强调未来的交通系统不能止步于智能交通,必须逐步迈向智慧交通。

作为采用技术和政策手段,解决交通领域社会问题的人机混合系统,智慧交通包含智能系统运行控制、智能服务系统管控,以及社会系统的智能治理三层控制逻辑(图8-1)。最里层是围绕相对单纯的技术系统,遵循物理法则进行优化控制;中间层拓展到对依托技术系统所提供的社会服务的管控,政府(规则制定者)、交通服务消费者(需求方)、交通服务提供商(供给方),遵循进化博弈规则进行关系和行为演化,共享单车发展过程的经验和教训证实了这一层次管控的重要性;外层所涉及的问题最为复杂,包括城市空间活动系统组织、跨行政区和部门的管理协调、维护空间正义、公共资源配置等战略性调控问题,控制者(权力掌控者)已经不能超脱于受控系统之外,必须直面自身认识、立场等方面的局限,需要发挥社会控制论的主导作用,不断进行自我革命。

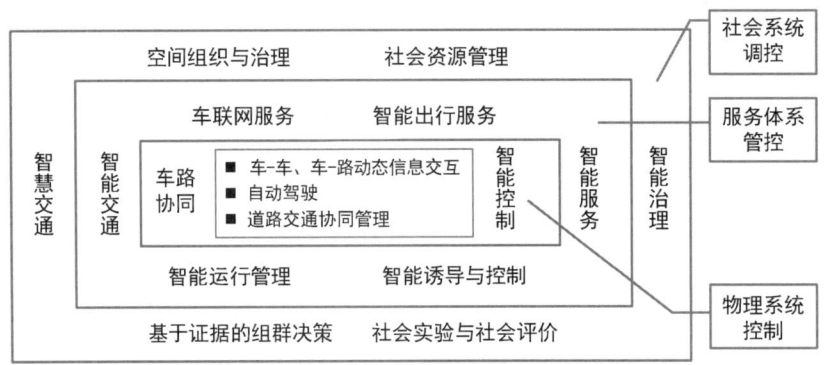

图 8-1 智慧交通的层级化结构

事实上,未来交通系统的多样性控制要求已经被许多研究者所关注。科技部2018年所设立的交通领域重点专项8.1,以及2019年交通领域重点专项2.2,就分别涉及智能治理、智能服务两个层次的技术研究。

8.1.2 城市交通的体系化对策

交通运输体系在长期发展过程中曾经经历多个阶段:当技术和产业发展使得汽车进入家庭并得到广泛应用时,交通基础设施短缺触发大规模建设;大规模交通基础设施的建设需求,引发资金瓶颈逐步显露,交通事故引发的安全问题也受到广泛的关注,交通系统内部整合与优化成为工作重点;信息化技术的发展,成为交通运输系统提高运行效率的倍增器,智能交通、车联网等概念引发广泛的响应,交通运输系统进入信息技术广泛应用的时代;社会进步引发发展理念的变革,"我国社会主要矛盾已经转化为人民日益增长的美好生活需要和不平衡不充分的发展之间的矛盾",在国家治理体系和治理能力现代化的总体框架内,城市交通体系化对策的基本架构逐步清晰。

经过数十年实践,研究者和管理者逐渐认识到城市交通的难点就在于其综合性:众多局部问题相互影响作用,最终演化为影响全局的城市病。面对复杂性的挑战,城市交通日益强调体系化对策,即综合使用设施建设、服务供给、管理调控、经济和政策杠杆、社会沟通等多种手段,在交通网络与城市/区域空间中促成社会的可持续发展。

根据问题的讨论范围,产生了广义与狭义两种体系化对策概念。

广义体系化对策所讨论的是与跨界治理紧密关联的对策和行动框架,强调跨部门、跨领域、跨行业的联合行动,城市交通战略、国土空间规划、交通白皮书中均涉及相关内容。

通过特定制度环境下的目标-要素-杠杆三元结构能够清晰地表达广义体系化对策框架(图8-2)。制度环境决定了三元结构的管理和技术内涵,国家发展理念、国土空间规划逻辑、城市建设思想等方面的变化,都将对目标-要素-杠杆三元结构产生实质性影响。基于生态、社会、经济方面的诉求所提出的目标,集中反映了社会和组织的价值观,进一步派生出愿景和指标,转化为相关行业和领域的行动任务,成为制订计划的依据。要素结构不仅强调单个要素的重要性,而且更加关注要素间的关联,城市空间结构、交通基础设施、交通服务、技术保障等相关技术体系引导并制约要素的功能定位。但是要素并不会自动融入相关技术体系之中,需要政策和经济杠杆来加以撬动。

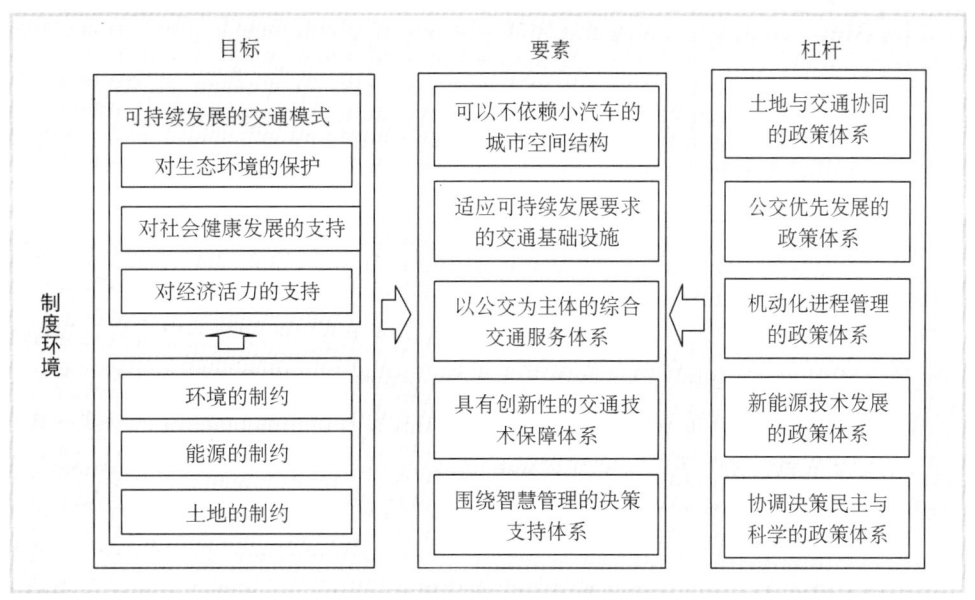

图8-2 广义体系化对策构成示意

广义体系化对策的任务可以归结为：在价值共识基础上合理地设定目标,借助沟通与信任将组织目标转换为具有明确内涵的技术体系,并进一步运用各种杠杆促使其实现。由这一任务领域可以推导出交通信息技术在交通治理领域的应用场景,特别是为跨界治理问题中信息技术的应用提供指引。

狭义体系化对策是在交通运输行业事权范围内,通过宏观战略与规划的指导,拟定的交通运输行动框架(图8-3)。其根本性目标是适应社会质变,不断进行交通运输和物流领域内的服务创新。

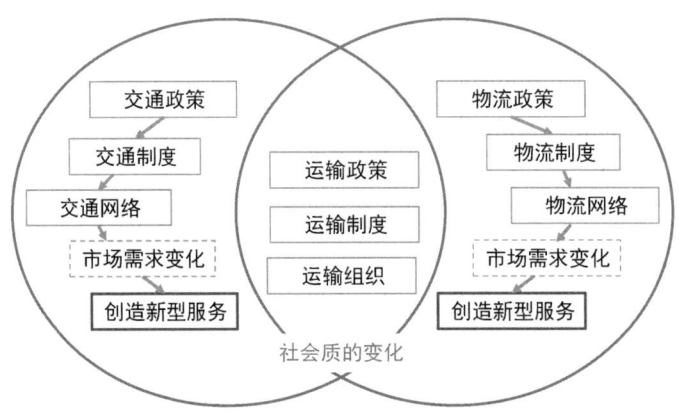

图 8-3　狭义体系化对策构成示意

如果说广义对策体系更多着眼于协调外部环境与交通系统之间的关系,调动多种社会资源和多样化手段应对城市交通病;狭义体系化对策则强调行业和系统内部的软硬对策联合运用,以求在基于既定外部条件和投入约束,在尽可能降低排放和污染的前提下,提高系统运行效率和服务水平,以适应现代社会的发展需求。

8.1.3　物理系统控制与社会系统调控

现代系统科学就是在不断追求对系统的有效控制能力。对于城市交通来说,丧失了系统的控制能力将会是一场灾难。因此,交通工程理论必须面对的巨大挑战,就是如何建立对城市交通系统演化的管控能力。

城市交通领域的道路交通信号控制系统、轨道运行控制系统等均属于针对物理系统的控制范畴,但是诸如各种交通战略和政策的决策支持,以及近年来逐步引发关注的交通治理领域内的信息技术应用等,所面对问题具有相当程度的社会控制性质,系统设计需要将物理系统的控制思想拓展到社会系统的控制理论范畴。

作为控制论分支的社会控制论,是用控制论方法研究社会系统的学科。诺伯特·维纳(Norbert Wiener)在《控制论》中就曾经指出,用控制论方法研究社会系统面临两个主要的困难:其一是由于观察者会对被观察对象施加巨大的影响,很难像物理实验中那样将观察者与被观察对象间的耦合降到最低限度。其二是社会科学家没有从恒与时间、地点无关的角度来冷静地观察研究对象的那种条件。1975年内戈伊策(Negoita)在第三届国际控制论与系统大会上所提出的退馈原理,则认为传统控制论中的前馈和反馈属于行为研究方法,都是在系统外部研究系统的行为,研究人体系统和社会系统则往往要从内部干预,属于结构研究的范畴,应使用退馈的概念。在其后的发展中,退馈概念成为社会控制论的核心。1978年第四届国际控制论与系统大会上,社会控制论得以正式定名,作为一个学科而登上科学研究的舞台。

退馈的概念特指处于系统内部的观察者通过重新审视,将对系统的"自我认识"升华到更高的综合水平。这就犹如为摆脱"不识庐山真面目"境地而后退一步,从更高、更广的境界来认识研究对象,并调整对系统的控制策略。

在人类社会中,负反馈可以理解为"批评与自我批评",有益于社会进步。"正反馈"是自我激励,在许多情况下发挥促进作用,但是如果使用过度,就变成骄傲自满,将会破坏系统稳定。而"退馈"则是强调要正视自身认识局限,不断重新审视对问题的理解,修正认识偏差和纠正行动错误。对于社会系统调控来说,脱身于系统之外,或者借助系统之外的视角,才能较准确地掌握系统偏差,以便于更加准确地控制。

从信息系统功能需求角度来说,需要因此实现以下几个拓展:

(1) 避免被数学模型束缚了认识能力。为了重新从更高、更广的境界来审视问题,需要摆脱"模型""仿真"等建立在已有经验基础上分析手段的束缚,充分发挥大数据研究范式所提供的发现"未知"的能力。

(2) 将任务领域从数据分析和信息分享拓展到知识创造和价值互联。车联网、MaaS等属于共同创造价值过程,实现有序的数据流通、建立可信数据、保护知识产权前提下的分享等对信息平台提出了新的要求。

(3) 从追随模仿走向原始创新。当城市交通从管理走向治理,对策设计和决策支持开始进入深水区。国际经验仍然能够发挥作用,但需要根据国情进行原始创新的需求显著提升。

8.2 适应社会质变的新型服务共同创造

创造新型服务是城市交通应对社会质变的基础性对策,车路协同等新型技术体系、MaaS等新型服务模式需要通过共同创造来实现城市交通的智慧赋能。与此相适应,信息空间构建需要关注知识生产、数据流通的实现,从而支持城市交通创新生态体系的形成。

8.2.1 社会质变呼唤城市交通体系变革

城市交通是采用技术和政策手段解决社会问题的领域,对社会问题的关注与理解,是设计对策体系和制订行动计划的起点与归宿。近年来国家发展观、城市建设理念、治理理念的变化,要求城市交通进行相应的转型发展。

1) 生态文明的发展观

世界工业化的发展使征服自然的文化达到极致,其后变化及一系列全球性生态危机,对于国家乃至全球继续支撑工业文明的能力发出了警示,生态文明被提到延续人类生存的高度,我国双碳目标承诺、国土空间治理等一系列行动正是对此的积极响应。交通运输行业在成功实现了国土空间高效连接,努力实现城市群/都市圈/城市空间有机建构的基础上,也进一步面对作为政策工具引导经济发展模式和社会生活模式转型的任务。

2) 以人为本的城市建设理念

在注重经济效率的思想指导下,我国城市建设尽管取得了不可否认的成就,但也产生了土地财政依赖、人居环境受损、公共服务不均衡等多方面问题。新经济模式的浪潮中,城市宜居环境成为争夺高素质人力资源的重要因素。城市交通面临从效率到均衡、从物化系统到人本系统等转型发展要求。

3) 以国土空间规划为代表的制度框架变革

城市交通对城市空间环境,以及基于物理空间生长的社会空间均产生极大的影响,需要将空间品质、居民生活质量等纳入发展目标,也因此与更多的行业领域在国土空间治理的范畴内形成了新的合作关系。国土空间规划在国土空间治理过程中发挥着引导与约束的作用,并形成一系列相关的制度安排,既为城市交通发展提供了协作平台,也要求城市交通对策体系与新的制度框架进行深度融合。

4) 新技术、新业态的冲击

新技术、新业态的出现为解决城市交通带来了新的机遇,同时也对城市交通的管理生态、技术生态提出了新的要求。智能驾驶等新技术的有效应用,既取决于法规体系、技术标准、设施环境、交通环境等方面的全面适应性改造,也受制于可信数据流通、客观信用体系建构、服务模式创建等行业生态领域的进展。

可以说,城市交通发展进入到一个体系化变革的新阶段,这意味着从局部技术应用到系统性技术应用,从关注技术体系创新到关注技术生态乃至产业生态创新,从提出技术解决方案到推动政策议程重构,从行业内部整合到跨界协同等一系列转变。

8.2.2 车路协同体系的共同创造过程

自动驾驶技术的发展展现出一幅诱人的未来交通发展前景,但其发展过程却充满技术和社会方面有待克服的障碍和陷阱,是一条需要付出艰苦努力的道路。对于自动驾驶技术应用的要求剖析,可以看到其对于技术环境的整体依赖性,因而也决定了车路协同发展路径的必要性。而车路协同所涉及技术领域的广泛性,进一步导致其发展无法脱离共同创造过程,也由此导出城市交通领域技术创新生态的构建问题。

自动驾驶建立在几项基础性技术发展的支撑之上,包括:驾驶员状态感知、周边环境感知、高速通信网络、自动驾驶模型、道路车辆群体控制。美国国家公路交通安全管理局(NHTSA)和美国汽车工程师学会(SAE)制定的自动驾驶车辆分级标准(表8-1),给出了自动驾驶成长路线图。其中涉及一个重要的概念——操作设计范围(Operational Design Domain, ODD)。所谓操作设计范围涉及一组环境指标参数,自动驾驶系统根据各项指标参数条件自适应地调整运行决策,从而确保在既定的环境条件下能够安全运行。环境指标一般包括道路状况、车速、地理环境、自动驾驶系统运行的环境条件等。除了最高的 L5 级(完全自动驾驶)以外,车辆的自动驾驶功能被限定在 ODD 范围内。在既定的条件范围内,自动驾驶系统可以安全地操作运行;超过了 ODD 范围,自动驾驶系统就会存在风险。自动驾驶级别的提升,某种程度上也就对应着自动驾驶系统的 ODD 范围在不断扩大。

表 8-1 NHTSA 与 SAE 制定的自动驾驶车辆分级标准

分级	NHTSA	L0	L1	L2	L3	L4	
	SAE	L0	L1	L2	L3	L4	L5
名称(SAE)		无自动驾驶	驾驶支持	部分自动化	有条件自动化	高度自动化	完全自动化
SAE 定义		由人类驾驶员全权驾驶,在驾驶过程中可以得到警告等辅助信息	通过驾驶环境对转向盘和加减速中的一项操作提供支持,其余由人类驾驶员承担	通过驾驶环境对转向盘和加减速中的多项操作提供支持,其余由人类驾驶员承担	由无人驾驶系统完成所有驾驶操作,根据系统要求,人类提供适当应答	由无人驾驶系统完成所有驾驶操作,根据系统要求,人类不一定提供所有应答。限定道路条件	由无人驾驶系统完成所有驾驶操作,可能情况下人类接管。不限定道路和环境条件
主体	驾驶操作	人类驾驶员	人类驾驶员/系统	系统			
	周边监控	人类驾驶员			系统		
	支持	人类驾驶员				系统	

资料来源:https://www.sae.org/standards/content/j3016_202104/。

现有道路情况,特别是我国城市道路情况并不完全适合自动驾驶的要求。在复杂情况下,单台自动驾驶车辆环境监测能力和决策能力局限往往导致自动驾驶失败。要解决我国道路基础设施安全条件参差不齐,行驶车辆技术性能差异性大,混合交通环境复杂,交通参与者法规意识缺乏等问题,需要一个长期过程。为了解决自动驾驶车辆 ODD 适配的道路范围扩展,以及保障"简配"车辆[①]仍然能够在较大范围内使用,世界各国于智能驾驶研究的同时,展开了针对智能道路及车路协同的持续研发工作。

智能道路是通过数字化、信息化、智能化等手段,将现有道路加以改造产生的新型交通基础设施,具备协助智能驾驶车辆的辅助感知、辅助控制和辅助决策功能。其近期目标是在土地/空间资源强约束,道路通行能力近乎饱和的情况下,进一步提升设施使用效率,降低复杂气候条件下的交通安全风险,提高基础设施养护效能;中期目标是适应新一代交通工具的应用要求;远期目标是通过智慧赋能,实现安全、绿色、高效等目标。

为适应信息技术快速更新换代的技术特点,智能道路建设需要采用渐进式建设模式,考虑近期急迫问题制定有限目标,考虑未来前景留有系统扩展余地。即采用"安全的道路—适配的道路—智慧的道路"三步走的推进策略(图 8-4)。由此决定了智能道路也是一个分阶段的发展过程。

---

① 意指自动驾驶级别较低的车辆,在技术发展过程中,车辆技术能力越强意味着配置越强,从而导致消费价格越高。因而对"简配"车辆的行驶保障,某种程度上关系到社会公平性。

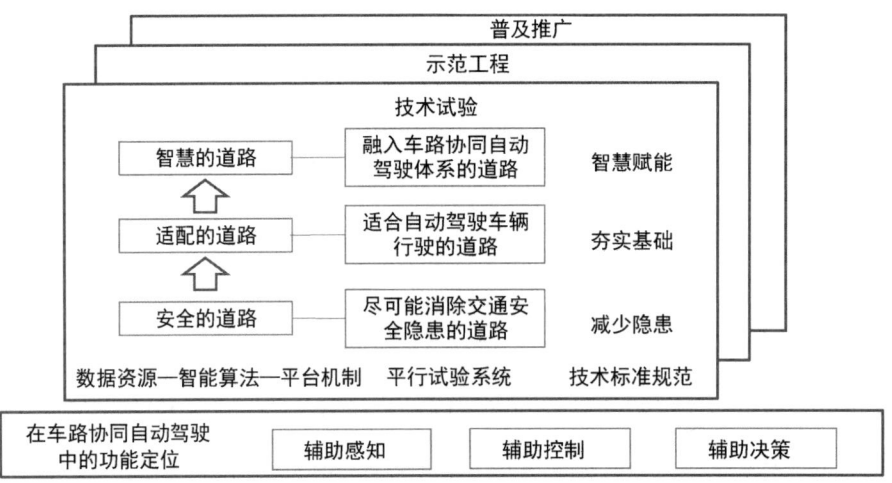

图 8-4 渐进式智能道路建设途径示意

作为普及自动驾驶技术必由之路的车路协同,为构建其整个技术体系需要涉及多个政府部门和行政主体、不同行业领域内的众多企业,乃至不同的学科领域(图 8-5)。其推进过程是一个多方参与的共同创造过程。

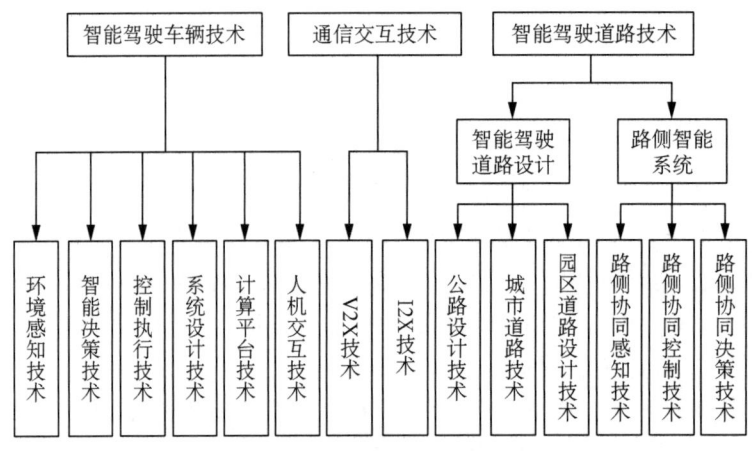

图 8-5 车路协同的技术构成示意

所谓共同创造是在产品或者服务价值创造过程中参与主体之间进行合作的过程,其创新过程也是参与主体的知识增加过程。与传统知识创新仅局限于企业内部的知识增加和转移不同,知识经济时代的企业更加注重在企业生态系统中与外部关联者以及其他实体进行合作和联合知识创造。

车路协同体系的构建涉及基础学科领域的广泛基础科学问题,诸如云平台技术、高精度地图技术、高精定位技术、边缘计算技术、仿真技术、信息安全技术等;涉及众多地方政府,在发展经济的诉求下,地方政府无法置身于完全中立的立场;涉及市场应用场景,在城市空间资源紧缺、停车缺口巨大的背景下,依靠车辆更新释放市场空间受到限制。与此同时,车路协同又必须是一种市场行为,"两弹一星"的集中攻关模式在市场机制下应用受到制约。

在目前的科层式①为主体的技术治理体制下,项目制还将继续发挥重要作用。项目制旨在通过国家财政的专项转移支付等项目手段,突破以单位制为代表的原有科层式体制的束缚,遏制市场体制所造成的分化效应,加大民生工程和公共服务的有效投入。通过以项目制为核心建立的国家技术治理模式,形成了中央与地方政府之间的分级治理机制。在车路协同体系构建过程中,项目制是有利于发挥制度优势的重要技术治理模式,同时也对智能驾驶技术市场化推进产生诸多影响。

为了有效地推进项目制,需要在"场景-功能-技术"三个维度框架内增强确定具体的技术研发目标。场景维度有赖于对城市交通发展目标的理解,对城市交通智慧赋能路径的把握,这方面行业协会、技术学会的积极参与非常重要;功能维度则需要与相关产业和运营商的技术研发工作紧密结合,通过产学研结合的技术交流网络从实践过程中加以提炼;技术维度涉及基础性研发,科研单位、高校等在其中扮演重要角色,但必须注意满足应用导向、跨学科融合的知识创新要求。

在推进项目制的同时,还必须注意到,在具有鲜明标准化专业化属性的车路协同技术研发过程中,无法避免非正式运作的社会过程。政府复杂的角色设定,往往导致项目制呈现正、负两方面的社会效应。为弥补项目制的缺陷,借助开放式、共治式的合作网络实现有效的知识创新,是车路协同过程中需要给予关注的重要问题。

8.2.3 创新生态与交通信息空间

城市交通信息空间的建构,与城市交通创新生态体系紧密关联,具有支持知识生产、数据流通的机制,是车路协同、MaaS等新型技术体系赖以生存的基础。

1. 城市交通创新生态体系的概念

所谓创新生态系统是一个具备完善合作创新支持体系的群落,其内部各个创新主体通过发挥各自的异质性,与其他主体进行协同创新,实现价值创造,并形成相互依赖和共生演进的网络关系。美国竞争力委员会在《创新美国——在充满挑战和变革的世界中繁荣昌盛》报告中将创新生态系统定义为由社会经济制度、基本课题研究、金融机构、高等院校、科学技术、人才资源等构成的有机统一体。

城市交通面临环境制约、资源紧缺、需求个性化多样化、新型业态引发的市场关系重构等问题,造成传统知识和技术体系难以应对发展要求。在人工智能、信息技术、物联网和区块链等科学技术发展实现代际更新的推动下,交通运输系统的体系化技术变革逐步显露端倪。在交通运输领域,新兴产业集群已经具备创新"栖息地"的潜力,主体产业相关的不同支持体系和合作组织之间,将形成一个相互依赖和共生演进的创新生态体系;城市交通相关学科,正在从学科交叉走向交叉学科,新的知识体系逐步发育起来。

在此背景下,交通信息空间不再局限于信息平台和数据系统,而是一个具有知识生产、共同创造、数据流通等多方面丰富内涵,形成具有成长性特征的技术空间。

---

① 科层式指一种将权力依职能和职位进行分工和分层,以规则为管理主体的组织体系和管理方式。

2. 城市交通信息空间中的知识生产

成为全球城市共同难题之一的城市交通,脱离了知识创新不可能找到根除之策,由此产生了城市交通信息空间支持知识生产的功能要求。

传统知识生产符合默顿范式的特征:知识生产主要在单一学科的认知语境中展开,学术兴趣是主导,同质性、等级制是其组织的主要特征,知识生产主要接受学术标准的评判。

城市交通信息空间的知识生产模式,第一是具有跨学科的显著特点,对交通行为的研究需要探究其经济学、心理学、社会学方面的理论,车路协同涉及车辆、道路、信息、通信等多个学科,交通对策涉及战略、制度框架、行为响应、政策杠杆等跨学科问题。第二是具有很强的应用导向特点,针对统筹经济、社会、生态环境等诸多要求,放弃学科知识结构的同一性而突出应用语境,有利于形成应对复杂性的体系化对策知识。第三是知识生产者的异质性和社会弥散性,由于关联到社会、经济的诸多方面,以及各种类型企业的参与,具有不同知识背景、不同社会立场,抱有不同目的的各种技术人员、研究者和管理者,乃至不同程度的使用者参与,使得交通关联知识的生产具有很强的多方参与、共同生产的特点。并由此产生了第四个特点,就是知识检验很难依照完全公认的学术标准,需要在承担社会责任的前提下,通过不断探索和实践,用大浪淘沙方式来加以检验。

城市交通信息空间中的知识组织包括知识空间和知识网络两个层级,即运用知识图谱等方式对固化知识进行组织所形成的知识空间,以及适应动态知识生产需求的知识网络。

知识图谱技术提供了一种从海量文本和图像中抽取结构化知识的手段,通过以结构化的方式描述客观世界中的概念、实体及其间的关系的方式,提供了一种更好的组织、管理和理解互联网海量信息的能力,将互联网的信息表达成更加易于理解的人类认知形式。

由于城市交通面对问题自身具有的复杂性,以及所承担任务的演进性,城市交通信息空间中的知识组织不能局限于已经成熟固化的"死知识",必须围绕生产知识的"人"而展开,由此产生了与社会空间形成交集的知识网络。

学术角度将知识网络定义为知识参与者之间的社会网络,能够实现个人、组织与组织外部的知识创造与传递,人们透过知识网络进行信息合作与交流。目标是把技术与人连接起来,实现智力资本、结构资本和用户资本的有效结合。知识网络的参与实体具有共同的关注,从而赋予知识网络以目的驱动的特点。城市交通的知识网络包括实践导向网络、学科建设网络、主题凝聚网络等多种类型,呈现为多引力中心型组织结构,享有对等地位的参与组织既有自身所关注的知识探索与创造,又通过参与网络来与其他机构共享知识。

3. 城市交通信息空间中的数据流通

城市交通信息空间中的数据资源,只有通过流动才能释放其潜能,进而转化为决策能力和控制能力。在信息空间中建立可信、安全、透明、可计量的数据共享、流通、交换和交易的机制,是实现新型服务共同创造的必要条件。

城市交通信息空间中的数据来源广泛且复杂,既包括移动通信信令数据、车辆牌照数据这些可能涉及个人空间活动隐私的数据,也包括可能涉及企业关键运营信息的货物运输数据、公交运营数据,还包括可能产生社会影响的对策预案数据、工程设计方案数据等,需要通过必要的技术手段和市场规则保护个人隐私、企业商业信息、政策性信息,以及保护数据所有者的利益。

推动城市交通信息空间可信数据流通面临的困难主要有三方面：一是质量控制难，高质量数据是共享流通的基础，但交通关联数据来源广泛，采集方式多样，记录标准、频率和时间千差万别，导致数据质量参差不齐和资源浪费；二是确权难，交通关联数据涉及主体众多，数据生产投入关系复杂，数据权属边界难以界定；三是交易难，对数据安全性和数据所有者利益的担心会带来流通限制，数据拥有所产生的竞争地位的利益驱动，以及市场信用保障手段的缺失会造成合约管理困难。

为此，数据治理成为信息空间与社会空间的另一个交集。需要开展前瞻布局，加强制度供给，平衡好开发与保护的关系，为数据要素价值的充分释放创造条件。与此同时，应积极探索通过合作联盟方式打造可信数据空间，构建良性数据生态环境。

8.3 城市交通体系的三元空间属性

城市交通具有"物理-信息-社会"三元空间属性，是在这一复合空间中演化的复杂适应系统。在三元空间框架中研究城市交通对策，意味着认识问题层级深化、任务内涵变化、工具构成多样化、对策方式协同化，从而形成信息技术应用的一系列特殊要求。

8.3.1 城市——在物理空间中成长的社会空间

对城市空间的理解，影响了对于城市交通系统的认识；对于交通的认识水平，决定了在交通系统规划、设计、管理等环节中任务定位的格局；城市形态与用地开发，是从本源上影响交通系统需求与供给关系的因素。

城市空间形态的形成与演化，是以人为核心，以物质空间环境为基础，通过人口集聚和分离进行生产和交往活动的过程。政治、经济、意识等系统之间和各系统内部的相互矛盾与影响，会直接表现为空间结构的变迁。

以上海市城市空间形态演化过程为例，具有时代阶段特点的圈层蔓延、轴线带动、多核并进及嵌入激活等多种模式，均给城市留下社会发展的印记。这种社会印记一方面形成不同类型社会群体的空间分布并导致差异化交通需求，另一方面也是交通系统扩展过程中需要尊重的人居环境历史延续约束。

圈层式蔓延——上海中心城区曾经历过两个快速扩展过程：从1949年的82 km² 扩大到1958年的172 km²，再从1986年的260 km² 扩大到2009年的600 km²。在20世纪90年代的大规模旧城更新开始以前，中心城区在社区类型上由核心到外围，依次具有传统社区→单位社区→商品房社区的圈层特点，类似特征伴随旧区改造有所弱化，但是仍在住房类型和空间特征上留下十分明显的"年轮"圈层特征。

轴线式带动——伴随城市轨道交通延展在其末端带动了大片腹地开发，例如轨道交通1号线带动了闵行，2号线带动了浦东，3号线带动了江湾和石龙地区，形成了在特定时期内与轨道关联的集聚式开发。伴随城市滨水岸线更新改造，在改善城市居民整体人居环境的同时，优越又难以复制的自然环境也造成高价房产的集聚。

多核心并进——在2001年的《上海市城市总体规划》中，除了人民广场行政中心和外滩-陆家嘴核心商务区以外，徐家汇、五角场、真如和花木地区分别被确定为上海市不同分区的四个副中心。副中心成为城市圈层式蔓延过程中的发展极点，与同一圈层的其他地区相比，汇集了更多的经济和公共服务要素。

嵌入式激活——以2001年新天地开发获得成功为例，上海曾经旧式里弄集中、建筑陈旧、设施不全、绿地严重缺乏的卢湾区太平桥地区，因此受到巨大的激活作用，新天地周边成为中心城区高价房产聚集区。

在上海市域范围内，外围城镇体系则经历了一个卫星城—新城—枢纽型节点城市的发展过程。

早在1959年《关于上海市总体规划的初步意见》中，为疏解市中心区的工业和人口，调整全市工业和人口布局，上海就规划布局了17个卫星城。1986版《上海市城市总体规划》中则提出卫星城建设要形成一个比较完善的生产和生活环境，规划卫星城的数量缩减至7个。而卫星城的规划人口规模则扩大为一般不少于10万人，有条件的可发展到30万人左右。至1990年，上海实际建设的7座卫星城已形成数万至数十万的人口规模。

为了增强城市外围节点城区的活力，提高公共服务设施的投入效率，上海市提出以郊区的区、县政府所在地或重大产业及城市重要基础设施为依托发展新城，《上海市城市总体规划(1999—2020年)》中规划了11个新城。与以往卫星城不同，新城被定义为具有综合功能的中等规模城市，并且和地方政府事权相对应，具有更强的自主性。"十一五"时期，上海进一步稳定了市域"1966"城乡体系框架①，明确要建设9个新城，规划人口规模各达30万人以上，其中松江、嘉定、临港3个有发展优势的重点新城，规划人口80万人以上。

针对外围新城发展过程中所暴露出在长三角城市群网络中发展优势仍然不明显的弱点，"上海2035"进一步将新城定位为长三角城市群中具有辐射带动能力的综合性节点城市。原有的9个新城中，将原宝山、闵行两个新城作为主城片区纳入主城区范围，将原金山、崇明两个新城调整为核心镇，适度控制人口规模。规划确定嘉定、松江、青浦、奉贤、南汇5个新城，每个新城的人口规模控制在65万～110万人。为了实现《上海市城市总体规划(2017—2035年)》所提出的"网络化、多中心、组团式、集约型"空间格局，上海市在"十四五"规划中提出"中心辐射、两翼齐飞、新城发力、南北转型"的市域空间战略。

上海市域城镇体系扩张过程中，其土地开发扩展往往快于人口的迁移。2020年上海新城人口集聚规模不足规划目标的50%，但五大新城现状建设用地已接近2035年规划建设用地规模的80%。新城内部人口分布不均，老城区依托原县城发展基础，部分人口密度已超过上海中心城，达到2万人/km^2，而新建区人口集聚严重不足，仅为0.5万人/km^2，住宅建设拓展速度远远快于人口增长，新建区实际居住人口不到现状住宅可承载人口的50%。

由于人口动迁、职住关系、社会联系、公共服务设施分布等诸多原因，上海市域的外围新城在社会空间结构、居民活动空间等方面均不同于一般独立城市，由此产生其特有的空间活动模式。

围绕不同政治和经济诉求形成的差异化居住形态，不同发展阶段导入的差异性人口类

---

① 即1个中心城，9个新城，60个左右的新市镇，600个左右的中心村。

型，交通服务体系必须加以精细化应对。

在城市空间演化过程中，一方面形成了差异化的社会群体空间分布结构，另一方面不同社会群体所认知和使用的城市空间出现异化。当社会基本矛盾转变为"人民日益增长的美好生活需要和不平衡不充分的发展之间的矛盾"之后，城市交通具有公共政策属性的技术策略，成为规划与设计中必须考虑的重要因素。交通服务不再限于满足抽象的物理要素的高效流动，而是转为针对具象社会人群的精细化服务。空间正义、公共服务均等化、弱势群体关注、基本服务保障等概念开始在交通系统规划、设计和运营管理中受到关注。

从交通角度来看，不同空间居住区位条件下居民所认识和所使用的城市空间是有差异的。以同样位于上海市轨道交通 7 号线车站 1 km 范围内，但分别位于城市内环内（静安社区）、内中环之间（大华社区），以及外环外（顾村社区）为例，采用百度 LBS 云检索获得的相关数据，基于因子分析法提取发挥决定作用的三个公共因子：一般建成环境因子 F1、公交设施分布因子 F2 和交通可达性因子 F3，见表 8-2。

表 8-2 因子分析法获得的公共因子载荷矩阵

变量	公共因子		
	F1	F2	F3
公司企业集聚水平	**0.912**	0.123	0.071
商务大厦集聚水平	**0.859**	0.060	0.036
金融机构集聚水平	**0.872**	0.259	0.060
医疗设施集聚水平	**0.848**	0.324	0.091
教育机构集聚水平	**0.710**	0.369	0.043
娱乐场所集聚水平	**0.835**	0.322	0.084
生活服务设施集聚水平	**0.897**	0.278	0.089
购物场所集聚水平	**0.862**	0.224	0.062
餐饮场所集聚水平	**0.882**	0.256	0.064
区内公交车站空间密度	0.564	**0.820**	0.050
区内地铁站空间密度	0.260	**0.890**	0.088
前往顾村社区的公共交通可达性	0.301	0.226	**0.847**
前往顾村社区的驾车可达性	−0.103	−0.062	**0.938**

注：本表反映了原始影响因素加权组合后形成公共因子的变换关系。

基于以交通分区（中区）为基本空间单元的城市空间因子得分的分布，可以获得上述三个居住社区居民所感受到的城市建成环境，从而发现由于社会公共设施分布、进入公共交通便利程度、交通可达性等各种因素的综合影响，在城市不同区域居住的居民所认识与使用的城市空间的差异性。

8.3.2 对偶——物理空间与信息空间的关系

城市交通系统在建设与运行过程中产生感知、认知、决策、控制等多方面需要，因而城市交通的物理空间与信息空间之间具有某种紧密关联，将其称为物理空间与信息空间的对偶关系。

这种对偶关系包含两个方向的映射：从物理空间到信息空间的映射，是通过各种传感器从物理空间中获取对象状态的原始数据,经过处理和分析在信息空间中产生虚拟映像;从信息空间到物理空间,是通过建立不同层次的对应关系,把信息空间中的相关数据按照用户的需求发送到物理空间的物体上,使得用户在对应点可以获得所需的数据、信息和知识。

物理空间中的物体是物理实在,用户可以通过各种感觉进行交互。物理空间中所发生各种活动和事件只能保存其结果,不能保留其过程。信息空间是人工建立的虚拟空间,其中对象没有物理实体,用户不能直接通过感觉来交互,对象之间可以方便地建立和表示各种关系,在信息空间中可以方便地把动作和事件的过程加以记录,并保存为档案。

物理空间到信息空间的对偶是建立映射关系:信息空间中的所有信息直接或者间接来自物理空间,信息空间中的对象与物理空间中的物体存在各个层级上的对应关系。所采集的各种数据往往从某一角度反映事物本体的部分属性,为将多种角度的观察数据拼合成为一个完整的整体,一般采用多维视图来加以组织(图8-6)。即每一种观察视角或描述方法分别构成了与数据源关联的描述事物的一个特征集合,而每一组特征则称为描述事物的一个视图。同时,与城市交通数据采集相关的信息系统分属不同的主体,为协调不同主体在映射过程中的责任,需要通过交通信息组织/管理规划,明确各自的责权利划分。

图 8-6　多维视图示例——居民空间活动的描述

信息空间到物理空间的对偶是提供信息,以帮助用户获取信息服务。数据在信息空间中的加工过程,包括将数据组织为信息,从信息中提炼知识。将数据组织成为信息往往可以视为一种通过统计及模型分析方法实现的抽象过程,例如将公交 IC 卡数据、公交线路数据、站点位置数据、公交车辆运行数据等,通过关联后提取用户个体在公交线网空间中的活动特征,将个体特征数据进行集计获取公交网络流量的各种特征,将公交网络流量特征与其他交通方式的宏观特征合并后提取交通出行方式结构特征。在信息空间中进行加工过程中,形成了原始数据库—初始数据库—轻度抽象数据库—高度抽象数据库,即数据空间内部层级。而用户获取信息服务时,根据各自需求(如战略研究、规划决策支持、线路设计、运行管理等),以及相应的数据使用权限,从不同数据库(即不同层级)中提取所需资源。

更进一步将信息组织成为知识的过程属于知识生产过程,城市交通领域的知识生产具有两大特点:一是传承自身及新科技体系化发展的成果,二是正处于从传统知识生产模式向新型知识生产模式转变的初始阶段。前者在知识空间中形成了一种数据—信息—知识的模板化加工过程(图 8-7),后者则是与知识网络具有非常紧密的关联。

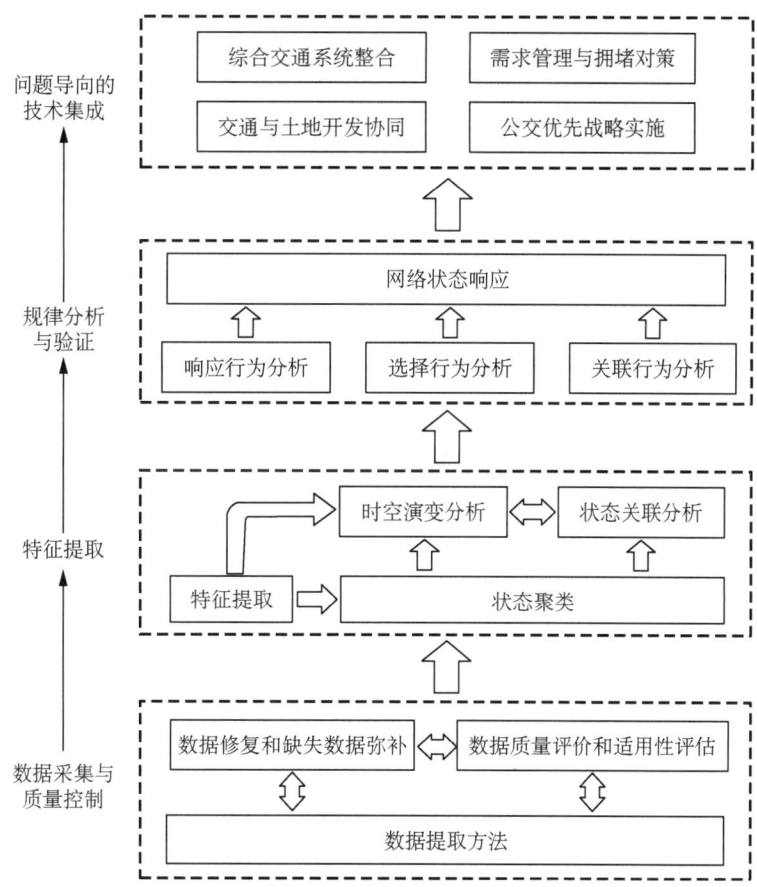

图 8-7　知识生产示例——服务于交通规划的大数据环境下交通分析技术的层次结构

信息空间对物理空间发挥着能力倍增器的影响作用,这一方面体现在通过信息技术和控制技术增强物理系统的运行效率,另一方面也表现为帮助物理空间中的行为者实现更优决策,增加了物理空间资源的使用效率。但是为了实现这种能力倍增器的作用,一是需要在信息空间中形成合理的数据—信息—知识的组织关系；二是需要在信息空间与物理空间之间建立有效的传输链路；三则需要在物理空间与信息空间之间建立促进数据、信息、知识流通的机制。

8.3.3 赋能——从行业思维到优势思维

交通面临巨大的需求压力，交通对于社会和经济发展产生巨大的影响，交通成为通信、人工智能、物联网、区块链等新技术的重要应用场景。而在"行业思维—生态思维—优势思维"(图8-8)的层级式智慧赋能结构中，交通领域内信息技术应用具有更加深刻的含义。

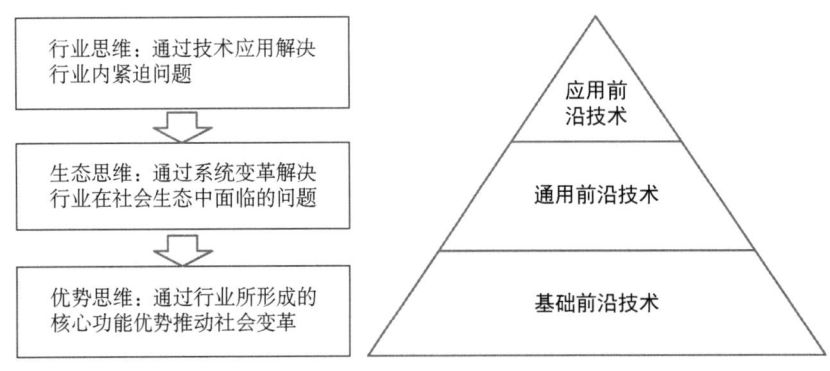

图8-8 行业思维—生态思维—优势思维的层级结构

传统的行业思维局限于物理空间与信息空间的对偶结构中，智能交通、车路协同等系统概念是行业思维的典型产品，在技术角度上，这类产品已经且将进一步展现出对交通系统运行效率的巨大提升。但是传统行业思维具有其局限性：即使道路空间使用效率得到成倍提升，延续传统车辆拥有和使用模式必将遭遇停车资源的瓶颈制约。车联网等获得的服务提升，并不会改变城市对小汽车的依赖性而进入可持续发展轨道。

为了充分调动各方力量共同解决城市交通面临的难题，其对策设计的指导思想需要进入生态思维的层级。

原本属于生物学和环境科学等领域的生态概念，指生物在一定自然环境下的生存状态，以及生物之间、生物与环境之间的复杂关系。生态思维的核心原理在于，生态中的事物是广泛关联的，因而个体事物的发展趋势、状态变化和各种选择并不是完全随机的，也不是完全独立自主决定的，而是受到整个生态的影响。城市交通智慧赋能的生态思维，就是自觉审视和积极思考城市交通生存发展中的外界大环境。这意味着将物理空间与信息空间中的对偶结构拓展到社会空间之中，将影响政策议程的城市交通政策网络构建，支持知识生产的知识网络构建等，也纳入城市交通智慧赋能的任务领域。

与生态思维密切相关的一个概念是长尾理论，即大多数需求或者核心技术会集中在头部，但会在此基础上形成个性化、相对分散的大量派生需求。由此可以导出优势思维的概念。

所谓优势思维意味着依托核心功能，主动承担更大社会责任，扩大相应的学术、经济和社会效应。顺应时代发展，城市科学中的流空间理论逐步取代位空间理论，人文地理学中空间中的行为研究得到广泛认同,吴志强院士提出城市规划中的"以流定形",显示出规划领域中对于空间流动的强烈关注;伴随技术进步,智能驾驶、车路协同、交通治理平台等成为国家科技部重点科研课题设置方向,新型交通系统、新型交通服务模式成为企业和资本角逐的红海;伴随"一带一路"等倡议深化,交通强国成为国家战略的重要组成部分。诸如此类,均显示出交通领域正在逐步形成功能优势,具有进一步作为政策工具转变城市发展模式、居民生活方式和空间活动模式的潜力。这一方面要求相关研究者、管理者和技术人员能够提出新的体系概念(诸如城市空间活动系统、韧性供应链保障系统等),另一方面也要求城市交通研究者更多地汲取交叉学科精髓,突破传统思维范式,在基础理论研究中从学科边缘走向边缘学科,从学科交叉走向交叉学科。

从具体应用角度来看,城市交通智慧赋能具有四个层次的目标:

(1) 提升传统系统运行效率(行业思维产出的典型任务)。
(2) 创建新型系统和新型服务(生态思维产生的典型任务)。
(3) 推动政策议程的转型(融入优势思维产生的典型任务)。
(4) 促进城市生活方式和空间活动模式的转变(优势思维的任务领域)。

图 8-9 和图 8-10 给出了在特定应用概念中头部技术的构成示例。

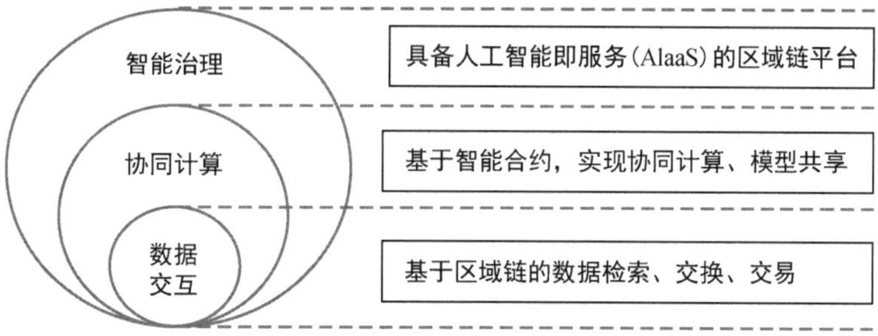

图 8-9 基于智能治理概念的信息系统的头部技术示意

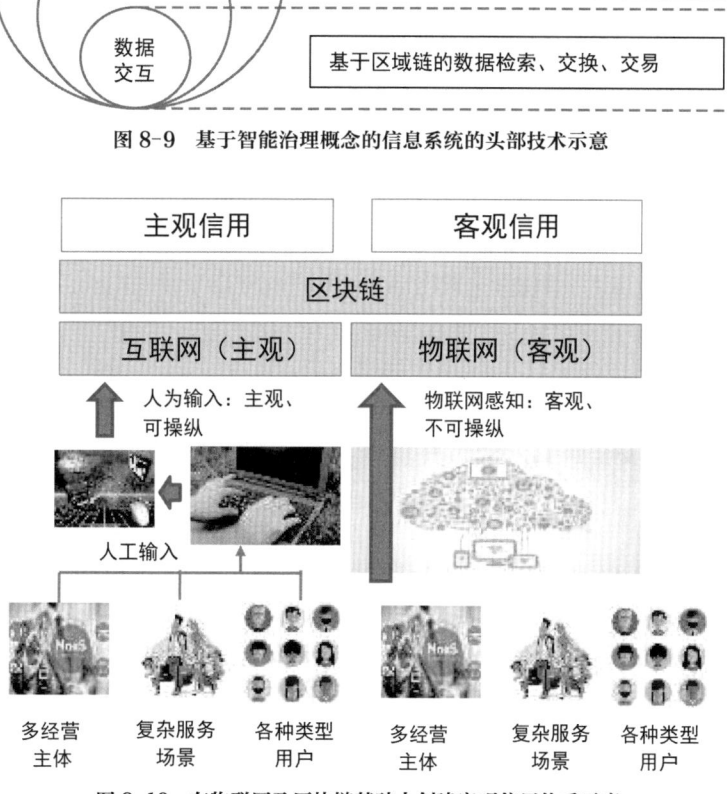

图 8-10 在物联网及区块链基础上创建客观信用体系示意

参考文献

[1] 张良桥,冯从文.理性与有限理性:论经典博弈理论与进化博弈理论之关系[J].世界经济,2001(8):5.

[2] 杨东援,段征宇,李玮峰,等.大数据与城市交通治理[M].上海:同济大学出版社,2022.

[3] 杨东援,李玮峰,段征宇,等.国土空间规划背景下的交通大数据分析技术[M].上海:同济大学出版社,2022.

[4] [美]诺伯特·维纳.控制论[M].王文浩,译.北京:商务印书馆,2020.

[5] 张永成,郝冬冬.开放式创新下的知识共同创造机理[J].情报杂志,2011,30(9):7.

[6] 罗晖,程如烟,侯国清.优化整个社会建设创新经济:《创新美国——在充满挑战和变革的世界中繁荣昌盛》述评[J].中国软科学,2005(5):3.

[7] 汪光焘,陈小鸿,杨东援,等.城市交通学总论:兼论城市交通学的基础问题[M].上海:同济大学出版社,2022.

[8] 杨东援,段征宇.大数据环境下城市交通分析技术[M].上海:同济大学出版社,2015.

[9] Castells M. The Space of Flows[M]. New Jersey: Wiley Blackwell, 2010.

[10] 雷金纳德·格列奇,罗伯特·斯廷森.空间行为的地理学[M].北京:商务印书馆,2013.

第 9 章
城市交通治理信息化

城市交通治理的任务范围远远超出传统的技术范畴,交通学科、管理学科和信息学科的研究者与工程师需要携手面对相对陌生的复杂挑战:公共资源域内社会成员"共处共生型"合作演化,交换域内供给侧与需求侧的协同演化,以及组织域中的跨界协同和冲突协调。

9.1 从管理走向治理

城市交通对策体系从管理向治理的拓展,产生了信息技术应用的任务内涵、应用场景、工具角色、运用方式等一系列变化。

9.1.1 城市交通治理的工作特点

治理体系和治理能力现代化将促使城市交通领域发生相应变革,在新技术和制度变革的双重推动下,政府、市场、社会关系将进行一系列调整,新型业态和新型服务模式将得到发展,新技术的共同创造和新知识的共同生产将提升至战略层级。

传统狭义的交通治理强调的是维护交通系统运行秩序的行动,而这里所讨论的城市交通治理则是沿用公共管理学科的概念,视为一种偏重于工具性的政治行为。治理目标是达到更高的行政效率,更低的行政成本,更好的公共服务,更多的公民支持。实现公共利益最大化的治理过程,需要通过政府、企业与公众对社会公共事务的协同治理,使得城市与社会处于最佳状态。与传统政府主导的管理不同,城市交通治理需要公众和更加广泛的组织群体共同参与治疗城市交通病,企业、公众、社会组织等将获得更大的话语权,在城市交通公共事务中将占据更加重要的地位。

城市交通治理最主要关注的是公共政策的安排,特别是如何形成相关的公共政策议题,以及实现议案决策过程中的开放参与及科学判断。从管理走向治理的首要任务是实现政策议程的改造,在科层式体制下的管理模式中,融入更多的政策网络因素,逐步完成治理体制和治理能力的现代化进程。

近年来人工智能、通信技术等学科领域内的突破性进展,形成了技术代际变革的新局面,交通成为新技术重要的应用领域。自动驾驶、车路协同等新技术的迅猛发展推动技术体系发生深刻的变化,MaaS等新兴服务模式开始进入城市交通服务市场。与此同时,这种技术和服务方式变化也将引发社会关系的重新调整,交通服务市场的结构性关系也将随之变化。面对这样一个政府、企业、社会参与的共同创造过程,与发展导向、市场设计、技术治理等密切相关的公共政策,需要纳入城市交通的主要研究领域。

多年来的实践告诫管理者、研究者和技术人员,城市交通最主要的特点是综合性。一大堆小问题相互作用与链式响应而演化为大问题,单一对策如果不能与其他措施配合则效果大打折扣,因而城市交通对策必将走向体系化。城市交通体系化对策产生一系列协调问题:政府部门之间的合作,政府与社会之间的协调互动,跨行业对策的统筹协作等,需要通过新的组织模式和机制加以实现。

面对日益尖锐的发展矛盾,以及发展理念、建设逻辑的根本性转变,科层式体制下的决策模式不能完全适应,政策网络模式的雏形已经开始出现。网络中心模式下的决策支持技术,与科层式模式下的决策支持技术具有显著差异。决策分析过程不再是专业技术人员独自进行的封闭式过程,而具有更强的开放式沟通研讨特征,技术研究内容、成果产出要求、技术使用对象及使用方式等,都必须进行相应的调整。

触发这些变化的最本质原因,在于城市交通具有复杂适应系统的属性。系统中各类行为主体对于外界环境及关联主体行动的适应性响应,导致系统状态演变出现难以预见的不确定性。因此,城市交通发展并非是在准确预测未来的基础上,按部就班地进行规划、设计、建设、运营的过程,也不是一个单纯的技术体系构建和运行的过程,而是一个在趋势预判和有限预测基础上,不断发现问题、认识问题,不断调整对策及行为,与时俱进的"社会-技术"过程。

在这一意义上,治理体系将不断完善城市交通的制度环境,使得对策体系中的目标-要素-杠杆结构得以有效运行;治理能力将帮助杠杆系统实现智慧赋能,从而实现精明供给与理性需求之间的动态均衡。

城市交通治理遵循"价值-信任-合作"的基本逻辑,因而需要在更高层级上建立相应的目标,以求在更加广泛的范围内形成共识,即将城市交通置于更大的体系之中,追求城市空间质量、公众生活质量,保障公众获得发展机会和公共服务的能力。城市交通治理的推进路径是政府主导下建立城市交通合作秩序,包括跨部门、跨行政区划、跨组织地寻求共同利益行为,高效有序地推进技术和知识创新的生态系统,以及在交通服务市场变革过程中建立新秩序和新机制等。

基于治理逻辑的城市交通对以下策体系尚在建立之中,有效建立城市交通领域的现代化治理体制和治理能力,涉及对几个基础性的机制问题的研究:

(1) 公共资源域内社会成员的"共处共生型"合作的演化机制。

(2) 交换域内供给侧与需求侧的协同演化机制。

(3) 组织域中的跨界协同和冲突协调机制。

9.1.2 从技术工具到政策工具的转变

当城市交通对策体系拓展到治理领域,信息技术应用也从支持技术决策的技术工具,逐步转变为影响政治议程、技术发展环境和市场运营环境的政策工具。由此产生信息系统的使用对象、功能需求、运行方式的一系列变化,同时也呼唤信息技术应用所依托的方法理论的变化。

与基于管理逻辑的对策体系中作为技术工具的信息技术应用不同,在治理逻辑框架内交通信息更多的是作为政策工具加以运用。因而造成信息技术应用和技术平台以下几方面的变化。

1) 信息关注的范围扩展,数据异构多源特点突出

为了寻求城市交通对策目标的共识,将交通与城市环境、空间质量、居民生活质量紧密联系,同时需要将公共服务和发展机会的可及性联系在一起。例如北京、上海、广州、深圳、武汉等城市在国土空间规划中引入可达性的探索,中国城市规划设计研究院《中国主要城市通勤监测报告》《中国主要城市道路网密度与运行状态监测报告》等引导性评价发布,北京交通发展研究院与相关企业共同搭建绿色出行碳普惠闭环系统,以及上海市采用交通研究机构和环境研究机构合作开发的模式应用于上海市机动车排放清单制定和各类交通政策的减排效果评估等,都反映出信息关注范围扩展的趋势。

信息关注范围扩展必然带来基础数据的多源异构特征。从数据获取方式来说,除了传统上按照严格设计调查方案和数据采集标准获得的专用数据以外,还包括移动通信、电子地图POI 等从其他信息系统中提取的非专项定制数据,非专项定制数据包含信息所具有的盖然性[①],导致截然不同的数据分析方式。从数据与时间的关联来看,不同类型数据往往出现采集时间不一致,不同时间断面或者时间区段的数据需要推算才能够得到统一时间坐标数据。数据粒度[②]存在较大差异,例如空间分辨率、时间分辨率、类别划分等,在缺乏统一的维度标准情况下,存在相互之间建立关联的难度。

可以说,为使交通信息有效成为政策工具,首先需要破解多源异构数据导致的"盲人摸象"难题,即通过数据层、特征层、决策层的信息融合,形成对研究对象较为完整的描述。

2) 所嵌入的工作环境和使用对象变化,导致信息使用方式变化

与作为技术工具的交通信息应用不同,政策工具的使用对象经常不是城市交通领域专业技术人员,而是管理者、其他专业领域技术人员,乃至社会公众。针对用户关注特征,采用用户能够理解的方式,在恰当的时间,正确地传递相关信息成为需要认真加以解决的问题。

对于专业领域的专业技术人员来说,信息服务是要满足其查询需求,以解决他所提出的问题。而对于非专业用户来说,往往是通过推送获得信息服务。不理解其思维方式、决策立场、处理问题逻辑等,将信息作为沟通工具的愿望必将受到挫折。

---

① 有可能但又非必然的性质。
② 数据的细化程度。

传统的基于模型和仿真系统的交通决策支持系统信息工程师只需要提供相关技术输出，对策制定者便能够依据确定的工作程序、明确的技术标准和成熟的工作经验来运用其输出成果。但由于政策工具领域中问题的复杂性和不确定性，加之基础数据中大量数据噪声干扰，对于信息系统技术输出的可信度和应用价值判断变得非常复杂。因而，交通信息工程师还需要承担情报决策的任务，即评价系统输出的信度，提供给行动决策者作为资源使用参考。如果说传统交通决策支持系统给出的是判断结论，作为政策工具的决策支持系统给出的基本属于证据，且绝大多数是间接证据，只有将大量间接证据组合成为证据链，才能够真正成为可以作为判断依据的有价值情报信息。

因而，信息技术应用中面对开放性与不确定性，厘清数据加工逻辑及信息处理逻辑，成为交通信息系统开发人员需要完成的基本功课。

3) 平台支持技术的变化，导致信息顶层设计中的沟通困难

经过数十年的专业磨合，交通规划师、交通工程师、交通信息工程师、交通模型师之间已经形成了相当程度的默契。传统交通信息决策支持系统的基本结构是"模型＋数据"，发源于流体力学的交通流模型，基于OD的网络流分析模型体系，建立在理性经济人假设之上，引入了心理学、社会学影响的行为理论等，任务目标明确、理论架构基本稳定、学科评判标准基本形成共识。

应用于城市交通治理领域的信息平台则仍处于启蒙期，问题领域复杂化、多样化导致大量新技术进入平台建设。为应对向用户推送信息的需要，主动数据库技术取代传统被动数据库技术，产生了从交通专业角度研究对触发机制的要求；大数据基础上基于证据的群决策成为政策议程中的重要问题，技术平台设计需要决策支持工作方式、D-S证据理论应用方法的指导；舆情分析是交通治理过程中上行沟通的重要方式，技术需要交通领域舆情发展过程模型和语义网络分析技术等研究成果的支持；为了有效实现平台中的知识查询，知识图谱成为知识库管理的重要工具；政策网络成为城市交通治理中的重要组织形态，技术平台以何种形式支持政策网络运作，尚缺少理论成果和实践经验。面对这些缺少成熟模板的新问题，在学科和技术跨度很大的范围内进行有效沟通，并转化为合理可行的决策支持平台技术方案，是一个很具有挑战性的任务。

因此，技术平台顶层设计本身就是一个有待跨领域、跨学科、跨组织的知识创新问题。

9.1.3　从科层式到政策网络的组织模式变化

交通信息作为政策工具，将面临适应工作环境中组织结构模式变化的问题。

科层式作为一种组织结构和管理方式，不仅曾在传统城市交通规划与管理中发挥了重要作用，且今后仍将在部分领域内发挥不可或缺的作用。但为了实现治理体系和治理能力现代化，需要在科层式中融入更多的政策网络成分。

作为组织结构城市交通治理领域的政策网络，表现出如下特点：

(1) 主体之间相互依赖，网络中的主体必须依赖其他主体来实现自己目标。

(2) 政策网络是一种过程，是由各种具有一定资源，不同利益和目标的主体，为实现自己

利益和目标的相互依赖、相互作用的动态过程。

(3) 政策网络的活动受到制度制约,主体间相互依存、相互作用而形成不同类型的关系,在互动过程中形成的行动准则反过来制约和影响它们之间的互动及相互作用。

城市交通领域的政策网络是由政策社群、专业网络、政府间网络、供给侧网络、议题网络五种网络组成的连续体,其网络结构依次具有从紧密到松散的顺序。

政策社群是在一个特定政策领域共用利益的参与者的集合,其为平衡、优化相互间关系而相互合作。不同于松散的专家咨询,政策社群依托持续进行的相关调查研究,形成一种类似"派别"的政策观点,力图影响其直接参与的决策评估过程。

专业网络由专业领域的各类组织所构成,掌控代表组织或行业利益的政策观点,与政府部门之间形成密切的联系,由于其在业界的影响力和根基,对于公共政策制定和执行产生广泛的影响。

政府间网络呈现出条块结合、跨区域协作的结构特征,体现出垂直管理和横向管理架构中的竞争、协作、监督、服务关系。正如在相当部分联席会议中所见,与科层式组织体系中的正式结构不同,政府间网络呈现出相对松散的组织特征,取得共识的方式不是通过规则,而是通过协商。

供给侧网络特指交通服务的供给者(并非公共资源供给者)形成的非官方合作网络,在政府与企业协同治理等领域中扮演了重要角色。城市交通服务体系中通过社会组织加强供给侧的合作,已经成为重要趋势。行业协会在行业自律、行业标准与技术规范等方面发挥着重要作用。供给侧网络的结构既受到城市交通领域地方政府政策的影响,也受到行业政策和产业政策的影响。

议题网络是指政策议程中的网络型组织关系。通过"议题网络"能够塑造一个具有开放性的政策问题建构空间,促使政策问题建构权向更广的范围扩散。"议题网络"与社会组织以及其他社会治理力量的地位提升联系在一起,标志着城市交通治理进入新的发展阶段,预示着政策问题合作建构的未来。

9.2 跨界治理——寻求共同利益的协作

城市交通领域的跨界治理,存在狭义和广义的区别。狭义的跨界治理是指跨行政管理部门,例如国土空间规划与专项规划的协同;广义跨界治理,则是指跨政府部门、公共服务企业、第三方组织的公共治理问题。

9.2.1 城市交通领域跨界治理的任务类型

跨界治理涉及的一个重要理论概念是整体政府跨界协同治理,这是一个含义广泛的概念,凡政府组织通过"联合""协调""协同"和"协作"方式,实现国家政策和政府管理功能与活动的整合,都属于"整体政府跨界协同"的内容。其所研究的领域纷杂,范围宽泛,形式多样,主体多元。在内容上包含中央政府和地方政府之间的"上下合作",中央或地方同级政府之间的"水平合作",同一政府不同部门之间的"左右合作",政府与企业和社会之间的"内外合作"。在形式上又分跨界政策议题下多个政府部门之间的合作,同一政策议题下不同政府之间的合作,同一政策议题同一政府中不同层级之间的合作,不同政策议题同一服务提供机制下的政府部门之间的合作,同一政策或不同政策议题下的政府与企业和社会组织之间的合作等。在主体上既有中央政府和地方政府及其所属部门机构,也有私人部门、非营利部门、公民社会或志愿组织。在政策领域上涉及国家治理的方方面面,特别是在应对环境、社会、发展等复杂棘手的问题上,需要政府统筹一切可利用的资源和力量予以综合协调运行。

城市交通领域所涉及的跨界治理问题,一为跨行政区划的交通治理问题,包括交通基础设施规划建设问题、交通运输组织问题、重大灾害和疫情情况下的应急交通组织问题等;二为跨部门的治理问题,包括国土空间规划体制下综合交通规划的协调问题、土地开发与交通保障之间的协调问题、交通污染治理问题等;三为国家战略推进中的跨部门治理问题,包括公交优先国家战略的落实问题、"双碳"目标的响应问题等。

这些跨界治理问题的共同特点是具有共同政策议题下部门之间、地方政府之间,乃至上下层级之间的跨界协调。在一定的组织架构下,涉及交通信息技术应用领域的主要是跨界治理推进过程中的冲突协调(图9-1)。由于具有共同议题,价值方面的共识至少表面上是可以达成的,落实到具体工作目标时需要解决信任基础上的目标分解,落实过程中需要冲突协调的触发机制。

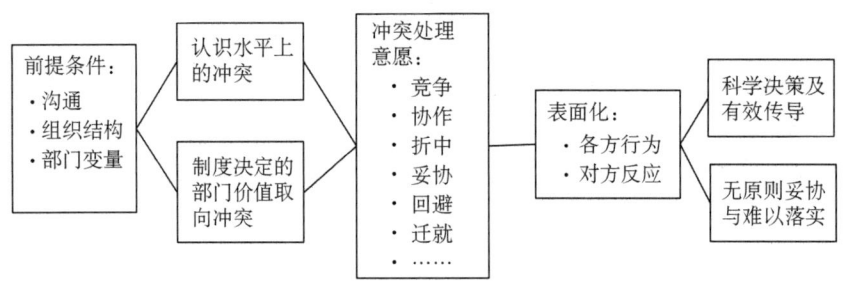

图9-1 跨界治理过程中的冲突模型

从这一冲突模型中可以看到,促成信息开放基础上的交流沟通,建立跨越部门界限的共同目标及评估办法,建构部门之间有效的交流语境,引入外部力量制约部门利益等,是推动跨部门协同治理过程中技术领域中的重要任务。

9.2.2 城市交通领域典型跨界治理问题

通过对城市交通领域的几个典型跨界治理问题的剖析,可以进一步理解作为政策工具的信息技术应用任务。

1. 国土空间规划与综合交通规划的协同

对于国土空间规划与交通规划的协同,信息技术应用任务可以将问题聚焦于实现跨越组织界限的共同目标,克服在组织内孤立作战,建构一种在旨在提升决策能力的技术支持,以及最大限度地提升信息互通水平。

与国土空间治理关联的规划体系中,国土空间规划具有统领、引导和约束的地位与功能。国土空间规划是按照国家空间治理现代化的要求,"建立国土空间规划体系并监督实施,将主体功能区规划、土地利用规划、城乡规划等空间规划融合为统一的国土空间规划,实现'多规合一',强化国土空间规划对各专项规划的指导约束作用"。与原有城乡规划体系自下而上的编制管理模式不同,国土空间规划采用了自上而下的刚性管控模式。国土空间规划对专项规划发挥指导约束作用,专项规划成果只有纳入国土空间详细规划才成为法定规划内容,以此来保证国土空间规划的引导和约束作用。

综合交通规划与国土空间规划直接关联最为紧密的是基础设施建设及空间、土地资源的配置,但是两者技术思维和工作性质存在显著差异(表9-1)。

表9-1 国土空间规划与综合交通规划的部分特点对比

国土空间规划	综合交通规划
供给侧思维:决定城市发展的资源配置策略、目标和使用要求	执行侧思维:落实发展战略规划(需求侧)和国土空间规划(供给侧)要求,通过落地实施方案引导控制建设和运营过程
突出底线思维:强调规范区域内的长远可持续发展	突出体系化对策,通过精明供给保障理性需求
强调上对下的刚性管控:抑制地方、局部的非理性发展冲动,调控资源供给阀门,引导控制发展模式	弹性和刚性并重:既要求应对项目的多种可能性,又要求根据交通系统内在技术规律、逐步深化,按照标准规范要求进行
分层级、分空间尺度,按照事权确定调控职能重心和工作边界	区分交通网络层级、交通方式,逐步深化到项目可行性
以法定规划形式存在,通过法律、法规、标准、规范给出严格的规划制定、实施和监管要求	以法定和非法定规划形式同时存在;规划执行依赖于项目审批和资金分配

注:表中的需求侧、供给侧是政府部门在资源配置-资源使用角度的划分。

为了实现国土空间规划与综合交通规划之间跨界治理形成共识,需要围绕空间中的活动建立一种共同的规划语境(图9-2)。在这一语境下确定系统的整体结构及布局、国土空间规划中与交通相关指标,以及国土空间规划传导过程中的控制性指标与控制性要素。而传统基于OD的规划决策分析,则承接新语境中确定的框架性引导与约束,进一步完成论证性、贯彻性的技术策略设计。

欧盟将综合交通规划转变为可持续移动规划,《伦敦市长交通战略》将"街道有活力,交通有效率,空间有魅力"列为主要发展愿景,国内国土空间规划领域加大对公共服务可获得性和发展机会可及性的关注等,都反映出在结构性顶层设计中建立新规划决策支持语境的趋势。

近年来我国规划界对于居民通勤时间、公共服务和发展机会的可及性、城市空间品质、居民生活圈等方面的规划应用,则体现了实践中的对于跨界问题的探索。

2. 城市群/都市圈交通网络的协调

城市群区域的交通网络建设是跨区域合作的重要领域,也是区域整合的重要手段。城市

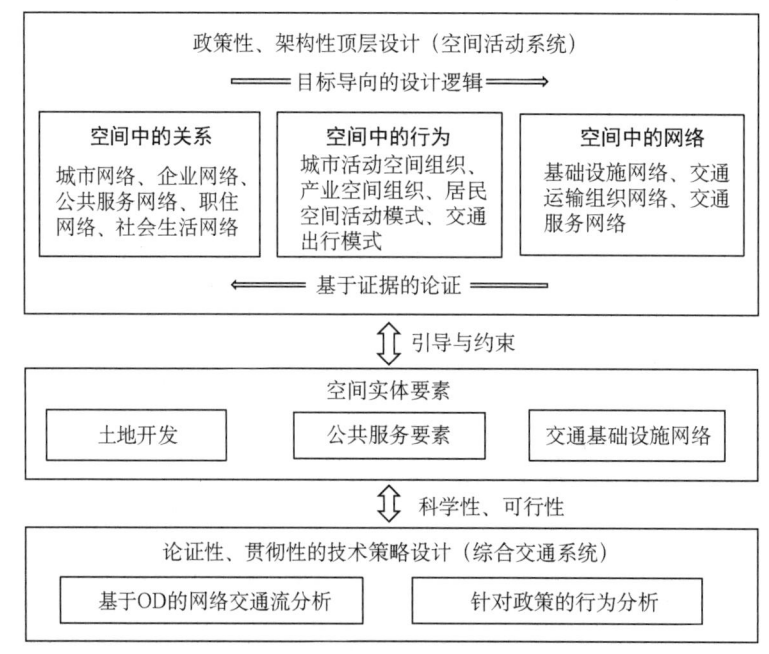

图 9-2 国土空间规划与综合交通规划相互沟通的工作语境

群和都市圈区域的交通网络,承担着支撑生产和产业要素、社会公共服务,以及居民生活的跨区域组织保障的任务。一体化的城市群交通系统有助于突破行政区划对于区域经济和公共服务的刚性约束,促成自由、法治、高效的市场化、合作化、融合化区域经济发展格局,以及公平、共享、均衡的城乡一体化、区域化、均等化的跨行政区公共服务体系。

在城市群和都市圈区域的交通网络规划与建设中,信息技术在跨界治理的应用,突出反映在寻求共同利益的大道理管小道理的讨论过程中。首先需要的是突破行政区划的制约来建立各方都能够信任的数据环境,以及形成具有认同度的技术方案评价。移动通信信令数据提供了一种不受地方行政制约的数据资源,但与传统交通调查数据相比,其信息密度较低,数据具有较高的盖然性。因而不能简单套用传统网络交通流分析技术方法体系,需要建立与城市群/都市圈交通网络规划及建设相适应的应用方式。

针对城市群/都市圈区域的城乡二元结构,通过分析移动通信数据中具有日常活动特征的空间活动集聚情况,能够建立类似交通分区的空间活动区域结构模型。在此基础上建立的空间流动网络[①],可以作为空间关联性等评价指标的基础。

采用交通出行引力场描述城市群/都市圈空间活动系统的空间作用特征,其特征指标包括引力强度与引力衰减系数。

采用区域邻近度表达交通网络在空间组织方面的贡献,可借助恰当的空间分辨率适应城市圈尺度交通网络优化调整的需要。

---

① 类似于OD交通流,但为了避免数据处理过程造成的技术争论,尽可能减少扩样等处理过程中导入的假设,仅具有相对比较意义。

通过既有轨道线路客流规模与空间整合度①之间的关联性,可预判城市群/都市圈区域新建轨道交通线路可能出现的客流规模(图9-3)。并通过站点关联区域的空间互动规模类比,预判新的交通建设项目的贡献。

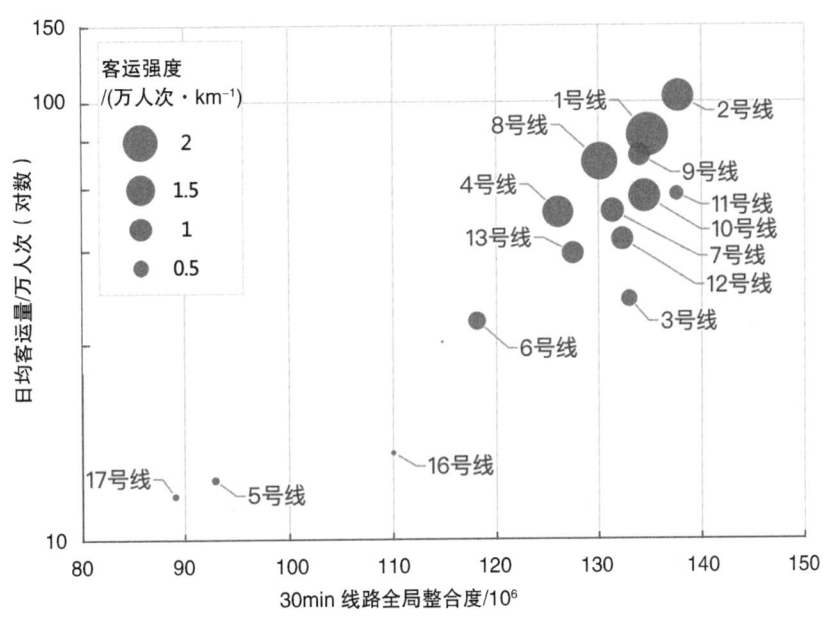

图9-3　上海市既有轨道交通线路全局整合度与日均客运量、客运强度之间的关系

3. 为实现"双碳"目标的协同

"双碳"目标是中国政府对全球所作庄严承诺,也是各项规划、建设和管理活动中需要跨界协同的重要任务。城市交通落实"双碳"目标的行动,一方面是通过战略与政策的调整,促使交通建设与运营方式的转变,另一方面是引导社会与居民的生活及出行方式的转变。在针对于此的信息技术应用中,前者强调广泛且正确的监测,后者强调融入行动过程的决策支持。

以作为交通运输行业降低碳排放对策依据的排放监测为例,从交通和环保双方的共同需求出发,共同开展机动车交通排放模型构建、验证和应用工作,并应用于城市机动车排放清单制定和各类交通政策的减排效果评估中(表9-2)。

表9-2　围绕降低碳排放的决策支持信息技术示例

任务	内容
模型参数的本地化	车辆结构的本地化——通过各种观测手段,掌握本地及外地牌照车辆在城市中具体使用情况,包括对排放标准、使用年限、燃油类型等细化信息,涉及数据内容包括卡口观测数据、道路车辆牌照检测数据、交强险数据等
	运行工况的本地化——借助车载卫星定位数据对机动车运行工况的采集能力,区分道路类型对机动车运行工况进行调查,构建分类道路平均行程车速与机动车运行工况的关系

---

① 表达轨道交通线路在一定时间范围内能够到达的车站周边范围内空间活动强度的综合。

(续表)

任务	内容
模型参数的本地化	排放因子的本地化——应用国家排放因子与本地车载尾气检测实验相结合的方式,通过获得实验数据,进行部分参数修正
	其他参数的本地化——主要包括温度和湿度环境、燃油品质等数据
基于排放清单需求的交通模型深化	出行产生、出行吸引、方式划分和交通分配的数据,以及不同时段相应的交通流特征,包含车速、车种等
	利用海量在线的出租车轨迹数据,获取道路动态车速
	利用大量线圈数据、收费数据对区域点位的道路流量进行校验和细化
政策减排效果的整体评估	高排放车辆的淘汰
	高污染车辆限行与治理
	鼓励公交和绿色出行
	通过公共服务设施布局和城市更新等手段改变居民空间活动方式
	城市货运组织等

为了改变城市居民空间活动和出行模式,城市交通领域正在进行一系列探索性实践。以北京交通发展研究院与相关企业共同搭建绿色出行碳普惠闭环系统,推动提升绿色出行的市场机制探索为例(图9-4),其信息技术应用跨越了不同类型的组织(政府、企业、社会组织等),是值得关注的发展趋势。

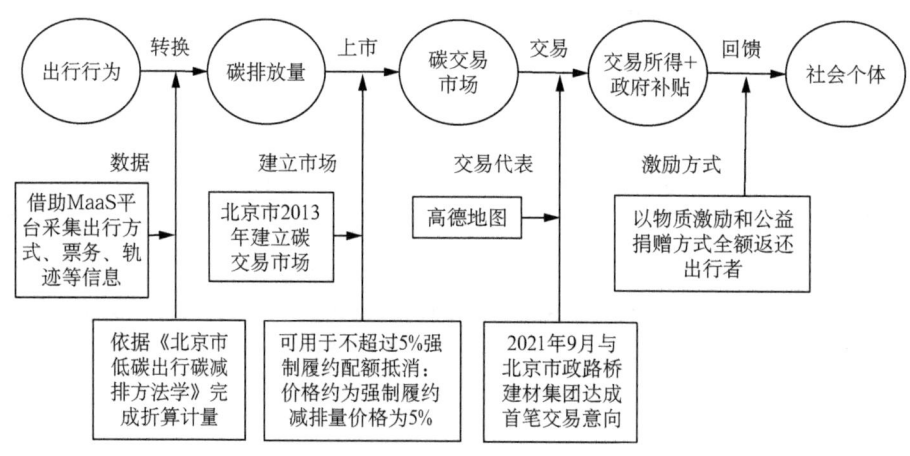

图 9-4　北京市绿色出行碳普惠所构建的利益回馈闭环示意

9.2.3　支持跨界治理的信息技术平台

信息平台在跨界治理的决策支持中发挥着重要作用,同时也由于工作环境、功能要求、服务对象等相关变化,面临一系列有待解决的问题。

1. 满足跨领域技术人员的有效使用

跨界治理涉及不同行业、不同领域的技术人员参与相关决策分析工作,为了适应使用者对于平台熟悉程度差异,相关信息系统做出了不同的努力。

武汉市交通-空间协同规划仿真平台(图9-5)代表了交通领域专业技术部门所搭建平台的典型模式。充分利用自身专业领域问题理解能力,力图针对跨领域治理的业务模型设计和流程再造,打造更多具有业务服务能力的功能模块,以适应不同类型的用户。

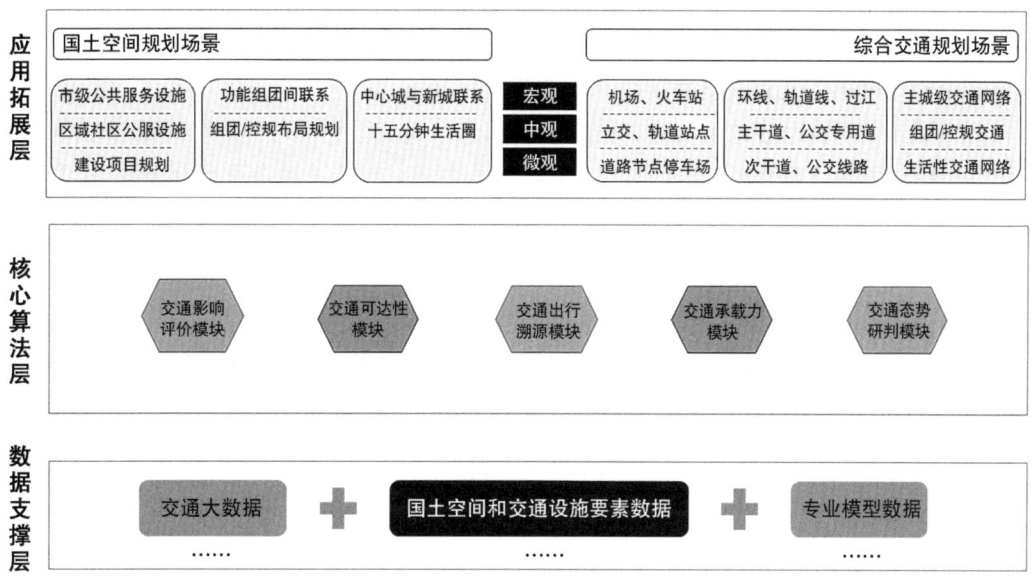

图9-5 武汉市交通-空间协同规划仿真平台

而以腾讯为代表的互联网企业提出的技术解决方案(图9-6),则是在半开放数据环境基础上,让一定范围内跨专业的技术人员能够独立搭建系统分析功能,即强调平台即服务

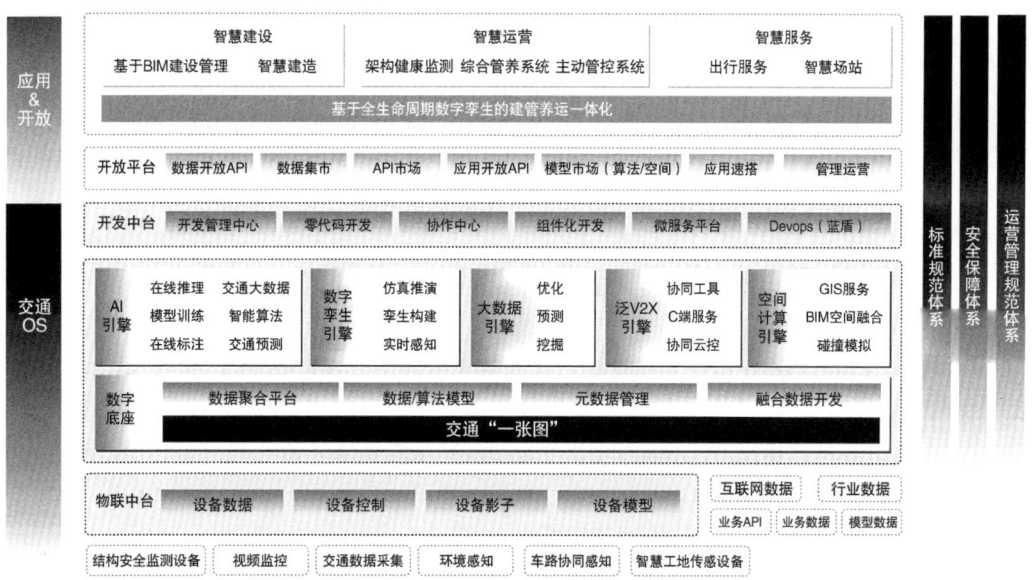

图9-6 腾讯智慧交通整体框架

(Platform as a Service，PaaS)、软件即服务(Softward as a Service，SaaS)的概念,把服务平台和服务软件作为一种服务提供的商业模式。

前者基于对规划业务的理解,能够直接与工作流程衔接,但软件系统的弹性重构能力较弱,对于尚未形成稳定业务结构的规划领域存在改造困难问题;后者具有软件平台的结构韧性,但需要使用者承担一定的功能组合工作。两种平台技术结构不存在绝对的优劣,关键在于对具体城市实际情况的契合度。

2. 服务于开放性沟通的信息网络

为了适应跨界治理中政策网络的资源分享和信息交流,具有多元结构、开放性参与的沟通平台(图9-7)成为需要加以重视的技术环境建设内容。对于这类沟通平台来说,软件系统的确很重要,但是更为重要的是沟通环境与沟通规则。

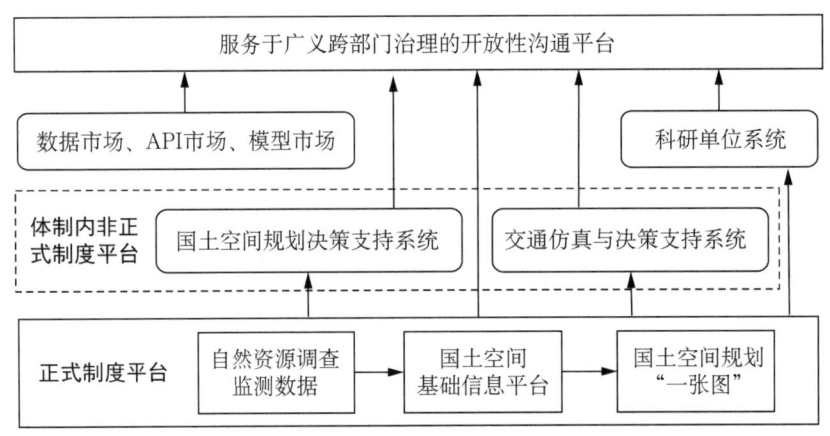

图9-7 适应政策网络的开放性沟通平台

信息平台的开放性和研讨深度,对于数据有序流通产生了特殊要求,特别是需要在寻求数据价值释放和数据安全需求间的平衡中,构建新型数据共享流通的解决方案。根据平台应用范围,以合作联盟方式打造可信数据空间,构建数据生态系统,是保障这类平台活力的技术关键。

9.3 服务治理——保障与提升过程中的冲突协调

保障基本公共服务,改善民生是社会治理的重要组成部分,是推动实现共建、共治、共享社会治理格局的重要基石。将这一任务分解到城市交通领域,则体现在基本交通服务水平显著提升,交通服务均等化程度不断提高,社会力量参与机制不断健全等方面。

9.3.1 公共服务与发展机遇的可及性

与国际发展趋势相同,我国国土空间规划正在从以经济发展效率为核心的规划逻辑,转向生态文明和以人为本的规划逻辑。在此背景下,城市交通在努力提升资源和运行效率的同时,日益增大了对城市居民基础性权益保障的关注。

1. 基于可达性的公共服务与发展机遇的可及性

可达性是一个在地理学、建筑工程设计、城市和交通规划等学科中有一定应用的技术概念。微观上,可达性用来表示个体使用或接近(交通)设施的难易程度;宏观上,可达性用于反映一般出行者利用给定的交通系统从出发地点到达活动地点的便利程度。

城市交通的本质是对居民获得公共服务和发展机遇的保障,欧盟传统交通规划向可持续移动性规划的转型,反映了规划目标从"交通通行能力和移动速度"向"可达性与生活品质"的转变。

作为公共政策安排的综合交通规划,所使用的可达性指标主要受到土地利用状态、交通系统情况和出行者个体因素三方面的影响。城市的空间形态、土地开发及公共服务设施布局,影响出行者空间活动的效用。交通系统是承载居民出行活动的载体,交通基础设施和公共交通服务网络产生与土地开发及城市服务要素布局之间的复杂互动,增强地区可达性并激发地区发展活力。出行者个体在年龄、性别、收入、车辆拥有情况等方面的差异,会在一定程度上影响出行需求。

从技术分析角度来看,可达性具有多种类型的表达方式,分别从空间阻隔、"机会"[①]获得、交流所带来的发展潜力、出行效用等方面,对空间区域的公共服务和发展机遇可及性予以评价。国际上基于可达性技术概念的规划指标,可以列举公共交通可达性、指定时间可以通达范围、可接触社会要素(人口或设施规模)等方面。

2. 他山之石的启示

在英国,可达性被广泛应用并上升为政策工具,有赖于三个方面的保障。

一是完善的法规与制度。自1994年起,英国环境部与交通部联合发布的《规划政策指南》中建议各地方机构建立公共交通可达性指标(Public Transport Access Level, PTAL)评估机制,2003年国家副首相办公室要求地方编制地方交通规划时,引入公共交通可达性作为规划实施监测的核心指标。《伦敦总体规划年度监测评估》中包含"50%以上的商业办公类项目应在PTAL值5~6的地区进行开发"的指标;《地方实施规划指南》中明确要求评估"PTAL值3~6或轨道站点800m内商业办公建筑面积和住宅套数"等指标,作为交通投资审批的重要依据。2014年,英国交通部出台《交通分析指南》,要求所有中央政府与地方政府审批的交通投资都必须依照指南进行公共交通可达性评估,大伦敦规划要求不满足PTAL要求的开发应分阶段实施,否则可拒绝审批或依绿色出行设施补充程度相应调整。

二是稳定的数据维护。伦敦的可达性分析有专门的维护团队和充足的经费支撑,基础数据来源稳定,以保障可达性分析成果具有时效性。近年,伦敦可达性的数据架构不断丰富,应用形式也持续优化,如可达性分析中增加自行车接驳和步行环境的因素,让分析结果更加符合人们的出行选择。

三是开放的技术应用平台。伦敦交通局设计研发了浏览器/服务器结构的"可达性评估工具箱"(Web-based Connectivity Assessment Toolkit, WebCAT),面向公众和专业机构开放,提供

---

① 通过接触就业岗位、公共服务要素等各种社会要素反映满足个人需求能力的技术概念。

PTAL查询和基于等时线制图方式的可达性查询。

3. 我国城市的探索

近年来国内不少城市在研究伦敦的经验,并从指标确定、平台开发等方面展开了积极的工作。

北京主要在几个方面推进应用设想:①在控规编制中引入公共交通可达性分析,理顺既有的交通承载力和公共交通可达性间的对应关系,将用地功能、开发强度和配建指标等与公共交通可达性相互衔接,提高控规编制的科学性,提升公共交通资源的利用效率。②评价交通公平性。纳入公共交通目的地可达性分析作为PTAL的补充,实现了从出发端到终点端的覆盖,识别可达性短板;结合岗位、医疗、学校、公园以及不同年龄、收入和身体状况人群的空间分布进行交叉分析,评价出行服务与不同人群偏好、能力和差异化诉求的匹配情况;结合不同人群的实际出行需求分布,在强调公平的同时兼顾边际效益最大化;预判未来人口结构的变化,以及不同人群潜在的出行需求,以指导未来的城市与交通规划路径。

作为国内较早开展伦敦交通可达性研究的城市,上海市在充分借鉴伦敦经验的基础上,基于伦敦和上海的既有实践,在深入分析总体规划实施评估、15分钟社区生活圈规划、公共服务设施专项规划、轨道交通网络规划等重点项目的应用需求基础上,提出总体规划实施监测、公共服务评估、交通方案评估、公共服务设施布局优化、土地开发强度优化、职住空间关系优化、公共中心规划等应用场景,构建了上海公共交通可达性应用体系的整体框架。

在借鉴伦敦PTAL的基础上,深圳依托TransPaaS平台开发了100 m×100 m栅格精度的PTAL评估工具。深圳PTAL测算采用深圳本地化参数,底层数据包含1.3万个公共交通站点、2 000余条轨道及公交线路、超过1 200万条(1个月)的公交到站记录、超过200万次网络地图路径规划采样。最终成果在栅格和交通小区两个层级进行了可视化。深圳有关可达性的应用设想包括:①叠加人口数据,识别职住用地分布不合理、公共交通服务水平不足的区域;②识别近期急需改善公交的区域,将优先改善高人口密度地区的公共交通可达性作为最具吸引力的针对性提升措施;③轨道交通建设对公交可达性水平的影响评估;④面向学校、医院、公园、政府服务部门所在地公交可达性水平进行评估,辅助线网规划、调整和设施/服务投放。

武汉采用200m的网格测算了武汉PTAL,底层数据包含9条轨道、3条有轨电车和784条公交线路、约1.7万个站点,并以武汉公交、轨道时刻表数据为基础,公交GPS和到发站数据作为补充,对不同线路服务水平进行计算。其构想的公共交通可达性的应用主要有:①评估区域公交可达性水平;②识别潜力地区;③提高慢行可达性。

杭州开展了《城市用地与公交协调性的量化评估方法研究》课题研究,探索公交可达性分析技术在杭州国土空间规划的应用。杭州提出了完整的PTAL应用框架体系,以PTAL指标为桥梁,连接公共交通、道路交通、社会经济、土地利用等相关领域,实现多维度的交叉分析与应用,实现对规划编制、运行监测、政策制定等多方面的技术支持,并满足市民查询公交可达性水平的要求。

9.3.2 城市交通新型服务业态的支持与监管

1. 新型服务业态发展所引发的矛盾

伴随社会发展,政府对交通运输市场规制逐步放松,为新技术和新业态提供了发展空间,共享单车、网约车,以及正在崭露头角的 MaaS 等逐步改变了交通服务市场关系,建立服务信用体系,实施服务市场设计等,成为城市交通治理的重要课题。

以受到广泛关注的网约车为例,其在居民出行中的比重逐步上升。截至 2023 年 12 月,我国网约车用户规模已达 5.28 亿,单月订单总量超过 10 亿单。截至 2024 年 10 月,全国共有 362 家公司取得网约车平台经营许可,各地共发放网约车驾驶员证 748.3 万本,车辆运输证 320.6 万本。

在资本推手的作用下,网约车迅速培育起用户群体和服务市场需求,网约车与巡游出租车的市场冲突日趋激烈。从上海市巡游和网约出租车单车运营特征数据来看,巡游出租车单车日均载客车次从 2015 年的 30 次下降到 2019 年的 21 次,2021 年 6 月进一步下降到 15 次,单车日均行驶里程从 2015 年的 220 km 下降到 2021 年的 163 km;网约车单车日均载客车次从 2017 年的 12 次增加到 2019 年的 13 车次,单车日均行驶里程已经从 2017 年的 63 km,增长到 2021 年的 115 km,平均运距从 2017 年的 5.3 km,上升到 2019 年的 8.1 km。

从趋势来看,网约车依托资本背景的平台企业,其市场生存力和适应力具有很强的竞争优势。但网约车的运行组织具有较大的松散性,并不能完全取代巡游出租车在城市交通基础服务体系中的作用。在此背景下,及时制定市场规则,避免无序竞争问题开始被提上政策日程。

哈耶克(Friedrich Hayerk)在理论上证明了计划经济不能实现资源的最优配置,因此获得 1974 年诺贝尔经济学奖。在同一年代的里奥尼德·赫维茨(Leonid Hurwicz)证明了市场经济也不能实现资源的最优配置,2007 年金融危机从实践上证明了其理论的正确和有效,赫维茨于 2007 年获诺贝尔经济学奖。而 2013 年诺贝尔经济学奖获得者埃尔文·罗斯(Alvin Roth)创立了市场设计,通过市场设计来达到资源的最优配置。所谓市场设计,是微观经济学中具有特定内涵的专用名词,它所讨论的市场失效,是针对双边匹配市场(即你在选择商品或者服务,但同时你也被选择)所产生的问题,所提出的对策也不是否定市场机制,而是强调需要制定某种市场规则,使得在这种规则下的市场选择行为能够实现资源的最优配置。市场设计通过不断地调整规则,让市场能够更好地工作。

在很多市场上,商品/服务是私有的,但同时又是不可分割和非同质的,传统假定的充分竞争是不成立的。所谓市场设计就是制定规则。它设计的是规则,而不是结果。网约车和巡游出租车营运方式的不同,决定了所提供服务的非同质性。同时,网约车和巡游出租车的服务对象也存在一定程度的差异。对于这个市场来说,稳定匹配是非常重要的。所谓稳定匹配状态,是不同的交通服务供应商和交通需求者之间分别获得自身中意的供需匹配,这是新背景下出租车市场管理需要认真研究的问题。

针对传统出租车市场供应的规模管控,是避免过度竞争的行业监管重要手段。网约车快速发展背景下,这种管控方法自然被用来缓解网约车和巡游出租车之间的矛盾。这种方法与巡游出租车的牌照发放数量限制相似,均通过限制许可和资格总量的方式来防止行业规模过度扩大。目前,网约车总量和规模管控已在多个城市得到重视和实践,例如南京和厦门,通过暂停受理网约车登记或新增运力许可来控制网约车规模的扩大,北京和上海等城市则通过限制申请人的户籍来控制许可和证件的发放。

然而,网约车与巡游出租车存在运营方式上的差异,这可能使得适用于巡游出租车的规模管控手段对网约车来说并不适合。巡游出租车驾驶员大多是将客运服务作为自己的职业,并与巡游出租车企业签订合同,以较为稳定的、有规律的、较高强度的运行模式提供服务,因此巡游出租车群体也表现出较为稳定和同质的运营特征(工作天数、运营时长等),对巡游出租车群体采用统一的规模管控手段有着较好的适用性。而网约车是一类个体性较强的运作方式,其"共享"的特征使得网约车在取得运营资格后可以随时进行客运活动,依据自己的时间安排和车辆的使用情况来调整运行模式,因此存在专职网约车驾驶员、兼职网约车驾驶员和顺风车驾驶员等不同类型,在这样的情况下依旧采用统一的、静态的管控手段可能会对管控效率的提升有所影响。

2. 网约车服务定位与管控

针对网约车的不同模式、时间特征、空间特征,设计和实施差异化的管控手段,大致可以分为分类管控、分时管控和分区管控三个方向。

网约车较强的个体性产生了不同种类的运行模式,从精细化管控的角度出发,基于网约车的运营活跃性、稳定性和模式特征进行分类(表9-3),针对不同类别模式的网约车设计和采用不同的管控手段和政策,有利于在减少对网约车驾驶员过度约束的同时,提高网约车规模管控的效率。

表9-3 厦门市网约车运营情况聚类结果

聚类中心	专职网约车	兼职网约车	不活跃网约车
活跃天数/天	27.180	13.680	3.012
连续活跃间隔天数变异系数	0.094	0.536	0.239
日均载客次数/(次·天$^{-1}$)	14.449	5.431	1.328
日载客次数变异系数	0.407	0.706	0.032
车辆数量/辆	4401	2459	1475
占总数百分比/%	52.801	29.502	17.697

网约车和巡游出租车的运行时间特征差异,以及网约车群体内存在不同类型间存在的差异(图9-8),产生了针对网约车运行的时间特征设计精细化分时管控政策的必要性。进一步将专职网约车与巡游出租车进行对比可以发现,以专职网约车为代表的网约车的活跃性波动度比巡游出租车更明显,尤其是在早晚高峰时段。依据网约车的时间特征进行数量和规模的管控,也能够缓解与网约车的矛盾,形成互补的效果,例如通过合理范围内的补贴和调价鼓励网约车在16:00—17:00运营补充运力、发放仅支持高峰时段上路接单的网约车牌照和许可等。

对于网约车的分区管控主要包含两个方面,分别指基于网约车运行的空间特征制定相应的跨区调度政策,以及结合空间特征和区域需求特征对区域内的网约车规模进行常态化管控。

3. 共享单车

共享单车在经历了起步阶段的疯狂以后,逐步冷静下来走上平稳发展的道路。根据不同城市实际研判共享单车在综合交通体系中所发挥的作用,有助于更加准确地进行这种服务方式的定位,并确定各自城市的管理重点。

以上海市为例,根据共享单车与轨道交通之间的关系,可以分为衔接、补充和重合三种使用模式(图9-9)。共享单车作为轨道交通的接驳使用,对城市空间起到了很好的服务覆盖。

(a) 专职网约车

(b) 兼职网约车

(c) 不活跃网约车

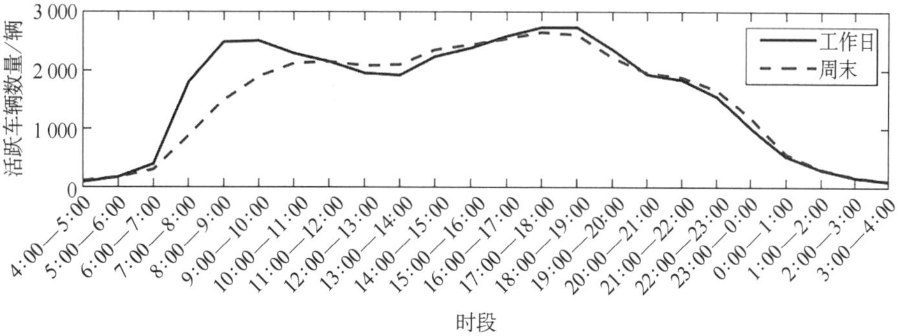

图 9-8　厦门市三类网约车活跃车辆数的时间变化

(a) 工作日

(b) 非工作日

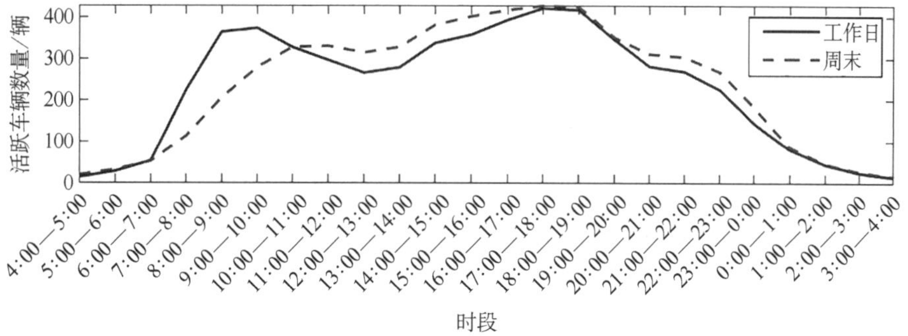

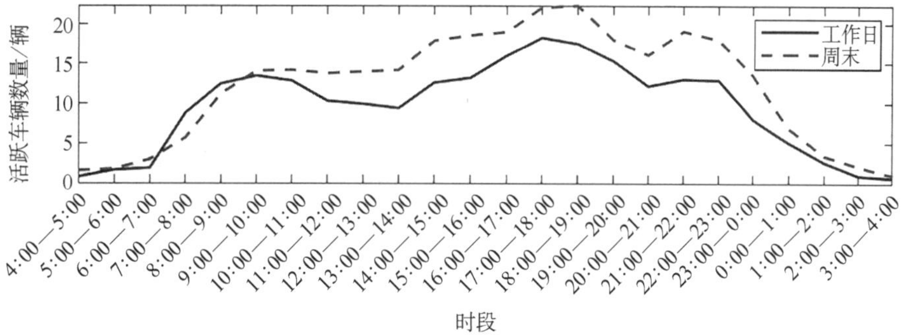

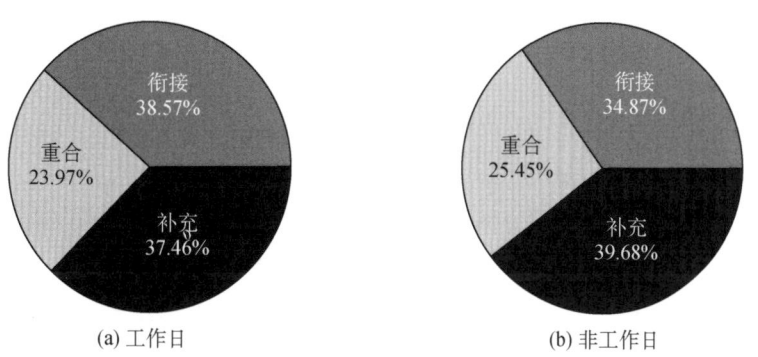

图 9-9　上海市共享单车工作日与非工作日不同使用模式的比例

而根据轨道站点客流时变与站点周边共享单车停放数量的关系，可以将轨道站点划分为4种类型(表9-4)，据此可以作为具体治理要求的参考依据。

表9-4　上海市轨道站点客流规模及时变与共享单车使用规模的关联性

类型	说明	典型站点
第1类	到发客流量较大，除了明显的早晚高峰外，相较其他类型的站点，平峰客流也维持在较高的水平。 站点周边的共享单车停放数量基本处于高位，且高峰停放时段持续较长，单车停放场地的利用率较高。 该类型站点主要分布在2号线沿线以及部分商圈和重要交通枢纽。通过共享单车接驳轨交的客流需求在站点附近分布比较均匀，但部分接驳需求的骑行距离较长	静安寺站 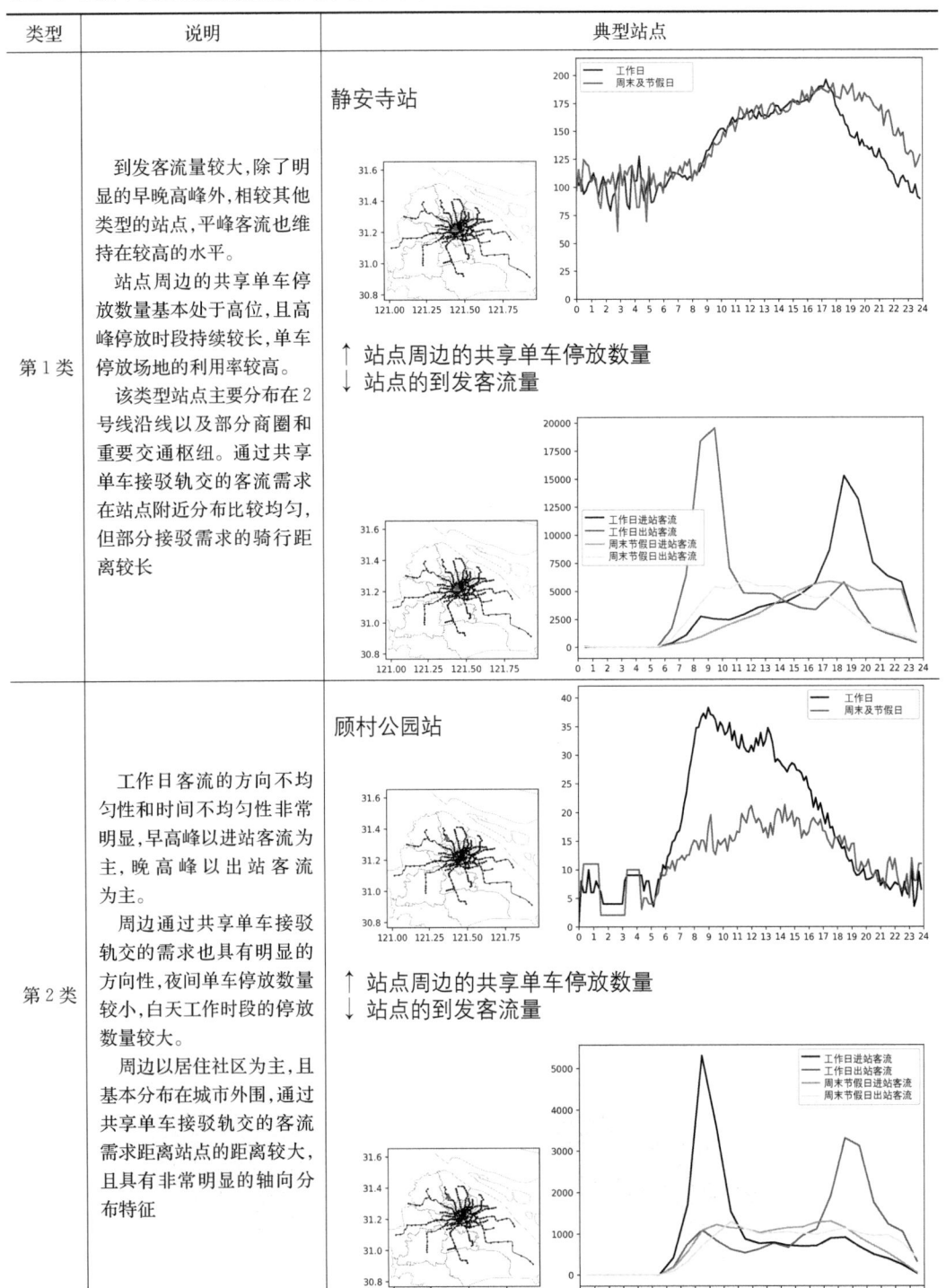
第2类	工作日客流的方向不均匀性和时间不均匀性非常明显，早高峰以进站客流为主，晚高峰以出站客流为主。 周边通过共享单车接驳轨交的需求也具有明显的方向性，夜间单车停放数量较小，白天工作时段的停放数量较大。 周边以居住社区为主，且基本分布在城市外围，通过共享单车接驳轨交的客流需求距离站点的距离较大，且具有非常明显的轴向分布特征	顾村公园站

（续表）

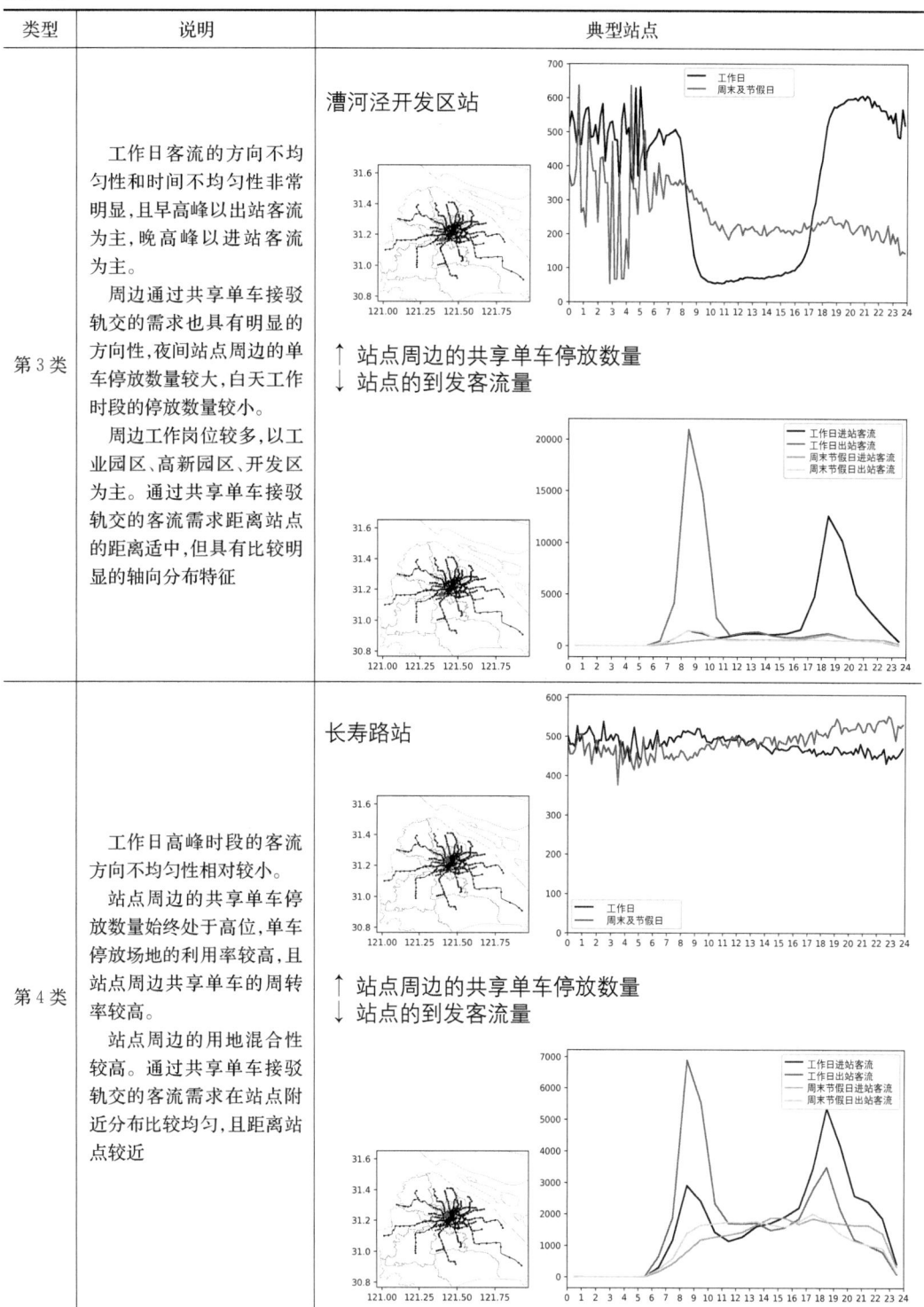

9.3.3 基础性服务的精细化保障

城市交通基础性服务保障,除了具有普遍性意义的公共服务和发展机会的可及性以外,还包括对于高龄人群、身体障碍人群的交通服务保障。

1. 对弱势群体的关注

轨道交通不仅是一种出行工具,而且在老年社会中还是老年人与城市联系的重要通道。轨道交通车站与区域活动中心的整合程度、轨道车站无障碍设施的配置情况,以及在关联区域中老年居民的数量等,均是体现城市对于弱势群体关注程度的重要指标。

以上海市为例,由于早期建设资金制约和空间限制等原因,中心城区轨道交通站点出入口无障碍设施覆盖率并不太理想。在得到特许情况下,根据移动通信相关信息分析轨道站点周边高龄者和行动障碍者的分布情况,有重点地逐步进行改造,是城市交通治理中应予以重视的工作。

2. 助动车交通方式的定位

电动助动车在城市交通占据不可忽视的地位。以南宁市为例,其电动助动车已经成为城市居民最大众化的出行工具(图9-10)。

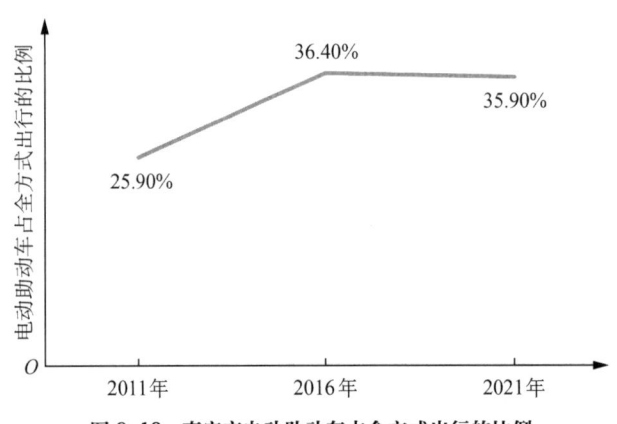

图9-10 南宁市电动助动车占全方式出行的比例

为了研究上海市不同区位居民的通勤满意度,针对上海内、中、外环区域内通勤者进行了问卷调查。采用该调查数据利用路径分析模型评估通勤方式选择对个体通勤满意度与主观幸福感的影响。从模型分析所获得的不同通勤方式的直接与间接效用,可以得到通勤方式选择对通勤满意度与主观幸福感的总体效用(表9-5)。结果显示,使用小汽车(0.03)、慢行交通方式(0.024)和地铁(0.021)对通勤满意度与主观幸福感有正向影响;常规公交通勤人群的主观幸福感处于最低水平(-0.007);电动助动车通勤者的主观幸福感(0.035)在所有方式中处于最高水平,相比使用慢行交通方式对幸福感的提升更加明显。由于其低成本、高效率、可实现门到门出行的通勤特点,电动助动车通勤者享有更高的通勤满意度,继而提升主观幸福感。

表 9-5 通勤方式选择对通勤满意度与主观幸福感的总体效用

通勤方式	通勤满意度	主观幸福感
小汽车	0.057***	0.030***
地铁	0.039***	0.021***
公交车	−0.013**	−0.007**
电动助动车	0.067***	0.035***
慢行交通方式	0.046***	0.024***

注：** 显著性水平为 5%，*** 显著性水平为 1%。

从上述事例可以看到，在相当长时间内电动助动车在我国城市交通中仍然是一种不可替代的交通工具。

为将传统的政府一元治理变为社会协同治理，需要营造公众参与的良好氛围，培养治理主体的权利意识、法治意识及规则意识等多方面工作(表 9-6)。其中，给予共享电动自行车一个清晰的定位和发展方向，推进共享电动自行车规范发展，是激发各治理主体的积极性和创造性的重要前提。

表 9-6 电动自行车社会协同治理所需要完成的工作

层级	需要完成的工作
宏观层面	完善相关立法
	完善相关技术标准体系
	给予共享电动自行车一个清晰的定位和发展方向，推进共享电动自行车规范发展
	充分挖掘共享骑行在"双碳目标""公众健康"等方面的积极作用，合理有序引导共享电动自行车健康发展
中观层面	保障电动自行车路权，优化电动自行车出行环境
	电动自行车停放空间的配置
	构建一套标准、安全、实惠的两轮电动车基础能源网络
微观层面	加强对电动自行车生产、销售、退出的全流程监管
	加强电动自行车执法的前期技术工作准备

9.4 技术治理——项目制与共同创造

9.4.1 技术治理中政府作用发挥

城市交通技术治理的广义概念具有两个维度的含义：治理转型中的技术治理与科技进步中的技术治理。前者是指通过技术化手段，增强城市交通治理能力；后者则是指打造技术创新和知识创新生态，以推进城市交通的转型发展进程。前两节分别探讨了在跨界治理和服务治理中，应用信息技术增强治理能力问题，本节讨论聚焦于城市交通科学技术进步中的技术治理问题。

城市交通技术治理中,政府承担着重要的责任。在科层式占据主导地位的管理体制中,通过项目制管理模式打破原有资源分配格局,发挥体制优势加快技术创新过程,在相当长时期内仍将发挥主导作用。

为了推进城市交通的转型发展,国家各部委不断推出各种类型项目:

一是各种示范项目,例如2000年2月,国务院办公厅转发了公安部、建设部《关于实施全国城市道路交通"畅通工程"的意见》,在全国城市中开展了实施道路交通"畅通工程"的活动;2003年建设部和公安部推出绿色交通示范城市;2012年,交通运输部正式启动国家"公交都市"创建工作等。

二是各类科学技术研究和新技术研发相关项目,例如科技部关于交通控制、交通规划、自动驾驶、车路协同、交通治理、交通服务,以及相关技术装备研发等项目。

三是各类产业政策和产业发展项目,例如2018年工信部《车联网(智能网联汽车)产业发展行动计划》,2019年交通运输部制定并推进的《数字交通发展规划纲要》,以及工信部、住建部和交通运输部分别在各地推进的自动驾驶测试基地,各种类型的自动驾驶试验、先导区,科技部推进建设的相关研发中心、工程技术中心、重点实验室等。

另外,政府在相关领域的技术标准规范编制也在加紧实施。例如汽车标委会、ITS、通信和交通管理标委会共同签署《关于加强汽车、智能交通、通信及交通管理C-V2X标准合作的框架协议》,推动C-V2X等新一代信息通信技术及其在汽车和交通行业应用等相关标准研究、制定及实施工作。2021年8月,国家市场监督管理总局、中华人民共和国国家标准化管理委员会发布了《汽车驾驶自动化分级》(GB/T 40429—2021)。

2018年6月,工信部与国家标准委联合印发了《国家车联网产业标准体系建设指南(总体要求)》《国家车联网产业标准体系建设指南(信息通信)》和《国家车联网产业标准体系建设指南(电子产品和服务)》系列文件,确定到2020年,基本建成国家车联网产业标准体系,规范车联网产业发展。2019年5月,工信部装备工业司组织全国汽标委编制了《2019年智能网联汽车标准化工作要点》,进一步贯彻落实《国家车联网产业标准体系建设指南》。

2020年公安部发布了第一个车路协同领域的技术标准征求意见稿——《道路交通车路协同信息服务通用技术要求》,提出了道路交通车路协同信息服务的数据交互总体架构(图9-11)。

从国家社会治理角度来说,项目制也是国家体制衍生出的一种实践性的制度形式。伴随城市交通治理的深化,项目制作为政府购买公共服务,以及通过购买社会组织参与行业治理将逐步占据更加重要地位。通过国家和地方政府的委托授权和外包机制,既解决了行业治理中经常性的"市场失灵"和"政府失灵"问题,较好地满足了社会的利益和需求,并推动了交通行业的有效治理,又使得国家和地方政府能够从繁杂的基层社会公共性事务中脱身而出,实现政府职能的转型。更重要的是通过项目制运作,国家和地方政府采用一种管家策略和嵌入性过程监控机制,实现了对社会组织及社区的有效控制,推动了社会治理体制机制的创新。但在社会组织参与社区治理的项目制实施中也存在社会组织独立性的丧失、隐形的腐败、社会服务的形式化等问题,应该引起重视,并尽量通过各种预防性手段和制度设计规避之。

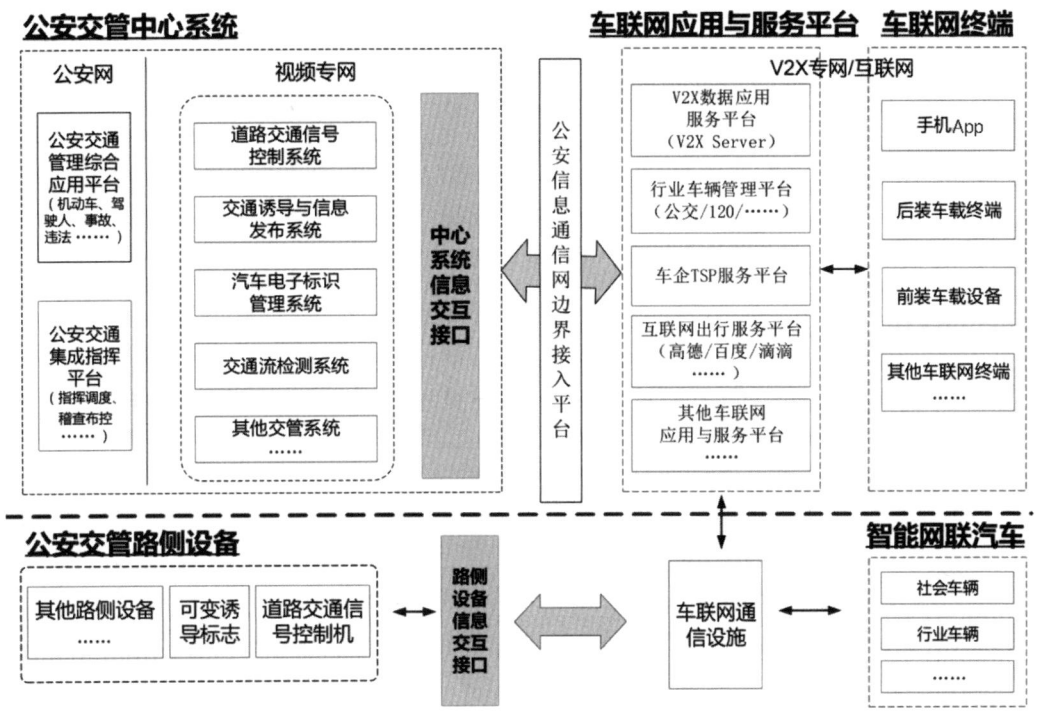

图 9-11 车路协同信息服务总体架构

9.4.2 有序推进群智感知技术应用

群智感知是城市交通具有很大依赖性的基础技术应用,但同时也是需要通过技术规范协调各方行为并保障可信数据的领域。

1. 群智感知在城市交通中的应用前景

群智感知是指通过人们已有的移动设备形成交互式的、参与式的感知网络,并将感知任务发布给网络中的个体或群体来完成,从而帮助专业人员或公众收集数据、分析信息和共享知识。2009 年阿莱克斯·彭特兰(Alex Pentland)明确提出"计算社会学"概念,认为可利用大规模感知数据理解个体、组织和社会。在我国互联网深度应用,以及相关新业态不断出现的背景下,利用大量普通用户使用的移动设备作为基本感知单元,通过物联网/移动互联网进行协作,实现感知任务分发与感知数据收集利用,最终完成大规模、复杂的城市与社会感知任务的前景越来越明朗。

城市交通领域近年来不断探索通过移动通信信令数据、公交 IC 卡(及近年来发展迅速的手机支付)、车辆牌照识别等资源进行城市居民出行活动特征采集,尽管使用了群体移动等数据资源,但主要是从大数据技术视角研究信息提取,并未从群智感知视角深入探讨相关问题。

城市交通治理所需要改变的不仅是城市物理空间,而是要改变在城市中生活与活动的人,不深入研究在物理空间中的社会行为,难以真正实施精准对策,也不可能在环境和资源约束下实现理性需求与精明供给的平衡。

在传统分析方法中,由于在对个人信息脱敏的同时缺失了个人社会经济属性、出行目的、交通方式等重要信息,只能通过聚类等间接推算建立关联。例如根据用户经常活动地区的消费物价水平估计经济属性、根据用户乘坐公交车的规律估计出行目的、根据用户在特定时间出现位置及频率估计其居住和工作地等,其估计结果存在很大的不确定性(即大数据的盖然性)。因而,城市交通治理需要社会计算系统的支持,而群智感知是其需要依赖的技术基础。

群智感知需要移动通信等用户的认同或者主动参与,进而实现跨空间(信息空间-物理空间-社会空间)感知。由于涉及任务领域宽泛,城市交通中的群智感知具有感知能力复杂多元、感知任务异构多样、参与者自主随机的特点。

2. 借助案例理解群智感知数据的需求

城市公共交通的重要任务是提供通勤交通服务,但是要从 IC 卡、手机支付用户中识别依赖公交通勤的使用者,需要额外辅助信息以及分类器模型的帮助。

以厦门市公交 IC 卡数据为例,根据统计分布确认绝大部分的公交 IC 卡持卡者在工作日开始首次公交出行的时间在 6:30—9:00,而工作日最后一次乘车刷卡的时间则集中于 16:00—21:00。可以近似地将早高峰 6:30—9:00 以及晚高峰 16:00—21:00 认定为厦门市公交通勤高峰时段。假设用户符合公交通勤规律的出行活动规律,为工作日公交通勤早、晚高峰时段内各产生一条以上(含一条)刷卡记录,则可以统计得到厦门市 IC 卡 1 个月数据中符合公交通勤活动规律天数[①]的用户分布(图 9-12)。

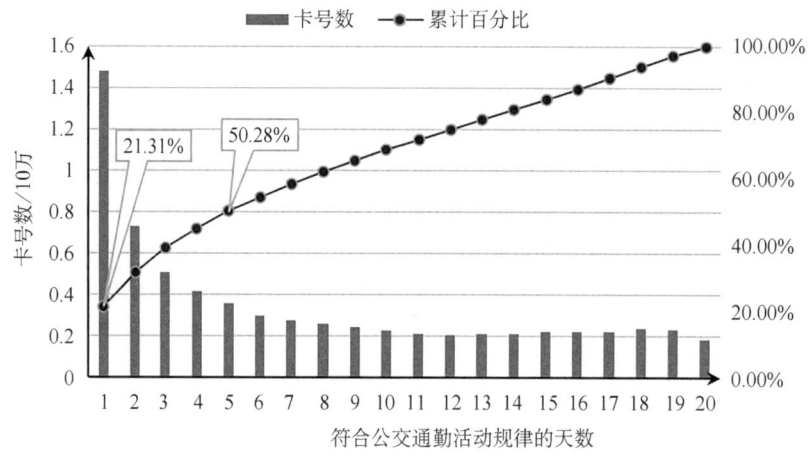

图 9-12 厦门市 IC 卡数据中符合公交通勤活动规律天数的用户分布

显然,单纯根据 IC 卡数据无法确定依靠公交方式通勤用户的数量。为了解决这一问题,采取公交 IC 卡刷卡数据与调查问卷数据相结合的方式,采用基于问卷调查所获得用户是否主要通过公交方式通勤的数据训练朴素贝叶斯分类器模型,而后采用分类器模式根据用户在公交系统中的活动规律,从厦门市公交刷卡数据中区分通勤用户与非通勤用户(对公交通勤用

---

① 统计时间为 20 个连续工作日。

户识别成功率91%,非公交通勤用户识别成功率为84.2%),如图9-13所示。

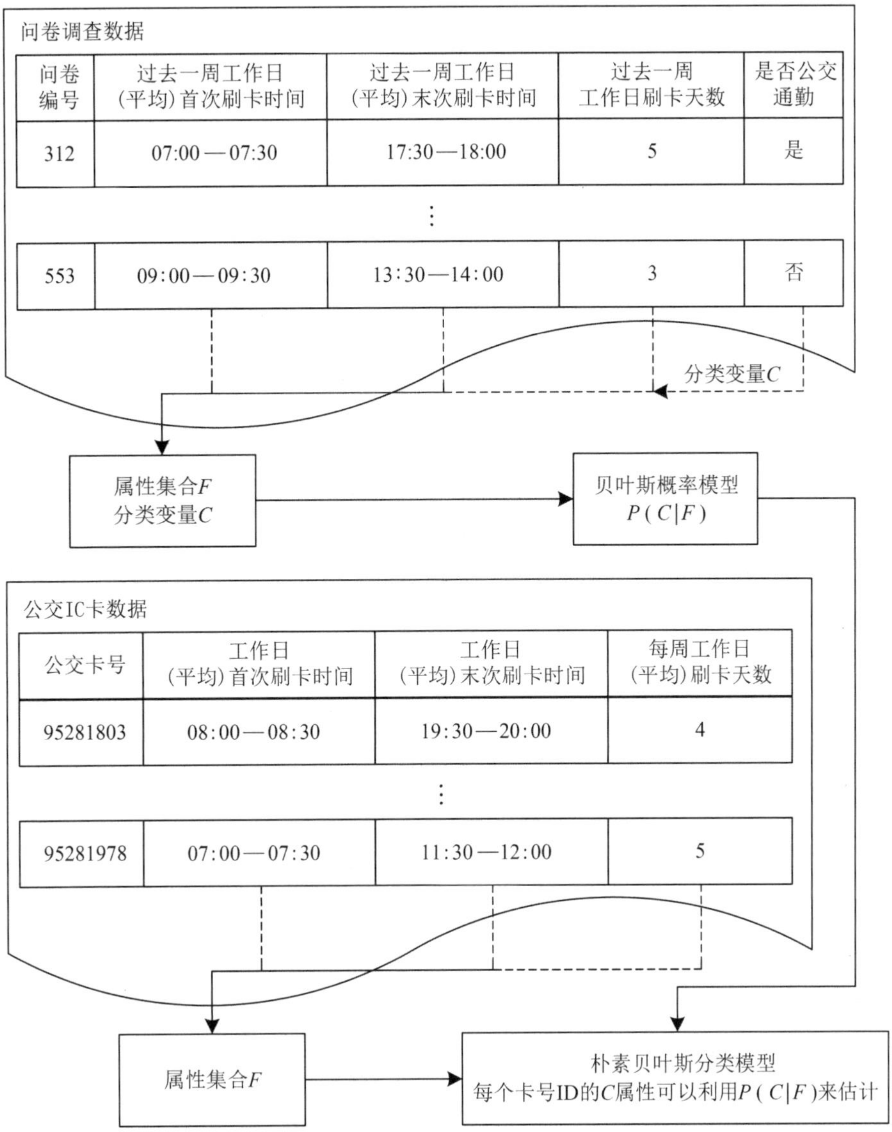

问卷调查数据				
问卷编号	过去一周工作日(平均)首次刷卡时间	过去一周工作日(平均)末次刷卡时间	过去一周工作日刷卡天数	是否公交通勤
312	07:00—07:30	17:30—18:00	5	是
⋮				
553	09:00—09:30	13:30—14:00	3	否

属性集合F 分类变量C → 贝叶斯概率模型 $P(C|F)$

分类变量C

公交IC卡数据			
公交卡号	工作日(平均)首次刷卡时间	工作日(平均)末次刷卡时间	每周工作日(平均)刷卡天数
95281803	08:00—08:30	19:30—20:00	4
⋮			
95281978	07:00—07:30	11:30—12:00	5

属性集合F → 朴素贝叶斯分类模型 每个卡号ID的C属性可以利用$P(C|F)$来估计

图9-13 基于NBC模型的公交通勤人群辨识流程

这一案例中显示了城市交通领域大小样本数据嵌套分析的特点,即采用小样本数据训练针对社会特征的辨识模型或者分类器模型,而后将大样本数据进行分类研究相关社会行为在时空中的分布。大小样本数据嵌套分析的另一种方式,则是通过大样本数据对研究对象时空分布结构进行辨识,再进一步通过小样本数据深入进行案例剖析,以避免选择性偏差。

3. 群智感知中所涉及主要技术问题

城市交通治理领域的群智感知可以划分为大样本群智感知与小样本群智感知(图9-14)。大样本群智感知以大量普通用户作为移动感知源,强调利用大众的广泛分布性、灵活移动性和机会连接性进行感知,并为城市及社会管理提供智能辅助支持;而小样本群智感知则属于抽样数据,需要研究数据分布情况确定采样方案,并进行必要的数据扩样。

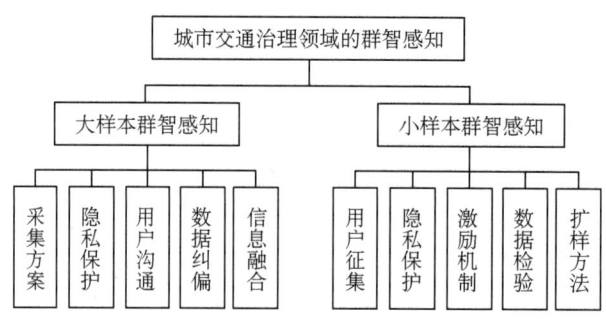

图 9-14 城市交通领域群智感知的分类及主要技术环节

由于城市交通治理是通过政策和技术手段解决社会问题,因而其群智感知不应局限于物理空间中的活动属性,必须通过大样本与小样本群智感知的嵌套实现跨空间感知,从而实现社会感知、社会观察的根本性目的。

4. 用户隐私性的保护

与当前城市交通领域大数据分析相比,群智感知中对于用户隐私保护得到更高的重视,也正是因为如此群智感知成为将大数据分析研究推向持续应用的重要发展阶段。

在针对空间活动信息的大样本群智感知中,用户隐私保护主要涉及位置、轨迹隐私保护与身份隐私保护两个方面。采用各种匿名化处理(Anonymization)遮蔽用户身份 ID 时必须注意处理与通过连续追踪获取相关属性观测要求之间的矛盾。例如,对移动通信数据采用加密 ID 替代用户 ID 时,如果是由不同省份移动通信公司分别实施,则会由于阻断了行为主体的跨省界活动信息,而无法获取跨界出行信息,从而不能满足城际/城市群/都市圈的出行特征分析需求。如果是在时间轴上定期抽样,则有可能产生长时间周期行为模式分析所需信息的追踪观测被阻断问题。

对于位置及轨迹的用户隐私保护,则一般采用根据问题适度限定时空分辨率的方法。例如与交通规划相关联的移动通信数据最低位置分辨率为 500 m × 500 m 栅格、时间分辨率为 10 min 等。在这一时空分辨率下,可以识别有意义的出行活动,以及区分途径点和活动点,同时避免涉及家庭住址、工作地址、工作单位等隐私信息。

大样本群智感知的一种特殊情况,是在特许授权下进行特定类型用户的信息采集。例如老年人空间活动信息分析以对交通运输系统和设施进行适老性改造,残障人士空间活动信息分析以改造交通服务系统以适应其需求等。这主要是通过相关立法以限定数据使用加以实现。

而小样本群智感知往往涉及详细的用户信息,除了数据使用过程中出现的私隐保护问题以外,还必须解决两类风险的防护问题:一是用户征集过程中如何获得用户特征而不侵犯用户隐私;二是必要时安装的用户端程序避免移动终端隐私泄漏风险。

9.4.3 构建群智空间以应对复杂性与不确定性

由于面对复杂性和不确定性,针对城市交通治理及重大问题决策,建构人-机交互的群智空间具有重要意义。其任务是通过搭建共享数据环境,建立合作网络及相应机制,通过群体智慧去预测和求解城市交通领域的趋势和难题。基于群体开发的开源软件、基于群体编辑的维基百科等,为人们提供了人-机交互群体智能的成功经验。

"美国2050"提供了一个可供参考的群智空间中的平台协作型组织模式案例。所谓平台协作型组织模式,一般由政府下设的机构成立研究平台,规定研究范围体系,设定大研究方向,引入外部各研究力量加入,根据研究特点针对专项问题进行研究。"美国2050"是美国第一次研究综合性的全国国土空间战略规划,旨在研究和构建美国未来40~50年空间发展的基本框架,以应对21世纪面临的各种挑战。研究于2006年由联邦政府提议,由洛克菲勒基金、福特基金、林肯土地政策研究所等资助,由"美国2050"国家委员会管理,联合美国区域规划协会、林肯土地政策研究所、大学等机构的专家、学者和政策制定者,共同研究构建美国未来空间发展的基本构架。"美国2050"国家委员会由商业领袖、政策制定者、区域规划人员组成。作为一项持续性研究项目,研究时间较长,没有明确具体研究周期。其各阶段研究成果通过"美国2050"网站发布(图9-15)。

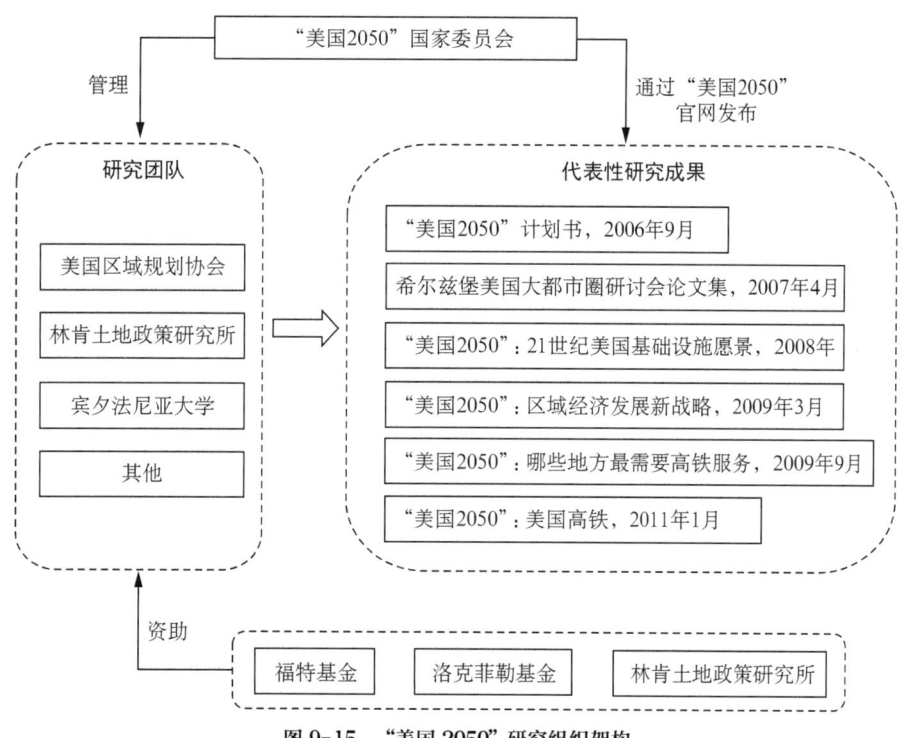

图 9-15 "美国2050"研究组织架构

服务于城市交通治理的群智空间中的智慧赋能模式可以划分为自上而下有组织的群智

行为和自下而上自组织的群智涌现。

自上而下有组织的群智行为表现形式为一种分层有序的组织架构。除了上述"美国2050"以外,智能车路系统、MaaS服务体系等则是一种更大规模的自上而下的群智行为,与之关联的典型组织模式是倡导联盟。

政策议程需要技术性信息发挥作用,技术性信息涉及问题重要性和多样性、问题的原因和各种决策方案的后果等。一个政策子系统包括那些来自公共组织、私人组织中对某一公共政策问题特别关注的行动者,或者是试图影响该领域公共政策的活动者。在一个政策子系统中的主要争论议题上,当政策核心理念信仰有分歧时,联盟群体及反对方会在相当长时间内存在并生长。理解现代政策变迁的大多数有用的政策分析单元,并不是特定的政府组织或计划,而是公共政策子系统。倡导联盟框架认为,关于政策子系统的概念应该从传统的"铁三角"(行政机关、立法部门的委员会、影响单一政府层级的利益集团)观念中扩展出来,更多地融入政策网络成员。

公共政策和公共计划整合了有关如何实现目标的一些固有理论,可以概念化为:价值偏好、对重要因果关系的洞察力、对世界的观察力和各种政策手段效果的判断力。

将相关证据用于政策议程之中,则以表9-7、表9-8的标准区分使用方法及效用。

表9-7 证据质量分级

推荐级别	证据分级	证据类型
1		系统性表征系统与多因素之间的关联关系
	1a	基于高质量的系统梳理形成的二次研究
	1b	高质量的单一视角研究:问题界定清晰、证据充分、结论有价值
2		系统和单因素之间的关系
	2a	系统阐述清楚,基础数据可信、分析方法和研究方法能够得到共识,基于宏微观嵌套框架的案例剖析和系统评价
	2b	系统阐述清楚,研究因素的基础数据采集、分析方法和研究方法能够形成共识,置信区间窄的案例剖析
	2c	系统阐述清楚,研究因素的基础数据采集、分析方法和研究方法能够形成共识,基于简单观察结果进行结构及关联路径分析
	2d	系统结构存在模糊性,研究要素的基础数据采集、分析方法和研究方法存在多种观点以及变异的可能
3		因素之间的关联研究证据
	3a	系统阐述清楚、完整,研究因素的基础数据采集、分析方法和研究方法能够获得共识
	3b	系统阐述清楚、完整,研究因素的基础数据采集、分析方法和研究方法中存在多种观点以及变异的可能
	3c	系统结构存在模糊性,研究因素的基础数据采集、分析方法和研究方法能够获得共识
	3d	系统结构存在模糊性,研究要素的基础数据采集、分析方法和研究方法存在多种观点以及变异的可能

(续表)

推荐级别	证据分级	证据类型
4		单因素研究证据
	4a	系统阐述清楚、完整,因素研究的基础数据采集方法、分析方法和研究方法都符合科学研究方法
	4b	系统结构存在模糊性,因素研究的基础数据采集方法、分析方法和研究方法都符合科学研究方法
	4c	系统结构存在模糊性,仅提供基本事实的因素研究
	4d	某领域专家对本领域的专家观点(意见)

表9-8 证据推荐程度分类

推荐程度	证据特征
A级	良好的科学证据支持提议
B级	尚可的证据支持提议
C级	没有足够的依据推荐或反对,但综合考虑其他情况下可能会推荐
D级	尚可的证据反对提议
E级	良好的证据反对提议

自下而上自组织的群智涌现,关注的是通过个体之间综合作用,群体可以涌现出个体不具有的新属性。在现代系统科学中,"涌现"已被认为是与演绎、归纳相提并论的第三种智能产生范式。依托网络平台,用户遵循一定的群体结构和运行机制,自愿贡献体现个体智能的可衡量产出物,并通过群智协同汇聚融合成群体智慧涌现的高质量知识成果或产品。

两种群智模式在城市交通治理关联领域内将转化为两种工作模式:自上而下的倡导联盟以及自下而上的循证分析。

将价值观转变为指标,是倡导联盟首先需要解决的问题。例如中国城市规划设计研究院所发布的《中国主要城市通勤监测报告》《中国主要城市道路网密度与运行状态监测报告》等,指标的背后明确地表达了组织的价值观。伴随城市发展逻辑向以人为本转变,居民通勤交通质量和感受是一个需要各级政府给予足够关注的问题。基于这种观点,依托自身掌握数据的能力,将居民通勤平均时耗、45 min以内通勤比例、60 min以上极端通勤比例,以及其背后的通勤半径、单程平均通勤距离、5 km以内通勤比例、轨道交通800 m覆盖通勤比例、45 min公交服务通勤能力占比等按照年度进行发布,能够切实起到对各级政府的督促作用。

参考文献

[1] 刘云生,卢炎生.实时数据库的特征及其与主动数据库的联系[J].计算机工程与应用,1993(3):6.
[2] 毕利.主动数据库的模型及实现途径[J].计算机工程,2000,26(9):3.
[3] 郑毅.证析:大数据与基于证据的决策[M].北京:华夏出版社,2012.
[4] 时洪会,蒋文保.D-S证据理论综述[J].信息化建设,2015,11(208):339.

[5] 王俊松,李建林.D-S证据理论改进方案综述[J].信息化研究,2011(6):4.
[6] 许鑫,章成志.互联网舆情分析及应用研究[J].情报科学,2008(8):8.
[7] 刘则渊.科学知识图谱方法与应用[M].北京:人民出版社,2008.
[8] 顾建光.论公共管理的范式转型与动因[J].上海交通大学学报(哲学社会科学版),2001,9(3):5.
[9] 李瑞昌.政府间网络治理:垂直管理部门与地方政府间关系研究[M].上海:复旦大学出版社,2012.
[10] 张康之,向玉琼.政策问题建构中"议题网络"的生成[J].江苏社会科学,2015(1):9.
[11] 许阳.网络话语影响下的中国公共政策议程建构研究:基于扩散议题战略模型的分析[J].社会科学辑刊,2014(2):6.
[12] 高建华.区域公共管理视域下的整体性治理:跨界治理的一个分析框架[J].中国行政管理,2010(11):5.
[13] 卓凯,殷存毅.区域合作的制度基础:跨界治理理论与欧盟经验[J].财经研究,2007,33(1):11.
[14] 国务院.中共中央　国务院关于建立国土空间规划体系并监督实施的若干意见[EB/OL].(2019-05-23)[2024-07-01]. http://www.gov.cn/zhengce/2019-05-23/content_5394187.htm.
[15] 杨东援,段征宇,李玮峰,等.大数据与城市交通治理[M].上海:同济大学出版社,2022.
[16] 杨东援,李玮峰,段征宇,等.国土空间规划背景下的交通大数据分析技术[M].上海:同济大学出版社,2022.
[17] 叶建红.欧盟"可持续城市移动性规划"理念与编制方法[J].交通与运输,2018,34(1):3.
[18] 张晓春,林涛,段仲渊,等.面向城市交通治理的大数据计算平台TransPaaS[M].上海:同济大学出版社,2022.
[19] 埃尔文·罗斯.共享经济:市场设计及其应用[M].傅帅雄,译.北京:机械工业出版社,2016.
[20] Lazer D, Pentland A, Adamic L, et al. Computational social science[J]. Science, 2009, 323(5915): 721-723.
[21] 刘云浩.群智感知计算[J].中国计算机学会通讯,2012,8(10):38-41.
[22] 何宏,向朝参,肖书成,等.群智感知网络研究现状与发展[J].吉林大学学报(信息科学版),2016,34(3):374-383.
[23] 孙世超.通勤人群公交方式使用行为分析方法研究[D].上海:同济大学,2016.
[25] 刘慧,樊杰,李扬."美国2050"空间战略规划及启示[J].地理研究,2013,32(1):90-98.
[25] 顾宁,卢暾.在线开放协作项目中用户群智协同行为的分析与理解[J].中国计算机学会通讯,2018,14(11):8-17.

第 10 章
城市交通规划信息化

本章首先简要介绍城市综合交通规划的编制及评估,并探讨信息化技术对城市交通需求的影响。其次,针对城市综合交通规划的编制和评估,论述其对信息化技术的需求。最后,介绍北京、上海、深圳代表性的案例,讨论信息化技术在城市综合交通规划中的具体应用。

经过改革开放以来 40 多年的城市建设,中国城镇化发展已进入新的阶段,城市发展方式由注重速度向注重质量转变。相应地,在城镇化与城市建设的发展特征上,城市人口增长、新区增量扩张速度放缓,既有城市建成区存量规模越来越大。然而,城市空间结构还远未实现规划的多中心结构,职住问题还是制约城市生活品质提高与交通问题解决的主要原因之一,建成区城市更新在城市空间发展上的作用越来越大。

城市交通发展方面,自 20 世纪 90 年代实施汽车产业政策以来,随着城市扩张和居民出行距离增加,以及城市交通基础设施快速建设,城市交通机动化水平迅速增长,小汽车交通成为多数城市机动化交通的主力。这导致城市交通拥堵持续恶化,小汽车与行人、非机动车之间的路权和交通空间争夺越来越激烈,交通能源消耗增加并在城市碳排放与污染物排放中的占比不断提升。小汽车交通成为城市环境与生活品质提升的瓶颈。

生态文明理念下的高质量发展、高品质生活和高水平治理吹响了城市发展转型的号角。近年来,国家通过空间规划体系建立、调整规划治理体系、坚持生态优先与绿色发展等促进城市发展模式、社会结构和空间结构转型。在新的规划体系下,以目标和问题为导向,通过规划指标与不同层级规划之间的约束传导,突出生态文明下的发展约束,以破除城市发展的传统路径依赖。同时,坚持以人民为中心的发展观,发展要为人服务,将城市发展的落脚点放在居民生活品质的提高上。

在新的发展时代,城市交通要在资源环境的紧约束下,实现人民出行品质提升、绿色交通转型和城市交通高水平治理,要求城市综合交通体系规划必须更加关注人的感受、空间协同、绿色发展和全过程的规划管理。

存量阶段城市交通的发展需要面对两方面的任务:一是在存量空间内应对需求的变化引导城市的发展;二是促进向绿色交通方式转型的同时提升交通服务的品质,成为促进城市转型发展的重要抓手。

在增量发展阶段形成的以满足需求为导向的规划方法在存量发展阶段已不再适用。要保持成型的交通设施应对需求变化灵活性的重点是交通组织(政策与组织改善),交通系统的"硬设施"与"软设施"(政策)配合,不同交通方式的配合(综合、硬设施的精细化组织),以适应需求的变化。

10.1 城市综合交通规划的编制和评估

10.1.1 城市综合交通规划编制

自 20 世纪 80 年代现代城市交通研究的理论和方法由西方传入中国以来,城市综合交通体系规划作为一项单独编制的规划形式得以建立并逐渐推广,对不同时期的城市交通设施建设和行业发展均起到指导和促进作用。

城市综合交通规划具备专项规划和综合规划的双重属性。一方面,综合交通规划属于国土空间规划体系下的专项规划,是对交通系统的深入研究;另一方面,综合交通规划类似于交通规划体系内的总体规划,是对各类交通专项规划的指导。综合交通规划具有较强的规划理念传递和指标分解落实的作用,深入理解综合交通规划的双重属性有助于充分发挥其承接国土空间规划、指导各类交通专项规划的作用,有利于推进各类交通专项规划的编制、审批、实施等各阶段的工作。

1. 新时代城市综合交通规划的内涵转变

1) 从注重城市空间向塑造全域全要素空间转变

在国土空间规划要求塑造全域全要素空间的背景下,综合交通规划需增强交通与生态、农业和城镇空间的协调度,减少交通设施与生态保护红线、永久基本农田的冲突。在全域规划中如何实现城乡一体化交通,是城市综合交通规划面临的新问题。城市交通规划应当对于规划区、建成区域、核心城区等分类提出指导意见。

2) 从注重增量规划向存量规划转变

经过 40 年的高速发展,我国城市发展由增量主导进入增存并举的阶段,部分城市以存量为主导,而且所有城市都积累了庞大的存量资源。城市交通也即将进入存量发展阶段。在增量规划阶段,以需求确定规划规模,超前供应设施,核心是交通设施的建设;在存量规划阶段,交通空间基本定型,政策调整和空间配置优化是重点。如何体现环境约束和生态底线思维,适应增长方式的转变,寻求新的生态文明发展路径,成为新时代需要高度重视的问题。从注重市场机制对基础设施建设的推动作用,到设施建设与出行行为重塑效益并重,规划更加重视资本和金融结合对人们出行方式的改变。

3) 以人为本

从人的活动出发,规划关注点从交通向交往转变。从人的体验出发,规划重点从设施建设向服务完善转变。要改变当前城市交通片面围绕机动车"拥堵指数"开展规划工作的实践,回归城市交通组织城市可持续运行及满足人民美好生活需要的定位,建立新的规划目标与指标体系。城市交通规划同时要为移动互联网技术发展下的定制公交、网约车、合乘车、分时租赁、共享单车等新技术、新业态的发展和治理留有空间。

2. 国土空间综合交通体系规划新定位

综合交通体系规划是支撑和约束国土空间使用、优化空间结构、协调空间组织、转变国土空间联系方式的重要手段和途径。因此,国土空间综合交通体系规划不是一般性的专项规划,而应是国土空间规划体系中的核心要素和关键内容。综合交通发展战略是区域和城市发展战略目标实现的重要支撑,是可持续发展综合交通体系构建与实施方案的重要依据。综合交通体系规划是引领魅力国土空间形成的重要途径,是实现人民追求美好高品质生活的重要手段,是国土空间交通治理能力提升的源泉,是指导实现国土空间交通高质量发展的宏伟蓝图。

3. 国土空间综合交通体系规划的新目标

1) 引导和支撑低碳社会

国土空间综合交通体系应当更加注重绿色交通的发展,以支撑国土空间低碳社会的形成。国土空间综合交通体系规划需要构建以步行、非机动车和公共交通为主体的综合交通体系,加强对小汽车的使用管控,确保绿色、集约化交通方式相对于小汽车有更高的发展优先级,将有限空间资源的配给更多地向公共交通与步行、非机动车交通方式倾斜。

2) 塑造集约型的国土空间结构

从公共交通服务设施的可达性和城市空间有限资源的高效利用、交通服务的高效支撑角度看,需要围绕公共交通走廊及换乘枢纽,广泛集聚城市功能,实现主要城市功能空间的公共交通组织联系,构建空间集约的城市结构。因此,在国土空间规划新背景下,无论是城市的存量空间资源还是城市外延发展的增量空间资源,同时面临着空间资源的优化重构和高效利用的发展课题,需要加强公共交通体系与空间布局、功能组织的协同融合,发挥公共交通体系支撑和引导国土空间紧凑集约布局形成的作用。

3) 构建基于公共交通高质量发展、多模式融合的综合体系

需要着力于人移动的全出行链服务质量的提高要求,提升公共交通系统服务质量,构建多模式、多层次、多选择的公共交通体系,满足出行者优先选择公共交通出行的行为选择需求,全面提高公共交通服务水平和竞争力。

4) 塑造魅力、安全、安心的出行环境

为支撑绿色交通和低碳社会形成,体现交通为人民服务的理念,在私人小汽车广泛进入家庭的发展背景下,应积极实施步行和非机动车友好、人车共存的交通政策。道路空间的再分配以改善步行和非机动车交通环境为主要着力点,建设安心、安全的道路交通环境。改善步行、非机动车交通与公共交通的综合换乘环境,提升基于公共交通主导方式的全出行链竞争力,提高低碳交通方式的总体比例。与此同时,应对小汽车进入家庭并广泛使用的实际,完善空间差别化和适度的小汽车使用政策,促进城市经济的发展,构建人车共存、协同运行的综合交通体系。

5) 构建供给侧与使用者共同支持的交通政策

城市快速发展时期制定的交通政策总体上基于供给侧的发展策略,试图通过设施的供给

缓解交通的供需矛盾,尚未考虑使用者出行需求调节的作用,导致政策、方案实施的效益与目标存在较大偏差。国土空间背景下的交通体系发展与管理政策的制定应考虑使用者的需求,实施与使用者需求协同一致的综合交通体系发展政策,从国土空间综合交通体系的供给与需求两个维度,制定耦合一致的交通发展政策。

6) 提升与不同层级空间的空间联系效率和竞争力

应当根据空间圈层和空间尺度、联系差异等发展特征,制定差别化的服务重点和服务时间控制,以此规划基于联系时间差别化的区域服务体系和高效衔接的内部服务网络,积极扩大空间的区域、国土和国际竞争力和辐射能力,同时支撑空间的产业、经济社会可持续的发展能力。

7) 构建韧性的交通系统

构建韧性的交通系统,首先需要认识到城市交通系统是一个网络化的复杂系统,既要增强单个交通设施的韧性,又要研究交通系统的脆弱性和恢复能力;其次,需要从城市整体韧性系统的角度综合统筹城市排涝、供电/供水系统与交通系统的关系,构建一个多样化、分散化、智能化、快速反应且具有较高韧性的交通系统。

4. 与国土空间规划体系对应的交通规划体系与类别

国土空间规划是"五级三类"的体系,从规划实施的角度,综合交通体系规划应该与之一一对应。在这一体系基础上,我国的特大城市在综合交通规划的实践中,也形成了具有地方特色的市级交通规划体系。北京市的城市交通规划体系包含交通发展战略规划、综合交通规划、交通专项规划、交通基础设施实施规划、交通运行管理规划5个层次。广州市交通规划编制体系主要包括交通发展战略、综合交通规划、地区性交通规划及交通专项规划、近期交通建设规划、实施性交通规划(方案)5个层次。深圳市城市交通规划设计技术体系分为城市整体交通规划、分系统交通规划、分区交通(改善)规划、片区交通(改善)规划、重要交通设施建设、详细规划(改善设计)及交通影响分析、专项交通调查研究等几个方面。

10.1.2 城市综合交通规划评估

1. 综合交通规划评估

通过城市综合交通规划评估工作可以检测、监督既定规划的实施过程和实际效果,评判既有交通规划与外部因素之间的适应性以及交通规划自身体系的统一性,评估既有综合交通规划引领新一轮城市规划与交通系统协调发展的指导能力,并在此基础上形成相关信息的反馈,从而为新一轮城市综合交通规划在发展战略、政策设计、规划方案及实施机制等方面提供具有前瞻性和针对性的提议。只有建立在科学的评估工作基础上,规划的滚动机制才有可能建立,规划评估工作应该作为一个不可或缺的组成部分贯穿城市综合交通规划"制定—实施—调整"的完整过程。

综合交通规划评估在对象上包含规划制定、实施、管理机制在内的整个体系,而并非局限于对规划方案自身的事前评价;在时间维度上属于后评估,与社会领域中的公共政策后评估较为接近。在城市交通规划实施过程中,规划评估工作对交通规划实施进度以及外部环境的变化和趋势进行持续监测,以约定的评价指标对规划实施结果进行评价,以衡量规划实施的效果;通过比照规划实施的实际效果与规划原定的阶段实施目标的偏差,明确新一轮交通规划修编工作和继续实施规划过程中需要面对的外部环境趋势和发展需求,形成对交通系统新一轮发展面临的经济发展速度、机动化趋势、区域发展战略、政策环境等重大外部要素变化趋势与走向的共识;并检讨规划实施效果产生偏差的内外部原因,以对新一轮规划的目标、策略和实施机制及手段进行调整以应对现实环境的变化。

综合交通规划评估包括实施性评估、适应性评估、协调性评估,三部分内容的框架结构如图 10-1 所示。

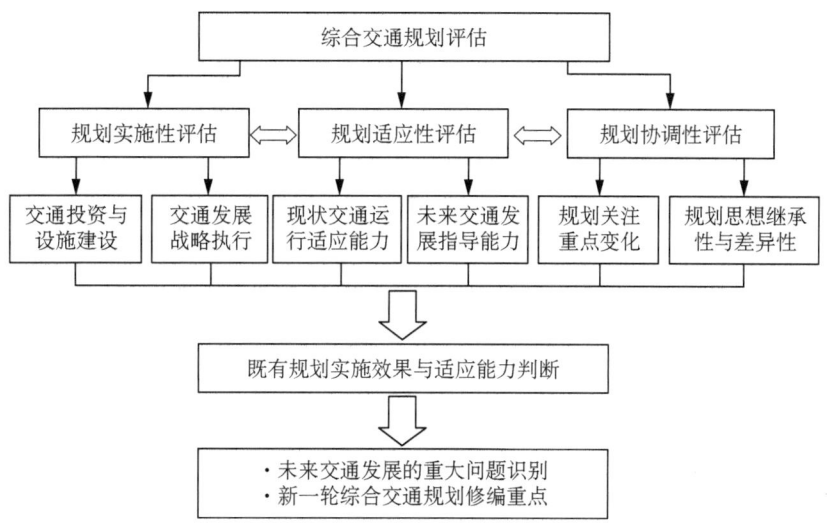

图 10-1 综合交通规划评估框架

1) 实施性评估

实施性评估是通过现状交通系统的评价,检验综合交通规划的科学性、合理性和执行情况、执行效果,是对历史的回顾与总结。实施性评估应从交通基础设施建设、交通投资政策、交通发展战略三个方面对规划的执行力度和效果进行评估,总结存在的问题和进一步改进的方向。

2) 适应性评估

适应性评估是对综合交通规划继续指导城市交通发展能力的评价。针对我国城市快速发展的特点,重点研究交通规划所依据的城市发展规划、区域发展条件、宏观经济背景等的变化,对于交通需求预测、交通规划方案变化的影响。如评估 2000 年编制完成的综合交通规划对于 2010 年交通发展的预测与 2010 年实际交通条件的差异,由此判断 2000 年编制的规划是否能继续指导 2010—2020 年的城市交通发展。交通规划适应性评估从满足交通现状需求及未来一段时期交通发展需求两个方面,考察既有规划对交通系统运行的适应性。

3) 协调性评估

协调是科学发展观的核心内容之一,只有协调发展,才能保证全局的、整体的和根本的发展。协调性评估关注综合交通规划与上位规划、其他相关规划的关系,以及综合交通规划各个子系统之间发展的均衡性。协调性评估应从交通规划编制的边界条件、交通发展战略以及交通子系统规划方案等方面入手,评估规划的继承性、一致性和差异性,以剖析当前交通问题产生的根源(是规划本身的问题,还是规划管理、实施的问题),为规划的制定、实施和管理机制提出对策。协调性评估应按照两条主线进行:不同空间层次(如经济区域或城市群、市域、中心城区、内部分区等)的交通规划协调性和各个交通专项规划间的协调性。

通过综合交通规划评估,应达成三个目标:①评判既有交通规划的实施效果和指导交通系统进一步发展的适应性,分析综合交通规划修编的必要性,同时论证对新一轮城市总体规划适度调整或修编的必要性;②识别当前交通发展面临的关键问题及制约发展的主要障碍,为新一轮城市总体规划和综合交通规划修编明确边界条件、确立修编方向与重点奠定基础;③为新一轮交通发展战略、政策、措施制定的讨论达成一定的共识。

2. 国土空间规划体系的新要求

国土空间规划体系中规划实施监督体系是重要组成部分。在这样的背景下,交通系统作为城市的骨架,其规划实施评估尤为重要,需要通过指标创新、技术创新推动体制改革,实现规划编制、规划实施过程的精细化把控。

北京在 2010 年和 2014 年分别对《北京城市总体规划(2004—2020 年)》进行了中期和终期实施评估。2017—2019 年,北京城市体检工作在自评与第三方评估相结合的模式(图 10-2)上逐步开展和完善。自评工作由市规划和自然资源委员会、市统计局共同牵头开展,各部门、各区政府按照要求开展自评,城市体检成果也作为各部门、各区政府及领导干部绩效考核的重要依据。第三方评估由有关职能部门牵头,遴选和委托第三方技术团队开展专题评估工作,并强化公众参与的力度,通过全市居民满意度调查和对部分街道、社区的深入调研,点面结合收集公众意见,使体检报告反映各方共识。

北京城市体检形成了核心内容监测—重点专项体检—年度结论建议的内容框架,确立一张表、一张图、一清单、一调查、一平台的体检核心内容,包括指标体系全面量化观测,各空间圈层发展全面检视,实施任务清单全面梳理,居民满意度全面调查,多源数据全面校核。

城市交通系统的体检每年对总体规划中的核心指标进行持续监测(图 10-3),包括轨道交通里程、公路网总里程、铁路营业里程、交通基础设施用地、道路网密度、道路规划实施率、中心城区公交专用车道里程、小客车出行比例和车均出行强度降幅、绿色出行比例、非机动车出行比例等。在以上评价指标的基础上,从交通系统运营、交通与城市协调的角度增加体检评估的内容,包括轨道交通车站 800 m 范围内居住人口和就业岗位覆盖率,轨道交通车站周边新建项目比例,公共汽车站 500 m 覆盖率,公共交通与小汽车运行速度,人行道与非机动车道宽度达标比例,交通拥堵指数,通勤出行距离,45 min 内通勤人口比例等指标。通过多个指标的交叉分析,科学研判城市交通系统在缓解交通拥堵、促进交通与城市协调发展、公共交通优先、提升出行品质等方面的变化动态与趋势,总结当年的发展成效与主要问题,提出下一年度的工作重点建议以及实施任务清单。

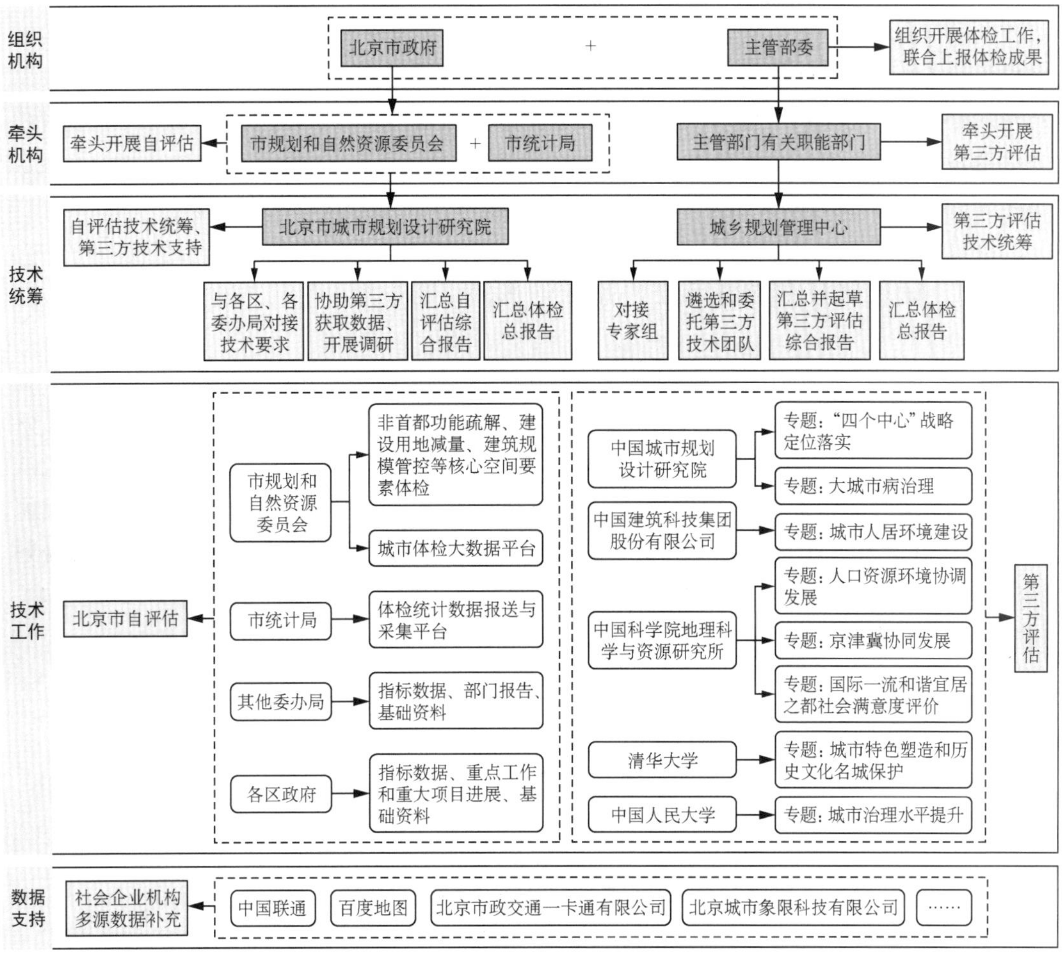

图 10-2 2017 年度北京城市体检工作组织架构

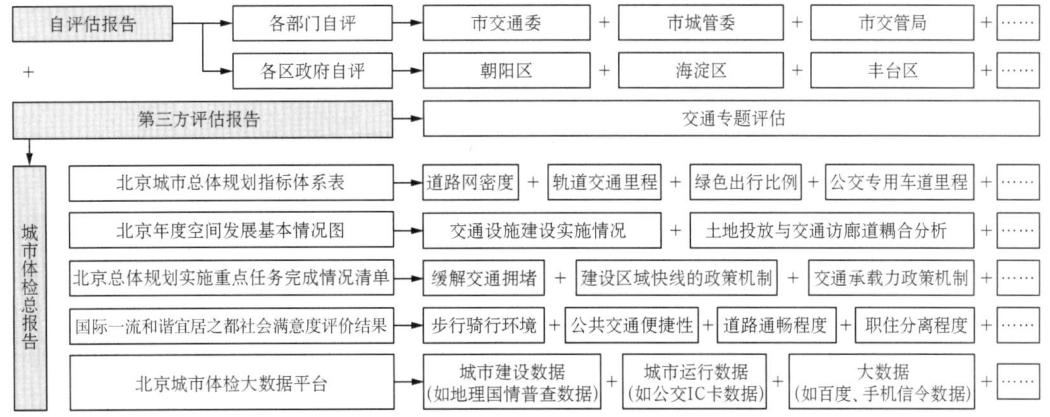

图 10-3 北京城市体检中交通体检的主要内容

通过城市交通系统的体检,可对交通政策制定、交通规划实施、交通管理评价等方面提供支撑。从交通政策实施角度评价外地车治理、市郊铁路建设等政策实施效果;从交通规划实施角度评价各类交通基础设施建设情况;从交通系统运营角度评价各种交通方式的客运量、出行速度等情况;从交通管理的角度评价非机动交通环境治理、路内停车管理等情况;从多系统协调的角度评价绿色出行比例、土地投放与交通廊道关系、通勤出行特征等。依托体检的大数据平台,通过交通的专题评估,可对交通与城市的关系有一个全面、清晰的认识。

10.1.3　信息化技术对城市交通需求的影响

大量针对 ICT 技术对城市空间的影响的研究主要集中在中心化和去中心化、替代和互补等双重性,并具体在交通、住房、经济和空间形态方面展开。Nourian 对 1980 年后发表的与研究主题有关的文献,用多层筛选的方法选取合适的样本文献(242 篇)采用质性内容分析法,从文献中抽取关键词作为变量(175 个),将变量逐层聚类获得与 ICT、城市、社会、智能体有关的四个主题,并提出如图 10-4 所示的动态协同进化关系。认为 ICT 对城市空间的影响过程受到许多因素的作用。相关的技术形成了链条,通过演进的方式对城市和社会产生持续的影响。根据动态协同演化关系,本节聚焦"智能体"相关内容,分析 ICT 对居民活动和出行行为的影响。

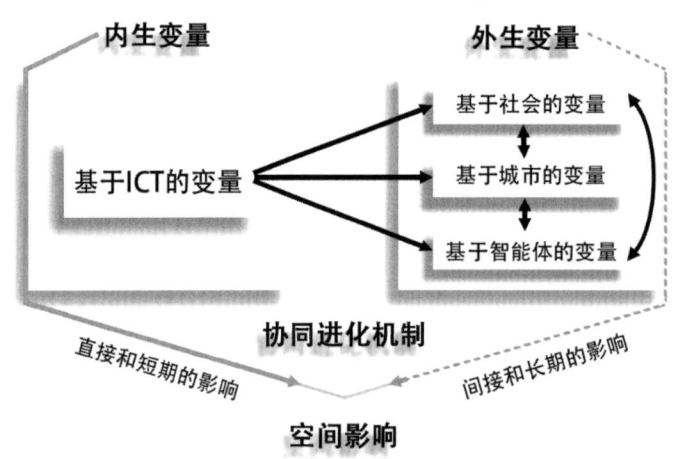

图 10-4　ICT 对城市空间的影响分析框架

1. ICT 对居民活动的影响

活动可以认为是指在同一社会空间环境中,与物理环境、服务或个人的持续互动。Andreev 等依据个人参与活动的目的将活动分为三类:强制性的(如工作)、维持性的(如购物)和自由性的(如休闲)。本节从上述三类活动中分别选取一种常见活动作为典型活动,即工作/学习、购物和娱乐,分析 ICT 对于这些典型活动的影响。ICT 对于居民选择在这些典型活动的影响可以分为两个方面。一方面,由于 ICT 技术的普及,这些活动可以在虚拟空间中进行,比如远程办公、线上学习、网络购物和虚拟娱乐。另一方面,ICT 技术也会对居民在物理空间的活动产生影响。Mokhtarian 和 Salomon 做出了概念性分析,定义虚拟空间活动对物理空间活动的影响,并对此进行了大量的实证研究。四种可能发生的影响分别为：替代(substitution),即虚拟空间活动取代物理空间活动从而减少出行；互补(complementarity),即物理空间活动与虚拟空间活动互为补充,引起出行增加；修改(modification),即虚拟空间活动改变了物理空间活动的发生方式,从而影响出行模式,包括出行方式、出行线路、目的地选择等；中立(neutrality),即虚拟空间活动不对物理空间活动及出行产生影响。

1) 远程办公

远程办公的地点不一定是在家里,也可以是任何通过使用电子设备和互联网进行工作的地方,如火车站、咖啡馆和图书馆。与正常通勤相比,远程工作者不需要定期前往工作场所,所以有研究认为,远程办公可能会减少通勤出行从而降低总体出行需求,缓解交通拥堵并减少环境污染。但和网络购物相关的研究类似,远程办公相关的各研究结果也不尽相同。

一方面,确实有研究认为远程办公与通勤出行距离的减少有关,即远程办公对通勤出行产生替代效应。另一方面,也有研究认为远程办公具有互补效应,因为远程办公会导致通勤出行和非通勤出行都具有更长的出行距离和更长的持续时间。He 和 Hu 发现了替代与互补相结合的混合效应,即远程办公会导致通勤出行次数的减少,同时也会导致非通勤出行次数的增加。Gubins 等则认为远程办公不对通勤出行产生影响,即中立效应,因为远程工作者和非远程工作者之间的通勤出行距离没有显著差异。

远程办公也可能对出行产生一些间接影响。比如,通勤出行的减少为其他非通勤出行提供了更多的时间和更大的灵活性。又如,通勤出行频率的降低可能会促使远程工作者迁往更偏远的居住地区并习惯更长出行距离的生活方式。

2) 网络购物

有研究发现,用网购取代购物出行的通常是没有小汽车或者习惯购买大份额商品的居民。Dijst 等发现网络购物频率的增加会导致更低的实体店购物意愿。Zudhy 和 Wirza 指出网络购物取代了一部分购物线下购物,同时线上搜索不仅增加了线上购物的频率,也同样刺激了消费者的购物出行。有研究发现个人层面的出行距离会由于替代效应导致的购物出行次数的减少而减少,但家庭层面的出行距离并不会变化。Hiselius 等也发现类似的结论,网络购物者的开车出行距离会由于购物出行次数的减少而缩短,不过采用其他出行方式的出行距离却没有差异。

此外,有研究认为网络购物之所以会产生更多的实体店购物活动,是因为网络购物提供了大量方便快捷的购物机会,从而也促使人们在购物前更多地去实体店对商品进行实体检查。Zhen 等发现互补效应与实体店购买频率有关,购买频率越高的产品类型,其互补效应越小。

也有大量研究发现了替代与互补相结合的混合效应。比如,Zhou 和 Wang 指出,网络购物和实体店购物之间既不是纯粹的替代也不是纯粹的互补,实体店购物抑制了网络购物需求,而网络购物却导致了更多的店内购物,且后者的影响比前者更大。另外两项研究表明,网络购物和购物出行频率之间存在双向的正相关关系,其中购物出行频率对网络购物的影响更大。

Shao 等利用统计年鉴、人口普查数据、POI 信息和阿里巴巴发布的网络购物指数,对中国

276个城市进行分析,构建含有空间滞后项和空间误差项的SAC模型。模型自变量包括城市发展水平,年龄(15~44岁的人口百分比),人均收入,教育程度(拥有大学文凭的人口百分比),实体可达性(每万人所拥有的商场数、每万人所拥有的公交车数量),虚拟可达性(宽带用户百分比、每万人所拥有的快递站数量)。模型因变量为网络购物情况。根据模型结果得出如下结论:①生活在发达城市的人更倾向于在网上购物;②年龄、教育和收入对网购有中介作用,由于发达城市居民更年轻、教育程度高、收入高,其更倾向于网购;③在发达城市,由于物理空间和虚拟空间可达性高,导致更多使用网络购物;④物理空间和虚拟空间相关作用对网络购物的作用是互补的。

3) 虚拟娱乐

虚拟娱乐不像远程办公、网络购物那样有相对具体的含义,它实际上可以包含在线游戏、在线看电影等多种活动。我国网络游戏用户规模及使用率如图10-5所示。相关信息技术的发展会很大程度上影响人们从虚拟娱乐获得的体验感受,从而也影响虚拟娱乐活动与物理空间中的娱乐活动之间的关系。有研究认为虚拟娱乐具有替代效应,会促使人们将一些通常在外进行的休闲活动替换为在家进行。也有研究认为虚拟娱乐具有互补效应,虚拟娱乐节省下来的时间可能会促使人们进行额外的出行,从而对总出行产生补充作用。Handy和Yantis对居家看电影和去电影院之间的关系进行了研究,认为其不具有替代效应。而且考虑到去电影院看电影具有居家看电影无法比拟的体验,这两种活动不应该被视为同等活动。

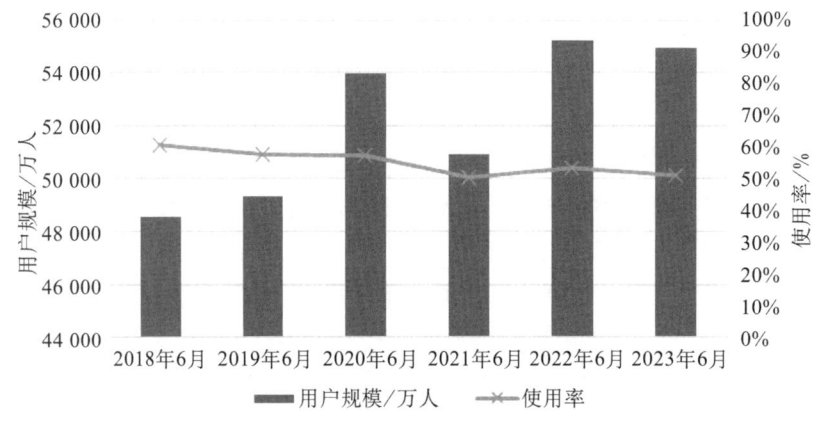

图10-5 我国网络游戏用户规模及使用率

2. ICT对居民出行的影响

当前信息通信技术的发展,改变了人们的生活和工作方法,对居民的出行行为也产生了影响,特别是互联网、智能手机的使用。由于这个方面研究还比较少,无法形成系统的结论。下面介绍部分文献对这一问题的研究结果,试图从特定的角度回答这一问题。

1) 互联网使用对出行行为的影响

Lachapelle和Jean-Germain利用2010年加拿大综合社会调查(GSS)中的时间利用调查数据,来研究互联网使用的强度及目的是否会影响出行行为,以及这种影响是否和互联网用户自身的特征相关。该时间利用调查持续一天24 h,包含个人属性(性别、年龄、收入、教育程度、是否全职、是否在周末接受调查、是否住在大城市)，互联网使用强度(即互联网使用时长，包括分别以通信，购物和传媒与文本为目的的使用时长，以及总的使用时长。依据总时长将调查对象划分为非使用者、中度使用者和重度使用者三类)，出行时长(包括上述三个目的对应的出行时长，以及总的出行时长)和出行频率(包括上述三个目的对应的出行频率，以及总的出行频率)，总计 15 390 个样本。通过构建 MNL 模型来研究个人属性对互联网用户类别的影响。通过构建 Tobit 模型来研究互联网使用对出行时间的影响。

研究结果表明，不管目的是什么，男性、年轻人、城市居民和受教育程度更高的群体通常都是更高强度的互联网用户，不过具体会随互联网使用目的而异。高强度的互联网使用会导致总出行时间的减少，但对于与互联网活动直接相关的出行时间和出行频率而言，影响则变得多样。网络通信与通信相关的出行呈负相关，网络购物与对应的出行呈正相关，网络传媒和文本与对应的出行没有明显关系。总的来说，如果互联网的使用为人们节省了时间，这些省下来的时间不一定会再被用于出行。

2) 智能手机对于出行的影响

Jamal 和 Habib 利用加拿大人口普查数据、土地利用数据、活动点和运输服务的位置数据以及关于智能手机使用的网络调查数据，来研究影响智能手机用于出行规划(包括确定出发时间，出行目的地，模式选择，与他人沟通和协调出行，以及执行在线任务)的影响因素，以及手机使对于出行结果(包括新参观的地点数量，参加的社交聚会，以及计划的团体出行)的影响。网络调查包括在出行规划相关活动中使用手机应用程序的频率(五分李克特量表)，手机对出行结果的影响(五分李克特量表)，对新兴技术、对可持续生活方式的态度(五分李克特量表)，个人属性，出行特征。通过构建二元 logit 模型来研究手机的使用是否增加了出行结果，以及相关的影响因素是什么。通过构建有序 logit 模型来研究手机用于出行规划活动的决定因素，因变量为相应的李克特量表中的回答，模型的自变量包括个人属性、出行特征、建筑环境属性和个人态度。

研究结果表明，手机应用于出行在很大程度上受到个人态度的影响。就建筑环境属性而言，居住密度与出发时间、旅行目的地和模式选择呈正相关，居住在远离中央商务区的人不太可能感受到手机使用在出行结果方面带来的增长。年龄对于将手机应用于出行有明显影响，千禧一代更擅长用手机进行出行规划活动，也更认可手机对于出行成果的正面影响。手机在出行规划中的使用以及手机对出行结果的影响受到交通工具所有权的显著影响。将手机应用程序更多地用于社交网络目的，会提高出行结果。

3) ICT 对不同方式出行次数的影响

Yin 等研究了 ICT 对于不同方式出行次数的影响。该研究于 2018 年 9 月—2019 年 2 月进行网络问卷调查。问卷包括个人属性(年龄、性别、收入、家庭人数、受教育程度)、出行信息(一周内使用小汽车、公交和步行/骑车的次数)、居住地周围建成环境属性(最近的公交地铁站、体育设施、公园、酒店、购物中心等)、出行方式选择偏好、智能手机和互联网使用情况(上网时间、网购频率、点外卖的频率)。调查获得有效数据 1 022 份。利用调查数据，建立了零膨胀泊松模型，分析小汽车、公交和步行/骑车这三种出行方式的出行意愿和出行次数受互联网使用情况的影响。

研究结果表明：对于出行意愿，上网时间的增加会降低小汽车出行并增加步行/骑车出行的意愿，网购的使用会降低步行/骑车出行的意愿，外卖的使用会增加公交出行的意愿并降低步行/骑车出行的意愿；对于出行次数，网购的使用会降低步行/骑车出行次数，外卖的使用会增加公交出行的次数并降低步行/骑车出行的次数。ICT 的使用有利于环境友好的出行方式，同时会降低小汽车出行并增加公交出行。而小汽车出行降低的原因也许是开车不能使用手机。而如果未来自动驾驶技术的普及，也许会抵消 ICT 在环境友好出行方式上的积极作用。

10.2 城市交通规划中的信息化技术需求

10.2.1 规划编制

在国土空间规划的新背景下，随着数据获取和数据挖掘技术手段的逐步成熟，需要基于传统综合交通调查，有机融合国土空间大数据和交通大数据，深入挖掘、精准还原出行时空轨迹特征和交通选择行为，在此基础上深入辨析交通问题背后的城市发展、产业结构、交通选择行为等相关因素，建立基于交通大数据、国土空间大数据的交通需求分析模型，研判未来交通需求，进而系统评估现状交通系统对城市发展的承载能力和适应能力，从而更加明确指导国土空间综合交通体系发展战略、系统模式选择和规划方案的精准编制和科学评估，形成更加科学有效的国土空间综合交通体系规划的编制技术体系。

下面就用于现状分析和未来研判的交通需求分析模型建立中所使用的数据为基础，介绍信息化技术对于获取这些数据的作用。介绍在城市交通规划编制中公众参与所使用的相关信息化技术。

1. 城市交通需求分析模型中数据需求及信息化技术

长期以来，交通规划分析始终需要围绕数据服务、模型测试和专题应用三个方面开展。而交通规划行业通常缺乏统一全面的规划数据集成与分析服务，数据分散在各个业务部门，获取难度较大，并且数据质量参差不齐，阻碍了交通大数据对规划分析过程的有力支撑。进行科学的交通规划决策，需要高质量的交通需求分析模型作为支撑。交通模型作为一种科学有效的分析方法，由于建设和维护成本高，模型复杂，其在交通规划项目的应用有较高的门槛。另外，由于规划设计人员缺少支撑各类规划业务场景专题分析的工具，在规划分析表达方面需要耗费大量时间和精力，优秀的规划成果经验也难以沉淀与共享。下面以深圳市域交通模型为例，就交通模型在基础数据、校核验证数据和专题应用方面的数据需求及信息化技术进行介绍。

深圳市域面积 1 997 km^2，包括 10 个行政区、74 个街道、843 个社区，划分 3 171 个交通小区（不含特殊吸引点和外部小区）。基于 2020 年深圳市居民出行调查数据，构建 2020 年基年模型。利用 2022 年获取的手机信令、公交 IC 卡、车辆 GPS 等数据，对基年模型进行更新，获得现状模型。并将 2025 年、2035 年、2050 年的规划数据输入模型中，对规划年进行需求预测。

市域交通模型总体架构如图 10-6 所示。

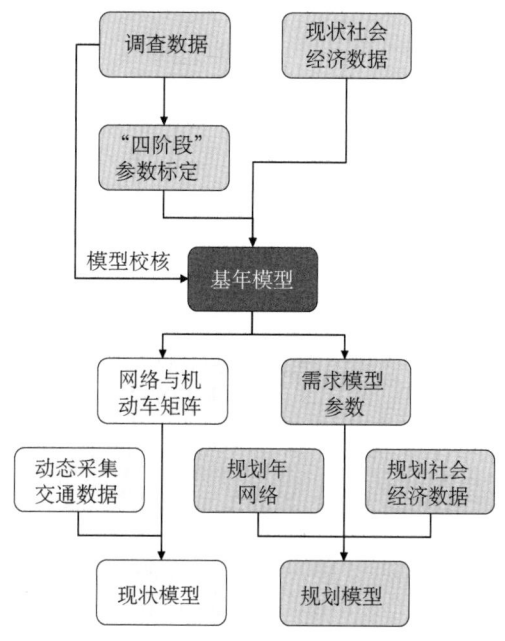

图 10-6　市域交通模型总体架构

市域交通模型建模的数据需求整体分为四大类别：空间及交通网络数据、交通运行数据、居民出行调查及社会经济人口数据、多源大数据及其他补充调查数据。具体数据见表 10-1—表 10-4。

表 10-1　空间及交通网络数据

数据名称	数据字段	数据对象	时间
空间数据	深圳市域边界、临深片区边界、深汕合作区边界、各街道/镇边界、控规单元边界	各层次空间的 shp 文件	2020 年、各规划年
道路网络	■ 道路等级、车道数、分隔类型、限速、建设方式（地面/高架/隧道）、通行能力 ■ 主要交叉口转向限制、公交专用道、车辆限制通行管理等信息	路段及节点	2020 年、各规划年
公共交通网络	■ 国铁、城市群及都市圈铁路：站点及经停信息、运行时刻表 ■ 城市轨道：轨道站点、运行公司、列车编组、营运车辆类型、发车时刻表、价格方案等 ■ 城市公交：公交站点、线路走向、运行公司、发车时刻表、车辆类型、价格方案等 ■ 公路客运班线：停靠站点、运行公司、营运车辆类型、发车时刻表等	站点、线路、价格	2020 年、各规划年

表 10-2 交通运行数据

数据名称	数据内容	数据对象	时间
道路运行数据	■ 主要道路断面分车辆类型、分时段的流量数据(15 min 为时段划分) ■ 典型骨干道路的分时段行程车速(15 min 为时段划分) ■ 基于长周期的道路卡口数据识别的交通小区/中区分类型机动车 OD(分时段) ■ 深圳停车收费区域划分、收费方案及价格数据 ■ 以交通小区为对象,不同出发时刻的交通小区道路交通可达时间矩阵	■ 主要道路断面 ■ 主要路段 ■ 交通小区	■ 2020 年、2021 年 ■ 2020 年数据为 11 月中下旬连续 2 周数据,与居民出行调查日期一致
公交运行数据	■ 轨道交通:分时段的站点 OD 表、断面客流量、线路客运量 ■ 地面公交:公交站点上车量、主要道路断面的地面公交客运量、线路客运量、基于长周期的上车刷卡数据推断的地面公交站点 OD 表 ■ 以交通小区为对象,不同出发时刻的小区公共交通可达时间矩阵	线路、站点、断面	■ 2020 年、2021 年 ■ 2020 年数据为 11 月中下旬连续 2 周数据,与居民出行调查日期一致
出租车、网约车运行数据	■ 基于巡游车翻灯信息转换计算得到的出租车重车交通小区 OD 表、出租车空车交通小区 OD 表(分时段) ■ 网约车监管订单转换而来的交通小区载客 OD(分时段)	交通小区	■ 2020 年、2021 年 ■ 2020 年数据为 11 月中下旬连续 2 周数据,与居民出行调查日期一致

表 10-3 居民出行调查及社会经济人口数据

数据名称	数据字段	数据对象	时间
居民出行调查数据	■ 居民出行调查所有数据内容 ■ 空间信息转换为交通小区的结果	交通小区	2020 年
人口普查数据	■ 人口总量 ■ 家庭户中分性别、分年龄段的人口数(户类型、性别、年龄段的三维度属性并列分类) ■ 集体户分性别、分年龄段的人口数(户类型、性别、年龄段的三维度属性并列分类) ■ 空间信息转换为交通小区的结果	交通小区	2020 年
经济普查数据	■ 每一类的从业人数 ■ 平均住房价格、商业地产平均租赁价格 ■ 空间信息转换为交通小区的结果	交通小区	2018 年/2020 年
基年土地利用数据	■ 地块面积、建筑面积、建筑用途 ■ 空间信息转换为交通小区的结果	交通小区	2020 年
规划年人口数据	■ 规划年人口总量、家庭户人口数、个人户人口数 ■ 空间信息转换为交通小区的结果	交通小区/控规单元	各规划年
规划年土地利用数据	■ 地块面积、建筑面积、建筑用途 ■ 空间信息转换为交通小区的结果	交通小区/控规单元	各规划年

表 10-4　多源大数据及其他补充调查数据

数据名称	数据字段	数据对象	时间
职-住识别数据	■ 基于手机信令数据,识别的交通小区职-住关系OD矩阵	交通小区	2020年11月
出行及通勤出行数据	■ 基于手机信令数据,识别的全天出行、早晚高峰通勤出行的交通小区OD数据	交通小区	2020年11月
活动数据	■ 基于手机信令数据,识别的全天、早晚高峰的交通小区活动总量数据	交通小区	2020年11月
方式划分数据	■ 基于手机信令数据,识别的各交通方式的出行OD矩阵数据	交通小区	2020年11月
空间POI数据	■ 各类POI数量 ■ 空间信息转换为交通小区的结果	交通小区	2020年11月
时间价值调查数据	■ 时间价值调查所有数据内容 ■ 空间信息转换为交通小区的结果	交通小区	2020年11月
进出客运出行调查	■ 跨界客运出行调查所有数据内容 ■ 空间信息转换为交通小区的结果	交通小区	2020年9月
跨界货运调查数据	■ 跨界货运调查所有数据内容 ■ 空间信息转换为交通小区的结果	交通小区 道路断面	2020年9月
货运出行调查数据	■ 货运出行调查数据、货运场站规模及类型数据 ■ 货运车辆GPS数据识别得到的货运车辆交通小区OD数据(分时段) ■ 空间信息转换为交通小区的结果	交通小区	2020年9月
机动车拥有及构成数据	■ 模型范围内机动车总量、分区机动车拥有数据 ■ 车辆类型-车辆吨位-燃料类型-车辆排放标准-车辆排量的细分数据(各属性并列分类)	—	2020年
机动车排放因子数据	■ 深圳各类型机动车在不同工况下的排放因子数据库	—	2020年

在市域模型构建的基础上,可以开展跨行政区道路详细规划定量审查的专题应用,主要支撑干线道路规划方案比选、流量预测、方案比较分析;支持小尺度的道路交通与土地利用关系评估等。计算内容包括:道路网可达性指标、道路交通效率指标、总体路网运行状况指标;道路网络节点转向流量/立交节点匝道流量预测、待建道路/立交节点匝道的主要节点早晚高峰时段的转向流量和服务水平;支持道路规划建设方案工可研究。

市域模型的另一个专题应用是轨道交通和初步设计阶段客流的预测。以规划轨道交通线路为案例,实现站点周边小区细化、连接线自动生成、现状轨道交通OD矩阵快速反推、基于客流预测指标体系的模板化输出图表等。

2. 城市交通规划编制中公众参与的信息化技术

1947年英国《城乡规划法案》规定,允许公众对城市规划发表意见和看法。在1968年《城乡规划法案》的修订中为了适应新时期的特点制定了与传统的公众参与有所不同的方法、途径和形式,这就是著名的斯凯夫顿报告(the Skeffington Report)。表10-5归纳了欧美主要国家城市规划中公众参与的法律保障、参与方式及规划师的作用。公众参与不仅是社会公平的需要,也是经济发展的需要和城市提高竞争力的需要。它既需要规划人员、政府、开发者和公众等社会各利益群体的共同协调和努力,更需要从全民意识和法制角度上保证规划的科学性和有效性。20世纪90年代公众参与理念被引入城市规划领域内,而自2018年国土空间规划改革后,原本公众参与度不尽相同的城市规划、土地规划、环境规划经由"多规合一"整合在国土空间规划的同一框架内,这就需要建构多样化的沟通渠道促进政府与公众的价值求合与趋同。国内在社区规划、社区微更新、历史街区保护中已经开展不同形式的公众参与。

表10-5 欧美主要国家城市规划中公众参与比较

国家	法律保障	参与方式	参与组织、个人	规划师的作用	决策实体、要素	规划执行监督实体
英国	城乡规划法	公众审核、调查会、公众审查和现场接待等	社区组织、市民团体、各区规划局和委员会等	资料意见收集分析、规划编制、民主协商和意见处理汇总等	环境事务大臣、公众审查、地方规划局和相关人员等	环境事务大臣、监察人员、法院、听证会等
德国	建设法典	公告、宣传册、市民会议等	相邻区政府代表、公共管理部门和公共利益团体等	规划决定、方案宣传、方案编制、组织座谈和意见处理反馈等	社区管理机构官员、上一级管理机构和市民参与意见书等	法院、上级规划管理部门等
美国	高速公路法	问题研究会、邻里会议、听证会和比赛模拟等	特别小组、机动小组、企业团体和居民顾问委员会等	激发公众参与、选择合适的参与方式、公众教育和协调各方的利益等	城市规划委员会、市议会、公众会议和听证会等	公众听证会和法院等
加拿大	官方自治条例	讨论会议、图形手册、设想展示会和热线等	讨论小组、专题研究小组等	鼓励公众全面参与、公众教育、组织意见和设想可视化模拟和规划反馈等	市议会和反馈建议等	法院和上级规划管理部门等

但在交通规划领域,更多的是在规划项目公示阶段开展公众意见征集,其对规划的影响有多大,还需要进一步评估。可以借鉴的是东京交通规划机构将居民出行调查的统计结果以可视化的形式在网上提供(图10-7),研究机构和个人可以进行不同专题的查询,为公众了解城市的交通需求特征及运行状况提供了有益的渠道。借助公开一致的数据和信息,是一种消解政府政令与民众诉求之间冲突的柔性方式,也是代表政府的工具理性与代表民众多样化需求的认知理性之间实现价值求同,以达成具有交往理性共识的手段。

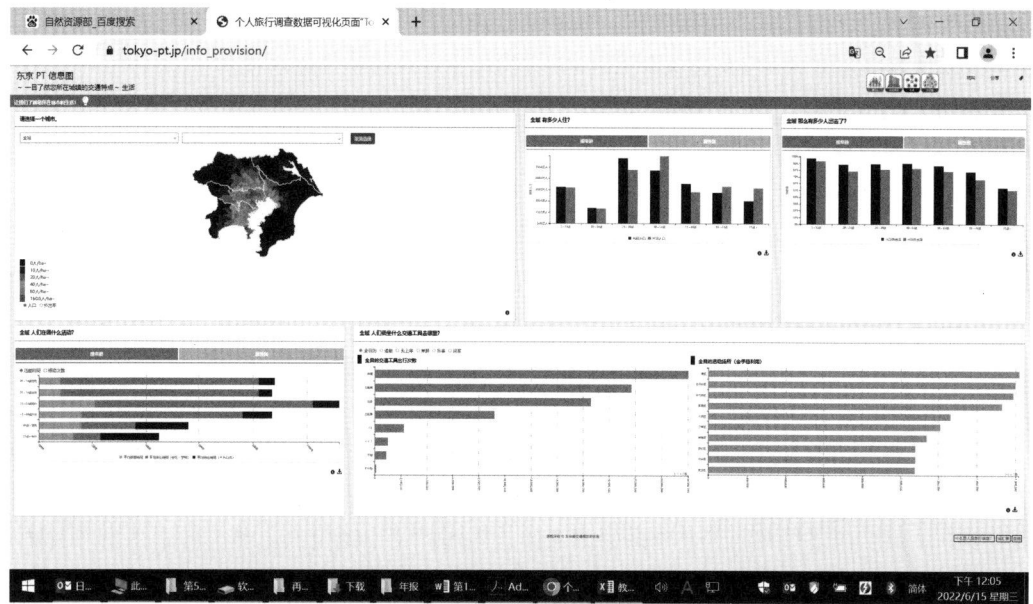

图 10-7　日本东京居民出行信息图网站（https://www.tokyo-pt.jp/info_provision/）

10.2.2　规划评估

国土空间规划体系提出评估要求，作为规划体系闭环管理的重要环节。评估内容可以包括交通系统的供给、需求和运行几个方面。而不同的部门出于其自身管理需求，也对城市交通系统的评估提出了不同的评价要求。比如自然资源部开展国土空间规划城市体检评估，住房和城乡建设部开展城市体检等。各城市的交通管理部门也已经常态化地进行城市交通发展年报的编制。同时，相关研究机构也在近期开展全国主要城市的交通特征指标的发布。下面就其主要内容进行介绍。

1. 国家有关部委开展的城市交通相关评价

1）自然资源部开展国土空间规划城市体检评估

《中共中央　国务院关于建立国土空间规划体系并监督实施的若干意见》提出"建立国土空间规划定期评估制度""依托国土空间基础信息平台，建立健全国土空间规划动态监测评估预警和实施监管机制"。城市体检评估工作作为国土空间规划实施管理的配套举措，自然资源部在 107 个城市部署开展，并形成了相关报告成果。通过多轮试点不断总结经验，制定形成了《国土空间规划城市体检评估规程》（TD/T 1063—2021）。城市体检评估工作由城市人民政府负责组织实施，城市自然资源主管部门结合国土空间规划编制、审批、动态维护、实施监督等职责，牵头具体组织开展，将自体检评估和第三方体检评估相结合，对城市发展阶段特征及国土空间总体规划实施效果定期进行分析和评价。

通过"一年一体检、五年一评估"，紧密对接国土空间规划，强化实时监测、定期评估和动态维护的统筹衔接、互动支撑和全过程管理，形成贯穿规划编制、任务分解、体检评估、督查问责、反馈落实的规划全周期管理实施机制。根据体检结果,对规划实施工作进行反馈和修正,促进党中央重大决策部署落地、促进城市治理水平提升、促进人民生活品质改善。

根据《国土空间规划城市体检评估规程》,开展体检评估的数据包括基础分析数据和补充校核数据。基础分析数据中经济社会发展统计数据主要以统计部门数据为准,城市建设数据以各相关部门数据为准,国土空间基础现状数据、规划成果数据、规划实施监督数据以自然资源主管部门数据为准。补充校核数据可联合电信运营商、互联网公司等大数据提供方,利用互联网平台和开放数据环境,综合气象、空气质量监测、位置服务、夜间灯光遥感、交通IC卡数据、POI数据、手机信令数据、企业信息、点评信息等大数据资源,对城市建设、人口和就业特征、交通和通勤特征、公共服务设施配置、空间品质等开展分析评价。

2) 住房和城乡建设部开展城市体检

为落实中央全面深化改革委员会关于建立城市体检评估机制的改革任务要求,住房和城乡建设部从2018年开始推动开展城市体检工作,在直辖市、计划单列市、省会城市和部分设区城市(以下简称"样本城市")开展定期的城市体检工作。城市体检的主要内容是由生态宜居、健康舒适、安全韧性、交通便捷、风貌特色、整洁有序、多元包容、创新活力8个方面、65项指标构成的城市体检指标体系,建立了从查找问题,到发现问题,再到整治提升闭环式的工作机制。

城市体检围绕各项指标采取城市自体检、第三方体检和社会满意度调查相结合的方式开展。城市自体检由样本城市人民政府组织开展,以官方统计数据为主要依据,对城市体检各项指标测算分析,检验城市人居环境质量并查找存在的问题,从而提出对策建议。第三方体检和社会满意度调查由住房和城乡建设部组织第三方机构开展,对城市体检各项指标测算分析,综合评价样本城市人居环境质量,全面了解群众对城市人居环境质量的满意度,查找突出问题和短板。

按住房和城乡建设部通知要求,各地要根据查找出的城市问题提出有关对策建议和整改措施,作为编制"十四五"城市建设相关规划、城市建设年度计划和建设项目清单的重要依据,加强整改工作,确保城市体检成果落地见效。

2. 城市交通发展年报

在过去的20多年里,我国特大城市的经济发展一直处于高速运转期,交通系统经历了从非机动化向机动化方式,从个体交通主导向公共交通为主,从城市交通向区域交通的快速变革,走过了国外发达城市上百年的历程。在这种快速发展背景下,城市需要一个能对交通运行状况进行持续性跟踪观测、滚动评估的代表成果,不仅能够客观记录城市交通的发展历程,为政府决策提供借鉴,更要支撑交通工程学科的发展,理论与实践相结合,推动我国城市可持续发展。

基于这种考虑,从2000年前后,我国一些大城市开始编制城市交通发展年度报告。城市交通发展年度报告侧重于从较长时段和宏观层面研判整个交通系统的运作态势和问题成因,对交通系统自身、交通与空间、交通与环境等多个维度进行跟踪监测,为城市交通规划、建设和管理提供支撑,是城市交通治理的重要决策依据。

城市交通年报的受众包括四类。第一类是决策层,希望从年报中获得一些关于未来交通的启示与思考,在出台交通政策时有一定的依据;第二类是交通相关的职能部门,包括规划、建设、运营、管理等多个部门,他们关注近期行动计划能否解决现状交通问题;第三类为高等院校和科研机构;第四类为社会民众,公众关心交通拥堵状况、社会热点问题等。年报内容不仅反映城市特色、抓住核心问题,也聚焦社会热点问题,引导公众思路,对城市发展的阶段、发展过程中需要决策层关注的要点等问题进行响应。

各城市在交通年报的编制中,致力于城市交通问题的挖掘与诊断,在交通调查技术、多源数据融合技术、分析评估技术、编制方法体系等方面紧跟时代步伐,不断创新突破,实现了从单纯的路段流量人工调查向多元融合的大数据信息技术的转变,从仅关注道路交通服务水平向可持续发展理念下城市交通综合治理目标的转变。

城市交通年报主要包括了城市发展、道路交通、城市客运和对外交通等主要内容。表 10-6 所列是上海 2022 年度综合交通年度报告中的主要指标。

表 10-6 2022 年度上海综合交通年度报告主要指标

	指标	单位	2019 年	2020 年	2021 年	变化
城市发展						
	生产总值	亿元	38 155	38 701	43 215	8.1%(按可比价)
	交通设施投资	亿元	651	629	662	5.3%
人员出行	中心城年工作日日均出行量	万人次/日	3 274	2 612	2 978	14.0%
	其中:公共交通(轨道交通、公交、大客车、轮渡)	%	33.1	29.7	30.6	0.9
	出租汽车	%	6.4	6.3	5.5	−0.8
	小客车(含摩托)	%	20.5	24.8	22.4	−2.4
	非机动车(含共享单车)	%	16.0	15.1	17.3	2.2
	步行	%	24.0	24.1	24.2	0.1
道路交通						
机动车	注册机动车保有量	万辆	444	469	494	5.4%
	其中:注册小客车保有量(含新能源号牌)	万辆	370	397	421	5.9%
道路	道路里程	km	18 539	18 453	18 926	2.6%
	高速公路里程	km	845	845	851	0.7%
	快速路里程	km	207	207	233	12.6%
	中心城越江桥隧机动车交通量	万辆次/日	123	113	122	8.3%
停车	全市经营性停车场泊位	万个	84	89	92	2.5%
城市客运						
城市客运交通设施	轨道交通运营线路长度	km	705	729	831	13.9%
	轨道交通运营线路条数	条	17	18	20	11.1%
	公共汽(电)车线网长度	km	8 997	9 116	9 243	1.4%
	公共汽(电)车线路条数	条	1 575	1 585	1 596	0.6%
城市客运交通量	轨道交通	万乘次/日	1 064	775	979	26.3%
	公共汽(电)车	万乘次/日	571	373	410	9.8%
	轮渡	万乘次/日	11.7	10.3	10.7	3.8%

(续表)

	指标	单位	2019年	2020年	2021年	变化
城市客运交通量	巡游出租车	万乘次/日	154	100	99	−1.0%
	网络预约出租车	万乘次/日	170	112	160	43.1%
对外交通						
客运量	年到发总量	万人次	41 888	22 243	26 054	17.1%
	其中：港口	万人次	228	32	20	−37.0%
	航空	万人次	12 179	6 164	6 541	6.1%
	其中：境内航班	万人次	7 986	5 644	6 374	12.9%
	公路	万人次	6 334	2 664	2 936	10.2%
	铁路	（万人次）	23 147	13 383	16 557	23.7%
货运量	年到发总量	万t	124 147	119 243	132 306	11%
	其中：港口	万t	72 031	71 670	77 635	8.3%
	航空	万t	406	403	437	8.4%
	其中：国际及港澳台航班	万t	333	342	373	9.2%
	公路	万t	50 656	46 051	52 899	14.9%
	铁路	万t	1 054	1 119	1 335	19.3%
	港口集装箱年吞吐量	万TEU	4 330	4 350	4 703	8.1%
主要对外道口	年日均交通量	万车次	60.6	61.8	59	−4.6%
	其中：高速公路道口	万车次	39.6	41.4	39	−5.3%

注：铁路对外客运量不包含服务于市内出行的客运量。

随着城市交通系统日益复杂，报告编制过程中逐渐融合了各部门监测数据、GPS、公交IC卡、车牌识别、手机信令、POI等数据，从传统交通调查手段发展为多源数据融合与挖掘技术，逐渐完善数据的多样性与适应性，形成"部门统计数据＋现场调查数据＋商业大数据"的数据体系。

对个体出行活动的分析需求催生了公交IC卡、手机信令数据、互联网位置数据的分析和挖掘技术，并成为重要的交通与城市关系分析的技术手段。这就需要找准各类数据的特点加以整合利用，并借助交通决策模型进行校核验证，实现从单纯的路段流量人工统计分析向多源融合的大数据信息技术转变，提升数据的可靠性。需要顺应城市不同发展阶段特征和要求，对评估技术内容不断完善与创新。搭建城市交通仿真模型，实现从单一统计向"四阶段交通模型"转变，并开发基于大数据的城市交通仿真模型更新方法，可解决传统模型在调查扩样、集计算法等方面先天不足，实现对城市交通问题的精准施策。

3. 研究机构发布的城市交通相关评价报告

《中国主要城市交通分析报告》以高德交通大数据发布平台、大数据开放平台、阿里云MaxCompute及相关数据挖掘方法为支撑基础，描述城市交通现状，呈现演变规律，预测未来发展趋势，专注拥堵成因及解决对策的研究。报告包括城市道路公共交通评价和地面道路交通评价。此外，还提供季度报告、节假日报告等。表10-7呈现了《2022年度中国主要城市交通分析报告》中的部分内容。

表10-7 2022年度中国主要城市交通亚健康排名TOP10

序号	城市名称	交通健康指数	同比变化率
1	西安	54.74%	↑2.38%
2	海口	54.90%	↑2.49%
3	重庆	56.69%	↑9.39%
4	广州	56.80%	↑6.40%
5	成都	56.83%	↑0.51%
6	长沙	56.84%	↑0.33%
7	深圳	57.33%	↑1.08%
8	长春	57.48%	↑11.14%
9	济南	57.75%	↑2.82%
10	大连	57.87%	↓0.57%

百度地图也定期发布中国城市交通报告，包括交通大数据报告、节假日出行报告、城市活力报告、专题报告。城市年度交通报告选取了中国100个主要城市，通过大数据客观反映城市的道路交通拥堵、通勤时耗、出行强度、停车发展、公交发展。报告所涉及的反映城市交通状况的指标均基于百度地图海量的交通出行数据、车辆轨迹数据、位置服务数据、POI数据等挖掘计算。表10-8呈现了《百度地图2022年度中国城市交通报告》中的部分内容。

表10-8 2022年度百城通勤高峰交通拥堵榜

2022年度排名	排名同比2021年	城市	2022年度通勤高峰拥堵指数	拥堵指数同比2021年	2022年度通勤高峰实际速度/(km·h^{-1})
1	↑1	重庆	1.790	↓10.76%	29.84
2	↓1	北京	1.769	↓13.62%	31.11
3	↑2	上海	1.737	↓7.47%	32.16
4	↑12	杭州	1.730	↑0.90%	30.33
5	↓2	长春	1.706	↓12.77%	31.67
6	↑9	南京	1.695	↓1.25%	30.68
7	↓1	广州	1.677	↓5.59%	34.02
8	↑2	西安	1.654	↓4.69%	30.60
9	↑5	沈阳	1.648	↓4.10%	29.16
10	↓3	武汉	1.641	↓7.43%	30.16

住房和城乡建设部城市交通基础设施监测与治理实验室、中国城市规划设计研究院、百度地图联合发布年度《中国主要城市通勤监测报告》，报告选取36个中国主要城市（其中直辖市4个、计划单列市5个、省会城市27个），从通勤范围、空间匹配、通勤距离、幸福通勤、公交服务、轨道覆盖6个方面，描绘了城市通勤画像。通过核心指标的横向比较和城市空间的挖掘解析，从两个视角认识城市通勤特征，探寻城市生长规律，定位典型空间与问题。该报告主要针对中心城通勤人口的出行特征进行分析，以250 m栅格为分析单元，利用互联网位置服务和移动通信数据进行指标计算。由于数据的原因，只能对出行方式进行假设。图10-8呈现了《2023年度中国主要城市通勤监测报告（发布版）》中的部分内容。

214 城市交通与信息化

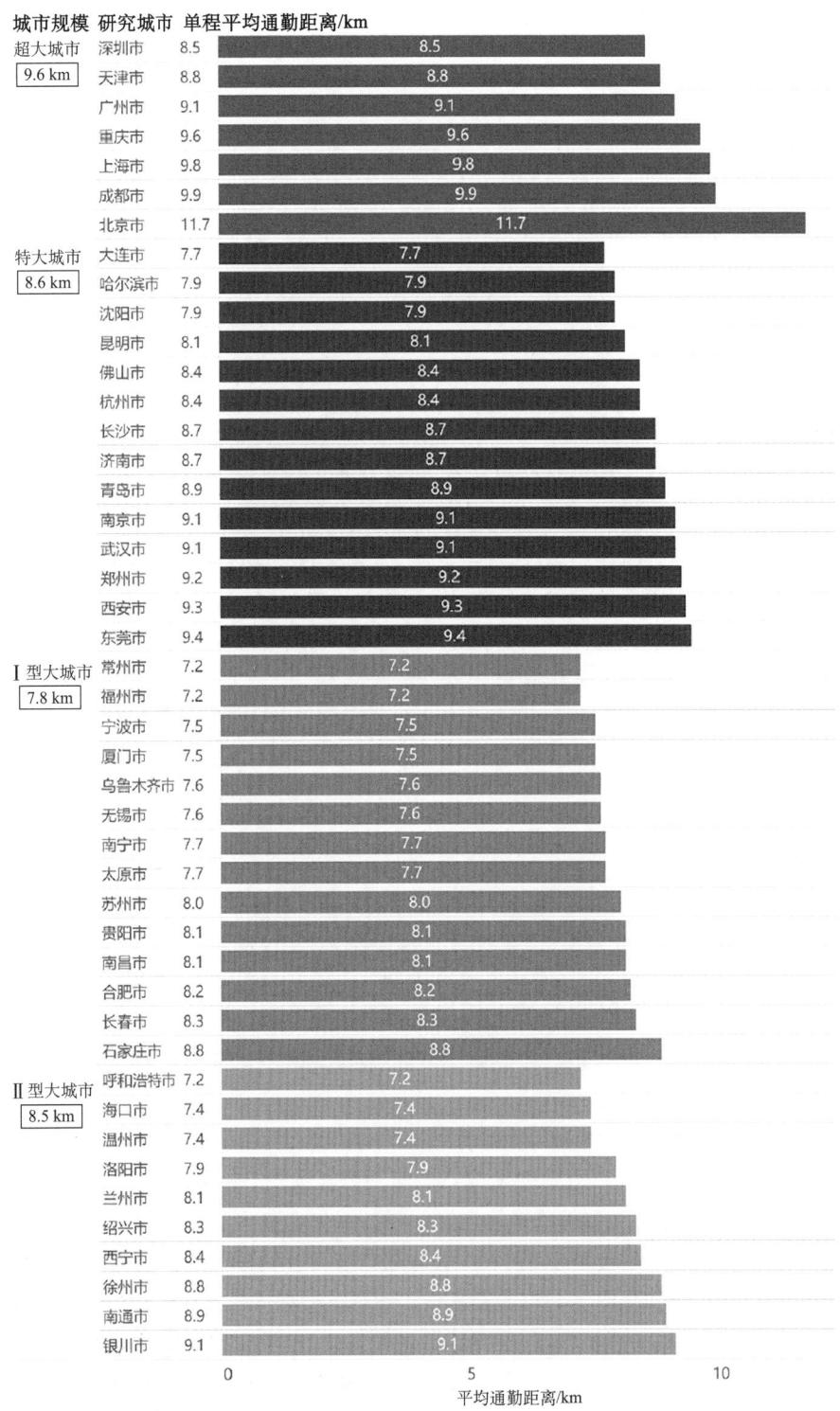

图 10-8　全国主要城市单程平均通勤距离
注：方框内数值标注为城市规模分类的指标均值。

国内多家研究机构联合编制的《城市可持续移动性观察报告》借鉴了《交通强国建设纲要》《欧盟可持续城市移动性规划》《伦敦市长交通战略》等研究成果,回归交通为人服务的本源,聚焦人民就业选择多样性、社区生活便利性、优质资源可达性、街道空间舒适性等指标,力求真实反映人民出行获得感、幸福感和安全感。报告选取了涵盖东、中、西六大城市群的8个中心城市为研究对象,包括北京、上海、广州、深圳、武汉、南昌、成都和昆明。报告的指标如图10-9所示,其计算范围为样本城市的中心城区。

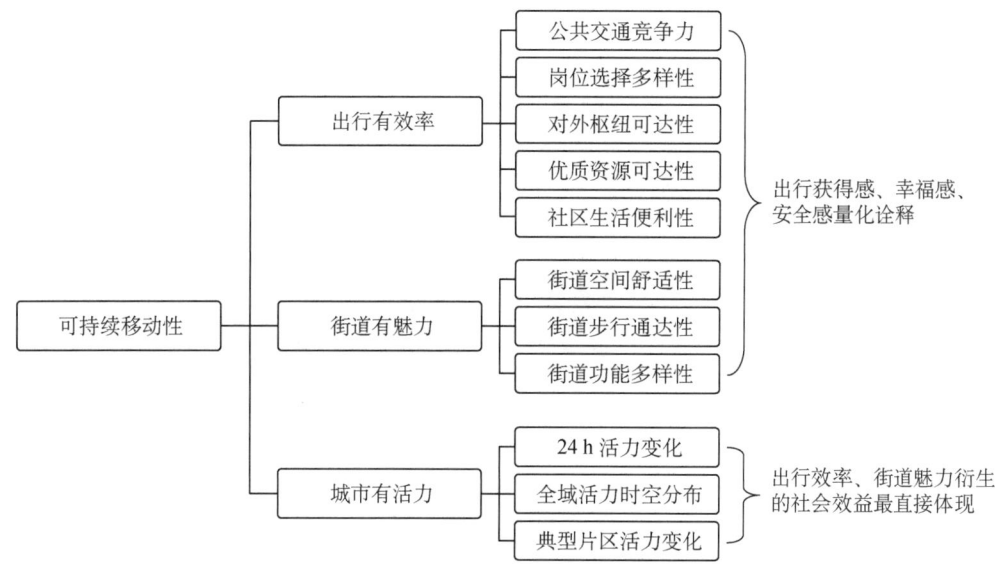

图10-9 《城市可持续移动性观察报告》评价指标框架

10.3 典型案例

本节介绍利用信息化手段进行交通规划中所需数据的采集、分析和展示的案例。"中规智绘"是由中国城市规划设计研究院城市交通研究分院研发的平台,为国内不同城市提供数据服务、规划评估和治理。上海市交通规划大数据平台是由上海市城市规划设计研究院交通模型工作室联合信息中心和深圳市城市交通规划设计研究中心股份有限公司研发,不仅服务于综合交通规划模型应用与展示,也为城市规划业务人员提供统一、鲜活、个性化的数据资源和可视化服务。深圳城市交通仿真系统是深圳市重点建设项目,同济大学作为牵头和参与方持续服务该系统的一、二、三期的建设。该系统以多源实时数据采集为基础,以交通仿真技术与模型为核心,以智能信息平台为信息交换与共享枢纽,为交通规划建设与运行管理全过程提供支持。

10.3.1 中规智绘

信息化和数据化是城市规划发展方向的一个大趋势,在大数据的支持下,对熟悉城市、跟踪城市、持续研究城市提供了基础。其次,城市规划从增量到了存量阶段,对规划服务提出了更高要求,不仅仅是报告或者是规划成果,而且是一套地方治理的工具,为用户提供持续的服务。基于上述需求,中国城市规划设计研究院城市交通研究分院研发了"中规智绘"平台,并于2019年6月正式上线。"中规智绘"的核心理念是:面向应用,简单有效。

目前"中规智绘"包含两类平台(图10-10),一类是城市级的,一类是国家级的。城市级的平台包括城市规划大数据平台和交通流溯源分析平台。国家级的平台包括城市道路网密度监测平台、城市道路运行态势监测平台和城市通勤特征监测分析平台。

图10-10 "中规智绘"平台示意

1. 主要功能

平台以规划人、交通人和城市管理者为中心,针对数据汇聚难(数据渠道难打通,数据对接和预处理难)、现状分析难(存在技术门槛,依赖分析经验,重可视化、轻业务支撑)和决策支撑难(模型构建难,标定难,难以预测方案效果),实现汇聚数据、强化感知、驱动决策三大功能和智慧规划能力建设。

1) 汇聚数据

平台自带外部数据渠道,协助本地数据接入,目前平台包括浮动车轨迹、路况、信令、互联网位置大数据(LBS)、高精地图、POI、建筑物等诸多数据。包含100%个体出行数据、80%基础背景数据、80%道路运行数据等。

2) 强化感知

平台依赖丰富的数据挖掘经验,提供了功能全面、选项丰富、完全满足日常业务需求的三大分析系统,让原本因为技术门槛较高的规划大数据分析变得简单、实用、高效。大数据分析的基本要求是实现对现状的准确还原,感知城市脉动。道路运行、公交运营、个体出行感知是交通大数据分析中最常见的三类分析需求。

平台基础分析模块的重要特色是支持高自由度的自定义分析。所有模块支持时间自定义，可以自由选择年度、季度、是否工作日、具体小时查看各类数据特征；所有模块支持空间自定义，可以任意选择局部道路查看道路、公交运行特征，也可以选择局部小区查看其个体出行特征。

3) 驱动决策

平台创新性地构建了"云计算交通模型"，以此为基础开发了"在线交通承载力评价系统"，用于评估土地开发的道路交通影响。为了保障结果的可参考性，在线交通承载力评价系统继承了目前通用的交通影响评价原理，同时采用先进的云计算和在线绘制交互技术，在使用体验上颠覆了传统交评的实施方法，提供了一种简单、有效、高效、实用的全新解决方案。在线交通承载力评估无须专业软件、无须背景建模、极简化模型标定且可以自动生成评估报告。

为了让系统更高效、更易上手，该系统以向导模式组织交互流程，将整个工作划分为六个步骤，只需跟随向导模式顺序操作就可以完成从规划方案输入到评估报告生成的全部工作。

云计算交通模型是"中规智绘"创新研发的，将大数据、云计算和交通模型三者有机融合的新型模型引擎，它既是一种新产品，更是一种新模式、新方向，让大数据从量化现状的应用瓶颈真正迈入了辅助决策。云模型遵循通用、公认的四阶段模型原理，开发完成了交通生成量计算、交通分布、交通分配三个核心功能。"中规智绘"云模型不依托既有商业交通模型软件，基于空间数据库完全从底层开发，具有充分的灵活性和可控性。除了将既有算法移植到云端，云模型还开发了可以充分发挥大数据、云计算优势的新算法、新功能，例如："基础路网预置"功能，云模型基于高精路网数据，预先完成了全域最新基础路网建模，省去了大量的路网绘制工作；"路段级阻抗标定"算法，云模型基于海量路况数据为每条道路单独标定路阻和阻抗函数，显著提高交通分配精度，大幅减少交通调查和标定的工作量。

2. 应用场景

平台面向规划人员开发以下的应用场景：

1) 出行空间分析

不仅面向交通工程师，也是面向每个规划师的出行大数据分析工具。空间是规划研究的永恒主题，在出行空间的分析模块，让平台成为每个规划师都会用的雏形版数据分析工具，简单实用。根据出行空间分析流程，从找数据，数据清理、处理数据，分析挖掘找特征，输入分析诉求，到最后呈现结果，平台实现全部模块化，输入分析需求，选择分析的时间和范围，分析布局都可以通过简单的菜单来操作，包括居住空间、职住平衡、出行距离、出行时间等。所有的参数都在后台配置，一键出结果。

2) 交通运行分析

交通工程师在规划中经常进行交通运行数据分析。而高德地图、百度地图等平台主要是针对C端的，就是一般的用户。但是对于专业人士来说，需要长时间数据的对比，也需要特定场景的不同方案的对比。比如说长时间的道路历史流量的记载，是常规拥堵路段还是偶尔的拥堵，那么自定义区域分析，对不同的时段、区域、季节，都可以，根据业务需求来定制分析，来输出分析结果。也可以对公交进行分析，车速的对比，公交线网和客流是不是匹配等。

3) 交通流溯源分析

交通流溯源对交通管理规划非常有用。接入交警卡口数据,可以达到路网行驶车辆85%以上的样本覆盖率,准确性大大提高。以青岛为例,建立了一套用于交通管理的、区域并不大但是数据量非常大的模块,每天过车数据大概3800万条,路段还原数据2亿条。

溯源分析设置了三种不同的模式:局部溯源、通道溯源和全网溯源。局部溯源针对堵点,找出拥堵原因,找出这个点拥堵的车是从哪儿来的,是道路路网密度不够的问题,还是本身信号灯控制的问题,在上个路口设置一定的管理措施是否能够对它有所改善。通道溯源在规划中经常用到,比如A区到B区有几条路可以选择,哪条路流量大,哪条路流量小,哪条路压力大,哪条路压力小,如果新增通道应该在哪儿选,这就是通道溯源。全网溯源是最大程度还原车辆在道路网中的行驶状态,包括全网承载运行车辆分析、任意截面查核线流量监测、单车轨迹追踪等功能。此外,道路交通流溯源技术还可以推广到全方式,研发公共汽电车、轨道交通客流和出行链溯源。

4) 云计算多尺度敏捷交通承载力预测模型

"中规智绘"构建了"云计算交通模型",研发了"云计算交通承载力评价系统",用于评估土地增量开发、城市更新的综合交通承载力,该系统具备以下优势。

(1) 高效率:借助背景预建模、预标定和高速计算引擎,可将传统需要数天的土地承载力评估工作压缩至数分钟,大幅提升交通承载力评估效率。

(2) 助决策:该系统同时提供多方案比选功能,可快速完成多种规划、建设方案的优劣比选,辅助规划部门、政府部门进行方案决策。

(3) 多尺度:"云计算交通承载力评价系统"支持从栅格级、地块级、大区域级多种粒度的交通承载力评价,既可支撑小范围城市更新,也可支撑大尺度城市规划的交通承载力分析决策。

10.3.2 上海市交通规划大数据平台

城市数字化转型是人民城市建设的重要推动力,是面向未来塑造城市核心竞争力的关键之举,是完善超大城市治理体系和治理能力现代化建设的必然要求。上海市委、市政府2020年底公布《关于全面推进上海城市数字化转型的意见》,要求深刻认识上海进入新发展阶段全面推进城市数字化转型的重大意义,明确城市数字化转型的总体要求。坚持整体性转变,推动"经济、生活、治理"全面数字化转型;坚持全方位赋能,构建数据驱动的数字城市基本框架;坚持革命性重塑,引导全社会共建共治共享数字城市;同时,创新工作推进机制,科学有序全面推进城市数字化转型。依托上海市新一轮交通模型建设和信息化建设工作,上海市城市规划设计研究院交通模型工作室联合信息中心和深圳市城市交通规划设计研究中心股份有限公司技术团队研发了上海市交通规划大数据平台。

1. 平台框架

上海市交通规划大数据平台的技术架构如图10-11所示,基于TransPaaS底座,采用数据层、支撑层、应用层和展示层四层架构。数据层采用PostgreSQL数据库作为关系数据库存储结构化指标表,同时使用 PostGIS 扩展模块进行空间数据存储,对于用户自定义上传的文件和地图文件使用 MinIO 对象存储工具进行存储。支撑层提供平台层的支持,SQLAPI 提供 SQL 查询支持,Zuul 网关提供接口服务支持,Oauth 进行权限管理,并使用 Docker 进行容器化部署,便于部署维护。应用层基于 SpringBoot 框架提供应用后端支撑,基于 GeoTools 提供 GIS 分析支持,并搭建自定义瓦片服务,使用 GeoServer 发布 WMS。展示层面向终端用户,前端页面基于 Vue 框架进行开发,前端地图引擎使用 MapBoxGL 框架,前端 UI 使用 ElementUI 框架快捷开发,并用 Echart 框架进行图表展示。

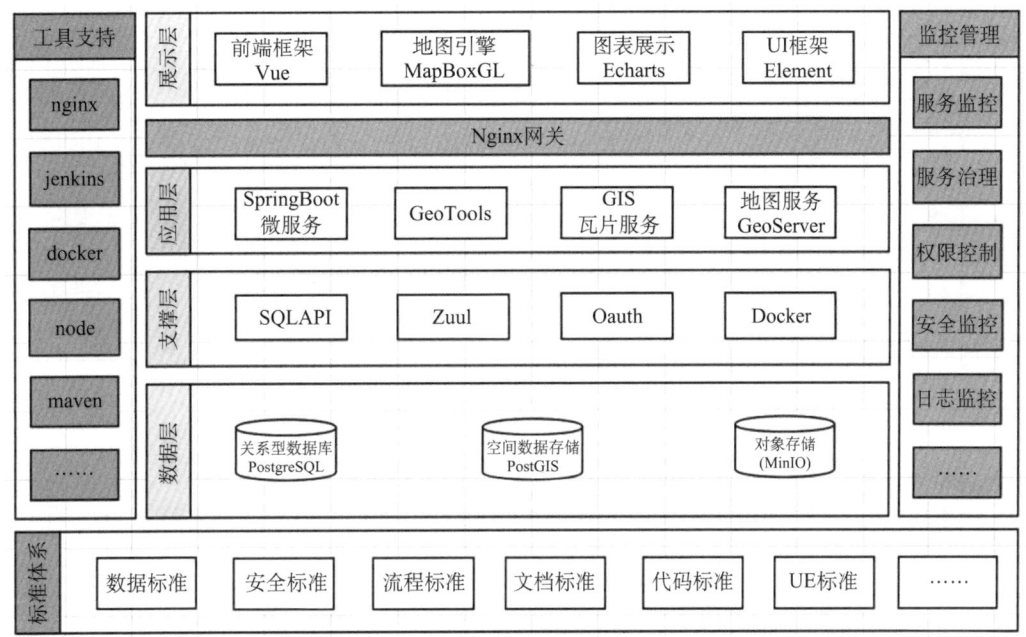

图 10-11　上海市交通规划大数据平台技术架构

2. 主要功能

上海市交通规划大数据平台面向规划业务人员,提供浏览查询、指标监测、图数调用、专题图制作和分享等主要功能。平台汇集了交通设施、交通运行、城市规划等多维度数据内容,涵盖了交通模型、网络监测、交通运行、年度报告等多渠道数据来源,并支持个人用户数据自定义上传。平台页面分为数据指标、智能规划、工作平台、个人空间四个板块,如图 10-12 所示。

数据指标是一个数据管理平台,集合了数据查看、数据申请、数据审核(管理员用户可用)和指标管理多项功能。智能规划是一个标准化的交通数据资源的智能化查询和分析工具,可通过自定义区域或设置查询条件对各类交通大数据进行分析展示。工作平台是面向用户的主要交互界面,具备在线制图和查询分析功能。专题图、数据表操作和公共数据库为用户提供最常用专题图和公共数据资源并可以任意组合叠加应用;个性化制图支持用户修改专题图和相关数据表,并进行用户自定义保存和共享发布。个人空间支持用户上传个人数据、在线调用公共数据库图层叠加。个人空间存放用户自定义的专题图和自上传数据,提供个人文件夹管

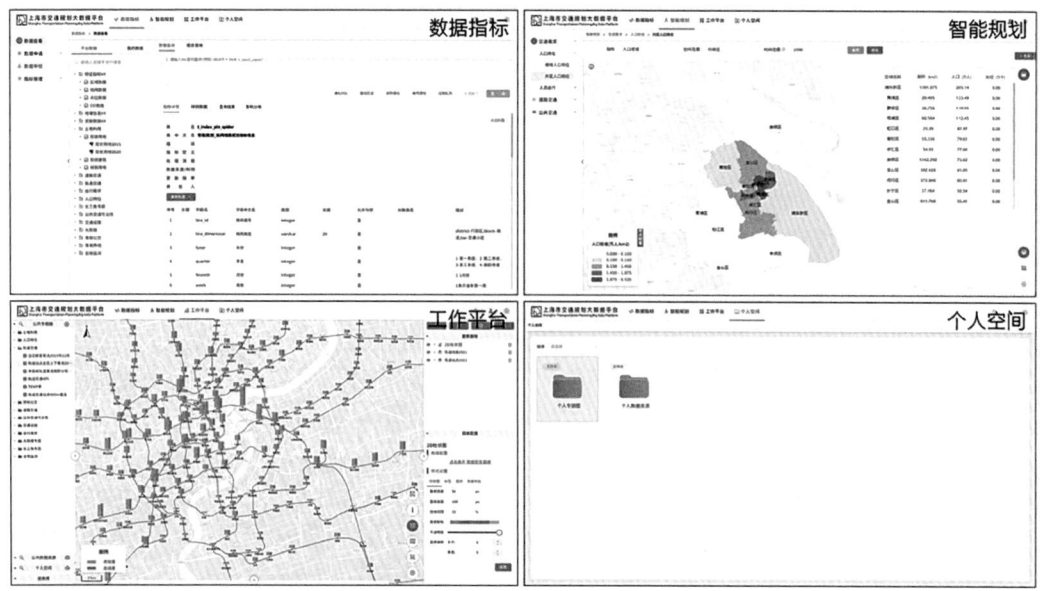

图 10-12 上海市交通规划大数据平台的主要功能

理及快速链接专题图页面功能。

工作平台页面的功能模块如图 10-13 所示。

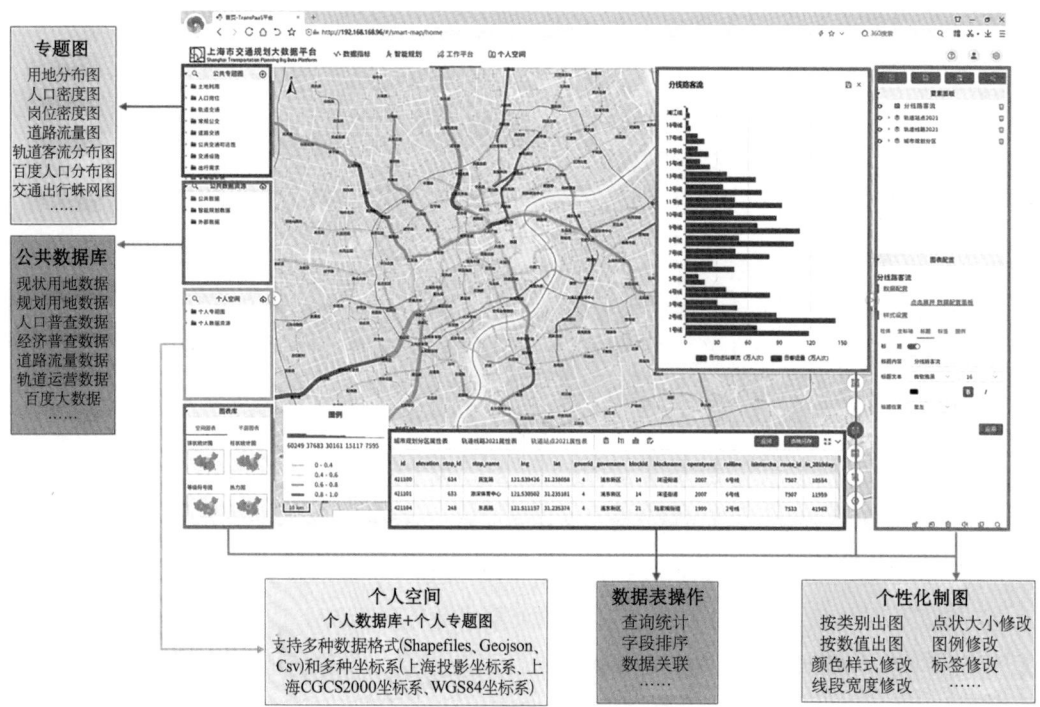

图 10-13 工作平台的主要功能模块

3. 平台主要特色

1) 丰富的数据应用

工作平台支持用户将点、线、面等不同空间维度的图层和数据叠加至地图界面,实现空间数据的自由组合,快速完成从数据指标到自定义规划专题图转变,如图 10-14 所示。针对常见的业务场景,平台管理员可以十分方便地定义各种类型的公共专题图进行发布,供用户直接调用,如现状用地分布图、现状轨道站点全日上下客流量、常住人口密度分布图、从业人员密度分布图、高速公路流量分布图、长三角铁路站点客运发送量等。

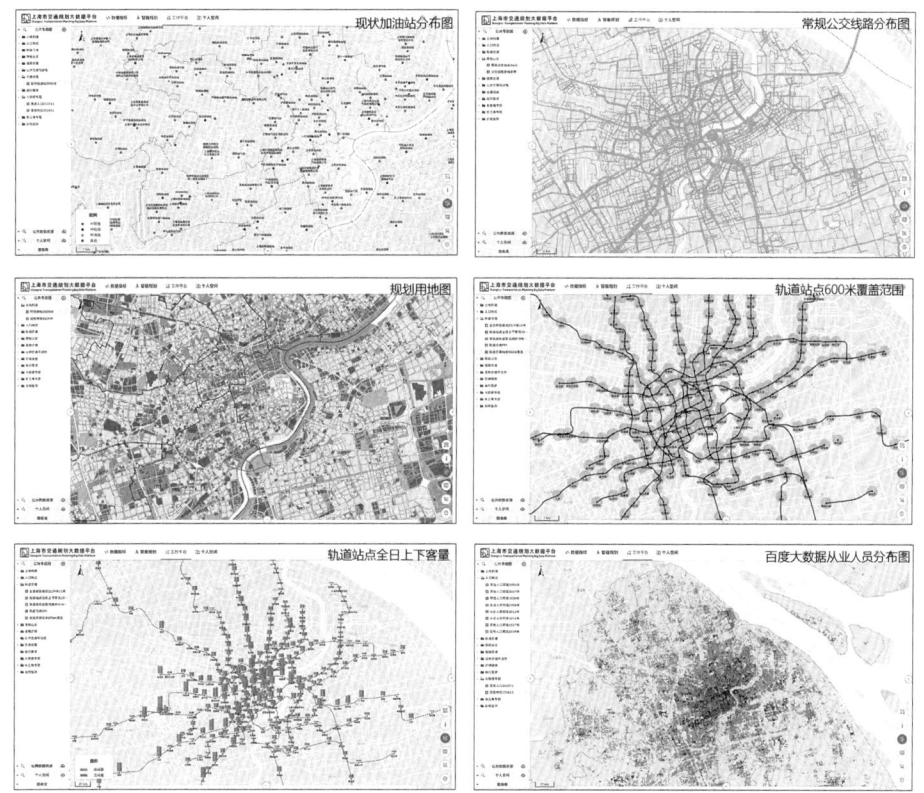

图 10-14 上海市交通规划大数据平台的部分专题图展示

2) 基于 Web-GIS 的个性化制图功能

专题图存储在公共专题图区域,并按照展示内容分文件夹存放,用户可在工作平台页面直接调用,同时也支持公共数据库或个人上传数据的任意图层叠加,设置界面如图 10-15 所示。例如,单一的建筑信息数据库和土地利用叠加后,就得到了建筑的用地性质。平台支持用户自己修改或制作专题图,具备用户常用的专题地图制作功能,如图层控制(打开、关闭、添加、调整顺序);点线面样式(颜色、符号、宽度、填充、透明度)等偏好设置;专题图设置(颜色专题、大小符号专题、图表专题);标签设置(添加和删除标签、选择标签字段、字体样式等);图例设置(添加、关闭、字体内容和样式调整等);根据属性筛选数据;创建蒙版(只显示某个区域,如行政区)等。用户自己修改或制作的专题图可保存在个人空间,也可以分享给其他用户。

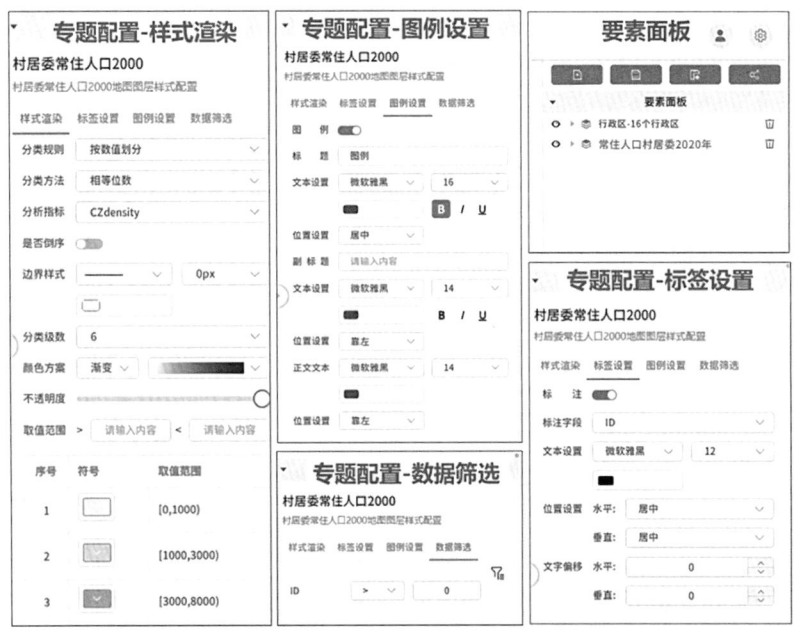

图 10-15　上海市交通规划大数据平台的专题图设置界面

平台提供了多种空间图表和平面图表，支持对数据资源的多样化呈现。空间图表包括饼状统计图、柱状统计图、等级符号图和热力图、期望线图、蛛网图，用于各种数据的空间展示，如用柱状统计图制作铁路客站的到发量、用等级符号图制作轨道站点的换乘客量分布图等。平面图表包括折线图、柱状图、饼状图、雷达图、矩形图、关系图等，平面图悬浮于空间图层，主要用于对空间图层进行补充说明或汇总信息，如轨道线路分布图中，增加历年轨道交通年客运量的柱状图。

3）高效的数据维护管理

上海市交通规划大数据平台汇集海量数据，标准化、便捷高效的规划管理为平台应用奠定了良好的数据基础。平台提供简洁的数据资源浏览查询功能，让每个用户可以快速了解数据资源整体情况和每个数据详细的属性结构；数据资源目录与工作平台数据目录一致，真正做到数据所见即所用。平台提供便捷的数据管理功能，包括自定义数据目录、数据导入与数据更新等；平台支持用户自定义数据上传，并支持上海本地坐标系统、上海 CGCS2000 坐标系统和 WGS84 坐标系统等多个坐标系统数据，实现后台不同坐标系的自动匹配；平台打通了模型专业数据库与平台数据的通道，实现模型数据直接导入平台数据库，大大提高了工作效率。

4）高度的数据共享

上海市交通规划大数据平台集成了面向规划的各类统计数据、交通运行数据、交通调查数据和网络大数据，按照点、线、面三种空间维度统一整合，提供简洁直观的可视化查询界面，快速获取规划数据指标，实现最大限度的数据共享。有效解决数据分散、口径不一和重复校核处理等问题，提高数据准确性、促进数据共享。平台共享的数据资源包括公共数据资源和个人数据资源，其中公共数据资源按照内容、来源分为土地利用、道路交通、轨道交通、出行需求、人口岗位、交通设施、常用界线等。个人资源为用户自己上传的数据,仅限个人使用。工作平台页面提供数据资源的任意调用、浏览、查询、制图等功能。

5) 安全的数据协同

在保障规划业务人员可以用到各种数据的同时,数据的保密安全也非常重要。数据对用户可见、可用,但不意味着规划业务人员可以随便获得原始数据。通常,数据共享使用和保密安全是一对矛盾。解决方法之一是通过封闭的计算机环境或对数据进行加密处理,输出数据人工审核或解密。这种方法的好处是可以使用各种专业软件使用数据,但较为费时费力,数据加密解密还存在应用的数据类型限制,影响计算效率等缺点。上海市交通规划大数据平台对数据操作的权限通过平台进行管理,既提高了管理的效率,又实现了规划业务人员对各种数据的方便使用,在很大程度解决了上述矛盾。为保障个人用户的数据安全,每个平台用户都有个人空间。个人空间与公共空间结构一致,存储个人数据和个人制作的专题图。平台支持个人空间专题图与公共数据叠加分析,支持个人专题图一键分享给其他用户。

6) 模型专业平台和大数据平台动态互动

交通规划模型专业平台主要是数据和模型专业技术人员使用,对专业软件的操作要求较高。平台建设实现了桌面交通规划模型软件 TransCAD 交通模型数据库和网页版的交通规划大数据平台的一体化建设。基础数据库以上海市城市规划设计研究院信息化工作的数据库为基础底盘,统一标准、数据互通。模型专业平台面向专业应用人员,侧重模型专业分析,地理信息和数据库编辑维护。交通规划大数据平台面向一般规划业务人员,侧重成果发布、查询、展示、出图和数据叠加。交通规划模型 TransCAD 桌面应用平台将编辑维护好的各种地理信息数据(包括模型输出结果)上传到交通规划大数据平台 PostgreSQL 数据库,同时也可以调用平台中的数据库,实现互通,如图 10-16 所示。

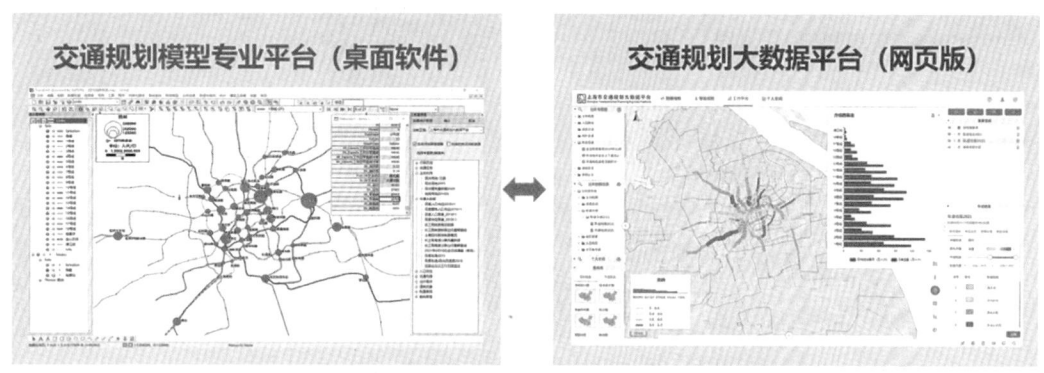

图 10-16 模型专业平台和交通规划大数据平台动态互动

7) 简洁的后台管理

上海市交通规划大数据平台提供用户管理、角色管理和系统日志三个功能。用户管理用于管理每个用户的账号管理和权限管理,权限管理包括数据使用权限和菜单权限。角色管理分为开发人员、普通用户和超级管理员。系统日志用于统计用户使用专题图和数据的使用情况,便于更新规划业务人员最常用的数据。

上海市交通规划大数据平台依托上海市新一轮交通规划模型的建设,既为综合交通规划模型应用与展示提供了媒介,也为市规划院信息化建设提供有益尝试。平台的设计理念是为规划业务人员提供常用的专题地图、公开共享的数据资源,通过对各种数据资源的叠加分析应用和个性化制图功能,实现规划业务的数据赋能。规划业务人员通过平台,既可以十分方便查看和使用各种数据资源,又保障了数据的安全性。系统后台管理可以方便地实现各种数据权限和角色管理,根据后台统计的数据应用频率,维护人员可以依托桌面专业数据模型平台编辑维护和传输,动态发布业务需求量较大的专题图,实现平台和规划工作的紧密结合。

10.3.3 深圳城市交通仿真系统

深圳市自2004年开始建设城市交通仿真系统,构建数字交通规划平台。城市交通仿真系统建设是以多源实时数据采集为基础,以交通仿真技术与模型为核心,以智能公用信息平台为信息交换与共享枢纽,为交通规划建设与运行管理全过程提供支持。2006年完成了城市交通仿真系统一期工程的建设,包括动态交通数据采集和管理系统、基于交通仿真平台的市域宏观交通模型、部分重点片区和道路的中观与微观仿真模型、实现公用信息平台的初步功能等(图10-17)。一期工程建设了第一个全市级的道路交通流监测系统,基于5 000辆出租车每30 s～2 min更新的位置信息,分析得到深圳市的路网交通流状况,并发布拥挤地图、支撑道路交通运行诊断。

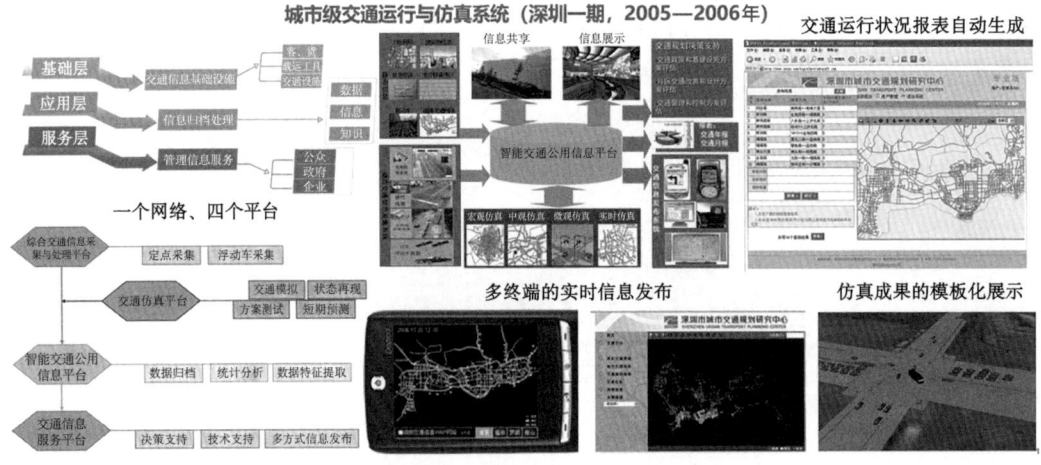

图10-17 深圳市城市交通仿真系统一期示意

在一期系统的基础上,"深圳市城市交通仿真系统二期"建成了"1+2+2"的系统(图10-18)。其中"1"是GIS及基础数据管理平台,"2"是一体化交通模型体系(融合不同尺度的宏观轨道、中观、微观一体化模型)和专题数据挖掘分析系统(包括动态交通数据、土地利用数据、模型数据);"2"是面向多用户的模型应用系统(建立面向交通模型师、交通规划师、城市规划师的交通模型应用环境,满足不同用户的应用需求)和综合交通信息分析查询系统。

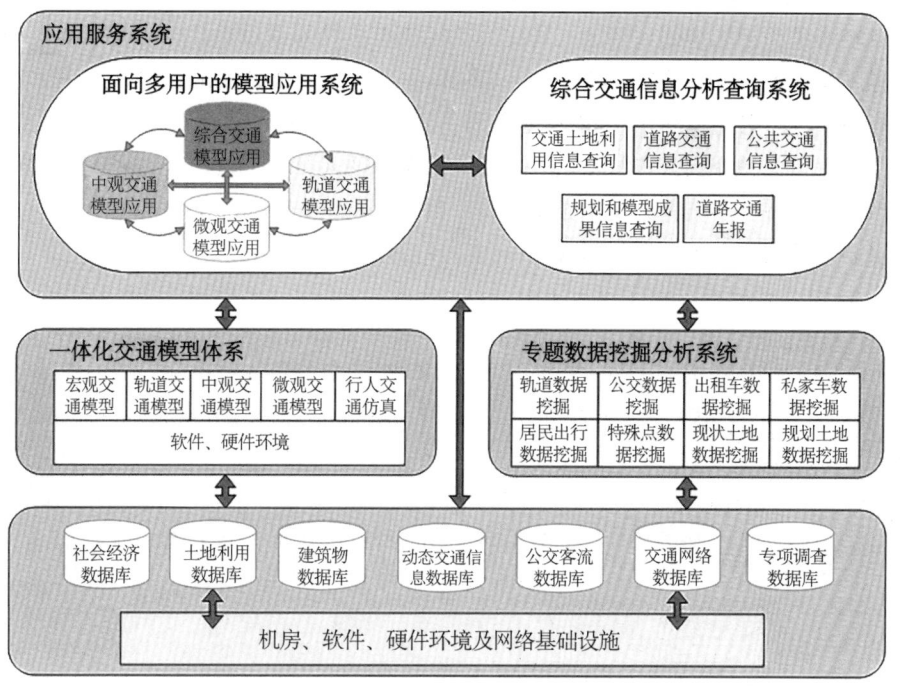

图 10-18 深圳市城市交通仿真系统二期总体框架

二期系统以支持城市规划和交通规划相关职能部门工作为基本出发点,扩展系统服务功能,建立规划成果量化审查评估辅助平台为重要目标,将各个部门、各个咨询单位的各个层次的规划成果应用交通仿真系统"仿一下",让"机器"来进行初步审查。在一体化模型基础上,实现了多用户交通仿真应用,使规划业务人员可以利用系统的统一模型平台,测试分析和共享各种交通方案,可以从业务流程上保障土地利用与交通协调优化的实现。

二期系统提供了多层次规划支持:①构建交通综合数据采集和管理系统。为各层次交通规划提供综合交通信息服务;②优化宏观交通模型,改进整体交通规划及各子系统专项规划的交通预测工作;③建立并优化中观和微观交通模型,为交通改善规划、交通影响分析以及交通详细规划提供支持;④提供交通综合治理工作支持,形成流程化、制度化的交通拥堵管理工作机制。

正在建设的"深圳市城市交通仿真系统三期"拟建成1+4的系统,包括综合数据管理平台、数据挖掘分析系统、模型分析系统、交通土地在线协同系统、交通决策支持查询系统等(图10-19)。综合数据管理平台是实现数据采集、传输、存储、管理的统一平台,是后续模型分析系统、数据挖掘系统、交通土地在线协同系统、交通决策支持查询系统建设的重要基础。通过搭建分布计算框架,实现多源海量大数据的综合、高效管理。数据挖掘分析系统是面向规划编制管理、系统建设等需求,迁移仿真二期挖掘算法与成果,新增基础、专题、模型三大指标体系,并设计和开发相应挖掘算法,实现对多元海量数据的"以自动为主、人工为辅"挖掘分析,为模型分析、数据查询提供支撑。模型分析系统是城市交通仿真系统的核心功能,利用专业的交通模型软件,建立三层次的"基础+应用"模型体系,实现对区域(粤港澳大湾区)、市域(深圳市域,临深、深汕合作区)、片区(前海和南山)不同层次规划的科学、高效的定量支撑。交通土地在线协同系统主要是为规划编制和管理人员提供在线模型应用服务。系统以云服务为基础,整合成熟交通模型软件开发在线交通模型 SaaS 服务,支撑对交通模型的定制化调用,面向人口、道路、轨道、环境评估等业务需求,实现在线交通仿真评估应用在规划编制和管理人员中的普及应用。交通决策支持查询系统主要是为规划编制和管理人员提供数据查询服务。系统按基础指标、专题指标、综合查询等分类将数据挖掘成果、模型分析成果进行可视化、多元化展示,实现数据分析成果在规划编制和管理人员中的普及应用。

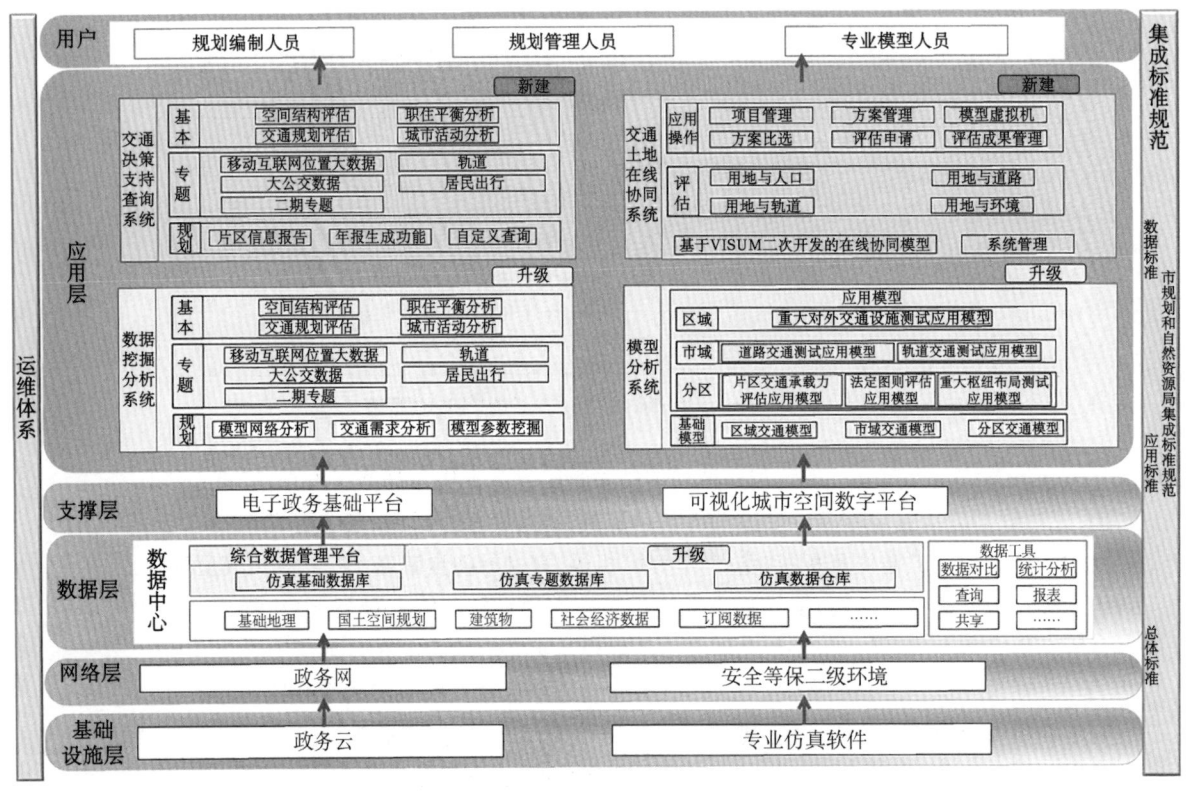

图 10-19 深圳市城市交通仿真系统三期总体框架

三期系统在交通-土地-活动行为与快速跟踪建模、能源政策与需求管理政策、牌照及收费管理、网约车的交通影响、交通环境治理等政策措施的循证分析中得以应用,在全面提升精准施策、反馈评估能力方面发挥重要作用。

参考文献

[1] 孔令斌.国土空间规划中城市综合交通体系规划的内涵[J].城市交通,2021,19(1): 11-12.

[2] 陈小鸿,张华.大城市综合交通规划评估的目标框架与动态范式[J].上海城市管理,2010 (6):4.

[3] 孔令铮,郑猛.国土空间规划背景下的北京城市交通体检评估[J].城市交通,2021,19(1):7.

[4] Nourian, K. Understanding ICT's impacts on urban spaces: a qualitative content analysis of literature[J]. GeoJournal, 2022, 87(2): 701-731.

[5] Andreev P, Salomon I, Pliskin N. Review: state of teleactivities[J]. Transportation Research Part C: Emerging Technologies, 2010, 18(1): 3-20.

[6] Mokhtarian P L, Salomon I. Modeling the choice of telecommuting 3: identifying the choice set and estimating binary models for technology-based alternatives[J]. Environment Planning A, 1996, 28: 1877-1894.

[7] He S Y, Hu L. Telecommuting, income, and out-of-home activities[J]. Travel Behavior and Society, 2015, 2(3): 131-147.

[8] Gubins S, van Ommeren J, de Graaff T. Does new information technology change commuting behavior? [J] Annals of Regional Science, 2019, 62(1): 187-210.

[9] Dijst M, Farag S, Schwanen T. A Comparative study of attitude theory and other theoretical models for understanding travel behaviour[J]. Environment and Planning A, 2008, 40(4): 831-847.

[10] Zudhy M, Wirza E. Understanding the effect of online shopping behavior on shopping travel demand through structural equation modeling[J]. Journal of the Eastern Asia Society for Transportation Studies, 2015, 11: 614-625.

[11] Hiselius L W, Rosqvist L S, Adell E. Travel behaviour of online shoppers in Sweden[J]. Transport and Telecommunication, 2015, 16(1): 21-30.

[12] Zhen F, Cao X, Mokhtarian P L, et al. Associations between online purchasing and store purchasing for four types of products in Nanjing, China[J]. Transportation Research Record, 2016, 2566: 93-101.

[13] Zhou Y, Wang X. Explore the relationship between online shopping and shopping trips: an analysis with the 2009 NHTS data[J]. Transportation Research Part A: Policy and Practice, 2014, 70: 1-9.

[14] Shao R, Derudder B, Witlox F. The geography of e-shopping in China on the role of physical and virtual accessibility[J]. Journal of Retailing and Consumer Services, 2022, 64: 102753.

[15] 中国互联网络信息中心.第48次中国互联网发展状况统计报告[R].北京:中国互联网络信息中心,2021.

[16] 中国互联网络信息中心.第52次中国互联网发展状况统计报告[R].北京:中国互联网络信息中心,2023.

[17] Handy S, Yantis T. The impacts of telecommunications technologies on nonwork travel behavior[R]. Research Report: SWUTC/97/721927-1F. USA: Southwest Region University Transportation Center, The University of Texas at Austin, 1997.

[18] Lachapelle U, Jean-Germain F. Personal use of the Internet and travel: evidence from the Canadian General Social Survey's 2010 time use module[J]. Travel Behaviour and Society, 2019, 14: 81-91.

[19] Jamal S, Habib M A. Smartphone and daily travel: how the use of smartphone applications affect travel decisions[J]. Sustainable Cities and Society, 2020, 53: 101939.

[20] Yin C, Wang X, Shao C. Do the effects of ICT use on trip generation vary across travel modes? evidence from Beijing[J]. Journal of Advanced Transportation, 2021, 2021: 1-11.

第 11 章
城市交通服务信息化

城市交通服务于人的需求。生活在城市中的人们对城市交通最直观的感受来自城市交通服务,城市交通服务将交通供给与交通需求紧密连接。社会正在走向一切都是服务的时代,人们对服务的要求变得更高。信息化时代,人们在作为服务对象获得城市交通信息服务的同时,也将信息反馈给交通系统,交通信息的来源更加丰富;政府和企业提供的城市交通服务越来越精细化、精准化,服务形式日益多样,服务模式不断升级,服务品质逐步提升,从而能更好地满足人民对美好生活的向往。在政府-企业-公众多元主体参与的城市交通治理体系中,城市交通服务信息化发挥着重要的作用。

随着大数据、通信技术、信息技术的发展,城市交通服务信息化的概念及范畴得以丰富和充实。本章首先回顾城市交通服务信息化的发展历程,随后介绍在当前发展趋势下,城市交通服务信息化的逻辑框架,再从服务需求即用户方、服务供给即运营方、服务管理即监管方三个层次展开探讨,包括各自的发展现状、所涉及的关键技术等。最后,通过国内外案例介绍当前城市交通服务信息化的最新实践。

11.1 城市交通服务信息化概述

随着技术的发展、理念的更新,城市交通服务的信息化系统、服务模式不断完善,参与城市交通服务的主体越来越多元化。城市交通服务作为城市交通治理现代化中的一个典型场域,为支撑其可持续健康发展,需构建明确的逻辑框架。

11.1.1 发展历程

城市交通服务信息化发展历程可以分为两条主要脉络:其一是城市交通信息系统的发展。交通信息是交通服务提质增效的重要基础,随着技术的发展,其来源日益丰富,从其内容、形式,到呈现及发布的方式、技术,都在不断地发展变革。从静态的标志标识、地图、线路图、时刻表发展到动态的路况信息、车辆到站信息等;从固定设备的电子站牌、可变情报板(Variable Message Signboard, VMS),到手机端、车载设备上的各种出行服务应用软件、出行服务平台系统等。先进的出行者信息系统(Advanced Traveler Information System, ATIS)是这个发展过程中出现的典型代表,从20世纪90年代开始成为研究和应用的热点。其二是城市交通服务系统的信息化发展。数据资源的丰富、信息与通信技术的发展、智能算法和机器学习等技术方法的突飞猛进,为城市交通服务系统的发展带来了前所未有的机遇。城市交通成为诸多新兴技术率先落地的场景之一,在城市治理现代化、城市数字化转型的作用突显。MaaS在这个过程中应运而生,自2013年瑞典首个研究试点项目Ubigo启动开始得到越来越多的关注,是当前城市交通服务系统的主要发展方向。

1. 先进的出行者信息系统

ATIS是智能交通系统的一个重要组成部分,它是指"收集相关交通信息,分析、传递、提供信息,向出行者提供实时帮助,使整个出行过程舒适、方便、高效"。鉴于城市交通出行具有密度高、随机性强、选择多样、交通状况变化快等特点,ATIS的应用对城市交通服务品质的提升尤为重要。

ATIS建立在信息网络基础上,通过装备在道路、车辆、车站、停车场等处的传感器和传输设备,收集相关数据信息,经过处理后,向交通参与者提供道路交通、公共交通、换乘、停车及与出行相关的各类信息。基于ATIS,出行者在出行前和出行途中获得交通信息。出行前的交通信息包括出行线路、费用、道路交通状况等。出行途中的交通信息包括车辆位置、道路交通状况、目的地停车信息等。提供交通路线和导航信息可以帮助出行者进行更优化的路线选择,从而产生较大的经济效益。

20世纪90年代到21世纪初,ATIS发展较为迅速,许多国家在ATIS领域取得了一定的成果。其中,欧洲的代表性系统有:SOCRATES,它有效发挥传统的蜂窝无线电话的基础设施(地面站)的作用,在交通指挥中心与行驶车辆之间建立双向通信的系统;EURO SCOUT,它是以红外线信标为媒体的动态路线引导系统。美国的代表性系统有:TRAVTEK,它以实时路线引导和服务信息系统实用化为目的,由交通管理中心、信息与服务中心、装有导航装置的车辆组成。日本的代表性系统有:VICS,通过日本道路交通通信中心汇总交通管理者和道路管理者双方的交通信息来提供交通堵塞、行程时间、交通障碍、交通管制以及停车场五种信息。

ITS在20世纪90年代被引入中国时,我国城市交通系统正处在建设与管理并重,解决和预防交通问题的阶段。而国外已经处于以提高效率为主,聚焦于车路智能化协同的较为成熟的阶段。在中国,智能交通系统的应用需求更加广泛,远远超出最初聚焦于道路车辆智能化管理的范畴,被寄予更多期望。因此,我国城市智能交通的发展,一直以应用需求推动持续创新,定位是面向政府各部门管理提效、面向规划管理能力提升、面向公众出行服务优化。2002年4月,科技部正式批复"十五"国家科技攻关"智能交通系统关键技术开发和示范工程"重大项目正式实施,北京、上海、天津、重庆、广州、深圳、中山、济南、青岛、杭州成为首批智能交通应用示范工程的十个试点城市。在交通信息系统方面,这些城市纷纷启动了一些研究和应用项目。尤其是北京、上海、广州等几个主要的大城市,特别针对2008年奥运会、2010年世博会以及2010年亚运会等重大活动,建设了智能交通信息平台,在保障活动举办方面取得了显著的成效。一些城市政府的交通部门和公交公司也开始提供交通信息方面的服务。此外,城市电子地图服务提供商等企业也开始通过其网站或联合移动通信运营商,向公众提供驾车线路、公交线路等交通信息服务以及基于交通信息、位置信息的增值服务。在 2G 时代,用户可以通过发送特殊指令到指定号码,或者进入移动运营商的 WAP 门户网站下的相关栏目,查询所在位置、公交换乘方案以及周边信息等内容。

ATIS 包括三个主要环节,即信息采集、信息处理、信息发布。

(1) 信息采集。通过各种方式采集交通状况的信息,将这些信息集中到一起,以获得尽可能多、尽可能全面的基本交通数据,这一环节是整个系统准确性、可靠性的基础。

(2) 信息处理。通过各种技术方法生成与当前交通状况以及预测交通状况相关的信息。涉及的主要技术包括:数字信号处理、图像处理、声音信号处理、数据融合以及智能算法等。所有处理过的信息包括临时结果都保存在数据库中。

(3) 信息发布。通过各种渠道与形式向出行者提供实时的以及预测的交通信息,包括出行前和出行中的交通状况、交通事件等。除了对出行者,对城市交通的运营管理者也提供支撑运营管控的相关信息发布。一个好的信息发布系统可以在提高交通运行效率、保障交通安全、提升服务质量方面都发挥重要作用。

2. 出行即服务

随着移动互联网的快速发展,人们可以随时随地接入网络,这为城市交通服务跨越式发展创造了条件。MaaS 被认为是近年来交通领域最重要的概念之一。芬兰智能交通协会主席桑波·希塔宁(Sampo Hietanen)先生在 2006 年就提出"出行包"概念,并参照云计算的服务模式,于 2014 年初第一次提出 MaaS 概念,认为"出行即服务"是一种出行分包模式,用户的出行需求仅通过一个端口进行交互,实现出行的具体方案由出行服务中间商组织并提供。正如电信业的套餐业务一样,包含各种交通方式的出行服务将被打包提供给消费者。其核心特征包括:客户需求、服务捆绑、交通方式和服务提供商之间的协作和互连。2015 年 5 月,芬兰政府开始酝酿以 MaaS 为理念打造的"交通系统 2.0",其目标是建立一个无缝、协作运营、可持续交通生态系统,生产以用户为中心的出行和货运服务。

MaaS 是目前国际上城市交通服务的发展趋势。在"出行即服务连接欧洲"(Mobility as a Service for Linking Europe, MaaSiFiE)项目中,该概念被定义为:通过一站式原则整合出行规划及支付,以多方式及可持续出行服务解决用户出行需求。MaaS 在出行方式上突破单一方式各自为政的局限,整合多种出行模式,以用户需求为核心,提供量身定制的一站式、一体化出行服务解决方案。MaaS 打破了传统的出行范式,从依靠私家车或分段购买交通服务转向直接购买门到门的出行服务,突破传统公共交通与私人交通的边界,通过出行服务链编织创新型城市空间活动体系。发展 MaaS 的基本原则和核心驱动力是根植于社会背景下,以用户为中心、客户导向和市场为中心的主张。MaaS 的核心社会价值在于降低私人汽车的需求,并将需求转向公共交通系统,逐步实现低碳、可持续、系统最优的社会目标。

近年来,随着移动互联网的普及,共享单车、网约车等城市交通新业态的发展,我国的城市交通出行行业也迎来了蓬勃发展的局面。

政策方面,国家陆续出台了一系列政策文件,鼓励和引导 MaaS 的发展。

2019年7月交通运输部发布的《数字交通发展规划纲要》中提出：倡导"出行即服务(MaaS)"理念，以数据衔接出行需求与服务资源，使出行成为一种按需获取的即时服务，让出行更简单。

2019年9月中共中央、国务院印发的《交通强国建设纲要》中提出：大力发展共享交通，打造基于移动智能终端技术的服务系统，实现出行即服务。

2019年12月交通运输部印发的《推进综合交通运输大数据发展行动纲要(2020—2025年)》(交科技发〔2019〕161号)中提出：鼓励各类市场主体培育"出行即服务"新模式，以数据衔接出行需求与服务资源。

实践方面，各地相关政产学研的合作也在积极推进。

2019年5月25日，科技部与上海市政府共同启动上海国家新一代人工智能创新发展试验区建设，并将智慧出行列为上海人工智能创新应用的优先领域。同时，上海市2019年度"科技创新行动计划"将研制基于人工智能技术的城市智能出行一站式服务平台列为重大攻关项目。2021年6月，《上海市综合交通发展"十四五"规划》提出：到2025年，上海将推进一站式出行体系建设，重点打造"出行即服务"MaaS系统，实现实时、全景、全链交通出行信息数据共享互通，建设融合地图服务、公交到站、智慧停车、共享单车、出租车、充电桩等统一预约服务平台。2021年7月，上海市委、市政府《关于全面推进城市数字化转型的意见》提出：推进交通出行数字化升级。探索政企联合机制，推进上海出行即服务(MaaS)系统建设，完善数据归集共享和推进统一支付模式。2021年8月，上海市政府印发《关于深入践行人民城市重要理念建设更高水平公交都市示范城市的三年行动方案(2021—2023年)》的通知，明确提出：研究推进出行即服务(MaaS)系统建设，打造智慧出行服务链。推进公共交通信息一体化服务，围绕公交、轨交、轮渡、停车等出行场景，打造公共交通出行的全过程一站式、全品类信息服务。2022年1月25日，由上海市国资委、市交通委明确定位为"MaaS系统建设主体"的国企上海随申行智慧交通科技有限公司成立，标志着上海城市级MaaS系统建设工作正式启动。2022年10月10日，上海市绿色出行一体化平台"随申行"APP正式上线。该系统也是全球范围内首个由政府主导，并专门组建主体负责建设运营的特大城市MaaS平台。

2019年11月4日，北京市交通委员会与高德地图签订战略合作框架协议，共同启动了北京交通绿色出行一体化服务平台(以下简称"北京MaaS平台")。双方采用政企合作模式，共享融合交通大数据，依托高德地图App，形成国内首个落地实施的一体化出行平台应用试点，为市民提供整合多种交通方式的一体化、全流程的智慧出行服务。该平台也是国际上首个超千万级用户的MaaS服务平台，其整合了公交、地铁、市郊铁路、步行、骑行、网约车、航空、铁路、长途大巴、自驾等全品类的交通出行服务，能够为市民提供行前智慧决策、行中全程引导、行后绿色激励等全流程、一站式"门到门"的出行智能诱导以及城际出行全过程规划服务。通过这一个平台基本可以解决市民的日常出行服务问题，改善公共出行体验。

2022年5月13日，青岛市发改委公布第2批青岛市创新应用实验室和场景实验室名单，由青岛畅联信息工程有限公司、青岛市交通运输公共服务中心、市交科院共同推进的青岛市MaaS服务平台项目获得批复。该平台将多种运输模式整合在统一的服务体系中，主打绿色低碳的高品质出行服务，推动出行网络与生活网络进行数字化场景融合交互，实现四点突破——"提效、增收、降本、转型"。平台的主要目标是"绿色环保、便捷出行、全程服务",打造以青岛市为主体,面向胶东城市群范围内的联程联运,具有数据资源共享化、车辆协同运行高效化、行业管理规范化、出行信息服务一体化的出行服务平台,弥补自主出行和公共出行发展不平衡的短板,引领城市多种交通出行和谐发展,倡导绿色出行;同时通过加强与其他产业的融合,实现绿色交通出行和产业发展的相互赋能,从而促进城市与社会经济的可持续发展。

11.1.2 逻辑架构

当前城市交通服务的发展呈现一体化、共享化、人本化、低碳化四个典型特征,支撑城市交通服务信息化的体系要素逐步扩充和发展,架构日益完善。总的来说,整个架构包括四个方面、涉及三方主体,支撑实现以下功能:根据服务对象的需求特点,进行交通服务组织、发布交通服务信息,将所有功能集成至系统平台,通过监管保证服务的合规性、公平性,并不断进行系统的迭代优化,保证服务的安全、高效、可靠。

四个方面为:技术、应用、模式、保障。技术,即实现交通服务各个环节所需要的各种技术支撑,既包括交通领域的技术方法,如需求分析、运营调度,也包括大数据分析、算法、支付、平台集成等技术;应用,即为用户提供的交通服务的类型、方式、组织形式、服务流程等;模式,主要是实现服务的商业模式、平台的运营模式;保障,主要包括基础设施、政策等方面的保障。

三方主体为:需求方、供给方、管理方。需求方,即客运和货运服务的使用者;供给方,既包括提供客货运交通服务的企业,也包括各类技术服务提供商以及集成城市交通服务系统平台的企业;管理方,即为使城市交通服务健康可持续运行,从基础设施、政策方面提供保障并进行监管的政府部门。三方主体的协作是城市交通服务系统高质量发展的重要基础,也是城市交通治理的关键。

城市交通服务系统的基本架构如图11-1所示。

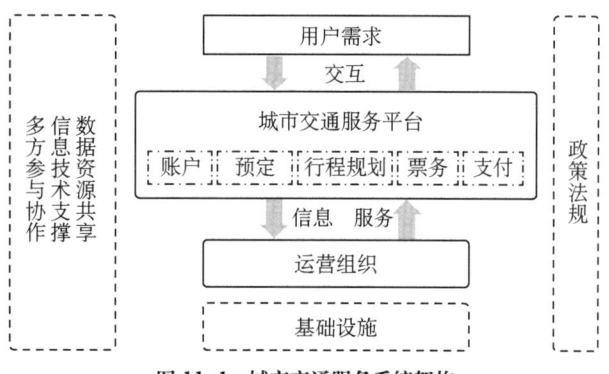

图11-1 城市交通服务系统架构

该系统架构的核心是城市交通服务平台,其中包含统一的账户系统、统一的预定系统、跨方式行程规划系统、统一的票务系统、统一的支付系统,并与用户需求端有统一的交互端口。整个系统在基础设施及政策法规的保障下,基于数据资源共享、信息技术支撑以及多方参与协作,形成整合多种交通方式、优化运营组织的城市交通服务。

具体可以描述为以下逻辑流程:①用户通过交互平台进入账户系统,将需求传递至预定系统;②预定系统将用户请求处理后传递至跨方式行程规划系统;③该系统向共享数据库发出数据提取命令;④数据库将相关数据反馈到跨方式行程规划系统并由后者算得最优方案;⑤行程规划系统将方案反馈至交互界面并将方案提交给票务系统;⑥票务系统将方案涉及的交通方式票务请求提交至各运营方;⑦各运营方返回电子凭据至票务系统,由票务系统整合为统一票据;⑧票务系统将电子票务提交至交互平台反馈给用户;⑨票务系统将方案提交至支付系统形成费用,同时用户账户中的支付信息返回至支付系统,完成行程结算;⑩票务系统将费用清分给各运营方。

11.2 城市交通服务需求

用户需求是城市交通服务的根本,无论是客运还是货运,对交通服务的需求都已从"人畅其行,物达其流"提升到"人享其行,物畅其流"。信息化时代,需求的精准刻画具备了条件,它是制定个性化、定制化交通服务的前提,是打造高品质城市交通服务的重要基础,能为引导和调节城市交通出行模式、优化城市交通运行效率、提升城市交通治理水平提供支撑。

11.2.1 客运服务

理想的城市交通客运服务是能够为用户提供最有价值的建议,满足用户的个性化出行需求。最有价值并不一定是最快或者最便宜,根据用户的偏好,可能是最安全、最健康、最环保、沿途风景最好或最便于在途中工作等。

信息化时代,出行者对客运服务要求提高的同时,把握用户需求的技术手段也有所提升。一方面基于用户画像、需求精准识别技术能更好地提取客运服务需求,另一方面根据用户使用体验的反馈也可以不断完善服务,从线上和线下两个角度来提升用户对客运服务的满意度。

用户画像就是用户信息标签化,使交通服务的对象更加具体,支撑用户群体的细分。在大数据、信息化时代,用户的基本信息、系统账户登录及操作信息、出行行为信息等都可以被记录,成为用户画像的基础。将用户的每个具体信息抽象成标签,利用这些标签可以对用户进行分类,提取每种类型用户的典型特征,包括用户行为习惯、系统使用偏好等,用于分类制定相应的服务方案。以汽车分时租赁服务为例,基于用户的 APP 操作记录,可以提取用户使用分时租赁汽车的行为特征,则可对用户类型进行细分,从而制定相应的运营管理策略。具体地,按是否使用过车辆将注册用户分为激活用户和封存用户两类,进一步按使用频率和间隔周期将激活用户细分为活跃用户、濒危用户和流失用户,用来衡量用户的活跃程度以及流失的可能性;按注册后未曾使用的间隔时长将封存用户细分为待定用户、冰冻用户和僵尸用户,用来观察研究怎样将封存用户转化为激活用户。

有学者认为,对海量用户行为数据的分析,不仅可以获取考察个体层面的需求特征,而且基于用户特征的深度挖掘与聚类分析有助于增强在个体需求、群体需求内部的异质性识别能力。数据并非自动生成的,数据来自服务。服务越好、用户黏性越高,所能获取的数据则越多,越有利于提升需求识别的精准度,为运营组织优化提供依据,提高服务质量,从而形成良性循环。比如,基于具有连续性、精准性的用户行为、位置等数据,利用历史数据的训练学习,可以最大程度掌握用户出行规律,结合用户历史出行规律并匹配当前的出行时间与位置特征,可预测下一个较短时间段(如 15 min)内用户出行目的地,为交通需求预判提供决策依据。又如基于 IC 卡、GPS、手机支付等多源数据,能够分析城市轨道交通、常规公交等公共交通系统不同模式的用户的出行特征以及转移客流和换乘客流的特征,从而有助于城市公共交通服务的融合和可持续运营。

在 MaaS 系统中,出行者无须自主决策每一个出行环节,而是一次性选择整合性的交通服务。在这种情形下,用户体验极为重要,其影响系统对于用户的吸引力。除了传统的出行安全性、舒适性、效率之外,影响用户体验的因素还有很多,如:APP 的使用体验,包括是否能提供实时信息,出行过程中是否能进行需求修改,界面是否友好,是否有反馈渠道,客服的响应是否及时;服务的创新性,是否有奖金和奖励,是否有创新商业模式以及金融机制的应用与开发使最终用户也能变成服务提供方(如鼓励拼车等)。

11.2.2 货运服务

信息化建设是现代物流的核心。信息化程度的提高,能带动货运服务效率和服务能力的提升,为用户提供一键下单、全程跟踪的方便快捷的货运服务。

电商平台的出现让人们可以足不出户找到符合自己需求的货品,也让更多的货品信息渗透到更多的用户群体,逐步减少了因信息不对称而导致的供需不平衡。在这个过程中,平台积累了海量的数据,利用大数据挖掘和用户画像技术,能精准描述和预测一个城市、一个客户未来的需求,甚至做到比客户更清楚客户。需求的预测决定了仓储、配送的方案,成为最终实现高效的城市配送体系的重要基础。

电子商务的兴起造就了我国物流业的飞速发展。2021 年全国快递业务量完成 1083 亿件,首次突破千亿件,同比增长 29.9%。基于可感知的货物数据以及大数据、云计算等技术应用的不断深化,可实现前端精准预测、中端实时跟踪、后端动态对接,全流程运营效率得以大幅提升。用户在网上下达购物订单后,可以跟踪查询所购商品的出库时间、在途状态、到货时间及送货员电话等有关配送信息。

为解决好城市物流配送中面向客户的"最后一公里"难题,切实满足用户对于送货上门的货运服务需求,若干新技术与模式得以应用,包括共同配送、O2O(Online to Offline)配送、配送点配送等。

共同配送是指有配送需求的单位组织或个人进行协调合作,使用同一辆车实现多货主混装,或通过设立共同的配送场站,实现资源优势互补。为贯彻落实《国务院办公厅关于促进物流业健康发展政策措施的意见》(国办发〔2011〕38 号)、《国务院关于深化流通体制改革加快流通产业发展的意见》(国发〔2012〕39 号),提高城市物流效率,降低物流成本,2012—2014 年,商务部会同财政部在南京、武汉、厦门、成都等22个城市开展城市共同配送试点。

O2O配送是一种从线上到线下的模式,用户在网上下单,到实体店取货或由实体店直接配送到家。以京东为代表,其开展与线下便利店的大规模合作,将用户线上下单后生成的配送指令分派到离用户最近的便利店进行末端配送,还可以根据用户画像给予门店智能补货、智能选品方面的支持。

配送点配送是我国目前较为常见的末端配送模式,主要包括社区便利店、自提柜、驿站等。在一定程度上减少了快递员与客户间的沟通等待时间,提高了快递员的配送效率,在客户不方便收货时也多了一种选择。

新的购物方式及货运服务给人们带来极大便利的同时,也难免存在一些问题。比如,由于在收到货物前通常未能见到实物,而出现的货不对版、用户对质量不满意的问题,以及货物在运输配送过程中出现的损坏问题等。因此,为用户提供便捷的退换货寄送、支付、保险、理赔等服务也是提升城市货运服务全链条、一站式解决方案中的重要环节。

11.3 城市交通服务供给

从供给的角度看,城市交通服务的质量主要取决于两个方面,一是线下交通服务运营方的运营组织,二是线上交通服务信息的发布。信息化时代,客货运的运营组织都有了更丰富的数据资源和技术手段支撑,智慧化水平日益提升;信息发布的渠道、方式也更加丰富,信息交互的精细化、智能化程度也越来越高。

11.3.1 运营组织

新一轮科技革命背景下,大数据、物联网、5G、人工智能、区块链等新技术与交通行业深度融合,不仅是诞生于数字化时代的共享单车、网约车等新业态,轨道交通运营、常规公交运营调度、城市停车、城市物流等方面也都在经历着数字化转型。

1. 城市轨道交通智慧运营

从城市交通服务的角度来看,城市轨道交通的智慧运营主要包括客运服务和运输组织两方面。

舒适便捷的客运服务是满足人民日益增长的美好生活需要的现实需求,也是推动新时代城市轨道交通高质量发展的关键要素。2020年3月12日,中国城市轨道交通协会印发《中国城市轨道交通智慧城轨发展纲要》,提出到2035年,智慧乘客服务的目标为:新兴信息技术和城轨乘客服务全面融合,建成无感进出站、舒适便捷乘车、安全正点通达、网内换乘高效、网外衔接顺畅、智慧服务覆盖的世界领先的智慧乘客服务体系。建设重点包括:提升票务服务的智能化水平、提供智慧出行资讯、聚合多平台出行服务内容、按乘客出行需求定制化提供多种出行解决方案等。智能运输组织的目标为:以智能化辅助决策系统为核心,实现线网运输组织的预测精细化、管理信息化和决策智能化,实现都市圈、城市群轨道交通网络高效智能运转;在市区域轨、市域快轨、城际铁路"三网融合"的基础上,实现城轨交通与铁路、公交、航空等其他运输资源的优化配置、运力匹配和联动调度,有机融入国家现代化综合交通运输体系。建设重点包括:建造集调度指挥和应急响应为一体的线网运营调度(应急)指挥中心,研发基于轨道交通网络多源客流数据融合的精准化计算、智能化分析、网络化运营的列车运行计划编制系统,研究重要交通枢纽的客流态势演变、客流协同管控以及综合交通协同调度,深化研究"三网"运输功能定位及与铁路、民航、公交等多种运输方式之间的协调衔接等。

随着各类新设备、新技术、新工艺的应用,即时精准的客流分析成为可能,精准的客流感知可推动更加高效的客运组织。以视频监控为例,当前视频监控设备部分产品已具备人脸识别、跟踪和统计等功能,结合云计算、大数据等信息处理技术,可以进行客流实时分析。基于多源客流数据融合可形成精准化计算、智能化分析、网络化运营的列车运行计划编制系统,实现网络客流的监测预警,运力资源的优化配置,运能、运量的精准匹配和全自动列车运行的行车组织,从而提高城市轨道交通的运行效率,提升城市轨道交通的运营服务水平。

2. 公交智能调度

公交智能调度系统通常以定位系统、客流检测系统、地理信息系统、数据库系统为技术支撑,以线网布局、线路配置、站点布置、发车时间间隔确定、票价制定等的优化设计为基础,实现公交车辆的自动调度和指挥,保证车辆的准点运行。随着计算机技术突飞猛进,智能优化算法、大规模邻域搜索算法以及各种混合优化方法得到迅速发展,能够优化处理更加复杂、更大规模的调度问题,为智能调度技术的提升发展创造了条件。

在理论方面,针对公交运营组织的研究由原来单一的调度控制方式向多方式协同发展,由常规静态营运计划向动态调度方向发展。与此同时,研究方法也由原有的运筹学拓展到机器学习等领域。机器学习方法为公交运营组织决策提供了有效的解决渠道,成为公交运营组织调度研究的主要方法。应用该方法进行公交实时智能调度所需要的数据资源包括:公交线路信息、公交计划发车时刻表、历史天气、公交客流数据、公交车辆到离站数据、公交调度日志、公交历史刷卡数据等。其中所涉及的关键技术包括:区段运营到站时间预测、客流预测、调度方式决策、发车时刻决策等。

在实践方面,国内部分城市已实施公交智能调度系统。以北京公交区域调度为例,通过远程调度指挥,实现多线路的资源共享、跨线联运、综合用车,以达到提高地面公交系统运行效率与运营效益的目的。北京公交集团从2008年开始逐步加大了信息化、智能化系统建设的力度,构建了区域集中调度系统,以运营生产为中心,设计了驾驶员智能出乘系统、车载系统、行车计划辅助编制系统以及区域集中调度发车优化系统部分。依托该系统及场站、车载硬件设备,实现调度员的远程指挥,在此基础上分析区域内线路间客流特点,提高车辆、人员等资源的综合利用程度,实现区域内有组织、有计划的运营调度。

3. 智慧停车

"停车难"是城市交通中的一个痛点问题。除了停车位供给不足之外,信息不对称、停车资源未得到高效利用也是重要因素。智慧停车系统通过整合停车信息与资源,为出行者提供附近可用的停车场和车位信息,既能提高车位资源的使用率,又能避免出行者因寻找停车位导致的交通滞留和时间上的浪费。除此之外,智慧停车系统还包括在线支付停车费、在线车位预约、在线租车位等功能。

2021年5月21日发布的《国务院办公厅转发国家发展改革委等部门关于推动城市停车设施发展意见的通知》(国办函〔2021〕46号)中提到,要鼓励多元主体合作,根据各地实际情况完善和更新停车数据信息,最大限度开放停车数据,促进停车信息共享。引导互联网平台企业等依法依规为公众提供停车信息引导等服务。要加快应用大数据、物联网、第五代移动通信(5G)、"互联网+"等新技术新模式,开发移动终端智能化停车服务应用,实现信息查询、车位预约、电子支付等服务功能集成,推动停车资源共享和供需快速匹配。鼓励停车服务企业依托信用信息提供收费优惠、车位预约、通行后付费等便利服务。

智慧停车可通过对原有停车场进行改造升级,新增车牌识别、地磁、高低视频桩、传感器、无感支付等系统设备,实现单一停车场数据信息收集,构建停车管理平台,通过停车APP、公众号、小程序等为出行者提供线上停车场查询、无感支付等基本功能。随着ETC的全面普及、ETC车辆识别技术的提升以及云计算、人工智能等技术的日趋成熟,智慧停车系统还将能实现采用互联网方式对采集到的数据信息进行二次分析与融合,从而提供更加全面、细致的停车服务。

上海市公共停车信息平台于2019年8月启动建设,2020年10月15日正式建成,"上海停车"APP及其官方小程序也同步上线,主要提供"停车导航、停车换乘、枢纽停车、错峰共享、停车缴费、停车预约、停车充电、服务公告"八大公众服务功能。上海市公共停车信息平台作为行业数字化底座,全面联网接入全市4 700个经营性停车场(库)和收费道路停车场、100万个公共泊位的各类静态信息和动态信息,拓展覆盖了全市各类小区、商办楼等专用场库的静态信息,试点接入部分专用场库的动态信息,基本形成了全市"停车一张图"。以"上海停车"APP、小程序为载体,持续建设"查询一张图、支付一平台、预约一入口、共享一键达"等便捷停车应用场景。截至2022年8月,统一支付功能已覆盖全市85%的公共停车场(库),错峰共享一键签约场(库)达到212家,面向周边小区居民提供一键查询和下单签约服务,居民在线签约预定后可在使用期限内便捷停车。2021年推出的医院停车预约服务受到市民欢迎,到2023年2月已经有92家医院可以提供预约服务。自2018年起,连续七年为中国国际进口博览会的参展商和采购团提供停车预约服务。停车预约还不断丰富应用场景,包括实现市级医院全覆盖并向区级医院拓展,并针对医院停车预约试点当天预约服务,探索面向无障碍停车、新能源车辆充电停车等提供停车预约服务,试点面向小区居民的按天、按次停放计费等更为灵活丰富的错峰共享服务等。

4. 智慧物流

智慧物流的概念自2009年被提出后,进入快速发展阶段。2016年以来,国务院办公厅和有关部门出台了一系列鼓励物流行业向智慧化发展的政策。

2016年7月,国家发展改革委发布《"互联网+"高效物流实施意见》,相关部门部署了相关工作,标志着以互联网为依托,开放共享、合作共赢、高效便捷、绿色安全的智慧物流生态体系进入全新发展阶段。2017年2月,国家邮政局发布《快递业发展"十三五"规划》,要求加强移动互联网、物联网、大数据、云计算、虚拟现实、人工智能等现代信息技术在物流方面的应用。同年7月,国务院发布《新一代人工智能发展规划》,指出加快推进智能物流,完善智能物流公共信息平台和指挥系统、产品质量认证及追溯系统、智能配货调度体系等。同年10月,国务院办公厅发布《关于积极推进供应链创新与应用的指导意见》,提出推进供应链协同化、服务化、智能化,加快人机智能交互、工业机器人、智能工厂、智慧物流等技术和装备的应用。2018年1月,国务院办公厅印发《关于推进电子商务与快递物流协同发展的意见》,提出推动物流适应消费升级、市场变革,提升服务创新,强化智能化,提升协同运行效率。2019年2月,国家发展改革委发布了《关于推动物流高质量发展促进形成强大国内市场的意见》,围绕促进智慧物流的发展,推广应用物流新科技、新技术、新设备等提出了一系列鼓励和支持政策。同年9月,中共中央、国务院印发的《交通强国建设纲要》中指出:大力发展共享交通,打造基于移动智能终端技术的服务系统,实现出行即服务。发展"互联网+"高效物流,创新智慧物流营运模式。2020年6月,国务院办公厅转发国家发展改革委、交通运输部《关于进一步降低物流成本的实施意见》中强调加强技术要素创新,发展智慧物流提高效率。2021年3月颁布的《中华人民共和国国民经济和社会发展第十四个五年规划和2035年远景目标纲要》中提出:建设现代物流体系,加快发展冷链物流,统筹物流枢纽设施、骨干线路、区域分拨中心和末端配送节点建设。构建基于5G的应用场景和产业生态,在智能交通、智慧物流、智慧能源、智慧医疗等重点领域开展试点示范。深入推进服务业数字化转型,培育众包设计、智慧物流、新零售等新增长点。2021年11月,交通运输部印发《综合运输服务"十四五"发展规划》,提出:要推动城市建设货运配送基础公共信息服务平台。鼓励发展共同配送、统一配送、集中配送、分时配送等集约化配送模式。发展"云仓"等共享物流模式;要推进互联网+货运物流融合发展。鼓励物流园区、港口、机场、货运场站广泛应用物联网、自动化等技术,推广应用引导运输车、智能输送分拣和装卸设备。鼓励各类市场主体构建综合物流服务平台,实现智能匹配、智能跟踪、智能调度。2022年1月,国务院印发的《"十四五"数字经济发展规划》提出,要大力发展智慧物流,加快对传统物流设施的数字化改造,以促进现代物流业与农业、制造业等产业的融合发展,其中包括加快建设跨行业、跨区域的物流信息服务平台,实现需求、库存和物流信息的实时共享;建设智能仓储体系,提升物流仓储的自动化、智能化水平。2022年5月,国务院办公厅印发的《"十四五"现代物流发展规划》中提出要推进物流智慧化改造。深度应用第五代移动通信(5G)、北斗、移动互联网、大数据、人工智能等技术,分类推动物流基础设施改造升级,加快物联网相关设施建设,发展智慧物流枢纽、智慧物流园区、智慧仓储物流基地、智慧港口、数字仓库等新型物流基础设施。鼓励智慧物流技术与模式创新,促进创新成果转化,拓展智慧物流商业化应用场景,促进自动化、无人化、智慧化物流技术装备以及自动感知、自动控制、智慧决策等智慧管理技术应用。

  物联网、大数据、云计算、人工智能的发展使得智慧物流具备了坚实的技术基础。物联网技术的应用场景包括:产品追溯、运输监控、在线调度与配送可视化、智能管理等。大数据技术的应用场景包括:需求预测、仓储网络布局、库存优化、车辆路线优化等。云计算的应用场景包括:统筹社会资源、SaaS、车辆配载监控、模块化的云物流平台等。人工智能的应用场景包括:智能运营决策、智能作业、智能调度等。

  技术的发展也催生了模式的创新。我国出现了以菜鸟物流为代表的平台整合物流资源,以京东为代表的平台自建物流体系,以拼多多为代表的电商物流服务外包以及即时配送物流服务等模式。

值得一提的是,2020年新冠疫情暴发以后,多个城市陆续采取较为严格的管控措施,城市交通通过实现人不流动、物资流动,来支撑城市完成防止疫情扩散与保障基本生活的双重任务。

传统供应链通过由人、车、设施与货构成的物流链系统实现货物的快速送达。以京东物流为例,物流链主要包括四个环节:①供应商至中间仓,通过重型货车干线运输,具有大量、低频、标准化的特征;②中间仓仓储库存管理,是分拣和供应链管理的核心部分,大数据驱动下实现库存管理及仓库运营的智能化、自动化;③分拣中心至片区,通过密集的"信息-人员"投入实现货物、包裹的转运二次分拣及装卸,保障货与人的有效对接;④末端配送,通过稳定的配送人员和配送链,基于本地化知识和经验,服务于具有高度离散特点的最终客户。

疫情对常态下由人、车、设施与货构成的精细的物流链构成了明显的冲击。在干线运输环节,出现各地防疫政策不统一、全国各地通行证不互认、物流节点及通路被封等问题;在中转集散环节,出现核心仓储设施瘫痪,仓储空间不足,中转车辆、人员缺乏,中转集散信息渠道不畅,供应链管理缺位等问题;在末端配送环节,出现配送人员不足,配送信息系统失灵,高度离散的配送活动沟通无序等问题。

疫情对物流提出挑战的同时,对于倒逼物流数字化升级发展也带来了契机,特别在无人化仓储、配送服务等方面将加速发展,物流企业将加大智能化、自动化的投资。

11.3.2 信息服务

信息化时代,城市交通服务的提供不再是单向的、一次性的信息的传递,而往往是持续性的交互,并且可关联支付、金融、保险、碳交易等功能,形成丰富的城市交通服务生态圈。

得益于通信与移动互联技术的发展,人们可以随时随地连接到网络,能快速下载图片、视频。相较于早期用户通过发送短信查询信息、定制短信推送文字信息,如今城市交通服务系统在以下方面具有更高要求:

(1) 信息准确实时。系统应能提供实时更新路况信息、车辆位置、公交线路、车辆信息以及交通管控方面的信息(如施工、道路封闭、匝道关闭、线路停运)等。

(2) 界面友好。人机交互界面应画面美观、信息明了、地图加载速度快,支持模糊搜索、自动纠错、智能联想、语音识别等功能,方便用户输入信息。

(3) 操作便捷。系统客户端的各项功能菜单应清晰简洁,出行过程中可支持修改信息、客服咨询渠道畅通等。

(4) 兼容性好。系统应支持多类型、多型号的终端设备,软件的新旧版本应具有兼容性。

(5) 支持定制化、个性化。系统应支持用户进行偏好设置、为用户定制推送提醒,智能识别用户偏好、行为预测及为用户推荐出行方案等。

(6) 信息安全。系统应不收集不必要的用户信息,不泄露用户的个人信息,切实保护用户隐私,保障用户账户安全、资金安全,并在必要时进行相关风险提示。

城市交通信息服务还可在城市公平性、包容性、融合城市服务以及低碳生活方面发挥作用。

城市交通面向所有在城市中活动的人们,需要兼顾公平性,比如不仅能为常住在城市的本地居民提供优质的服务,也应为流动人口、非常住人口提供同样友好的出行服务;比如在人口老龄化趋势下,让不使用手机、不使用电子支付的老年人享受到信息化时代所带来的出行服务的便利。以上海的实践为例,为缓解老年人叫车难问题,2021年6月,申程出行"一键叫车"服务进社区启动试点。社区居民可在家门口的"一键叫车智慧屏"前,通过刷脸识别信息体验"无感叫车",感受城市数字化转型带来的便捷出行服务。

出行往往不是目的而是过程,通过信息平台能有效促进城市交通服务与城市其他服务的融合。例如,"交通+餐饮""交通+旅游"既可以作为城市交通信息系统的增值服务,也可以为解决相关区域的交通问题提供支撑。又如,新冠疫情后,为在执行疫情防控措施的同时方便市民出行,简化健康码的查验流程,提高乘客通行效率,自2022年5月起,北京、深圳、上海、广州、武汉、长沙等多个城市陆续打通"乘车码"与"健康码"信息的关联通道,实现"一码通行"。

城市交通作为实现"双碳"目标的重点领域之一,通过信息化平台可以推行碳交易,让更多的人参与到低碳出行的行动中。以北京的实践为例,2020年,北京MaaS平台创新提出基于MaaS的绿色出行碳普惠机制,上线"MaaS出行 绿动全城"碳普惠激励行动;2021年,达成全球首笔绿色出行碳普惠交易,实现绿色出行碳普惠激励机制闭环;截至2023年6月底,北京MaaS平台用户量已超3000万,日均服务绿色出行人数450余万,碳普惠实名注册用户量突破350万,累计产生碳减排量近46万t,12万t碳减排量已完成市场交易。

11.4 城市交通服务管理

城市交通服务形式多样化,数据成为城市交通服务所依托的重要资源要素,同时,参与城市交通服务的主体具有多元化特征。在此背景下,政府管理规制、城市交通服务平台建设运营模式及相关关键技术都是有序推动城市交通服务信息化可持续发展的重要保障。

11.4.1 政府管理

城市交通服务是开放的,既面向在城市活动的所有人,也面向所有能提供交通服务的运营方。这一开放性是一把双刃剑,一方面"互联网+交通"是移动互联技术和应用市场的热门领域之一,城市出行服务是互联网流量入口和构建互联网金融等关联业态链条的聚焦领域,新技术的应用给城市交通服务的多样化注入了全新的活力,比如共享单车、网约车等的出现;另一方面,市场主导的新业态新模式也会带来新的问题,如运营的合规性、算法的公平性、数据的安全性等,给城市交通治理、城市治理带来了新的挑战。因此,对于一个开放和可持续发展的城市交通服务系统而言,政府的作用极其重要。既要考虑使用者的便利,又要考虑运营方的效益,既要考虑服务的公平性,也要考虑新业态的合规性,如此等等。面对新技术的快速发展应用、新模式的不断迭代升级,制定相应的政策法规并进行行业监管,对其进行鼓励、引导和规制,并帮助行业克服相关的障碍,推动行业的健康发展,让人们安全、安心地使用出行服务,是城市交通服务可持续发展和城市交通治理的重要任务。本节以网约车和 MaaS 为例,介绍政府在城市交通服务管理中的作用。

1. 网约车

我国互联网预约出行服务于 2010 年起步,经过 2012—2016 年的竞争发展、兼并收购,至 2016 年 8 月滴滴出行收购优步(Uber)中国后进入寡头市场局面。2017 年以来,在新能源、无人驾驶等技术发展下,全球汽车制造商一致推进转型出行服务商战略,继续推动了互联网出行服务业竞争发展。同时,互联网生活服务、旅行领域、地图导航领头企业也加速进入,包括携程、美团、高德等企业。

在政策方面,自 2014 年起,国家陆续出台了相关文件指导和规范网约车行业的发展。2014 年 7 月 17 日,交通运输部发布了《交通运输部办公厅关于促进手机软件召车等出租汽车电召服务有序发展的通知》(交办运〔2014〕137 号),2016 年 7 月 26 日,国务院办公厅发布了《国务院办公厅关于深化改革推进出租汽车行业健康发展的指导意见》(国办发〔2016〕58 号)。2016 年 7 月 27 日,交通运输部、工业和信息化部、公安部等七部门颁布了《网络预约出租汽车经营服务管理暂行办法》部令,并于 2016 年 11 月 11 日开始实施,网约车终于摆脱了黑车的身份,开始拥有合法地位。2018 年 2 月,交通运输部办公厅出台《网络预约出租汽车监管信息交互平台运行管理办法》,进一步规范了网约车监管信息交互平台的建设。2022 年 6 月,交通运输部、工信部、公安部等八部门发布了《关于加强网络预约出租汽车行业事前事中事后全链条联合监管有关工作的通知》(交办运〔2022〕6 号),以加强行业监管,维护市场秩序,保障乘客和驾驶员合法权益,促进网约车行业规范健康持续发展。一系列国家政策文件界定网络预约出租车仍属于出租车的行业属性,明确规定了司机、车辆、平台公司经营准入的审核要求,同时赋予了地方交通部门自主制定实施细则和经营许可的审批权限。从各地的实践来看,地方政府对网约车的监管模式有"政府+平台"合作监管(如上海、义乌)、特许监管(如北京、广州)等典型模式。

在监管技术方面,平台算法治理已经是社会经济各领域的共识。以打车软件平台为中介,通过平台算法将出行需求与运营车辆响应配对的运营模式已占据主导地位。以上海为例,2019 年通过打车软件平台形成的订单占巡游出租车+网约车合计市场的 71.5%。平台算法涉及的不公平价格行为、限定交易和差别待遇、垄断行为的认定等是平台算法治理的核心内容。类出租车服务[①]平台是算法经济的最典型发展领域之一。算法经济是指将生产经验、逻辑和规则总结提炼后"固化"在代码上,使生产经营活动无须人工干预,自动执行的经济模式。算法经济依靠数据优势、计算优势和价格干预等途径干预市场交易过程和结果,以实现平台自身利益最大化。算法经济的出现改变了原有市场结构、市场内在属性和市场参与者行为,并可能对最终社会效益和社会公平带来不利影响,这对基于公共利益立场的监管和治理提出了创新要求。

我国已经构建了类出租车市场的监管数据平台,城市交通管理部门也升级建设了包含巡

---

① 类出租车服务包括乘客-司机双边通过平台成交的巡游出租车、专车、顺风车、拼车等出行服务。

游出租车在内的行业监管平台(例如上海)。行业主管部门和城市交通管理部门在拥有面向监管的数据资源之后,可依托利益中立的科研院所和机构,有条件地开放并充分用好这些运营数据,形成平台算法治理启动、执行和评估的有效工具,具备对平台公司算法机制、市场策略、失信行为等进行过程评估和数据取证的能力,实现有效监管、主动监管。

2. MaaS

在 MaaS 的发展过程中,存在以下需要政府予以关注并帮助克服的障碍:①数据共享。实现跨方式出行规划的关键在于获取并融合相关数据,这涉及获取的路径、方式,数据的质量、标准,数据共享的机制以及数据的安全性等问题。②协作机制。由哪一个或哪一类机构主导组织运营 MaaS,会更利于在市场中生存壮大以及社会效益最优是需要根据实际情况进行研判的问题。③权责分配。MaaS 的责任方须承担所有交通方式的服务管理及后续事宜,而交通服务提供商则减少了理应的工作,由此可能导致分工和利益分配的问题。④资金支持。公共部门和商业机构都对这种新型模式缺乏经验,对是否可长期发展感觉不确定,导致吸纳资金存在一定困难。

欧洲 MaaS 联盟在白皮书中提出,对于一个充分开放和可持续的 MaaS 生态系统的发展而言,国家和地方政府的作用极其重要。政府应消除 MaaS 起步阶段的发展障碍,为传统运营服务商的转型及新的运营服务商的加入提供机会;需站在全局视角,推动资源的整合和系统间的互通互联;需要采用新的开放的工作方法,工作团队中应该有具有市场敏锐性且能与各利益相关者进行对话的人。并给出公共机构在推动 MaaS 中的 7 条建议:①避免瓶颈、垄断以及封闭系统的形成;②保证所有的运营商能进入出行市场,无论运营商的规模如何;③采用开放但安全的工作架构以及标准界面;④支持 MaaS 生态系统中的各新老成员之间的数据交换合作;⑤充分利用 MaaS 所带来的机会改善交通服务系统以满足政策目标;⑥提供一些必要的初始投资帮助生态系统的启动,考虑公平性、可持续性以及 MaaS 发展可能带来的经济和就业机会;⑦与私营企业合作创新商业模式。

11.4.2 平台技术

汇集用户需求、交通服务资源,应用交通、信息、通信、数据、管理等多领域的关键技术,通过一个统一的集成平台实现城市交通服务的各个环节、各项功能,是最终能为用户提供一站式、一键式服务的关键,是城市交通服务创新的核心。

集成的城市交通服务平台可分为后端支撑和前端应用两个部分,在平台建设模式方面,主要有三种模式:第一种是政府包揽模式,即后端和前端的开发均由城市交通主管部门完成;第二种是自由市场模式,即后端和前端的开发均由国有或私营企业完成;第三种是政府-市场合作模式,即后端开发由城市交通主管部门完成,前端开发由国有或私营企业完成。不同建设模式的优缺点比较见表 11-1。

表 11-1 城市交通服务平台不同建设模式特点比较

模式	特点
政府包揽	政府与交通服务供应方签订合同,保障交通服务供给。该模式对政府扮演的角色要求较高,较难实现多种交通方式的无缝衔接

(续表)

模式	特点
自由市场	根据市场需求形成交通服务集成商,集成商向交通服务供应方采购交通服务供给,并提供出行链服务销售给出行者。该模式下政府扮演的角色被弱化,易出现部分交通方式被市场淘汰、业务垄断等现象
政府-市场合作	在市场主导基础上,政府通过与交通服务集成方签订合同或提供补贴,换取出行可达性和时效性保障。该模式下政府通过补贴及政策,引导交通发展

依赖于强大的信息整合及通信服务体系,城市交通服务平台涉及交通运营商(公共交通、私营交通)、信息提供商、技术和平台提供商、通信及网络基础设施方、保险公司、政府监管机构等多种业务主体,通过构建生态系统和商业模型,实现多业务主体间的有效协同,保持平台的吸引力,被视为是创新的城市交通服务系统成功的前置条件。

在功能方面,平台应具备以下功能特征:

(1) 多方式集成。集成城市公共交通、汽车共享、汽车租赁、出租车、共享单车和需求响应式公交等几乎所有现存出行方式到一个平台,并为用户消除跨方式规划和分别付费的烦琐。

(2) 多票务统一。多种交通方式用同一个凭证。为了建立真正的多方参与、多项选择市场的平台,服务提供商应相互分享对基本信息(包括路线、时刻表、票价等信息)的访问权限。此外,也允许其他服务提供商访问票务和支付系统接口,并可以通过公共采购规则鼓励开放式生态系统的建立,加强票务和支付系统的互操作性。

(3) 多技术应用。实现一站式出行服务需要多种技术支撑,例如交通供-需-流全要素感知与融合推演技术,一站式出行链提取与服务定制技术,多模式交通协同组织及智能优化技术,多源多维交通数据流通与交易技术,城市交通服务平台仿真系统研制等。

(4) 多方案选择。可为用户提供多样的出行方式选择方案来满足出行需求,并为用户提供"随用随付"或购买出行套餐的选择。

在标准方面,平台应制定统一开放的数据标准及对数据质量的强制要求,管理从各个运营商处收集数据的业务过程,基于合适的规则和标准进行数据清洗及数据融合;明确各方在数据控制方面的责任,在保证安全的情况下实时接入数据;提供具有鲁棒性的网络安全以及数据管理工具。平台需要确定各交通服务提供的数据接口和服务接口,并制定相应的数据开放和服务互操作的技术标准和规范。

在关键技术方面,包括客运组织动态优化、出行路径规划与费用预估、票务费用清分等。

(1) 客运组织动态优化。当用户在出行平台下单后,出行平台需要完成司机与乘客的匹配。在这个匹配过程中,最大的挑战是如何快速识别成千上万的乘客和空间车辆之间的匹配度,并在一两秒完成上千万次的路径规划。另外,若用户确认可接受拼车服务,平台还需要从成千上万的乘客中找到出行需求(如出发时间、出行起终点等)最接近的乘客进行匹配。乘客与司机的匹配以及乘客与乘客间的匹配,大多是通过建立一套包含历史数据和实时数据的机器学习系统,利用深度学习做路径规划和时间预估。

(2) 出行路径规划与费用预估。当获取到用户出行目的地后,出行服务平台可利用出行起讫点信息进行动态路径规划与价格预估。动态路径规划依赖于道路、公交、地铁、停车场等复合设施网络短时交通流运行状态预测,并结合用户出行偏好实时生成个性化、定制化的出行方式(组合)与路径。根据路径规划结果进一步计算路径距离和途经的路段、交叉口,预测出行时间,从而计算相应的出行费用。

(3) 票务费用清分。在一次出行中涉及多种交通服务的情况下,平台需要按照某种规则对票务收入进行清分,比如针对单一交通方式多运营商模式,可以根据各运营商在最优路径上承担的出行距离进行费用清分,针对多种交通方式多运营商服务模式,可以根据不同交通方式的投入成本、服务内容、服务质量,对单位距离进行定价,各方式之间形成一个类似汇率的参考标准(费率当量)作为依据,对出行链的各行程进行费用清分。

11.5 典型案例

国内外城市都在尝试创新城市交通出行服务的模式,研究提升城市交通运行效率的技术。本节以两个城市的实践作为典型案例进行介绍,分别是北京市轨道交通预约出行和芬兰的 MaaS 项目 Whim。

11.5.1 北京市轨道交通预约出行[①]

1. 项目背景

城市轨道交通系统具有快速、准时、大运量的特点,高峰时段承载了大量的通勤客流,部分车站的高峰瞬时客流甚至超出其容纳能力,出现供给与需求极不均衡的状况。运营方为了避免站台和站内拥挤,通常采取站外限流措施,乘客只能通过拥挤排队来保证高峰出行的权利。

2019 年北京市轨道交通全网常态化限流车站共 92 个,以地铁 5 号线天通苑站为例,常态下工作日早高峰进站量约 2.6 万人次,严重超出车站容纳能力。运营方通过站外导流围栏和分批进站的方式控制进站人数,乘客站外平均排队时间为 10~20 min。在新冠疫情防控期间,由于对人流密度和车厢满载率有更高要求,轨道交通客流管理面临了更大的挑战。一方面,由于疫情形势变化存在不确定性,无法预知潜在增长的客流需求,例如在客流激增情况下,受断面满载率要求站外限流同样会造成人员聚集,不利于疫情防控;另一方面,乘客无法提前知晓地铁运营方启动限流的时间及站外排队情况,需要到达地铁站后才能获悉实际情况,存在长时间站外排队风险。

如能借助预约手段,则可提前掌控需求,从而实施客流精准调控,合理安排运力和进行客流组织。不仅可以提升乘客出行体验,也有助于疫情防控工作的快速溯源管理。因此,北京市在疫情防控期间,选取了地铁大客流车站开展预约进站的实践工作。依托预约出行思路,通过预约将乘客在站外的排队转变为线上排队,减少站外集聚风险。

---

① 王倩,郭继孚,葛昱,等. 北京市轨道交通车站预约出行实践与思考[J]. 城市交通,2021, 19(1):89-94.

2. 系统设计

为实现地铁车站通过预约出行控制客流到站分布,可基于实时通信和定位技术,利用可扩展的通用云平台构建预约出行服务系统,对出行需求及交通资源实施综合管理。出行者事先向系统传达未来时刻的出行需求,系统经供需匹配计算生成优化出行方案,反馈给出行者并按此安排运力。对于需求集中的时段和地点,通过合理有效的机制分配系统余量,鼓励用户调整出行方案;对于需求量不大的平峰时段,按照需求调度车辆、安排运力,按需提供灵活的交通服务。

预约进站实施难点在于如何合理安排系统余量管理的力度,即预约时段的间隔,既要做到客流精准调控,又能方便乘客出行。为此,对城市轨道交通全网客流大数据进行了分析,研究了乘客的出行习惯和时间规律,并通过仿真模型预先评估效果,对客流到站分布进行精准管理、合理调节,保证预约出行的乘客能够随到随走、安全有序进站乘车,提升乘客出行体验。

预约系统主要由用户平台、数据平台、仿真计算平台、系统优化平台、云服务器、云数据库等部分构成,包含供需匹配、动态仿真、全网配额计算集群、核验服务等关键功能模块(图11-2)。其中,全网配额计算集群模块主要根据地铁运力数据、历史进站客流数据,使用面向全网的配额算法,开展预约配额计算,并根据车站实际客流情况动态调整配额。计算得到的预约配额会定期同步到预约服务平台进行发放。核验服务模块供验证使用,核实用户是否按照约定进站,实现对预约用户的管理,并将核验信息同步至预约服务,为后续的出行记录、预约配额提供依据。

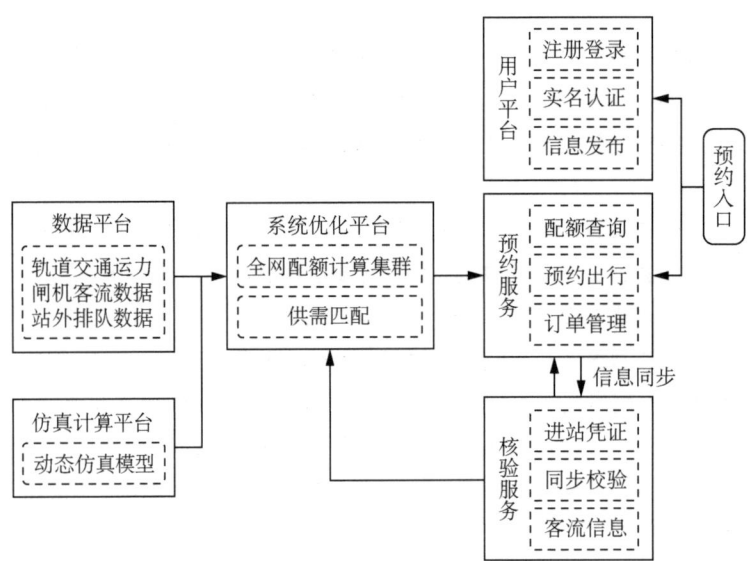

图 11-2 城市轨道交通预约出行系统设计架构

3. 实施方案

考虑新冠疫情期间城市轨道交通限流车站的客流规模及实施条件,选择北京地铁昌平线沙河站和 5 号线天通苑站作为首批实践车站,正式试点开始时间为 2020 年 3 月 6 日。沙河站和天通苑站是北京市轨道交通网络中工作日进站客流最大的两座车站,早高峰(6:30~9:30)

进站量高达 3 万人次,高峰小时进站量 1.2 万人次/h。这两个站常态时工作日早高峰均采用站外限流,乘客在站外排队长度可达 500 m,需 10~20 min 才能进站。预约出行实施初期,北京市轨道交通各车站客流均未恢复日常水平,而这两个车站的客流回升速度较快,远超全网平均水平。随着客流进一步增加,其面临的防疫压力相对较大。

按照保障实践工作顺利实施且不影响未参加预约乘客正常进站乘车的基本原则,在实施前制定了相应的规则,包括预约服务的时间及对象、预约名额分配、预约通道管理办法等。

乘客的预约方案为:工作日早高峰期间在实践车站进站乘车的用户,可通过微信公众号或北京地铁 App、亿通行 App 等多个途径,使用手机进入系统,查看各时段可用预约进站名额,预约有空余名额的时段。预约配额根据每日的客流量和预约通道能力动态调整。乘客预约成功后,系统将在约定的可进站时段显示进站二维码(仅限一人一次使用)。基于大数据分析的乘客进站习惯,同时考虑乘客的接受度,系统在预约时段前后各预留了 10 min 的弹性时间,乘客只要在弹性时间范围内到站,二维码均有效。举例来说,某乘客预约了 8:00—8:10 由沙河站进站,在 7:50—8:20 时段内到达沙河站的预约通道均可以核验进站,不受站外限流排队影响。没有成功预约以及错过预约进站时段的乘客,则不能经由预约进站专用通道进站,需要从其他进站通道排队进站。

4. 实践效果

预约进站实践开展以来,参与人数不断增加,预约出行服务逐渐受到更多乘客认可。实践开展不足半年,预约系统总注册用户超 6.8 万人,累计预约 56 万人次,实际预约进站 43.2 万人次,日最高预约进站 6 604 人(图 11-3)。随着疫情得到控制,实践车站的进站客流逐渐恢复,沙河站和天通苑站的常规进站通道均已出现站外排队现象,限流排队长度增加。截至 2020 年 7 月,早高峰平均限流排队时间为 4~7 min。而预约成功通过预约通道进站的乘客均没有站外排队时间。结合同时段预约进站人数计算,两站每日高峰时段为预约乘客节省的总进站时间约 240 h。

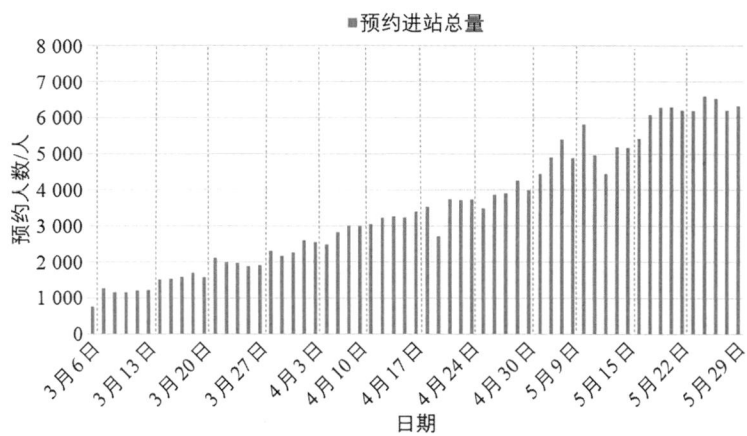

图 11-3 单日预约进站量变化

为了验证预约出行对于个体出行的影响,通过微信平台面向地铁预约进站用户开展了问卷调查,回收有效问卷750份,其中沙河站用户为648份(占有效问卷的86%),天通苑站102份(占有效问卷的14%)。结果显示,预约用户进站时间符合泊松分布规律,其中55.7%的用户在预约时段内进站,20.2%的用户在预约时段前10 min进站,24.1%的用户在预约时段后10 min进站,说明所选取的时间间隔比较合理。

问卷结果还显示,预约出行可以有效地调节出行者出发时间,缩短进站时间。42%的受访者表示,预约后的出发时间晚于没有预约的情况,77%的受访者因预约后不用排队而缩短了进站时间。对沙河站预约进站乘客的来源地的分析结果显示,有44%的乘客在实施预约出行前从其他进站口进站乘车。这说明通过适当的管理手段,乘客愿意改变原有的出行习惯。

北京市轨道交通预约出行实践改变了传统粗放式的限流管理,通过更精细化的客流管理,减少乘客站外排队,提升出行体验,取得了良好效果。乘客对预约出行认可度较高,大部分用户认为预约出行方便了高峰出行,希望这种模式能够延续。这也表明预约模式不仅可以用于疫情防控期,也可以用于常态化限流管理。

预约出行是一种新型出行服务模式,能够在交通资源有限的情况下,通过技术手段精准地匹配供需,代表着未来交通发展方向。除轨道交通外,城市交通中道路、公共汽车交通等多个子系统同样面临需求时空分布不均、供需失衡的问题。如在道路系统实施预约出行,可以提升供需信息透明度,避免焦虑造成的盲目出行导致通行能力下降;在公共汽车交通系统中实施预约出行,可灵活安排线路、车站和运力,以更低的成本提供更符合需求的出行服务。通过这些创新实践,出行者可以逐渐培养基于预约的出行行为习惯,也能提升出行服务提供方基于预约的技术系统的稳定性及用户友好性。逐步形成全网络、全系统的预约出行服务模式,不仅能有效提高城市交通的运营服务效率,同时也是出行即服务MaaS系统的核心要素和组成部分。

11.5.2 芬兰MaaS项目Whim[①]

1. 项目概况

Whim是世界上第一个名义上的MaaS项目,由MaaS Global公司主导运作,其创始人和CEO即首次将MaaS概念引入交通领域的芬兰智能交通协会主席桑波·希塔宁。项目的目标是将不同出行方式集成到一个移动端中,为用户消除跨方式规划和分别付费的烦琐,以异常便捷的服务替代小汽车拥有。2016年10月,Whim开始在赫尔辛基进行示范应用,为少量测试人员提供服务,2017年11月,Whim正式上线,开始面向民众进行商业推广。MaaS Global的市场目标是向全球拓展,在全球范围内创建一个基于品牌合作的开放的市场模式,因此Whim还开发了应用程序接口(MaaS-API),以方便任何可能的服务商接入Whim而形成MaaS服务的生态系统。目前,该服务已拓展到芬兰的图尔库、奥地利的维也纳、比利时的安特卫普、日本的

---

① 2024年3月初,MaaS Global公司通知客户,该应用程序将停止运营。公司已向赫尔辛基地方法院申请破产。尽管如此,该项目是MaaS领域内的实践先锋,其理念、技术、经验与教训也能为后续其他城市的探索提供宝贵的参考价值和启示。

东京、瑞士全域以及英国的伯明翰。

Whim 的运营理念包括三个方面：①让出行更简单。在一个系统内集成城市公共交通、汽车共享、汽车租赁、出租车、共享单车和需求响应式公交等几乎所有现存出行方式为用户提供服务。同时，支付也是简单的。用户可以选择按月支付和按次支付。②让费用更节省。用户将不再另外支付保险费、保养费和洗车费等费用。③让出行更自由。用户随时随地可以选择合适的交通工具去想去的地方，跨方式的行程规划系统、票务、预定、支付均被集成在一个系统中，不用担心不同交通工具、多段行程分散支付的问题。

2. 项目内容

在赫尔辛基，Whim 可以使用的交通方式有：公共交通系统(包括地面公交、市郊往返列车、有轨电车、地铁和渡船)、出租车、租车、Whim 专用租车、城市自行车、长距离租车等。

1) 主要交通方式的使用方法

(1) 公共交通系统。用户可以通过 Whim App 选择出行路线，生成公交车票，并可以随时打开车票界面查看车票，乘坐公交车时出示二维码即可确认购票信息。包月用户可以免费使用公共交通。

(2) 出租车。用户通过 Whim App 预订车辆，手机界面会显示车辆的预计到达时间，也可以在地图上看到出租车的实时位置。出租车到达后，用户直接上车。需要支付的费用和出租车计费规则一致，产生的费用通过 Whim App 支付。

(3) 租车。在 Whim 系统中使用租车，按租车的正常流程取还车辆。在取车时，需携带有效驾驶证和信用卡，需支付的费用包括不限距离的租车费和强制购买的第三方保险。还车时只需将车辆还至相应站点即可。

(4) Whim 专用租车。相较于传统租车，Whim 专用租车提供更加便宜的日租车选择。用户可以选择车型、预约日期和时间以及取车地点，确认后即可生成订单。使用车辆过程同传统租车，需要到站点取还车辆。

2) 支付方法

Whim 的支付手段为月套餐与 Whim 币。Whim 为用户提供了多种支付模式：①比较自由的现付现结模式(Whim to Go)；②"城市 Whim"套餐(Whim Urban)，包月 49 欧元，包含无限次公共交通票、10 欧元出租车费抵用券、49 欧元租车券；③"无限 Whim"套餐(Whim Unlimited)，包月 499 欧元，包含无限次公交、80 次出租车和无限次租车。

3. 相关政策

Whim 的发展离不开政策的支持和多方机构共同的努力。

在政府层面，2009 年，芬兰政府制定第一轮国家 ITS 战略，提出"通过提供更加高质量的公共交通服务，更加友善的慢行环境，降低私家车在日常出行中的分担率；鼓励居民使用更加可持续的出行模式，做出更合理的出行选择。"2013 年，芬兰政府更新国家能源与气候战略，制定第二轮国家 ITS 战略，强调依托于信息与通信技术(ICT)的交通基础设施建设，达成方式间无缝衔接，提供门到门的服务。同年，赫尔辛基发布城市 2050 规划，描述赫尔辛基的交通系统为整合公共交通、骑行、私家车、需求响应交通、共享汽车、步行等方式的无缝衔接的交通网络。2015 年，芬兰交通运输法令从三个层面推动 MaaS 的发展：①取消出租车的执照配额限制，用于解决最后一公里问题;②要求交通服务供应商开放数据共享,包括路线、时刻表、站点和费率等;③要求交通服务供应商开放购票和支付接口。同年,芬兰创新基金资助 50 000 欧元用于发展 MaaS。

在机构层面,MaaS.fi 公司于 2015 年成立,2016 年更名为 MaaS Global,推出 Whim App 作为首个真正意义上的 MaaS 服务产品,并向全球范围扩展业务;HSL 公司是赫尔辛基的公交公司,起初担心开放购票接口会失去与用户的直接联系,无法得到获取用户使用公交的数据,因此开放购票接口的进程缓慢。2018 年 1 月 1 日,芬兰政府强制要求所有交通服务提供者开放数据,并为第三方提供 API,从立法层面保证了交通数据的可获得性。HSL 公司于 2018 年 4 月提供开放的可用 MaaS 运营商使用的单程票接口,于 2018 年 11 月开放月票和季票接口。

开放灵活的政策环境使得各个公司尝试加入或者提供 MaaS 相关服务,MaaS 网络逐渐形成,不断给 MaaS 网络之外的公司施加压力,进而促进了各个相关利益方的合作,实现了 MaaS 行业的发展、延续和突破瓶颈。

4. 实践效果

截至 2019 年 6 月,Whim 在赫尔辛基市有 8 500 名活跃市民用户,全球范围内拥有超过 75 000 名注册用户,累计服务 400 万次。

相关研究报告对 Whim 的应用效果分析如下。

1) 公共交通是 MaaS 的重点

95% 的 Whim 出行选择了乘坐公共交通工具,公共交通是一个 MaaS 系统的关键和基础。

2) MaaS 用户乘坐公共交通的比例较高

将 Whim 用户的数据与赫尔辛基大都市区居民的数据进行比较,使用公共交通的比例分别为 63% 和 48%。这意味着 MaaS 用户更多地使用公共交通出行。

3) MaaS 用户采用多模式交通接驳公共交通的意愿更高

赫尔辛基通常 3% 的出租车出行与公共交通出行相结合,而 Whim 用户的数据显示 9% 的出租车出行是在公共交通出行前 20 min 或之后 30 min 内,12% 的自行车出行是在公共交通出行前 30 min 内进行的,且在公共交通出行前后自行车出行密度明显上升。这些结果表明,Whim 用户使用多模式交通的意愿更强烈,他们更倾向于采用自行车和出租车来解决公共交通的最后一公里的问题,这可能与 MaaS 系统中使用多模式交通的便利性也有关。

4) 出租车是受 MaaS 用户欢迎的选择

Whim 用户使用出租车的次数是赫尔辛基居民的 2.1 倍,使用出租车出行的比例占所有行程的 2.1%。这表明出租车在 MaaS 生态系统中具有重要作用,弥补了公共交通覆盖不足的问题。同时,出租车的使用满足了个性化出行的需求,也会减少城市的停车需求。

5) MaaS 用户的人均日出行量并没有更高

有人曾猜测,无限制的 MaaS 套餐可能会导致总出行量大幅上升,尤其是乘坐出租车的出行量,但数据表明情况并非如此。虽然 Whim 用户似乎比典型的赫尔辛基都市区居民乘坐公共交通的次数更多,但他们每天平均出行的总次数大致相同。

6) 租车使用量增加

虽然 Whim 用户汽车租赁的出行总数还相对较少,但呈现出不断增长的趋势,越来越多的用户将租车纳入出行方式的选择。这也意味着用户对于汽车"使用"替代"拥有"的接受程度提高。

从 Whim 的实践看,MaaS 在用户出行选择多样化、促进公共交通使用、改变用车意愿等方面已产生一定的效果。

相关研究对 MaaS 在用户、商业、政府、社会以及交通系统层面的潜在效益进行了总结,见表 11-2。

表 11-2 MaaS 的潜在效益

用户层面	享受实惠、个性化、无缝、易用的出行服务
商业层面	创造新业态,现有提供交通服务的公司可因此开辟新的市场
政府层面	产生经济增长,创造就业机会
社会层面	促进共享经济发展,减少私家车数量,促进交通自动化发展,交通系统效率及质量提升,改善空气质量,减少拥堵,减少交通设施需求;打破各交通方式间因竞争产生的数据保护壁垒,实现数据共享
交通系统层面	创造更优的出行链,更深入地理解出行行为,更好地进行规划;增加公交吸引力,带动枢纽建设,影响土地利用规划

参考文献

[1] 王健.出行即服务(MaaS)的定义及发展概述[J].运输经理世界,2018(2):76-78.

[2] 王玉龙,王佃利.需求识别、数据治理与精准供给:基本公共服务供给侧改革之道[J].学术论坛,2018,41(2):147-154.

[3] 容志.大数据背景下公共服务需求精准识别机制创新[J].上海行政学院学报,2019,20(4):44-53.

[4] 张懿木,陈田,王俊,等.基于多源数据的多模式公共交通出行链构建[J].城市交通,2021,19(4):120-126.

[5] 光明网.国家邮政局:2021年全国快递业务量完成1083亿件 日均快件处理量近3亿件[EB/OL].(2022-09-05)[2022-05-11].https://m.gmw.cn/baijia/2022-05-11/1302941117.html.

[6] 王春红.城市物流管理[M].北京:中国建筑工业出版社,2021.

[7] 中华人民共和国商务部.商务部办公厅关于复制推广城市共同配送试点经验的通知[EB/OL].(2022-09-05)[2019-02-14]http://www.mofcom.gov.cn/article/h/redht/201902/20190202834273.shtml.

[8] 王先进,贾文峥,蔡昌俊,等.中国城市轨道交通运营发展报告(2020—2021)[M].北京:社会科学文献出版社,2021.

[9] 沈吟东,钱壮,李媛媛.公共交通驾驶员调度研究综述[J].运筹学学报,2021,25(1):1-16.

[10] 刘安娜.机器学习在常规公交运营组织中的应用研究[D].上海:同济大学,2022.

[11] 汪光焘,陈小鸿,郭继孚,等.未来城市交通预判:2035年愿景[M].北京:中国建筑工业出

版社,2020.

[12] 中国政府网.国务院办公厅转发国家发展改革委等部门关于推动城市停车设施发展意见的通知[EB/OL].(2022-08-25)[2021-05-21].http://www.gov.cn/zhengce/content/2021-05/21/content_5609800.htm.

[13] 中国智能交通协会.中国智能交通产业发展报告(2021)[M].北京:社会科学文献出版社,2022.

[14] 上海市道路运输管理局.上海市公共停车信息平台情况简介[EB/OL].(2022-08-31)[2021-06-10].http://dlysj.sh.gov.cn/zdgkly2021nd/20211110/890d20a3ed93498491b0045284c6fbe2.html.

[15] 上海交通.本市将打造上百个"聪明"的道路停车场(库)！今天开展的"政府开放月"系列活动干货满满[EB/OL].(2022-08-31)[2022-08-17].https://sghexport.shobserver.com/html/baijiahao/2022/08/17/828489.html.

[16] 北京交通大学经济管理学院物流管理系.北京市城市物流发展报告2017—2018[M].北京:北京交通大学出版社,2019.

[17] 汪光焘,涂颖菲,叶建红.后疫情时代城市交通发展趋势及协同治理研究[J].城市规划学刊,2020(5):25-31.

[18] 光明网.如何让老年人享受到便捷的出行服务？来看上海交通行业的这些暖心举措[EB/OL].(2022-09-06)[2022-03-11].https://m.gmw.cn/baijia/2022-03-11/1302839743.html.

[19] 北京市人民政府.国内首个绿色出行一体化服务平台北京MaaS日均服务超600万人次 小汽车停驶或合乘将纳入碳普惠激励[EB/OL].(2022-09-06)[2022-09-05].http://www.beijing.gov.cn/ywdt/gzdt/202209/t20220905_2808389.html.

[20] 北京日报客户端.全路线绿色出行,北京MaaS平台将升级一体化导航服务[EB/OL].(2023-09-14)[2023-07-14].https://ie.bjd.com.cn/5b165687a010550e5ddc0e6a/contentShare/5b1a1310e4b03aa54d764015/AP64b0c039e4b0285efd6c7fbf.html.

[21] 汪光焘,周继东,沈国明,等.城市交通与法治[M].上海:同济大学出版社,2021.

[22] MaaS Alliance. White paper guidelines & recommendations to create foundations for a thriving MaaS Ecosystem[R]. Brussels, 2017.

[23] Audenhove F, Rominger G, Korn A. The future of mobility 3.0: reinventing mobility in the era of disruption and creativity[R]. Arthur D. Little, 2018.

[24] Jittrapirom P, Caiati V, Feneri A-M, et al. Mobility as a service: a critical review of definitions, assessments of schemes, and key challenges[J]. Urban Planning, 2017, 2(2): 13-25.

[25] 杨东援,段征宇,李玮峰,等.大数据与城市交通治理[M].上海:同济大学出版社,2022.